ÉCRITS PHILOSOPHIQUES

DANS LA MÊME COLLECTION

J. d'ALEMBERT : *Discours préliminaires de l'Encyclopédie.* Intro. et notes par M. Malherbe, 208 p., 2000.

A. d'APHRODISE : *De L'âme.* Texte bilingue, intro. par M. Bergeron et R. Dufour, 416 p., 2008.

J. G. FICHTE : *Nouvelle présentation de la doctrine de la science 1797-1798.* Intro. et notes par I. Thomas-Fogiel, 192 p., 1999.

M. HEIDEGGER : *Les conférences de Cassel 1925*, précédé de la *Correspondance Dilthey-Husserl (1911).* Texte bilingue, intro., trad. et notes par J.-C. Gens, 217 p., 2003.

F. H. JACOBI : *Sur l'entreprise du criticisme de ramener la raison à l'entendement.* Suivi de la *Lettre à Fichte.* Intro., trad. et notes par P. Cerruti, 192 p., 2010.

E. KANT : *Histoire et politique ; Idée pour une histoire universelle d'un point de vue cosmopolitique ; Conjectures sur le commencement de l'histoire humaine ; Le Conflit de la Faculté de philosophie avec la Faculté de droit.* Intro. et notes par M. Castillo, trad. de G. Leroy, 192 p.,1999.

— *Qu'est-ce que s'orienter dans la pensée ?*. Intro., trad. et notes de A. Philonenko, préface de F. Alquié, 112 p., 2001.

B. de LAS CASAS : *La controverse entre Las Casas et Sepúlveda.* Intro. et trad. par N. Capdevila, 320 p., 2007.

K. MARX : *Les Manuscrits économico-politiques de 1844.* Intro., trad. et commentaire par F. Fischbach, 240 p., 2007.

J.-J. ROUSSEAU : *Discours sur l'économie politique.* Éd., intro. et commentaire sous la direction de B. Bernardi, 224 p., 2002.

— *Principes du droit de la guerre* et *Écrits sur la paix perpétuelle.* Sous la dir. de B. Bachofen et C. Spector, 342 p., 2008.

— *Du contrat social ou Essai sur la forme de la République (Manuscrit de Genève).* Éd., intro. et annotation ss la dir. De B. Bacfen, B. Bernardi et G. Olivo, 256 p., 2012.

F. W. J. SCHELLING : *Une autre querelle de l'athéisme. Schelling répond à Jacobi.* Intro., trad. et notes par P. Cerruti, 256 p., 2012.

C. SCHMITT : *Ex Captivitate Salus. Expériences des années 1945-1947.* Présentation et trad. par A. Doremus, 396 p., 2003.

Pour consulter la liste complète des publications de la série, consulter le site internet http://www.vrin.fr

TEXTES & COMMENTAIRES
Directeur : Jean-François COURTINE

K. W. F. SOLGER

ÉCRITS PHILOSOPHIQUES

LETTRES CONCERNANT LES MALENTENDUS
SUR LA PHILOSOPHIE ET SON RAPPORT
À LA RELIGION

SUR LA VRAIE SIGNIFICATION ET DESTINATION
DE LA PHILOSOPHIE, EN PARTICULIER
À NOTRE ÉPOQUE

DIALOGUES PHILOSOPHIQUES SUR L'ÊTRE,
LE NON-ÊTRE ET LE CONNAÎTRE

Textes introduits, traduits et commentés

par

Mildred GALLAND-SZYMKOWIAK

Ouvrage publié avec le concours du
Centre National de la Recherche Scientifique
UMR 7172 THALIM / ARIAS

PARIS
LIBRAIRIE PHILOSOPHIQUE J. VRIN
6, Place de la Sorbonne, Ve

2015

Imprimé en France

ISSN 1291-9683
ISBN 978-2-7116-2588-8

www.vrin.fr

LISTE DES ABRÉVIATIONS

Même lorsque nous renvoyons à des traductions françaises existantes, tous les textes allemands cités (de Solger ou d'autres) ont été revus et, le cas échéant, retraduits par nos soins.

SOLGER

NSB I et II	Solger K. W. F., *Nachgelassene Schriften und Briefwechsel*, L. Tieck, F. von Raumer (Hg.), 2 Bde. [Leipzig, Brockhaus, 1826], reprint Deutsche Neudrucke, Heidelberg, Verlag Lambert Schneider, 1973.
Lettres sur la philosophie et la religion	*Briefe, die Mißverständnisse über Philosophie und deren Verhältniß zur Religion betreffend* (*Lettres concernant les malentendus sur la philosophie et son rapport à la religion*), dans NSB II, p. 1-53.
Sur la vraie signification	*Über die wahre Bedeutung und Bestimmung der Philosophie, besonders in unserer Zeit* (*Sur la vraie signification et destination de la philosophie, en particulier à notre époque*), dans NSB II, p. 54-199.
Être, non-être et connaître	*Philosophische Gespräche über Seyn, Nichtseyn und Erkennen* (*Dialogues philosophiques sur l'être, le non-être et le connaître*), dans NSB II, p. 200-262.

Lorsqu'il est fait référence, dans les commentaires, à l'un des trois textes traduits ici, le numéro de page donné entre crochets est le numéro de page dans le texte allemand (donné en marge du texte français).

PhiRS — *Philosophie des Rechts und Staats*, dans NSB II, p. 263-365.

Erwin — Solger K. W. F., *Erwin. Vier Gespräche über das Schöne und die Kunst* (*Erwin. Quatre dialogues sur le beau et l'art*) [Berlin, Realschulbuchhandlung, 1815], W. Henckmann (Hg.), München, Fink, 1971 (contient également la recension par Solger des *Leçons sur l'art dramatique et la littérature* de A. W. Schlegel, et un *Nachwort* de W. Henckmann).

Philosophische Gespräche — Solger K. W. F., *Philosophische Gespräche. Erste Sammlung* (*Dialogues philosophiques. Premier recueil*) [Berlin, Mauter, 1817], mit einem Vorwort zum Neudruck von W. Henckmann, reprint Darmstadt, Wissenschaftliche Buchgesellschaft, 1972.

Vorlesungen — Solger K. W. F., *Vorlesungen über Ästhetik* (*Leçons d'esthétique*) [Leipzig, Brockhaus, 1829], K. W. L. Heyse (Hg.), reprint Darmstadt, Wissenschaftliche Buchgesellschaft, 1973.

Tieck and Solger — Matenko P. (ed.), *Tieck and Solger. The Complete Correspondance*, New York/Berlin, Westermann, 1933.

L'Esthétique de Solger — Baillot A. (éd.), *L'Esthétique de K. W. F. Solger*, Tusson, Du Lérot, 2002.

L'Art et la tragédie du beau — Baillot A. (éd.), Solger : *L'Art et la tragédie du beau*, Paris, PENS, 2004.

KANT

AK — Kant I., *Gesammelte Schriften*, Königliche Preussische Akademie der Wissenschaften (Hg.), Berlin, G. Reimer, 1902 *sq*.

FICHTE

GA — Fichte J. G., *Gesamtausgabe der Bayerischen Akademie der Wissenschaften*, R. Lauth, H. Jacob (Hg.), Stuttgart/Bad Cannstatt, Frommann-Holzboog, 1962-2012.

OCPP — Fichte J. G., *Œuvres choisies de philosophie première. Doctrine de la science (1794-1797)*, trad. fr. A. Philonenko, Paris, Vrin, [3]1999.

SCHELLING

SW — Schelling F. W. J., *Sämmtliche Werke*, K. F. A. Schelling (Hg.), 14 Bde., Stuttgart/Augsburg, Cotta, 1856-1861.

AA — *Friedrich Wilhelm Joseph Schelling Historisch-Kritische Ausgabe*, im Auftrag der Schelling-Kommission der Bayerischen Akademie der Wissenschaften, H. M. Baumgartner, W. G. Jacobs, H. Krings, H. Zeltner (Hg.), Stuttgart, Frommann-Holzboog, 1976 *sq.*

HEGEL

Briefe II — *Briefe von und an Hegel*, J. Hoffmeister (Hg.), Hamburg, Meiner, 1953, Bd. II ; trad. fr. J. Carrère, Paris, Gallimard, t. II, 1963.

HW — Hegel G. W. F., *Werke in zwanzig Bänden*, auf der Grundlage der Werke von 1832-1845 neu ed. Ausgabe, E. Moldenhauer, K. M. Michel (Hg.), Frankfurt am Main, Suhrkamp, 1969 *sq.*

Solger-Rez. — Hegel G. W. F., *Solgers Nachgelassene Schriften und Briefwechsel* [*Jahrbücher für wissenschaftliche Kritik*, 1828], HW 11, p. 205-274 ; trad. fr. J. Reid et N. Tondut : Hegel G. W. F., *L'Ironie romantique. Compte-rendu des* Écrits posthumes et correspondance *de Solger*, introd. et notes par J. Reid, Paris, Vrin, 1997.

JACOBI

Werke — Jacobi F. H., *Werke*, K. Hammacher, W. Jaeschke (Hg.), Hamburg, Meiner, 1998 *sq.*
Bd. 2.1 : W. Jaeschke, I.-M. Piske (Hg.), C. Goretzki (Mitarb.), *Schriften zum transzendentalen Idealismus*, Textband, 2004 ;
Bd. 3 : W. Jaeschke (Hg.), *Schriften zum Streit um die göttlichen Dinge und ihre Offenbarung*, 2000.

INTRODUCTION

LA PHILOSOPHIE COMME PENSÉE DE LA RÉVÉLATION

> La philosophie n'est donc rien d'autre que la pensée qui porte sur la présence de l'essence dans notre connaissance et notre existence, ou, en d'autres termes, sur la révélation divine [1].

Au cœur des transformations postkantiennes de la philosophie, et des tensions qui traversent la constellation formée par l'idéalisme transcendantal (Fichte et Schelling), l'idéalisme spéculatif (Schelling et Hegel), le premier romantisme (F. Schlegel, Novalis) mais aussi par la « non-philosophie » de Friedrich Heinrich Jacobi, la philosophie de Karl Solger veut se tenir au centre même de l'unité entre spéculation métaphysique et existence individuelle finie, tout en préservant une conscience aiguë de leur différence radicale. Dans cette pensée de la « révélation » dont l'intérêt fut reconnu aussi bien par Hegel et Kierkegaard que par le courant phénoménologique, et qui allie ambition systématique et souci dialogique, se lit la tentative pour ressaisir, sans l'atténuer, un déchirement qui depuis la crise de l'idéalisme est encore le nôtre – entre nihilisme et désir de croire au vrai, entre impuissance de la pensée et besoin d'une élucidation rationnelle de la conscience et du monde de l'existence.

Dans le présent volume sont pour la première fois traduits les trois textes qui dessinent le cœur de la métaphysique solgérienne. Les *Lettres concernant les malentendus sur la philosophie et son rapport à la religion* sont un écrit exotérique et polémique sur la relation entre religion et

1. *Sur la vraie signification*, p. [116].

philosophie, foi et raison. Elles conduisent le lecteur à la nécessité de penser un concept de la révélation susceptible de devenir le centre même de l'entreprise philosophique. Solger mène à bien cette tâche dans son traité *Sur la vraie signification et destination de la philosophie, en particulier à notre époque*, un texte majeur qu'il considère comme son « Manifeste », car il y esquisse les grands traits de ce qu'il faut bien appeler une philosophie de la révélation. Quant au fascinant entretien inachevé *Sur l'être, le non-être et le connaître*, qui décevra le lecteur souhaitant y trouver « l'opinion de l'auteur », il met en œuvre l'exigence dialogique pour traiter de problèmes métaphysiques fondamentaux.

Si le lecteur français dispose déjà d'une précieuse anthologie de textes esthétiques, ainsi que de la préface de Solger à sa traduction de Sophocle, nous sommes encore loin de l'impressionnant travail de traduction réalisé dans les vingt dernières années par les chercheurs italiens. Les œuvres de Solger en allemand sont peu accessibles, parfois épuisées. Autant de facteurs qui rendaient indispensable, pour introduire et accompagner les textes de *prima philosophia* ici traduits et pour la première fois commentés [1], une présentation d'ensemble inédite de la philosophie de Solger, reliant à sa métaphysique son esthétique, sa philosophie de la mythologie, sa philosophie pratique et politique.

KARL WILHELM FERDINAND SOLGER (1780-1819) : VIE, ŒUVRE, RÉCEPTION

Aperçu biographique

Né le 28 novembre 1780 à Schwedt-sur-l'Oder, Karl Wilhelm Ferdinand Solger commence en 1803, après des études de philologie classique et de droit à l'université de Halle, une carrière de fonctionnaire à la *Kriegs- und Domänenkammer* de Berlin – mais la quitte dès 1806 afin de se consacrer exclusivement à la philologie et aux études mythologiques, ainsi qu'à la philosophie. Il étudie en particulier les œuvres de Kant, Fichte, Schelling mais aussi de Spinoza, Platon et Giordano Bruno. Dès l'hiver 1801-1802, il avait suivi à Iéna les cours de Schelling [2], et en 1804-1805 il

1. Ni l'édition allemande réalisée en 1826 par les amis du défunt, et à ce jour la seule disponible, ni la traduction italienne ne sont pourvues de commentaires en note. Les commentaires partiels qui ont été donnés dans la littérature secondaire seront signalés.

2. Les cours donnés par Schelling à Iéna au semestre d'hiver 1801/02 portaient notamment sur une « Introduction à l'idée et aux limites de la vraie philosophie (*Einleitung über die Idee und Grenzen der wahren Philosophie*) » (H. Fuhrmans (Hg.), *F. W. J. Schelling:*

est auditeur de Fichte à Berlin [1]. « C'est un vrai plaisir d'avoir rencontré les deux plus grands hommes de notre époque en [philosophie], [Fichte] et Schelling, et de les comparer», écrit-il en 1804 [2]. Mais c'est d'abord comme philologue, plus précisément comme traducteur de Sophocle, que Solger se fait connaître et commence une carrière académique. Il fait paraître anonymement une traduction de l'*Œdipe-Roi*, puis en 1808, en son nom propre, une traduction de l'ensemble des tragédies de Sophocle, qui fait date. La même année, il devient docteur en philosophie et fait la connaissance de Ludwig Tieck. Ce dernier est à partir de 1811 un ami proche, avec qui Solger a d'intenses échanges pendant la rédaction de son œuvre principale, *Erwin. Quatre dialogues sur le beau et l'art* (Berlin, 1815). Un long voyage à Dresde en 1812 lui avait permis de passer du temps dans la Galerie de peinture, favorisant le rôle primordial joué, dans sa philosophie de l'art, par le contact sensible avec les œuvres. *Erwin* est la première grande philosophie idéaliste de l'art à être publiée, et l'esthétique de Solger sera reconnue dès le milieu du XIXe siècle comme ayant pleinement sa place aux côtés de celle de Schelling et Hegel [3]. Solger a par ailleurs publié une série de *Dialogues philosophiques* en 1817, ainsi

Briefe und Dokumente, Bd. 1, Bonn, Bouvier, 1962, p. 235). Ils s'appuyaient très probablement sur le *Système de l'idéalisme transcendantal* (1800) et sur l'*Exposition de mon système de la philosophie* (1801). Solger a également lu par la suite les *Recherches sur l'essence de la liberté humaine* de 1809 (lettre de Solger à Tieck, 4.2.1817, NSB I, p. 511 ; *Tieck and Solger*, p. 345). *Cf.* aussi W. Henckmann, « Solgers Schellingstudium in Jena 1801/1802. Fünf unveröffentliche Briefe », *Hegel-Studien*, 1978 (13), p. 53-74 ; et « *Etwas über das Verhältnis des Ideals zur Nachahmung der Natur in der Kunst.* Ein Aufsatz Solgers zur Auseinandersetzung mit Schelling », *Jahrbuch der deutschen Schillergesellschaft*, 1972 (16), p. 409-452.

1. Solger a assisté au troisième cours donné par Fichte en 1804 sur la *Wissenschaftslehre* en nov.-déc. 1804 (*cf.* NSB I, p. 131), aux leçons sur la *Philosophische Charakteristik des Zeitalters* (nov. 1804-15 mars 1805, publiées en 1806 sous le titre *Die Grundzüge des gegenwärtigen Zeitalters*) et au cours sur les *Principien der Gottes-, Sitten- und Rechtslehre* (à partir du 6 fév. 1805). *Cf.* R. Lauth, « Über Fichtes Lehrtätigkeit in Berlin von Mitte 1799 bis Anfang 1805 und seine Zuhörerschaft », *Hegel-Studien*, 1980 (15), p. 9-50 ; et Fichte, GA II/7, p. 375.

2. Solger, NSB I, p. 134.

3. *Cf.* W. Henckmann, « Symbol und Allegorie bei K. W. F. Solger » (dans R. Brinkmann (Hg.), *Romantik in Deutschland. Ein interdisziplinäres Symposion*, Stuttgart, Metzler, 1978, p. 639-651), p. 639, qui rappelle que Solger était considéré par C. H. Weiße et F. T. Vischer, entre autres, comme le fondateur de l'esthétique comprise comme science spéculative (p. 648). Voir aussi R. Zimmermann, *Geschichte der Aesthetik als philosophischer Wissenschaft*, Wien, Braumüller, 1858 (livre IV, chap. 2), et H. Lotze, *Geschichte der Aesthetik in Deutschland*, München, Cotta, 1868 (livre I chap. 6, et plus ponctuellement : II, 4 ; II, 6 ; III, 1).

qu'une *Recension* des *Leçons sur l'art dramatique et la littérature* d'August Wilhelm Schlegel (Vienne, 1819). Ce n'est que plusieurs années après la mort de l'auteur d'*Erwin* qu'un matériau plus ample sera offert au public pour prendre connaissance de sa pensée philosophique, avec l'édition en 1826 par Ludwig Tieck et Friedrich von Raumer des deux volumes d'*Écrits posthumes et correspondance*[1], qui comprennent notamment les trois textes ici traduits. En 1829, dix ans après sa mort, les cours d'esthétique tenus par Solger à Berlin en 1819[2] sont édités par Karl Ludwig Heyse, un étudiant qui avait suivi les cours de Solger et ceux de Hegel.

En octobre 1809, Solger est nommé à l'université de Francfort-sur-l'Oder, où il enseigne la philologie (tragiques grecs) et la philosophie (esthétique, logique) ; il décline l'offre faite par ses concitoyens de devenir maire, afin de pouvoir se consacrer pleinement à ses activités scientifiques. Il accordera par ailleurs toujours une grande importance à son rôle de mari et de père de famille. En août 1811, il est appelé à l'université nouvellement fondée de Berlin comme professeur de philosophie et d'études mythologiques ; il y sera le collègue de Fichte et de Schleiermacher. Solger donne pratiquement tous les ans un cours d'esthétique, enseigne à plusieurs reprises sur la logique et la dialectique et sur les fondements de la philosophie, régulièrement sur la mythologie et les classiques grecs et romains ; mais aussi, surtout après 1813, sur la philosophie du droit et la philosophie politique. Il s'intéresse en outre de plus en plus à la philosophie de la religion.

En juillet 1814, Solger prend en charge la fonction de Recteur de l'université, qui avait été occupée par Fichte jusqu'à sa mort en janvier 1814. Après l'assassinat de Kotzebue par l'étudiant Karl Ludwig Sand, il rédige, au nom du Sénat de l'université, un texte de protestation contre les décrets de Karlsbad destinés à limiter les libertés des universités et de la presse (11.10.1819). En 1818-1819, Solger est à Berlin le collègue de

1. *Nachgelassene Schriften und Briefwechsel*, Leipzig, Brockhaus, 1826. Ces deux volumes, dont l'édition ne correspondrait pas aux normes scientifiques actuelles, ont historiquement constitué (étant donné la difficulté du dialogue *Erwin*) l'un des supports principaux de diffusion de la pensée de Solger.

2. Les *Vorlesungen über Ästhetik* (Leipzig, Brockhaus, 1829) présentent, à la manière didactique d'un manuel, la philosophie de l'art qui est exposée de manière plus sinueuse et touffue dans *Erwin*. Elles sont donc souvent utilisées pour présenter la pensée de Solger. Néanmoins, Solger n'aurait certainement pas approuvé la publication de ces cours (*cf.* sa lettre à Raumer du 22.3.1812, NSB I, p. 225) ; on peut en outre s'interroger sur une possible déformation hégélianisante par Heyse. On dispose d'une sélection de textes esthétiques de Solger en français (Baillot A. (éd.), *L'Art et la tragédie du beau*, Paris, PENS, 2004).

Hegel, dont il avait chaleureusement appuyé la nomination. Les deux hommes s'estiment et se reconnaissent une certaine communauté de pensée[1]. Mais cette amitié n'aura pas le temps de se développer : le 25 octobre 1819, l'existence de Solger s'interrompt peu avant son trente-neuvième anniversaire, brutalement abrégée par la maladie (sans doute la diphtérie). Hegel aura cette épitaphe attristée : « Avant-hier, j'ai accompagné Solger à sa dernière demeure ; son tombeau n'est pas loin de celui de Fichte ; c'est donc là aussi que sera le mien, à côté de mes collègues ; les philosophes, à en juger par ceux-là, ne deviennent pas vieux ici »[2].

Réception

Sans avoir eu l'influence d'un Fichte ou d'un Schelling, Solger n'a pourtant jamais entièrement disparu de la conscience et de la culture philosophiques. Relativement peu lu à sa propre époque – ses amis lui reprochaient déjà la complexité de ses dialogues, tandis que lui-même déplorait le manque de lecteurs décidés à les étudier sérieusement –, il retint par la suite l'attention de Hegel, Goethe[3], Kierkegaard[4] et Friedrich Theodor Vischer[5] ; il a été considéré jusqu'au début du XXe siècle comme l'un des auteurs classiques en philosophie de l'art. Mais d'emblée, sa réception n'est pas seulement esthétique : la *Recension* des *Écrits posthumes et correspondance* publiée en 1828 par Hegel démarque Solger du premier romantisme, prétendu subjectiviste, de Friedrich Schlegel ou de Novalis, et lui reconnaît une compréhension véritable, quoiqu'abstraite, du « spéculatif ». Les historiens hégéliens de la philosophie tendront dès lors à décrire Solger comme un chaînon manquant entre la philosophie schellingienne de

1. Voir la lettre de Solger à Tieck du 26.4.1818 (NSB I, p. 620, *Tieck and Solger*, p. 423), et la lettre de Solger à Hegel de mai 1818, où le premier présente ses cours au second comme « une vue d'ensemble de la philosophie (à peu près comme votre encyclopédie), éthique, science du droit, politique, esthétique » (Hegel, *Briefe II*, p. 189 ; trad. fr. p. 169). Sur les rapports des deux hommes, et sur la manière dont Solger comprend la philosophie de Hegel, voir *Sur la vraie signification*, chap. X et nos commentaires.

2. Hegel, lettre à Creuzer du 30.10.1819 (*Briefe II*, p. 220 ; trad. fr. p. 195).

3. *Cf.* J. P. Eckermann, *Conversations avec Goethe*, 21 janvier 1827, retraduit par A. Baillot dans *L'Art et la tragédie du beau*, p. 187-188.

4. S. Kierkegaard, *Le Concept d'ironie*, dans *Œuvres complètes*, trad. fr. P.-H. Tisseau et E.-M. Jacquet-Tisseau, Paris, L'Orante, 1966 *sq.*, t. II, p. 279-291 sur Solger.

5. *Cf.* A. Baillot, « Friedrich Theodor Vischers Auseinandersetzung mit der Solgerschen Kunstphilosophie. Unveröffentliche Exzerpte aus Karl Wilhelm Ferdinand Solgers *Vorlesungen über Ästhetik* », *Jahrbuch der deutschen Schillergesellschaft*, 2002 (46), p. 2-21.

l'identité et la philosophie hégélienne [1]. D'autres le voient comme un intermédiaire entre Fichte et Hegel [2], ou comme un schellingien [3]. La recherche sur Solger connaît un premier renouveau en germanistique et en philosophie vers les années 1930, notamment chez des auteurs qui lui attribuent, à cause de son attention à l'apparence phénoménale et à la finitude de l'existence, une position proche de celle de la phénoménologie, en particulier existentialiste [4]; mais on étudie aussi alors Solger pour luimême [5]. Un renouveau débute à partir des années 1960/70, porté par des rééditions ou réimpressions de ses œuvres [6]. Depuis le milieu des années

1. K. Rosenkranz le désigne comme un « moyen terme (*Mittelglied*) » entre Schelling et Hegel (*Vie de Hegel*, trad. fr. P. Osmo, Paris, Gallimard, 2004, p. 442 ; voir p. 497-499). Voir aussi K. L. Michelet, *Entwicklungsgeschichte der neuesten deutschen Philosophie mit besonderer Rücksicht auf den gegenwärtigen Kampf Schellings mit der Hegelschen Schule*, Berlin, Duncker & Humblot, 1843, 11. Vorlesung : « Die Solgersche Philosophie », notamment p. 220 et p. 238-9.

2. F. J. Schmidt, « Solger », dans *Allgemeine deutsche Biographie*, Bd. 54 [¹1908], Berlin, Duncker & Humblot, 1971, p. 381.

3. E. von Hartmann, *Die deutsche Ästhetik seit Kant*, dans *Ausgewählte Werke*, Berlin, Haacke, Bd. 3, 1886, p. 61 ; T. W. Danzel, « Über den gegenwärtigen Zustand der Philosophie der Kunst und ihre nächste Aufgabe », dans *Gesammelte Aufsätze*, O. Jahn (Hg.), Leipzig, Dyk, 1855, p. 52-3, 54 *sq.* ; F. Überweg, *Grundriss der Geschichte der Philosophie*, 4. Teil: *Die deutsche Philosophie des 19. Jhdts und der Gegenwart*, Berlin, Mittler, ¹²1923, p. 56 *sq.* ; mais aussi X. Tilliette, « Schelling, l'art et les artistes », dans A. Pernet (éd.), Schelling : *Textes esthétiques*, p. XLI.

4. O. Becker, « Von der Hinfälligkeit des Schönen und der Abenteuerlichkeit des Künstlers. Eine ontologische Untersuchung im ästhetischen Phänomenbereich », dans *Festschrift für Husserl*, Ergänzungsband zum *Jahrbuch für phil. und phän. Forschung* [1929], repris dans *Dasein und Dawesen. Gesammelte philosophische Aufsätze*, Pfüllingen, Neske, 1963, p. 11-41 (p. 13-15 sur Solger), trad. fr. J. Colette dans *Philosophie*, 1986 (9), p. 43-69 ; M. Boucher, *K. W. F. Solger. Esthétique et philosophie de la présence*, Paris, Delamain et Boutelleau, 1934 ; H. Anton, *Nachwort*, dans NSB II, p. I-XXXI ; K. Nishimura, « Die Struktur des ästhetischen Bewusstsein bei K. W. F. Solger. Die Bedeutung der dialektischen Ironie », *Perspektiven der Philosophie*, 1980 (6), p. 29-45. L'ouvrage récent d'A. Camparsi et I. A. Bianchi, *L'autoconscienza e la prospettiva sul mondo. Solger, Rickert, Husserl* (Milano, Mimesis, 2010) juxtapose deux essais – l'un sur Solger, l'autre sur Rickert et Husserl – visant à réévaluer le sens fondamental du transcendantal et de la conscience pour la compréhension de l'homme et du monde.

5. J. E. Heller, *Solgers Philosophie der ironischen Dialektik*, Berlin, Reuther und Reichard, 1928 (qui distingue Solger des idéalistes *et* des romantiques) ; et les articles d'O. Walzel : « Methode ? Ironie bei Friedrich Schlegel und bei K. W. F. Solger », *Helicon*, 1938 (1), p. 33-50 ; « Allgemeines und Besonderes in Solgers Ästhetik », *Deutsche Vierteljahrschrift für Literaturwissenschaft und Geistesgeschichte*, 1939 (17), p. 153-182 ; « Tragik bei Solger », *Helicon*, 1940 (3), p. 27-49.

6. R. Herzog, *Die Bewahrung der Vernunft. Eine Untersuchung der Metaphysik K. W. F. Solgers*, München, Dissertationsdruck Schön, 1967 (pour qui la clef de l'esthétique de Solger

1990 se déploie toute une série d'études critiques approfondies, en Allemagne mais aussi en Italie; en parallèle s'amorce une réception francophone[1].

La présente traduction commentée voudrait contribuer à dégager Solger d'une caractérisation réductrice comme « esthéticien » ou « théoricien de l'ironie romantique », au moyen d'une mise en évidence des traits originaux de sa métaphysique, cela en évitant de le faire passer de la tutelle des « grands » idéalistes à celle de la phénoménologie ou de l'existentialisme. Comme on le verra à la lecture de ses textes, Solger, qui dénonce par exemple l'inéluctable jeu stérile de balancier entre une foi religieuse aveugle et un rationalisme vide, qui se demande comment faire de la philosophie à une époque où celle-ci est jugée totalement inutile, ou qui, plus profondément, veut penser *à la fois* l'indépassabilité de l'existence individuelle et la recherche d'une vérité qui anéantit toute individualité, porte son (intempestive) actualité en lui-même.

Solger dans la philosophie classique allemande

Solger n'a pas fait partie du groupe des romantiques d'Iéna, qui autour des frères Schlegel, de Schelling, de Novalis et de la revue *Athenäum* a constitué entre 1796 et 1800/1801 le noyau dur du premier romantisme allemand ; bien plus, il prend position contre les dérives romantiques et va jusqu'à revendiquer de manière provocante son propre « philistinisme »[2]. Pourtant il partage, par l'intermédiaire de Tieck, certaines préoccupations des romantiques, par exemple autour de la question philosophique et esthétique de la *présentation* (*Darstellung*) de l'absolu dans la réalité finie, ou des définitions du symbole et de l'ironie ; il recherche comme eux une

est sa métaphysique) ; M. Frank, *Das Problem "Zeit" in der deutschen Romantik. Zeitbewußtsein und Bewußtsein von Zeitlichkeit in der Frühromantischen Philosophie und in Tiecks Dichtung* [1972], Paderborn/München/Wien/Zürich, Ferdinand Schöningh, ^{2}1990, p. 97-129 sur Solger. Les nombreuses études de Wolfhart Henckmann, principal contributeur germanophone au renouveau de la recherche sur Solger, seront citées au fil des commentaires.

1. *Cf.* les travaux de J. Colette – redécouvreur de Solger en France une cinquantaine d'années après M. Boucher – ainsi que, depuis une quinzaine d'années, ceux de J. Reid, X. Tilliette, A. Baillot, M. Galland-Szymkowiak, P. Grosos, N. Angehrn (voir la bibliographie pour le détail des références).

2. M. Boucher, *K. W. F. Solger*, p. 163. Pour Boucher, il est très clair que Solger n'est pas un romantique (p. 186-187) et qu'il faut cesser de le réduire à un « théoricien de l'ironie », cette dernière n'étant, pour l'auteur d'*Erwin*, « qu'une conséquence » (p. 274). Même si son interprétation phénoménologique-existentialiste de Solger est quelquefois outrée, il nous semble judicieux d'avoir voulu l'extraire d'une assimilation trop rapide au premier romantisme.

forme de la philosophie moins abstraitement universelle que l'exposé systématique, une forme susceptible de faire passer la philosophie dans la « vie ». Or la recherche des dernières décennies sur la « philosophie classique allemande » a tissé de manière toujours plus subtile et précise les liens multiples entre premier romantisme et idéalismes transcendantal et spéculatif ; elle a mieux dessiné les nuances des relations intra-idéalistes, de la contestation jacobienne et des réponses qu'elle provoque. Autant d'occasions de saisir Solger là où il est, c'est-à-dire à la confluence de tendances parfois contradictoires. Au-delà de son prétendu romantisme d'un côté, de la lecture qu'en donne Hegel de l'autre, il faut le sortir de sa gangue ironico-esthétique et caractériser précisément sa position dans le cadre (et hors du cadre) des idéalistes postkantiens. Sa philosophie se construit sur l'horizon de problèmes qui ont été posés par Fichte et Schelling : c'est sur cet horizon que Solger, qui refuse d'être catalogué comme un « professeur d'esthétique » [1], conçoit lui-même sa propre entreprise. En 1817, il écrit : « Ma philosophie s'est maintenant étendue assez loin pour que je puise la développer en toute sûreté. Ce n'est pas la philosophie fichtéenne, ni, comme certains semblent le croire, celle de Schelling, mais – j'en suis convaincu – un développement nouveau et spécifique de la philosophie allemande » [2]. Et encore : « Ce que je présente, ce n'est pas un schellingianisme ou un fichtéanisme autrement pensé. Je crois avoir atteint un point de vue à partir duquel je peux construire aussi ces chemins latéraux » [3]. Ce développement, qui s'effectue essentiellement entre 1815 et 1819, a ceci de propre en effet que, tout en partageant le questionnement par lequel les idéalismes transcendantaux de Fichte puis Schelling prolongent et transforment la démarche kantienne dans les dernières années du XVIIIe siècle, tout en partageant, aussi, certaines réponses apportées par Schelling jusqu'en 1809 mais également par Fichte en 1804-1806, Solger leur adresse en même temps une critique de fond : il

1. Lettre de Solger à Tieck, 1.1.1819, NSB I, p. 707, *Tieck and Solger*, p. 511 ; *L'Art et la tragédie du beau*, p. 511.

2. Lettre de Solger à Abeken, 15.11.1817, NSB I, p. 573. Bernhard Rudolf Abeken (1780-1866) est un philologue, formé aussi en théologie et philosophie, qui fut précepteur (notamment des enfants de Schiller), enseignant, directeur de lycée. Il participe avec Solger à deux groupes d'échanges intellectuels, la *Griechische Gesellschaft* à Iéna et le *Freitag* à Berlin.

3. Lettre de Solger à Keßler, 8.11.1817, NSB I, p. 568. Georg Wilhelm Keßler (1782-1846) est un ami de Solger qui l'a connu pendant ses études de droit à Halle autour de 1800, et qui fait carrière dans l'administration, à Berlin puis Munster.

fait ainsi figure de « mauvaise conscience »[1], de remords ou de taon de l'idéalisme allemand. C'est qu'il confronte l'idéalisme, transcendantal et spéculatif, à celui qui l'a mis radicalement en cause (et a par là même contribué à le déterminer) : Friedrich Heinrich Jacobi. La valorisation solgérienne de l'expérience intérieure de la « révélation » dans la « foi », l'importance qu'il donne à l'existence, à l'individualité, ne seraient pas concevables sans l'influence de Jacobi. Solger la revendique, mais il cherche tout autant à construire une position qui allie l'exigence d'une élucidation idéaliste systématique de la conscience et du monde à l'affirmation maintenue d'une transcendance de l'absolu, en même temps qu'à un souci constant de montrer comment ce dernier se déploie dans la vie même, dans l'expérience individuelle et contingente de l'existence. Telle est l'interprétation qui sera explorée dans nos commentaires, où seront mis en évidence les points de confrontation à Fichte, à Schelling, à Jacobi, ainsi que plus ponctuellement à Hegel (qui à l'époque de rédaction de ces textes, 1817-1819, est loin encore de l'aura des trois autres, et dont le rapport à Solger a été davantage étudié). Une telle interprétation ne prétend pas faire le tour de la position de Solger dans l'histoire de la pensée philosophique et théologique : ainsi le rapport à Luther et à Spinoza, à Giordano Bruno, à Friedrich Schleiermacher est déterminant pour l'« éclectisme »[2] solgérien, sans que les limites de ce travail permettent d'indiquer plus que quelques pistes.

Pour éviter de réduire une fois de plus Solger à un « chaînon manquant », il nous faut dans cette introduction d'abord tenter de le comprendre à partir de lui-même. Les pages qui suivent donneront donc une présentation synthétique de la philosophie de Solger, saisie dans son ensemble comme « pensée de la révélation ». Si la centralité de cette dernière notion a pu être soulignée[3], elle n'avait pas encore donné lieu à une reconstruction de la pensée de Solger incluant non seulement la théorie

1. M. Ophälders, *Romantische Ironie. Essay über Solger*, Würzburg, Königshausen & Neumann, 2004, p. 19 (*cf.* p. 61).

2. Sur cet « éclectisme » solgérien, voir U. Dannenhauer, *Heilsgewissheit und Resignation. Solgers Theorie der absoluten Ironie*, Frankfurt-am-Main/Bern/New York/Paris, Peter Lang, 1988, p. 236. Nous suivons U. Dannenhauer lorsqu'il estime que l'importance de Plotin et du néoplatonisme pour Solger n'est que relative (*op. cit.*, p. 235-239).

3. La révélation constitue le fil directeur choisi par Luca Ghisleri dans sa thèse de 2007 pour présenter la métaphysique de Solger, sa philosophie de l'art et sa philosophie de la religion (*L'Unità nella dualità. L'ontologia della rivelazione di K. W. F. Solger*, Milano, Mimesis, 2007). Une autre thèse centrée sur la notion de révélation est en cours, par Noemi Angehrn.

de la connaissance, la métaphysique et la philosophie de l'art, mais aussi la philosophie de la mythologie et la philosophie morale et politique.

La philosophie comme pensée de la « révélation »

Le problème postkantien du principe de la philosophie

Comme Fichte et comme Schelling, Solger considère que la philosophie a pour vocation d'être une science systématique – même si, comme nous le verrons un peu plus loin, la systématicité intrinsèque du savoir est pour lui une exigence distincte de la *forme* de présentation systématique. Fichte dès 1794, et, d'une autre manière, Schelling, ont voulu développer une construction de la philosophie comme science (*Wissenschaft*). Celle-ci ne peut se fonder que sur un principe qui soit à la fois *absolument immédiat*, c'est-à-dire indéductible, donné à la manière d'un fait dans le sujet (comme l'indiquent les termes de *Tatsache* chez Karl Leonhard Reinhold et, différemment, de *Tathandlung* chez Fichte), et *absolument universel*, c'est-à-dire susceptible de fonder la totalité de notre rapport, théorique et pratique, à tout ce qui pour nous *est*. La problématique du « fait » originaire comme point de départ philosophique est héritée de Kant, pour qui la conscience de l'impératif catégorique apparaît comme fait non empirique et unique de la raison pure [1], à travers Fichte (dans les *Fondements du droit naturel par* exemple, le *Factum* désigne la conscience de soi dont est déduit, à titre de condition de possibilité, le concept de droit). Un fil directeur essentiel des réélaborations postkantiennes de la philosophie consiste ainsi à établir, à partir du sujet pensant, un unique principe de la philosophie [2], inconditionné et universel, dans lequel s'atteste *factuellement* l'unité intérieure, fondatrice, de l'être et de la pensée. Ce n'est qu'en se fondant sur un tel principe que le système philosophique pourra légitimement se présenter non pas comme une description arbitraire, mais comme l'exposition, dans l'élément de la pensée, de l'unité de l'être et de la pensée qui fonde toute réalité.

C'est sur cette toile de fond que Solger avance sa conception de la *révélation* (*Offenbarung*) [3] comme principe et centre de la philosophie. Ce

1. Kant, *Critique de la raison pratique*, AK V, p. 31, trad. fr. F. Picavet, Paris [1943], P.U.F., 1993, p. 31.

2. *Cf.* C. Asmuth, « Anfang und Form der Philosophie. Überlegungen zu Fichte, Schelling und Hegel », dans C. Asmuth, A. Denker, M. Vater (Hg.), *Schelling: zwischen Fichte und Hegel*, Amsterdam/Philadelphia, John Benjamins Publishing, 2000, p. 403-417.

3. Pour la traduction des termes allemands, voir le glossaire en fin de volume.

faisant, il réinterprète comme on va le voir l'idée d'un « fait absolu », et, s'il apporte au problème du principe une solution originale au sein de la constellation postkantienne, il met également en cause l'approche fichtéenne et schellingienne et finalement le problème lui-même tel qu'il est posé, ou présupposé, par eux. Cette mise en cause s'appuie sur une conception dialectique du rapport entre connaissance ordinaire et connaissance philosophique qu'il nous faut expliciter.

Théorie de la connaissance et conception de la philosophie chez Solger

Solger hérite de la philosophie critique de Kant le projet de comprendre les conditions de possibilité de la connaissance, projet qu'il réélabore. Ce que nous appelons habituellement connaître, souligne-t-il, consiste à relier des concepts et des intuitions, à opposer, comparer, bref à *penser*, c'est-à-dire abstraire (un concept à partir de déterminations empiriques) et juger [1] (subsumer des déterminations sous un concept). Cette connaissance ordinaire (*gemeine Erkenntnis*) est donc purement relative. Pourtant, nous pensons habituellement y connaître quelque chose. Quand donc savons-nous que cette connaissance atteint le vrai ? Sans nul doute lorsque nous avons le sentiment de tenir non plus un perpétuel renvoi du particulier à l'universel et inversement, mais bien un point fixe qui n'est pas produit par notre entendement, et qui s'impose à lui. L'accès à une telle « connaissance supérieure » (*höhere Erkenntnis*) se marque en nous par la *conviction* que la mise en relation, par la conscience, d'un concept et d'une intuition, exprime non pas une association mais une identité : « Si j'ai trouvé, par division et comparaison des objets de la nature et de leurs concepts généraux, que quelque créature nouvellement découverte appartient à tel ou tel genre, cela ne consiste pas seulement à le poser comme un moment particulier de la diversité infinie sous la forme vide de ce concept du genre ; mais j'admets que ce concept, dans toute la plénitude que son unité embrasse, est présent dans cette chose, l'emplit de son essence et lui confère toutes les déterminations et expressions qui de manière générale sont compatibles avec la pensée d'une telle essence » [2]. De tels points d'unité dans la connaissance sont désignés par Solger sous le nom d'*Idées* : en eux, le divers sensible et le concept nous sont connus non comme reliés mais comme originairement un. Plus précisément, Solger définit l'Idée par l'identité entre la matière et la forme de la connaissance [3]. Toutefois, par

1. *Sur la vraie signification*, p. [70].
2. *Sur la vraie signification*, p. [80].
3. Cf. *Sur la vraie signification*, p. [91].

matière de la connaissance, il n'entend pas simplement, comme Kant, le divers sensible, mais tout aussi bien les concepts qui unifient le divers, et ce à chaque fois sous un angle particulier ; et par *forme* de la connaissance, il entend l'unité de l'aperception, en tant qu'elle relie activement les matières de la connaissance en un tout [1]. Dans l'Idée, ce sont donc aussi l'activité unifiante de la conscience et la teneur de ce qu'elle connaît qui ne font qu'un.

Si la philosophie veut devenir une science, elle doit mettre à son principe l'Idée, point d'unité du sujet et de l'objet constitutif de toute connaissance. Ou, plus exactement : non pas simplement ce point, mais bien la manière dont il constitue effectivement nos connaissances, c'est-à-dire la *dynamique du passage* de cette unité supérieure *dans* les relations de la connaissance ordinaire. Remarquons que pour Solger, *connaissance* ordinaire et *existence* finie sont en quelque sorte les deux faces d'une même réalité [2], celle de la disjonction radicale et insurmontable de l'un et du multiple qui caractérise la finitude. En fin de compte, la tâche de la philosophie ne consiste pas seulement à montrer comment l'universel et le particulier passent l'un dans l'autre (soit, si l'on veut, à élucider le schématisme), mais comment *l'Idée* (l'unité originaire, essentielle de l'universel et du particulier) *et l'existence* (leur non-unité, ou différence pour nous indépassable) passent l'une dans l'autre [3]. C'est ce *passage* qui constituera le cœur, le principe à partir duquel la totalité de notre savoir pourra être fondé et reconnu comme un savoir de ce qui *est* – dépassant ainsi l'opposition entre, d'un côté, un réseau de concepts par rapport auxquels le particulier n'est jamais qu'un possible, et de l'autre, la rencontre indéniable mais inexplicable de la conscience avec l'existence individuelle des choses empiriques.

Suivant la perspective de Solger, Fichte et Schelling ont bien considéré comme essentielle à la philosophie l'« annulation de la connaissance relative en une unité essentielle des oppositions » [4]. Ils ont, en outre, cherché à déterminer comment cette unité absolue fonde pour nous toute réalité : leur but était de « déterminer l'ensemble de la réalité (*Wirklichkeit*) par la philo-

1. *Sur la vraie signification*, p. [90].

2. L'existence dans son ensemble « consiste uniquement dans les modifications (*Modificationen*) de notre conscience détachée d'elle-même » (*Sur la vraie signification*, p. [98]). Ou encore : l'existence est « le moment de la plus parfaite action réciproque de l'universel et du particulier » (*PhiRS*, NSB II, p. 301).

3. *Sur la vraie signification*, p. [124]-[125].

4. *Sur la vraie signification*, p. [130]. Une note sur la traduction de *Aufhebung* par « annulation » se trouve dans le glossaire en fin de volume.

sophie », ou encore de « donner à la philosophie un contenu positif entièrement déterminé » [1]. Mais au lieu de se placer au *point même du passage* de l'Idée dans la réalité (au « point central de la conscience » [2]), ils se sont seulement situés d'un côté *ou* de l'autre de ce passage – du côté de l'Idée devenant réelle, ou du côté d'une réalité reconnue en son idéalité.

Ainsi, selon Solger, Fichte, dans la *Grundlage* de 1794-1795, a bien mis au principe de la philosophie, avec le Moi absolu comme pure activité d'autoposition, l'unité absolue des opposés [3]. Mais celle-ci est pour nous, comme unité, à proprement parler impensable ; pour la *penser* il nous faudrait nécessairement opposer en elle un sujet à un objet. Dès lors l'unité absolue n'est jamais présente comme telle dans notre existence [4]. Elle apparaît bien plutôt, dans le système de Fichte, comme *exigence* de rétablir, dans l'action pratique, l'unité à soi sous la forme de l'autonomie. Quant à Schelling, Solger note qu'il a voulu, dans sa philosophie de l'identité, montrer la réalité de l'unité absolue – la « raison » ou « identité absolue » – en tout étant [5]. Mais il ne montre pas, dit Solger, comment l'identité absolue passe dans la *réalité finie, temporelle*, ou encore dans la « conscience factuelle » [6], empirique : dès lors, la raison (la connaissance supérieure) reste, ici aussi, seulement « formelle » [7]. Pour le dire autrement : ce n'est pas de la réalité de notre existence qu'il est question dans le système de l'identité, mais seulement d'une réalité qui est toujours déjà dans l'absolu. Inversement, pour expliquer comment l'identité absolue revêt une infinité de formes, Schelling est selon Solger obligé d'introduire subrepticement, dans l'identité, des relations et oppositions qui relèvent en réalité de l'existence finie. La finitude même de l'existence est ici comme neutralisée par avance.

Fichte et Schelling ont ainsi perdu « le moment de la transformation, qui est pourtant seul le véritable acte de connaissance dans lequel les <éléments> opposés de cette dernière ne font plus qu'Un et en même temps s'annulent mutuellement » [8]. Dès lors, le principe qu'ils ont assigné à la philosophie est resté partiel [9] et n'a pas permis de mener la philosophie jusqu'à sa « clôture (*Abschluß*) », c'est-à-dire d'achever pleinement le

1. *Sur la vraie signification*, p. [135].
2. *Sur la vraie signification*, p. [128].
3. *Sur la vraie signification*, p. [130].
4. *Sur la vraie signification*, p. [131].
5. *Sur la vraie signification*, p. [132].
6. *Sur la vraie signification*, p. [133].
7. *Ibid.*
8. *Sur la vraie signification*, p. [130].
9. Cf. *Sur la vraie signification*, p. [128], [135].

projet idéaliste en montrant comment l'Idée constitue effectivement la réalité de notre connaissance et de notre existence. Leurs philosophies constituent, « à l'intérieur [du] cercle complet de la philosophie, un mouvement limité suivant une direction unilatérale »[1]. Sous cet angle, la critique de Solger est proche de celle adressée par Hegel au *Grundsatz* du premier Fichte et du premier Schelling, qui, « promettant l'Absolu, ne donne qu'un point de vue exclusif, et ne peut jamais donner plus, se trompant ainsi complètement sur lui-même »[2]. Dans la perspective solgérienne, si la philosophie veut être une explication systématique de l'étant en son entier à partir de l'unité absolue, elle doit se donner comme principe le point même de jonction de l'Idée et de l'existence, le *passage* mutuel de chacune des deux dans l'autre. Comme on va le voir, cette détermination du « passage » comme *révélation* distinguera, cette fois, la critique solgérienne de celle de Hegel.

La révélation, passage de l'Idée dans l'existence et de l'existence dans l'Idée

Pour que la philosophie s'achève en une « clôture » sur soi, il faut que « le premier fondement et présupposé lui-même » devienne à son tour « un fait, une pleine expérience vivante »[3]. L'Idée, fondement de la philosophie, doit devenir notre existence et jusqu'à la contingence même de cette dernière. L'*Idée* est aussi appelée par Solger *essence* (*Wesen*), c'est-à-dire, pourrait-on expliciter, l'unité pensée de l'être et de la pensée. Il faut donc que l'« essence divine » devienne notre existence. Mais cette dernière, dans sa relativité et sa temporalité[4], est précisément ce que l'Idée absolue, une et éternelle, *n'est pas*. Dès lors, expliquer la *présence* (*Gegenwart*, une notion centrale chez Solger) de l'Idée, ou l'existence de l'essence, ce n'est rien d'autre que nier la négation de l'Idée elle-même, c'est-à-dire montrer la nullité des apparences phénoménales finies : « l'existence en et pour soi n'est que ce que l'essence *n'est pas*, le *néant de l'essence* (...). Par conséquent, l'essence se révèle en tant que telle, ou encore devient essence réelle, seulement *en annulant ou anéantissant ce*

1. *Sur la vraie signification*, p. [134].

2. P. Grosos, *Système et subjectivité. L'enjeu de la question du système : Fichte, Schelling, Hegel*, Paris, Vrin, 1996, p. 48.

3. *Sur la vraie signification*, p. [129].

4. Manfred Frank a particulièrement insisté sur la détermination solgérienne de la finitude comme temporalité (*Das Problem* "Zeit", p. 505-506).

néant. Pour nous, elle n'est là que dans cette opposition complète au néant »[1].

En effet, si l'essence divine n'anéantissait pas continuellement l'existence dans laquelle elle se révèle, elle ne se révèlerait plus *par elle-même*, mais dépendrait en quelque manière des propriétés du fini au moyen desquelles elle se révèlerait. « La façon supérieure d'exister (*dazuseyn*)[2], c'est de se révéler, et se révéler, cela signifie anéantir son néant (*sein Nichts vernichten*), c'est-à-dire exister par soi-même ; l'un et l'autre ne font qu'Un »[3]. Connaître la présence de l'Idée dans notre existence ne peut donc signifier qu'une chose : comprendre la nullité (*Nichtigkeit*, la « néantité ») de l'existence, c'est-à-dire le fait que par elle-même, elle ne contient ni ne produit aucun être. « La connaissance suprême de l'essence dans notre existence et la complète conviction de la nullité de cette dernière ne sont entièrement qu'une seule et même chose »[4].

L'existence de l'absolu ne peut donc se donner à la conscience que sur fond d'une *reductio ad nihil* du caractère purement relatif des apparences phénoménales. Mais la portée de la dialectique solgérienne va encore plus loin : il ne s'agit pas seulement de nier la phénoménalité en général, mais bel et bien la phénoménalité même *de l'absolu.* « Se révéler, cela signifie anéantir *son* néant » : c'est bien *sa* propre existence que l'absolu doit abolir, s'il doit se révéler *comme* absolu. Car le néant (l'existence) n'est pas un deuxième principe, une deuxième sorte d'être que l'Idée aurait à détruire, mais bien son *propre* non-être. Ce non-être, elle le crée autant qu'elle l'annihile, car du point de vue de l'absolu lui-même, il n'*y a* pas de néant[5]. Or, parce qu'elle est le néant *de l'essence*, l'existence, nulle en elle-même, a cependant toujours aussi, étant créée par l'essence, le statut de possible

1. *Sur la vraie signification*, p. [172].

2. Une note sur la traduction de *Existenz/existieren* (existence, exister) et *Daseyn/daseyn* (être-là) figure dans le glossaire. Ici nous maintenons la traduction de *daseyn* par « exister » afin de mettre en évidence la cohérence de l'argumentation de Solger.

3. Lettre de Solger à Tieck, 1.1.1819 (NSB I, p. 703, *Tieck and Solger*, p. 508 ; *L'Art et la tragédie du beau*, p. 173).

4. *Lettres sur la philosophie et la religion*, p. [31].

5. « Tout ce qui est véritablement n'est que révélation de Dieu, et nous ne connaissons nulle autre existence et nul autre agir véritables que ce qui, dans l'anéantissement perpétuel de nous-mêmes, c'est-à-dire de notre apparence, subsiste, afin que cette révélation surgisse librement en sa pleine lumière. Dans le cas de Dieu, il en ira autrement : là, *le néant (n') est vraiment rien* (*da ist das Nichts wirklich nichts*), alors que pour nous au contraire il est l'unique Quelque chose, pour autant qu'il nous apparaît <comme phénomène> » (Lettre de Solger à Keßler, 16.5.1818, NS I, 631, je souligne ; *L'Esthétique de Solger*, p. 220).

manifestation de l'essence [1]. Dès lors, il faut comprendre que la révélation de l'Idée dans et par l'anéantissement de l'existence finie est en même temps *l'auto-anéantissement* de l'Idée en tant qu'Idée existante: « l'essence s'annule de nouveau elle-même, pour autant qu'elle est entièrement rien, par quoi on ne voudrait rien dire d'autre que : elle se rend elle-même réelle en tant qu'essence, ou encore, elle existe immédiatement » [2]. Ce qui est en jeu ici, nous le verrons plus loin, c'est aussi la dualité de la révélation, comme nature (nécessité) *et* comme esprit (liberté) ou conscience de soi : pour se révéler *comme* essence (et non simplement dans son néant), l'essence doit s'annuler elle-même en tant qu'elle était toujours déjà devenue nature. Quoi qu'il en soit, le fondement de tout être et de toute vérité réside selon Solger dans cette « auto-révélation et cet auto-sacrifice divins (*göttliche Selbstoffenbarung und Selbstopferung*) »[3] : tel est le mouvement dialectique de la révélation qui fonde la systématicité de la philosophie et que nous allons retrouver en tous ses domaines.

Cet autoanéantissement de l'essence ne signifie pas que l'absolu se dérobe à nous ou se cache : la révélation, souligne Solger, est complète, entière. Elle est la pleine présence de l'Idée absolue, pour notre conscience finie. Pour cette dernière en effet, la *présence* ne saurait avoir le sens d'une *parousie*, d'un avènement pleinement positif de l'absolu comme tel – mais seulement d'une plénitude qui est toujours en même temps sa propre évanescence. La révélation est *entière* pour autant qu'elle est *kénotique* [4], qu'elle n'est rien d'autre que l'anéantissement de cela même qui se révèle. « C'est précisément à travers cette nullité de l'Idée comme phénomène terrestre (...) que nous parvenons pour la première fois à la connaître comme réelle, et même à connaître toute apparition phénoménale comme l'existence de l'Idée » [5].

Ontologie et épistémologie de la révélation

La « révélation » est pour la conscience l'actualisation du fondement, une actualisation constamment renouvelée dans l'existence. Mais *qu'est-ce* qui se révèle exactement ? Solger note : « De l'Idée, nous ne pouvons

1. On peut dire la même chose de la connaissance : comme l'a souligné M. Frank, la connaissance ordinaire est à la fois nulle (relative, hors-de-soi) et, eu égard à ce qui s'y révèle, absolument consistante – à la fois temporelle et éternelle (*Das Problem "Zeit"*, p. 115 *sq.*)

2. *Philosophische Gespräche*, p. 317.

3. *Philosophische Gespräche*, p. 320.

4. *Cf.* M. Ravera, préface à sa traduction italienne d'*Erwin*, Brescia, Morcelliana, 2004, p. 9, 11, 12-13.

5. *Erwin*, p. 388-389.

donc rien dire de plus que ceci : elle est là dès l'origine, indépendamment du rapport et de l'activité qui effectue le passage, elle n'est que par soi et en soi, elle est l'Éternel, le clos et le parfait » [1]. Parce que l'absolu comme tel est absolument un, et que l'existence ne consiste, à l'opposé, qu'en différenciations, oppositions et relations, l'unité absolue, *stricto sensu*, n'*existe* pas. Solger l'appelle également un « être obscur » et souligne sa radicale transcendance et inconnaissabilité [2]. Dans une lignée fichtéenne, Friedrich Schlegel et Hardenberg, chacun à leur manière, avaient également insisté sur cette transcendance (comme les travaux de Manfred Frank l'ont souligné). Mais la perspective propre à Solger consiste à tenir, *en même temps* que cette affirmation de la transcendance de l'Idée en soi, la thèse selon laquelle, dans sa révélation pour nous, l'Idée nous est présente sans reste. De l'unité absolue comme telle, nous ne pouvons certes rien connaître. Pourtant, notre existence n'est pas une *autre sorte* d'être que cet « être obscur », elle ne peut tenir sa consistance que de lui. Considérée en elle-même, l'existence est le néant, mais en même temps elle est bien le seul *là* possible de l'Idée [3]. Solger définit donc l'existence comme « le vrai néant positif (*das wahre positive Nichts*) » [4] : « néant » en soi, sans consistance propre au regard de l'Être, mais « positif » en tant qu'il cherche à se poser comme valant par soi-même, hors de la révélation, et devient ainsi le « mal » [5], ce dernier étant alors littéralement la *perversion* qui veut retourner le non-être en être.

Nous avons bel et bien, Solger le souligne, une expérience de l'unité, dans notre connaissance et notre existence relatives. Du point de vue de la connaissance, la « *conviction* » est la certitude d'avoir atteint, dans la pensée, l'unité de la pensée et de l'être. Du point de vue de l'être, c'est l'unité des *choses individuelles existantes* qui s'impose à nous, leur

1. *Sur la vraie signification*, p. [91].

2. *Être, non-être et connaître*, p. [232]. *Cf.* M. Frank, *Einführung in die frühromantische Ästhetik*, Frankfurt-am-Main, Suhrkamp, 1989, p. 318.

3. Dans l'existence, l'être se donne donc comme non-être (finitude, relativité) *et* comme être (dans l'expérience de la révélation). « Par là, la dialectique de Solger s'avère être un dualisme ontique (deux sortes d'être) mais un monisme ontologique (un unique fondement) » (D. Potz, *Solgers Dialektik. Die Grundzüge der dialektischen Philosophie K. W. F. Solgers*, Hamburg, Kovač, 1995, p. 159).

4. Lettre de Solger à Tieck, 7.12.1817, NSB I, p. 579, *Tieck and Solger*, p. 395. *Cf.* la lettre de Solger à Tieck du 19.11.1815, NSB I, p. 378, *Tieck and Solger*, p. 192 ; et celle du 1.1.1819, NSB I, p. 703, *Tieck and Solger*, p. 508, *L'Art et la tragédie du beau*, p. 173.

5. Cf. *Sur la vraie signification*, p. [168], et la lettre à Tieck, 2-4.2.1817, NSB I, p. 512, *Tieck and Solger*, p. 346.

présence irréfutable, leur être-là un et unique[1]. Dans ces deux cas, la conscience éprouve ou constate la présence d'une unité qu'elle sait ne pas avoir créée elle-même. Certitude de soi et certitude du monde ne peuvent être sues comme une seule et même que dans l'expérience de la révélation. « La philosophie qui commence avec la conscience de soi et qui développe tout à partir de là, et qui sans nul doute est la vraie, s'est, à mon avis, tellement empêtrée dans cette dernière et dans ses différentes fonctions, qu'elle l'a toujours construite de manière simplement relative, et qu'elle n'est pas arrivée au moment qui embrasse tout, là où la conscience de soi s'annule elle-même de nouveau, et ne se retrouve qu'en un autre, qui est seulement en soi, et dans lequel seule la conscience de soi est quelque chose véritablement existant – c'est-à-dire en Dieu »[2]. On discerne l'ambiguïté de la reprise solgérienne de Jacobi, consistant d'une part à admettre, comme ce dernier, l'altérité fondamentale du vrai (se donnant dans la foi) par rapport à toute l'activité de construction du savoir humain, mais d'autre part *aussi* à poser cette révélation comme l'assise réelle de la philosophie. Mais si cette dernière a bien pour point de départ l'unité de la conscience de soi, cette unité ne peut être comprise selon Solger ni comme posée par le Moi en un acte libre, ni comme découverte par lui comme son propre fond dans une démarche d'abstraction dépassant la division sujet/objet : elle est reçue par le Moi, au prix d'un dessaisissement fondateur, comme l'extériorité radicale de son fond le plus intime.

La tâche de la philosophie consiste dès lors à élucider les conditions de la « présence » de l'Un, ou encore à exposer discursivement les modalités sous lesquelles la révélation *constitue* pour nous tout être et toute vérité. D'un point de vue ontologique, la révélation se définit comme le déploiement de l'être au moyen de son non-être : l'être entre dans l'existence en s'opposant un non-être, afin de recréer infiniment sa propre unité dans la diversité du fini. Ainsi « l'être atteint la réunification à soi-même déjà en chaque point du non-être, mais toujours seulement par l'intermédiaire du particulier »[3]. D'un point de vue gnoséologique, la révélation est révélation de l'*Idée*, connaissance supérieure *dans* la connaissance ordinaire finie et relative. L'Idée est l' « acte éternel de l'unité »[4] revenant à soi au moyen de l'existence et de la conscience finies. Elle prend différentes configurations (Idées du bien, de la beauté, de la vérité, de la béatitude), selon qu'elle nous apparaît médiatement ou immédiatement, dans les

1. Cf. *Être, non-être et connaître*, p. [207] ; *Sur la vraie signification*, p. [76].
2. Lettre de Solger à Tieck, 19.11.1815, NSB I, p. 376 ; *Tieck and Solger*, p. 191.
3. *Être, non-être et connaître*, p. [249].
4. *Sur la vraie signification*, p. [93].

objets extérieurs ou dans notre conscience. « Si nous avons déposé l'enveloppe de ce qui est nul, alors nous percevrons aussi en une claire intellection comment la nature tout entière n'est rien d'autre que l'existence de Dieu se résolvant elle-même en sa propre harmonie, comment la religion, la moralité, l'art ne sont rien que l'acte (*That*) d'autoanéantissement et d'autorévélation de l'essence divine. (...) Tous, ils sont l'Un-et-même, mais intuitionné sous différents points de vue » [1].

L'unité de la révélation et de la spéculation

Si la tâche de la philosophie consiste à élucider le « *Was* » de la révélation, à décrire conceptuellement la manière dont l'unité de l'Idée se diffracte dans les différents domaines de notre connaissance et de notre existence finies, la philosophie ne saurait cependant rendre compte par ses propres moyens (discursifs) du « *Dass* », du *fait* même de la révélation. Ce « fait » (*Thatsache* ou *Faktum*, les deux termes sont utilisés comme des équivalents), Solger le trouve donné dans le contenu de la religion chrétienne, avec l'existence, la mort et la résurrection du Christ (vues en elles-mêmes, mais aussi dans leur lien au salut du chrétien). Pour autant, le fait éternel, principiel de la philosophie ne *coïncide* pas avec le fait historique de la vie et de la mort du Christ. Pour reprendre la formule de Valeria Pinto, le Christ et la croix constituent le *prototypos* pour la genèse de la dialectique philosophique (dont l'ironie artistique quant à elle sera l'*ektypos*) [2]. Ce fait que la philosophie choisit comme son propre centre « n'est pas le fait relatif, mais le fait absolu, qui cependant existe toujours en même temps pour nous sous une figure relative » [3]. « Le fait de l'auto-anéantissement et de l'auto-révélation de Dieu [est] le seul et unique objet de la philosophie (...). Cet événement n'est en aucun cas simplement extérieur, dans la mesure où nous nous représentons qu'il s'est produit dans le Christ : au contraire, le fait et la loi éternelle du monde, loi qui se répète partout et à chaque moment dans son effet, ne font entièrement qu'un. De même que, dans le Fils et dans sa mort, Dieu s'est sacrifié dans le monde visible et l'a, du même coup, complètement annulé et anéanti en tant qu'apparence : de même, le Père continue toujours de vivre dans la pérexistence universelle de ce monde, et se sacrifie à chaque moment dans cette pérexistence, en s'abaissant continuellement de nouveau jusqu'à

1. *Philosophische Gespräche*, p. 320. Sur la pluralité des idées, voir *Sur la vraie signification*, p. [95]-[96].
2. V. Pinto, Introduction à : Solger, *Scritti filosofici*, Napoli, Guida Editori, 1995, p. 12.
3. *Sur la vraie signification*, p. [175].

l'apparence en tant que Fils, et en s'anéantissant toujours de nouveau en tant que tel dans la conscience de chacun de nous »[1].

En plaçant au principe de la philosophie la révélation comme fait absolu, Solger prend la suite de la réflexion reinholdienne et fichtéenne sur le principe de la philosophie comme « fait », c'est-à-dire sur l'immédiateté et l'autonomie de ce principe. Mais il renouvelle cette réflexion en profondeur en montrant que le fondement immédiat et auto-suffisant cherché par les postkantiens dans l'unité de la conscience de soi renvoie à un acte plus originaire, donné dans le fait éternel de la révélation : « sans révélation, il n'y a pas de vraie conscience de soi »[2]. À l'expérience intérieure de la révélation de l'essence divine, Solger, s'inspirant là encore de Jacobi tout en le critiquant, donne le nom de *foi* (*der Glaube*) : « Ce que nous avons le droit de décrire par ce mot, ce n'est pas un pressentiment indéterminé ni même une conjecture ; c'est bien plutôt ce qui est le plus clair et le plus certain dans l'ensemble de notre connaissance ; en effet, c'est ce qui seul nous permet de rassembler nous-mêmes notre conscience comme une conscience unifiée et immédiatement présente. Sous tout autre point de vue, cette conscience qui est la nôtre ne demeure jamais présente que de manière partielle et relationnelle »[3]. Dès lors, la thèse centrale de Solger est la suivante : le contenu de la foi et celui de la philosophie ne font qu'un[4]. Philosopher, c'est *penser* la révélation, la « présence de l'essence dans notre connaissance et existence »[5], présence qui est par ailleurs *vécue* dans la foi. « La révélation est tout ; mais elle est d'un côté expérimentée, de l'autre pensée et comprise, c'est-à-dire portée à l'intelligence et à la conscience »[6]. Mais la scission entre expérience et pensée de la révélation est indépassable, car liée à notre finitude : toutes deux ne se distinguent que « parce que nous sommes jetés (*geworfen*) dans l'existence, où l'existence

1. Lettre de Solger à Keßler, 16.5.1818, NSB I, p. 631-632 ; *L'Esthétique de Solger*, p. 220-221.

2. Lettre de Solger à Abeken, 23.1.1818, NSB I, p. 602. *Cf.* aussi p. 601 ; et la lettre de Solger à Tieck, 4.2.1817, NSB I, p. 513, *Tieck and Solger*, p. 346-347).

3. *Sur la vraie signification*, p. [98]. Voir les *Philosophische Gespräche*, p. 256.

4. Voir par ex. : *Sur la vraie signification*, p. [157], [169], [174], [179] etc. ; *Philosophische Gespräche*, p. 255 ; Lettre à Abeken, 23.01.1818, NSB I, p. 598-99, 605. Sur ce thème de l'unité de la spéculation et de la révélation, *cf.* W. Henckmann, « Solgers Auffassung der Einheit der Offenbarung und der wahren Philosophie », dans W. Jaeschke (Hg.), *Religionsphilosophie und spekulative Theologie. Der Streit um die göttlichen Dinge (1799-1812)*, Hamburg, Meiner, 1994, p. 221-250 ; F. Decher, « Unité de la révélation et de la spéculation. Remarques sur le fondement mystique de la philosophie solgérienne », dans *L'Esthétique de Solger*, p. 49-65.

5. Cf. *Sur la vraie signification*, p. [116].

6. *Sur la vraie signification*, p. [178].

de l'essence, connue par la religion, et l'essence de l'existence, dévoilée par la philosophie, doivent nécessairement être distinguées l'une de l'autre parce que nous ne sommes pas Dieu, mais sommes par lui dans l'éternel et le vrai » [1].

Seul le fait indéductible et originaire de la révélation, mis au centre de la pensée philosophique, garantit que cette dernière soit véritablement vivante et en prise sur le réel, c'est-à-dire qu'elle se situe au point même du passage de l'Idée dans l'existence. Si, comme le reconnaît Solger, la philosophie après Kant et Fichte ne peut plus partir que de la conscience de soi, elle doit, tout autant, reconnaître que l'unité du Je=Je n'est ni posée par la conscience en un acte libre, ni même trouvée en elle comme son propre fond asubjectif. Le Moi fait l'expérience de sa propre unité comme d'un don gracieux, un accès à soi dont la condition nécessaire, mais non suffisante, est le *dessaisissement* fondateur dans lequel il se reconnaît comme en lui-même incapable de l'Un. La philosophie en effet ne *construit* pas son objet suprême, ou encore, « l'identité de l'être et de la pensée n'est pas une égalité réelle » [2]. Bien loin d'illustrer ici simplement un théorème philosophique, la doctrine chrétienne de la Révélation comme Incarnation et Rédemption [3] fournit à la philosophie le « fait » qui lui est à la fois intérieur (en son contenu) et extérieur (en son existence), fait sans lequel elle est incapable de se clore systématiquement [4], c'est-à-dire d'analyser dialectiquement la totalité de ce qui est comme auto-création et auto-annihilation de l'Un. Cette compréhension philosophique doit être clairement distinguée de l'expérience immédiate du fait de la révélation, à laquelle elle ne peut se substituer. Pour autant, la teneur et le sens que ce fait prend pour la philosophie ne peuvent être déterminés que par la philosophie elle-même, non par la religion. La positivité de la Révélation (et même : de la *theologia crucis*), dans la tension féconde de son identité et de sa différence avec le concept philosophique (dialectique) de révélation, est certes centrale à la

1. *Lettres sur la philosophie et la religion*, p. [52].

2. V. Pinto, Introduction aux *Scritti filosofici*, p. 19-20.

3. Voir L. Ghisleri, *L'Unità nella dualità*, notamment p. 58. Dans la perspective de promouvoir une « théologie du sublime » qui s'appuie sur Schiller et Solger, Alessio dal Pozzolo souligne à juste titre que le concept solgérien d'une révélation « totale et omniprésente » ne « dissout » pas la compréhension chrétienne d'une révélation « historique et positive » (*La Fede tra estetica, etica ed estatica*, Roma, Gregorian & Biblical Press, 2011, p. 360-361).

4. Sur ce point *cf.* la lettre de Solger à Tieck, 4.2.1817, NSB I, p. 507, *Tieck and Solger*, p. 342.

pensée de Solger qui se dit avant tout luthérien [1]. Reste que son projet n'est pas une religion philosophique, mais une philosophie, qui repère dans l'*existence* du fait «prototypique» de la révélation la connexion de la pensée et de l'être dont il lui faut élucider teneur et développement et se faire ainsi elle-même le *typos*.

Sans pouvoir ici entrer dans une comparaison de détail de la conception solgérienne du rapport entre philosophie et révélation avec la philosophie schellingienne de la révélation, indiquons simplement quelques points de départ. Schelling souligne que « la raison, dans la mesure où elle se prend seule pour source et principe, n'est capable d'aucune connaissance effective » [2] et que dans ce contexte, l'intérêt de la révélation pour la philosophie tient à ce qu'elle contient quelque chose que la philosophie ne possède pas sans elle, « quelque chose qui dépasse la raison, et qui est plus que ce que la raison contient » [3]. Ici comme chez Solger, une philosophie qui se donne la révélation pour objet admet qu'elle ne sera elle-même complète qu'en pensant à fond la « factualité » de cette révélation, factualité qui est l'autre de la raison mais qui ne peut être comprise comme telle que par celle-ci [4]. De même, chez les deux auteurs, il est clair que la prise en compte de la révélation par et dans la pensée, le fait de *concevoir* sa factualité même [5], ne pourra que modifier en profondeur la façon dont la philosophie conçoit sa propre entreprise [6]. Toutefois la philosophie schellingienne de la Révélation est une partie seulement de la philosophie (partie préparée, notamment, par la philosophie de la mythologie), alors que pour Solger

1. Le sens philosophique pris par le luthéranisme chez Solger a été peu étudié ; il faut savoir gré à Luca Ghisleri d'avoir souligné dans *L'Unità nella dualità* les points de rapport à Luther. Si la compréhension kénotique de l'Incarnation a souvent été soulignée dans la recherche en langue italienne, il manque encore une étude qui, *sans réduire* le sens de la philosophie de Solger à celui d'une philosophie religieuse, analyserait de manière systématique l'utilisation qu'il fait de thèmes luthériens, entre autres la foi comme compréhension de la croix et plus généralement la figure de la « mort de la mort », la corrélation entre le Christ et la foi, la conscience aigüe de la finitude de la raison humaine, et même l'idée que la philosophie, si elle peut à la rigueur concevoir le fait de l'incarnation, ne peut l'affirmer en sa réalité temporelle (ces points sont repris à M. Lienhard, *Luther témoin de Jésus-Christ. Les étapes et les thèmes de la Christologie du Réformateur*, Paris, Cerf, 1973, *passim*).

2. Schelling, *Philosophie de la Révélation*, Livre I, SW XIII, p. 152 ; trad. fr. J.-F. Marquet et J.-F. Courtine (dir.), Paris, PUF, 1989, p. 178.

3. Schelling, *Philosophie de la Révélation*, Livre I, SW XIII, p. 143 ; trad. fr. p. 168.

4. « La philosophie positive part de ce qui est tout à fait en dehors de la raison, mais la raison ne se soumet à lui que pour recouvrer immédiatement ses droits » (Schelling, *Philosophie de la Révélation*, Livre I, SW XIII, p. 171 ; trad. fr. p. 196).

5. Schelling, *Philosophie de la Révélation*, Livre I, SW XIII, p. 140-141 ; trad. fr. p. 166.

6. Schelling, *Philosophie de la Révélation*, Livre I, SW XIII, p. 142 ; trad. fr. p. 167.

c'est bel et bien toute la philosophie qui doit se reconnaître comme pensée de la révélation. Chez Solger la révélation donne l'Un se manifestant et s'anéantissant dans l'existence, chez Schelling le dépassement de la raison qui se donne dans la factualité de la Révélation nous renvoie à la nature de l'expérience comme telle : « tout ce qu'on ne peut connaître que par expérience est déjà quelque chose qui dépasse la raison »[1] ; la notion d'existence n'est pas la même. D'un point de vue schellingien la pensée solgérienne de la révélation, si fortement ancrée dans la *theologia crucis*, serait sans doute « trop religieuse », et pourtant Solger donne une extension au concept de révélation qui fait bien de cette dernière le principe *philosophique* de la compréhension de la relation qui s'établit entre la conscience individuelle et l'étant.

Dialectique et dialogue

Philosopher, c'est penser la récurrence omniprésente du fait absolu de la révélation ; c'est comprendre les oppositions et relations de la connaissance ordinaire « comme le développement d'une unité originaire »[2], y décrire « l'éclat de l'Idée dans l'existence »[3]. L'outil philosophique adapté à cette entreprise est la *dialectique*, la description du mouvement double par lequel l'Idée, se posant dans l'existence, nie la nullité de sa propre phénoménalisation. La forme adéquate à cette conception de la philosophie ne peut être, selon Solger, que le *dialogue*. Si l'auteur d'*Erwin* rejoint ici certaines préoccupations romantiques, sa théorie du dialogue doit avant tout être comprise en étroite corrélation avec sa conception de la dialectique[4].

La philosophie ne saurait se fonder selon Solger sur une intuition intellectuelle indifférenciée de l'unité absolue[5], mais seulement sur

1. Schelling, *Philosophie de la Révélation*, Livre I, SW XIII, p. 143 ; trad. fr. p. 178.

2. *Sur la vraie signification*, p. [92].

3. *Ibid.*

4. Sur la théorie solgérienne du dialogue, on pourra consulter : M. Frank, « Einverständnis und Vielsinnigkeit oder: das Aufbrechen der Bedeutungseinheit im "eigentlichen Gespräch" », dans K. Stierle, R. Warning (Hg.), *Das Gespräch*, München, Fink, 1984, p. 87-132 ; W. Henckmann, « Lehren und Lernen der Philosophie: zur Dialogtheorie bei F. Schlegel, Schleiermacher und Solger », dans H. Girndt, L. Siep (Hg.), *Lehren und Lernen der Philosophie als philosophisches Problem*, Essen, Verlag Die blaue Eule, 1987, p. 103-160 ; *id.*, « Die Dialogform », dans *Erwin*, Nachwort, p. 492-501 ; M. Galland-Szymkowiak, « La critique hégélienne du dialogue solgérien. Dialogue, systématicité, intersubjectivité », dans A. Baillot, C. Coulombeau (éd.), *Les Formes de la philosophie en Allemagne et en France 1750-1830*, Berlin, Wehrhahn Verlag, 2007, p. 151-173, ici p. 160-163.

5. *Cf.* F. Decher, *Die Ästhetik K. W. F. Solgers*, Heidelberg, Winter, 1994, p. 377.

l'intuition vivante, différenciée, de l'Idée se reliant à soi au moyen de l'existence. La philosophie elle-même n'est pas tant la connaissance supérieure, que l'exposition de la relation dialectique entre connaissance d'entendement et expérience de la révélation. La connaissance ordinaire ne connaît rien, si l'unité de l'Idée n'y est pas discernée ; et l'unité n'in-forme la connaissance qu'en devenant elle-même, par le biais de la réflexion d'entendement, le réseau de mises en relation et en opposition qui constitue la connaissance finie. Ainsi, les deux modes de connaissance entretiennent simultanément un rapport d'identité *et* un rapport de négation mutuelle[1]. Seule la forme philosophique du *dialogue* est, selon Solger, à même d'exprimer l'essence de ce rapport dialectique. Les dialogues solgériens, qui frappent par leur valeur littéraire[2], mettent en scène des personnages fortement individualisés, entretenant de multiples relations d'alliance ou d'opposition qui évoluent au long de l'entretien : pas de connaissance absolue de l'absolu ici, mais une découverte progressive, par la conscience individuelle du lecteur, du cœur commun des différentes opinions fausses, à travers leur annulation mutuelle[3]. Le dialogue a pour propriété essentielle de proposer non pas une vérité impersonnelle mais l'éveil d'une réflexion en première personne : il est dès lors la forme adéquate à l'exposition et à la re-création, dans l'esprit du lecteur, d'une révélation qui, dans la conception solgérienne, est toujours l'événement *individuel* de la présence de l'unité divine pour une conscience singulière.

La dialectique chez Solger est à la fois immanente et transcendante, ou, si l'on veut, horizontale et verticale[4] : la décomposition de l'unité de l'Idée dans les relations de l'entendement est immanente à l'existence finie, mais le fait même que cette unité se révèle, que dans l'autonégation de la connaissance ordinaire brille l'éclair de la connaissance supérieure, n'est pas créé par la conscience mais toujours déjà reçu par elle. Or le dialogue solgérien se caractérise par une teneur intermédiaire qui reflète particulièrement bien ce caractère à la fois immanent et transcendant de la dialectique : il n'est ni une présentation (faussement) dialogique d'une vérité déterminée au préalable et exprimable par ailleurs *more geometrico*[5], ni un dialogue dans lequel le vrai n'émergerait qu'à partir des interactions finies entre personnages. La tâche du dialogue n'est pas de *construire* le vrai

1. Ce rapport est examiné par Solger au chap. V de *Sur la vraie signification.*

2. *Cf.* R. Wildbolz, *Der philosophische Dialog als literarische Kunstwerk. Untersuchungen über Solgers* Philosophische Gespräche, Bern/Stuttgart, Verlag Paul Haupt, 1952.

3. Cf. *Erwin*, p. 85.

4. J. E. Heller, *Solgers Philosophie der ironischen Dialektik*, p. 198.

5. Cf. *Sur la vraie signification*, p. [196]-[197].

– celui-ci, consistant dans le fait éternel de la révélation, est toujours déjà là [1] – mais d'indiquer une correction des opinions individuelles les unes par les autres, afin de présenter ainsi le vrai *dans* l'existence finie. « Je voudrais bien », écrit Solger, « présenter les Idées de sorte qu'on les reconnaisse en toutes leurs réfractions dans le monde réel, et que l'on voie comment elles ne subsistent pas au loin, comme des formes universelles, mais plutôt comment elles pénètrent tous les phénomènes, et comment, dès le matin lorsque nous nous levons et buvons notre café, nous devons commencer à vivre selon elles » [2].

Solger reprend bien à son compte le projet idéaliste d'une philosophie conçue comme science systématique, articulant en relations discursives le rapport de toute réalité au principe [3]. S'il refuse néanmoins la *forme* d'écriture philosophique systématique (celle de l'*Exposition de mon système de la philosophie* donnée par Schelling en 1801 ou celle de l'*Encyclopédie* hégélienne, qui chacune à sa manière suivent le mouvement même du déploiement de l'absolu) pour lui préférer celle du dialogue, c'est que sa philosophie exclut l'idée d'une connaissance absolue de l'absolu. Le centre du philosopher, mis au premier plan à la lecture du dialogue, doit rester l'expérience individuelle de la révélation, qui insuffle à la philosophie l'esprit seul capable d'animer les formes [4] – même si cette expérience consiste nécessairement aussi en une annulation de l'idiosyncrasie individuelle.

Dans le dialogue, produit de l'art autant que de la pensée, la philosophie est *mise en œuvre*. Aussi bien est-ce, précisément, dans sa philosophie de l'art, que Solger a pu développer le plus précisément et le plus concrètement, comme on va le voir, la *philosophia prima* qui vient d'être esquissée.

1. *Cf.* la lettre de Solger à Tieck, 26.4.1818, NSB I, p. 620, *Tieck and Solger*, p. 423.
2. Lettre de Solger à Raumer, 12.3.1812, NSB I, p. 224-225.
3. *Cf.* la lettre de Solger à Tieck, 5.12.1813 (NSB I, p. 296-297, *Tieck and Solger*, p. 102).
4. Cf. *Sur la vraie signification*, p. [192].

PHILOSOPHIE DE L'ART : L'UNITÉ DIALECTIQUE DU SYMBOLE ET DE L'IRONIE

Esthétique et métaphysique

Comment comprendre la place prépondérante de la philosophie de l'art chez Solger ? Est-elle un cas particulier d'application de sa métaphysique, ou bien ouvre-t-elle une perspective *sui generis* ? La prépondérance de l'esthétique est-elle simplement *de facto* (Solger est mort avant d'avoir pu développer entièrement son système) ou bien le philosophe voulait-il accorder, parmi les formes de la révélation, un privilège à l'art, qui ferait de ce dernier un objet prioritaire de la réflexion philosophique [1] ?

Comme nous aurons l'occasion de le dire plus loin, le fait, contingent, que la philosophie politique n'ait pas eu le temps d'être publiée, a certainement conduit à une compréhension restreinte de l'idée de révélation. Historiquement, la réception de Solger s'est faite d'abord sur le terrain esthétique, via *Erwin* et les *Leçons d'esthétique* posthumes. Cependant, Solger lui-même précise que, parmi les différentes Idées qui sont les facettes de la révélation de l'essence dans l'existence – le vrai, le bien, la béatitude, le beau –, aucune n'a de privilège ontologique sur les autres, toutes constituent des points de vue d'égale dignité sur la révélation [2]. Mais il parle aussi de la philosophie de l'art comme d'une *propédeutique*, sinon à la philosophie elle-même, du moins à l'intuition de l'Idée [3]. Si toutefois le contenu de l'esthétique n'est pas fondamentalement autre que celui de la *philosophia prima*, comment comprendre cette « propédeutique » ?

D'abord, l'art présente le contenu de la révélation – l'unité intime de l'essence éternelle et de l'existence temporelle – comme dévoilé par une activité humaine (l'élaboration de l'œuvre), ce qui nous le rend plus proche, en quelque sorte vu de l'intérieur. De plus, en présentant dans des *choses* le contenu même que la philosophie met en évidence dans l'élément de la *pensée*, l'art expose ce contenu de manière plus visible et plus para-

1. Ainsi Markus Ophälders (*Romantische Ironie*) soutient que Solger attribue à l'art le privilège de résoudre par l'action les tensions conceptuelles inhérentes à la pensée philosophique de la révélation. D'autres commentateurs ont plutôt souligné le rôle fondateur et premier de sa métaphysique par rapport à son esthétique : *cf.* J. E. Heller, *Solgers Philosophie der ironischen Dialektik* ; R. Herzog, *Die Bewahrung der Vernunft* ; M. Frank, *Das Problem "Zeit"* et *Einführung in die frühromantische Ästhetik*.

2. *Cf.* J. E. Heller, *Solgers Philosophie der ironischen Dialektik*, p. 123 ; M. Boucher, *K.W.F. Solger*, p. 49.

3. *Vorlesungen*, p. 10 ; lettre à Tieck, 15.7.1814, NSB I, p. 316, *Tieck and Solger*, p. 139. *Cf.* M. Ophälders, *Romantische Ironie*, note 40 p. 76.

doxale [1] pour la conscience ordinaire. Si l'on admet avec Valeria Pinto que la philosophie de Solger se présente comme une « phénoménologie de la révélation » [2], parce qu'il accorde une importance première à la rencontre avec l'existant, il est certain qu'un rôle majeur est ici dévolu à l'art, qui unit, *dans le phénomène* et jusqu'à la surface de l'apparaître sensible, l'Idée et le phénomène (alors que la religion, de son côté, unit Idée et existence dans notre for intérieur). L'art, qui unit « la présence sensible la plus vivante à l'idéalité la plus profonde » est spécialement à même de nous faire comprendre la signification de l'expérience immédiate pour la philosophie [3]. La « factualité » bien particulière des œuvres d'art, ces objets qui n'en sont pas, nous rend tangible le fait absolu de la révélation. Le plus temporel – la matière soumise à décrépitude, obscurcissement et destruction – y devient le vêtement même de l'Idée ; Solger remarque que l'instant de la révélation esthétique n'est rien d'autre que « l'intime réconciliation du temporel avec la divinité, pour autant que le phénomène lui-même y est reconnu comme la présence de Dieu » [4]. La révélation artistique nous donne donc accès avec une force toute particulière à la condition même de tout fini [5] : n'*être* que comme révélation et autoanéantissement de l'Idée. « Ainsi nous pourrions dire en bref que l'art, c'est notre existence réelle, présente, connue et vécue en son essentialité » [6].

Les deux directions de l'activité artistique : enthousiasme et ironie

Dans une lettre à son frère de juillet 1815, destinée à fournir à ce dernier un fil conducteur pour la lecture d'*Erwin*, Solger formule de la manière suivante le problème auquel son ouvrage central doit répondre : « Comment est-il possible qu'une essence parfaite puisse se révéler en un phénomène temporel, et comme tel déficient ? (...) La solution est : par un agir parfait, d'une certaine sorte, qui s'appelle l'art ; cet agir n'est que dans le moment où l'Idée, ou essence, prend la place de la réalité, et où, précisément par là, le réel pour soi, le pur et simple phénomène comme tel est anéanti » [7]. Comme Schelling, comme Hegel, Solger voit le beau essentiellement dans l'art. De l'art, *agir parfait*, il va falloir explorer – suivant la

1. *Cf.* par ex. M. Ophälders, *Romantische Ironie*, p. 36.
2. V. Pinto, Introduction à : Solger, *Scritti filosofici*, p. 19.
3. Telle est la remarque de Solger après avoir passé six semaines à Dresde où il allait tous les matins à la *Gemäldegalerie* (NSB I, p. 243).
4. *Erwin*, p. 121.
5. M. Ravera, préface à sa traduction italienne d'*Erwin*, p. 17.
6. *Erwin*, p. 394. *Cf.* aussi p. 389-390.
7. Lettre de Solger à son frère Friedrich, 11.7.1815, NSB I, p. 360.

dualité conscience de soi / expérience des choses individuelles, posée par la philosophie première – d'une part les conditions de possibilité dans la conscience, d'autre part les caractéristiques phénoménales dans l'œuvre. Commençons par « l'organisme » de la *Phantasie* ou imagination artistique, que Solger définit comme la beauté en tant qu'activité, et qui constitue la « clef » de son système esthétique [1].

La *phantaisie* est un certain type de connaissance, qui perçoit la saturation mutuelle de l'Idée et du phénomène, à même le phénomène [2]. Elle est, si l'on veut, une « intuition » de l'Idée ; mais comme toute activité de la conscience finie, elle est imprégnée de l'activité de l'entendement qui oppose et relie ; elle n'est pas pure identité, mais réunion à soi dans l'opposition à soi – une intuition dans laquelle il y a « changement, relation et différenciation » [3]. C'est donc comme unification dynamique de directions opposées que la phantaisie est la condition subjective de possibilité de l'irruption de l'Idée éternelle dans le temps [4]. Une part essentielle de l'esthétique de Solger est donc consacrée à l'élucidation des relations dialectiques des « directions de la phantaisie ».

Solger définit à vrai dire la phantaisie non pas comme une faculté parmi d'autres, mais comme la transformation de notre conscience tout entière, lorsqu'elle devient le lieu du passage de l'essence divine à l'existence [5]. Le passage, ici aussi, est auto-révélation *et* auto-anéantissement [6] : 1) La conscience artistique doit faire passer l'unité de l'Idée dans les relations et oppositions phénoménales, de telle sorte que celles-ci apparaissent comme la présence même de l'essence divine : cette *présentation* est rendue possible par *l'enthousiasme (Begeisterung)*. 2) La présentation de l'Idée dans le fini est toujours en même temps la conscience de la nullité du fini, et, par là, de l'auto-anéantissement de l'Idée dans sa présence finie : c'est là *l'ironie*, l'autre direction de la conscience artistique [7]. La relation dialectique de ces deux directions détermine, comme nous allons le voir, le

1. Voir *Erwin*, p. 205 et p. 306, ainsi que de manière générale les troisième et quatrième parties d'*Erwin* (p. 183-256) ; pour un commentaire, *cf.* F. Decher, *Die Ästhetik K.W.F. Solgers*, partie D. Nous traduisons *Phantasie* par « phantaisie » pour la distinguer à la fois de l'imagination non artistique (*Einbildungskraft*) et, en français, de la « fantaisie » qui évoque une imagination sans règles et opposée à la connaissance, alors que la phantaisie artistique selon Solger est une connaissance supérieure.

2. *Erwin*, p. 138.

3. *Erwin*, p. 312 ; cf. *Vorlesungen*, p. 189.

4. *Cf.* par ex. *Erwin*, p. 198-199.

5. Cf. *Erwin*, p. 139-140.

6. Cf. *Vorlesungen*, p. 123-125.

7. *Vorlesungen*, p. 198 ; *cf.* p. 199-200.

champ entier de l'esthétique solgérienne. Guidé par l'enthousiasme seul, l'art n'aurait que le sens d'une *Schwärmerei*, d'un délire présomptueux prétendant dépasser la finitude[1]; uniquement ironique, il ne nous renverrait qu'à l'absence de l'Idée. L'art au sens plein est dès lors défini comme la « coïncidence de l'enthousiasme et de l'ironie »[2], c'est-à-dire comme le point exact d'intersection, dans la conscience que l'on pourrait dire productive ou poiétique, entre la divinité du fini et sa nullité.

On comprend qu'animée par cette double direction, la « vie de la phantaisie » ne produise pas une fusion achevée de l'essence et de l'existence, mais seulement une unité des deux constamment perçue *ou bien* sous la prédominance de l'essence, *ou bien* sous la prédominance de l'existence, puisque nous ne saurions nous extraire de leur séparation existentielle : « Si nous saisissons le tout comme Idée, et l'activité seulement comme développement de l'Idée jusque dans la réalité, nous avons la *phantaisie au sens restreint*, ou phantaisie de la phantaisie. Si c'est la réalité que nous saisissons comme ce qui est premier, ou comme ce qui subsiste séparément, et que nous considérons l'activité artistique dans le fait de développer la vie de l'Idée dans la réalité et de reconduire celle-ci à celle-là, nous lui donnons le nom de *sensibilité de la phantaisie*, par quoi il ne faut pas entendre la sensibilité ordinaire »[3]. La *phantaisie au sens large*, vecteur de la phénoménalisation de l'Idée dans l'œuvre d'art, est donc le mouvement unifiant la *phantaisie au sens étroit*, conscience enthousiaste du devenir-réel de l'Idée, et la *sensibilité de la phantaisie*, conscience ironique de ce que l'existence dans laquelle l'Idée vit n'*est* en soi rien. Solger donne ensuite de nouvelles subdivisions de ces deux aspects :

a) La « phantaisie de la phantaisie » est comprise comme le rapport de la *phantaisie formatrice* (*bildende*)[4], qui donne au concept une figure individuelle, dans des symboles (les dieux de la mythologie grecque), et de la *phantaisie méditative* (*sinnende*)[5], qui, partant au contraire des figures particulières finies, les reconduit à l'Idée au moyen d'allégories (les figures de la *Divine Comédie* de Dante). Il faut noter que ces *deux* directions partent de la « vie de l'Idée », c'est-à-dire saisissent le réel phénoménal comme toujours déjà *un* avec l'Idée.

1. Cf. *Vorlesungen*, p. 242-243 ; M. Boucher, *K.W.F. Solger*, p. 109.

2. *Cf.* la lettre de Solger à Tieck, 11.5.1816, NSB I, p. 413-414, *Tieck and Solger*, p. 233. *Cf.* J. Colette, « Enthousiasme et ironie. La dialectique artistique selon K. W. F. Solger », *Études philosophiques*, 1992 (4), p. 487-498.

3. *Vorlesungen*, p. 187.

4. *Vorlesungen*, p. 191 ; *Erwin*, p. 338.

5. *Vorlesungen*, p. 195 ; *Erwin*, p. 316.

b) La « sensibilité de la phantaisie », en revanche, part du réel existant appréhendé comme *originairement opposé* à l'Idée [1]. Elle se décompose en *achèvement sensible* (*sinnliche Ausführung*) [2], dans laquelle la phantaisie, entièrement immergée dans l'existence phénoménale, reconduit celle-ci à son concept (par exemple, le Mercure du Belvédère vu comme représentation du corps humain dans sa perfection) ; et en *sensation* ou *émotion* (*Empfindung / Rührung*) [3], dans laquelle nous reconnaissons la diversité de nos états affectifs comme manifestation d'un universel. « Achèvement sensible » et « émotion » sont à leur tour dialectiquement décomposés.

Il faut souligner que l'analyse de la « sensibilité de la phantaisie », c'est-à-dire la description de la présence de l'Idée *à partir de la conscience d'un écart ontologique irréductible entre l'Idée et l'existence*, confère, parmi les philosophies de l'art idéalistes, une originalité remarquable à celle de Solger [4]. Schelling et Hegel envisagent déductivement, dans leurs philosophies de l'art, l'unité de l'Idée et de sa manifestation sensible *à partir de l'Idée elle-même*, conçue comme unité du concept et de l'intuition, de l'universel et du particulier. Solger en revanche se propose – se situant non du côté de l'Idée mais au point même du passage – de comprendre l'art comme une unification *à droits égaux* [5] de l'essence et de l'existence, ce qui lui permet de mettre en évidence, autant que l'avènement de l'absolu dans le sensible, la caducité du beau lui-même.

L'art achevé naît selon Solger de *l'unité* des deux directions de la phantaisie. Or la faculté qui unifie dans la différence et différencie dans l'unité, c'est l'entendement. Solger voit donc dans l'activité de l'*entendement artistique* (*künstlerischer Verstand*) la force qui, réunissant toujours de nouveau l'activité de la phantaisie et celle de la sensibilité, permet la pleine compénétration de l'essence divine et de l'existence temporelle dans l'œuvre d'art [6]. Dans la perfection artistique d'un Sophocle ou d'un Shakespeare par exemple, tout est ainsi à la fois entièrement « divin » *et* entièrement humain [7]. On comprend que l'unité de l'art n'est alors ni définitive ni figée. Pour la décrire, Solger utilise l'image

1. *Vorlesungen*, p. 202.

2. *Vorlesungen*, p. 203-204 ; *Erwin*, p. 319.

3. *Vorlesungen*, p. 210 *sq.* ; *Erwin*, p. 350.

4. Markus Ophälders repère ainsi dans la volonté de construire une « dialectique du particulier » le trait propre de la métaphysique solgérienne, qui la conduit à faire imploser le cadre de l'idéalisme et qui détermine également le caractère crucial de l'esthétique pour cette entreprise (*Romantische Ironie*, par ex. p. 51 *sq.*, 58 *sq.*, 61).

5. *Erwin*, p. 330.

6. *Erwin*, p. 360.

7. *Vorlesungen*, p. 222.

fichtéenne du *flottement*[1], ou encore celle d'un mouvement *elliptique* autour de deux pôles[2]. L'oscillation de l'entendement artistique est la composition de deux activités indissociables[3] dans leur différence même : la *contemplation (Betrachtung)*, qui voit l'unité intime de l'essence et de l'existence comme une coappartenance, « comme si l'œil de l'entendement apercevait ici tout un monde enveloppé dans la brillance de l'Idée »[4] ; et le *Witz* ou trait d'esprit, qui saisit cette unité comme négation de la négation, à partir de la « coïncidence des opposés en un point »[5]. Les dernières pages d'*Erwin*, justement célèbres, résument ainsi la dialectique de la révélation artistique : « Si donc l'Idée passe dans la particularité grâce à l'entendement artistique, elle ne se contente pas d'y imprimer son empreinte de cette manière, n'y apparaît pas non plus simplement comme temporelle et éphémère ; non, elle devient le réel présent et, puisque rien n'est hors d'elle, elle devient aussi la nullité et le disparaître mêmes, et une désolation immense ne peut que s'emparer de nous lorsque nous voyons ce qu'il y a de plus majestueux pulvérisé dans le néant par sa nécessaire existence terrestre. Et pourtant, nous ne pouvons en rejeter la faute sur rien d'autre que sur le Parfait même, en sa révélation pour le connaître temporel (...). Or, cet instant du passage dans lequel l'Idée elle-même est nécessairement réduite à néant, ce doit être le siège vrai de l'art, et c'est là que le trait d'esprit et la contemplation qui, tous deux, créent et détruisent en même temps dans un mouvement opposé, doivent ne faire qu'un. C'est donc ici que l'esprit de l'artiste doit embrasser toutes les directions dans un regard qui domine tout, et ce regard qui flotte au-dessus de tout, qui anéantit tout, nous l'appelons ironie »[6]. Il s'agit ici de *l'ironie au sens large*, unité de l'ironie au sens restreint et de l'enthousiasme, comprise comme « l'acte absolu »[7] de l'entendement artistique, qui rassemble en une expérience singulière les deux directions de la révélation de l'Idée dans l'existence phénoménale. L'ironie solgérienne, comme l'ironie selon F. Schlegel, est donc loin de se réduire à une figure de style ou à un état

1. Voir M. Koßler, « Phantasie und Einbildungskraft. Zur Rolle der Einbildungskraft bei Fichte und Solger », *Fichte-Studien*, 2003 (21), p. 163-181.

2. *Erwin*, p. 383.

3. Cf. *Erwin*, p. 371.

4. *Erwin*, p. 365. Voir *Vorlesungen*, p. 226-227.

5. *Vorlesungen*, p. 225 ; voir p. 232, p. 233-234, et *Erwin*, p. 372 pour des illustrations. Solger comprend le *Witz* en un sens différent de celui que lui attribue F. Schlegel, pour qui le *Witz* est plutôt la concentration de l'infini en un point singulier (M. Frank, *Einführung in die frühromantische Ästhetik*, p. 338).

6. Solger, *Erwin*, p. 387 ; *L'Art et la tragédie du beau*, p. 155.

7. *Vorlesungen*, p. 189.

d'esprit dont l'enjeu serait uniquement esthétique. Elle n'est pas seulement activité de la conscience mais, en et par celle-ci, « annulation de l'Idée par elle-même » [1] qui résout concrètement, dans sa corrélation avec une chose individuelle finie (l'œuvre d'art), le problème métaphysique du devenir-réel (ou de la *Versinnlichung*) de l'absolu [2].

Ce problème romantique et idéaliste se formule chez Solger tout spécialement en termes de *temporalité* [3]. L' « ellipse » décrite par l'entendement artistique autour des deux « foyers » que sont la contemplation et le *Witz* exprime « une existence entièrement réelle et revenant pourtant éternellement en elle-même » [4]. Dans ce devenir « miraculeux », car il est éternel et pourtant se phénoménalise, donc entre dans le temps [5], l'existence et l'essence sont parfaitement (dynamiquement) unies. Autrement dit : l'expérience esthétique est à la fois hors du temps *et* dans le temps. Pour désigner ce moment-limite, Solger parle d'*instant* et emploie l'image (böhmienne, leibnizienne, schellingienne) de l'éclair [6]. Mais une telle fulguration ne trouve lieu que dans l'interaction entre l'activité d'une conscience et l'objectualité d'une œuvre, dans « le moment dans lequel l'activité de l'Idée s'enclôt en un fait déterminé » [7].

1. *Vorlesungen*, p. 241-242.

2. Sur l'ironie chez Solger, voir notamment : K. Nishimura, « Die Struktur des ästhetischen Bewußtseins bei K. W. F. Solger » ; R. Malter, « L'ironie comme véritable essence de l'art et explication "théorique" par Solger de la façon romantique d'appréhender le monde dans le dialogue *Erwin* », *Études philosophiques*, 1983 (2), p. 163-176 ; V. Verra, « Tragische und künstlerische Ironie bei K. W. F. Solger », dans A. Gethmann-Siefert (Hg.), *Philosophie und Poesie. Festschrift für Otto Pöggeler*, Stuttgart/Bad Cannstatt, Fromann-Holzboog, 1988, Bd. I, p. 235-254 ; G. Pinna, *L'Ironia metafisica. Filosofia e teoria estetica* dans *K. W. F. Solger*, Genova, Pantograf, 1994 ; *id.*, « Solgers Konzeption der Ironie », dans A. Gethmann-Siefert, L. de Vos (Hg.), *Die geschichtliche Bedeutung der Kunst und die Bestimmung der Künste. Hegels Berliner Ästhetikvorlesungen im Kontext der Diskussion um die Grundlagen der philosophischen Ästhetik*, München, Fink, 2005, p. 325-336 ; F. Decher, *Die Ästhetik K. W. F. Solgers*, p. 308-329 ; W. Henckmann, « Le concept d'ironie chez Solger », dans *L'Esthétique de Solger*, p. 25-47 ; M. Ophälders, *Romantische Ironie* ; P. Grosos, *L'Ironie du réel à la lumière du romantisme allemand*, Lausanne, l'Âge d'homme, 2009, p. 115-137 sur Solger.

3. *Cf.* M. Galland-Szymkowiak, « Symbol und Zeitlichkeit bei Schelling, Solger und Hegel », *Philosophisches Jahrbuch*, 2007 (2), p. 332-337.

4. *Erwin*, p. 383.

5. *Erwin*, p. 382.

6. Parmi de nombreuses occurrences, voir *Erwin*, p. 389.

7. *Vorlesungen*, p. 121.

Les réalisations artistiques (symbole/allégorie) et les époques de l'art

Précisément parce que ce qui se révèle est l'Idée, unité du subjectif et de l'objectif, nous ne pouvons nous contenter de comprendre l'activité subjective et sa présentation concrète dans les œuvres d'art comme des opposés qui se tiendraient l'un en face de l'autre. Solger veut comprendre les œuvres non comme simple trace ou vestige de l'activité de la conscience, mais bien comme sa *présentation réelle*. Elles ne sont pas un « résultat, mais l'organe de l'activité, l'activité elle-même comme fait réel » [1]. Tout le problème de l'analyse systématique des productions artistiques va donc consister à élaborer des catégories qui puissent montrer l'*identité intérieure des œuvres avec l'activité qui les constitue*. C'est en ce sens qu'il faut comprendre les définitions solgériennes du symbole et de l'allégorie [2].

Le beau est défini comme « la finitude de l'Idée, le fait qui l'enclôt » ; cette définition nous dit en même temps ce qu'est le symbole en son sens le plus général : « en ce sens tout art est symbolique » [3]. Comme Goethe[4] et comme Schelling[5], Solger définit le symbole comme unité parfaite de l'Idée et de sa manifestation phénoménale, de la signification et de l'être. À la différence de Friedrich Schlegel, il ne définit pas le symbolisme comme une *signification* [6] ou une *allusion* [7] à l'absolu, mais bien comme la *présence* de l'Idée, présence dont il souligne la plénitude. L'Idée « devient le réel présent (*das gegenwärtige Wirkliche*) » [8] ; le symbole est « l'existence de l'Idée elle-même » [9], non ce qui l'indique ou nous la remémore, mais bien sa révélation[10]. Or il n'y a de révélation que pour une conscience :

1. *Ibid.*

2. Voir sur ce thème W. Henckmann, « Symbol und Allegorie bei Solger » ; « Symbolische und allegorische Kunst bei Solger », dans W. Jaeschke, H. Holzey (Hg.), *Früher Idealismus und Frühromantik. Der Streit um die Grundlagen der Ästhetik (1795-1805)*, Hamburg, Meiner, 1990, p. 214-240. *Cf.* aussi M. Galland-Szymkowiak, « Le symbole chez Solger, ou l'existence de l'idée », dans *L'Esthétique de Solger*, p. 67-97.

3. *Vorlesungen*, p. 123.

4. *Cf.* par ex. la lettre de Goethe à Heinrich Meyer, 13.3.1791 (dans *Goethes Briefe* in 50 Bänden, Weimar, H. Böhlau, 1887-1912, Bd. 9, p. 251 ; ainsi que l'essai « Über die Gegenstände der bildenden Kunst », dans J.W. Goethe, *Sämtliche Werke nach Epochen seines Schaffens*, München, Carl Hanser Verlag, 1985 *sq.*, Bd. 6.2.

5. *Cf.* Schelling, *Philosophie de l'art*, SW V, p. 411-412, trad. fr. p. 103.

6. *Vorlesungen*, p. 127-128 ; *Erwin*, p. 82.

7. F. Schlegel, KFSA, II, p. 414 ; IV, p. 72 ; XVIII, p. 347, n°315 et p. 416, n°1140.

8. Cf. *Erwin*, p. 387.

9. *Vorlesungen*, p. 129.

10. *Erwin*, p. 219.

le vecteur nécessaire de la révélation de l'Idée est l'activité *individuelle* de l'imagination artistique – l'insistance sur ce point distingue, là encore, la philosophie de l'art solgérienne de celles de Schelling et de Hegel. Le symbole est une « chose de la phantaisie » et c'est comme tel qu'il est existence de l'Idée[1]. Il « ne doit pas apparaître simplement comme le produit achevé des forces, mais aussi comme la vie et l'efficace des forces elles-mêmes »[2] : les « forces », c'est-à-dire l'activité de la conscience artistique, qui, nous l'avons vu, culmine et se résume dans l'*ironie*. C'est donc *l'ironie qui irrigue le symbole de l'intérieur* et lui donne sa « vie » ; elle est le mouvement de l'auto-différenciation et de l'auto-réunification du symbole (au sens large) en symbole (au sens restreint) et allégorie[3]. C'est sous cet aspect que, dans le symbole solgérien, résonne tout de même quelque chose de l'allégorie schlégélienne.

Le symbole en général « n'apparaît jamais sans cette *scission* en symbole et allégorie »[4]. Il s'agit là d'un couple dialectique dont aucun des deux membres ne saurait être entier et achevé sans l'autre[5] ; et il n'y a d'« art supérieur » que dans l'*interpénétration* du symbolique et de l'allégorique[6] (sous cet aspect, la perspective est bien différente de celle de Schelling). Le symbole au sens large, chose *et* activité, consiste en effet dans le rapport dialectique entre la *matière* de l'art et l'*activité* qui fait passer l'Idée dans cette matière. Ainsi le *symbole au sens restreint* est défini comme l'activité « en tant qu'elle est épuisée » dans l'objet et devenue elle-même matière ; l'*allégorie* en revanche est la « matière encore comprise dans l'activité, comme moment de l'activité, moment qui se rapporte encore à deux côtés »[7]. Ainsi, est *symbolique* au sens restreint le phénomène individuel saturé par l'Idée. De ce fait même, l'Idée symbolisée n'est pas ici l'Idée dans sa pure universalité, mais une Idée d'emblée particularisée. Le symbole est la fusion du particulier avec son universel, « l'Idée en sa pleine réalité, dans laquelle elle n'apparaît pas seulement comme une présence complète et partout déterminée, mais se trouve aussi circonscrite sans besoin ni aspiration en cette présence, par son propre achèvement »[8]. Or même si l'*allégorie* manifeste bien aussi l'*unité* de

1. *Erwin*, p. 218 ; voir p. 223.
2. *Erwin*, p. 223.
3. Sur cette terminologie, cf. *Vorlesungen*, p. 123, p. 129.
4. *Erwin*, p. 323. Cf. *Vorlesungen*, p. 135.
5. *Vorlesungen*, p. 145.
6. *Vorlesungen*, p. 143.
7. *Vorlesungen*, p. 129.
8. *Erwin*, p. 225.

l'essence et de l'existence phénoménale, cette fois c'est *à partir de la négation mutuelle* de l'essence et de l'existence que cette unité apparaît. Le point de départ n'est plus, comme pour le symbole, la figure de l'Idée dans la réalité existante, mais au contraire sa non-figurabilité, l'opposition originaire de l'Idée et du réel. L'unité de ces derniers dans l'allégorie n'est donc pas une fusion mais une mise en relation. « Dans l'allégorie, c'est la même chose qui est contenue que dans le symbole, sauf que nous y avons plutôt l'intuition de l'efficace de l'Idée, efficace qui, dans le symbole, s'est achevée » [1].

Solger inscrit cette esthétique, que nous voyons polarisée à chaque niveau par le mouvement dialectique de la révélation, dans une *histoire de l'art* elle aussi polarisée, en l'occurrence entre art antique et art chrétien ou plus exactement entre les « mondes » de représentations artistiques qui caractérisent le polythéisme grec antique et le christianisme. Est ainsi réinterprétée la division de l'histoire des représentations artistiques en deux époques qui, héritée de la Querelle des Anciens et des Modernes, se trouvait sous différentes formes chez Schiller (avec le couple naïf/sentimental), chez les frères Schlegel (objectif/subjectif, antique/romantique) et, différemment, chez Schelling (antique/moderne). Dans l'esthétique systématique de Solger, toutefois, cette *histoire épochale* de l'art a le statut d'une illustration de catégories (symbolisme et allégorie) qui sont avant tout déduites de l'activité productive de la conscience artistique, comprise comme avènement de l'Idée à l'existence [2].

Le symbole, « perfection suprême de l'existence » [3], présente un individu existant saturé par l'unité divine. Ce sont la clôture sur soi, l'auto-achèvement de l'existence phénoménale qui doivent incarner l'unité de l'essence, ce qui est réalisé au premier chef dans le double monde de la mythologie grecque, monde des dieux et monde des héros. *Du côté de l'Idée* qui vient à l'existence, le dieu présente en effet, en une personne individuelle vivante et entièrement déterminée, l'essence du symbole, savoir la « fusion intime et inséparable de l'universel et du particulier » [4]. La même unité est illustrée, *du côté de l'existence* emplie par l'essence, par le héros [5]. Toutefois, nous l'avons vu, « le symbole lui-même ne peut

1. *Vorlesungen*, p. 131.
2. *Vorlesungen*, p. 156.
3. *Erwin*, p. 225.
4. *Erwin*, p. 227. *Cf.* Schelling, *Philosophie de l'art*, § 30, SW V, p. 391-395 ; trad. fr. p. 84-88.
5. *Erwin*, p. 235.

jamais quitter entièrement l'allégorique»[1]. S'il était pure identité sans différence, en lui «réalité et Idée se supprimeraient mutuellement»[2]. C'est pourquoi les figures symboliques du monde mythologique grec entretiennent toujours, à travers leur divinité, un rapport à la *Nécessité*, principe obscur d'unité absolue, ou encore au *Chaos* des théogonies, qui s'impose aux dieux et rayonne à travers eux.

L'allégorie est pour Solger «la vitalité suprême de l'Idée»[3] car, partant de l'opposition entre essence et existence, elle phénoménalise l'unité de l'Idée *en tant que relation* à soi. «L'essence de l'allégorie (...) réside dans la pure et simple relation»[4]. Elle nous montre la présence de l'essence divine à travers sa relation au fini comme tel. Elle est tout particulièrement illustrée par les représentations de l'art chrétien. L'allégorie chrétienne met en relation, c'est-à-dire réunit *et* oppose la divinité et l'existence finie, qui, dans la mythologie grecque, apparaissaient comme les deux faces d'une même unité originelle. Par là, l'allégorie fait entrer dans la vie de l'Idée les termes extrêmes qui étaient laissés aux confins du monde mythologique : l'unité absolue de la Nécessité d'une part, l'existence quotidienne infra-héroïque de l'autre. Dans le christianisme est ainsi explicitement développé le rapport dialectique de l'essence divine et de l'existence finie qui n'était que latent dans le symbolisme antique : «car qu'aperçois-tu d'autre, dans le Médiateur et Rédempteur, que, sous une figure réelle et mortelle, cette vive force et activité de Dieu, qui, en tant que divinité, embrasse même, avec un amour immense et plein de grâce, l'être temporel déjà perdu et déchu, afin de le ramener en son sein à la béatitude – mais qui en tant qu'homme, par la foi, qui est une certaine nostalgie claire à elle-même et consciente de son but, et par l'anéantissement temporel, libère du pouvoir du monde non seulement lui-même, mais encore tout le genre humain, et l'élève jusqu'à sa patrie éternelle ! L'un n'est-il pas ici toujours dans l'autre, ne l'indique-t-il pas toujours ?»[5]. L'allégorie chrétienne ne peut montrer l'existence de l'essence divine dans les relations du monde fini qu'*à partir du centre symbolique* qu'est l'Homme-Dieu. Conformément à son étymologie, à laquelle Solger fait allusion à la fin du passage, l'allégorie indique quelque chose d'*autre* que soi – ce qui n'est pas conçu ici sur le modèle d'une *signification*, mais sur celui d'un *développement organique* à partir de l'unité symbolique, qui est comme le cœur caché de

1. *Vorlesungen*, p. 142.
2. *Ibid.*
3. *Vorlesungen*, p. 133.
4. *Vorlesungen*, p. 132.
5. *Erwin*, p. 229-230 ; cf. *Vorlesungen*, p. 144.

l'allégorie[1]. C'est ainsi une réhabilitation de l'allégorie que Solger propose, en montrant que celle-ci est tout aussi indispensable au grand art que le symbole tel que Goethe le concevait, et en en faisant le point d'appui de son étude des œuvres picturales et poétiques issues du christianisme[2].

La conception solgérienne du symbole (dédoublé en symbole et allégorie) apparaît ainsi comme une tentative de synthèse entre deux grandes tendances[3] : d'un côté le symbole à la Goethe (et à la Schelling), parfaite fusion de l'universel et du particulier, qui enserre l'Idée tout entière en un point de l'apparence[4], de l'autre l' « allégorie de l'infini » à la Friedrich Schlegel.

À partir de sa conception de l'art comme unité de l'essence et de l'existence, manifestée à même l'existence, Solger déduit également un *système des arts*, une élucidation de leurs particularités respectives et de leurs rapports mutuels[5]. L'habituelle classification des arts en fonction du matériau utilisé par chacun ne rend pas compte, selon lui, de la nature de l'art : ce dernier n'est justement pas la réunion d'une Idée et d'une matière existant indépendamment l'une de l'autre mais, d'emblée et sous toutes ses formes, unité intime de l'Idée et de son existence phénoménale (une conception partagée par Schelling et Hegel). Le principe de la classification des arts particuliers doit donc être trouvé dans le *rapport* de l'Idée aux oppositions de l'existence dans lesquelles elle se révèle. Solger est conscient du caractère novateur de cette entreprise systématique[6], en vue de laquelle il introduit un nouveau couple dialectique, celui de l'art (*Kunst*) et de la poésie (*Poesie*).

Dans l'*art au sens large*, le rapport de l'Idée à la réalité phénoménale peut prendre deux configurations – toujours selon le schéma dialectique que nous avons vu à l'œuvre dans l'analyse de la phantaisie et des « mondes

1. *Erwin*, p. 226.

2. Solger se réfère entre autres aux tableaux de Léonard de Vinci, du Corrège, de Raphaël, de Titien, ainsi qu'aux œuvres de Dante, Cervantès, Shakespeare, Calderón, Goethe, Tieck, Jean Paul...

3. B. A. Sørensen, *Symbol und Symbolismus in den ästhetischen Theorien des 18. Jahrhunderts und der deutschen Romantik*, Kopenhagen, Munksgaard, 1963, chap. 11 : « Der Versuch einer Synthese: die Symboltheorie K. W. F. Solgers », p. 277-286.

4. Cf. *Vorlesungen*, p. 134.

5. Cf. *Erwin*, p. 239-282 ; *Vorlesungen*, troisième partie. Pour une étude détaillée, *cf.* F. Decher, *Die Ästhetik K. W. F. Solgers*, p. 330-370.

6. Lettre de Solger à son frère Friedrich, 11.7.1815, NSB I, p. 360-361. Le système des beaux-arts n'est toutefois présenté sous une forme achevée que dans les *Leçons d'esthétique* posthumes. Dans *Erwin*, le couple symbole/allégorie n'est pas appliqué de manière strictement systématique à la détermination des rapports entre les arts. *Cf.* W. Henckmann, « Symbol und Allegorie bei Solger », p. 645 ; ainsi que Solger, *Erwin*, p. 264, p. 266.

de l'art» symbolique et allégorique. 1) Vue du côté de l'Idée, la révélation est avènement d'une unité qui supprime le divers et se le soumet. C'est là selon Solger l'essence de la *poésie*, dont le matériau – le langage – n'est pas une réalité qui ferait face à la pensée, mais bien le côté objectif de la pensée elle-même [1]. La poésie est l'art par excellence, l'art le plus universel. 2) Vue du côté de l'existence, la révélation de l'Idée est unité de l'universel et du particulier, mais au sein des indépassables oppositions qui caractérisent l'existence finie: c'est *l'art au sens restreint* (les beaux-arts, ou arts plastiques). «Jamais l'universel n'est trouvé ici sans le particulier, au contraire le concept et la matière particulière se tiennent dans différents rapports l'un avec l'autre» [2]. L'Idée, dans son rapport à la réalité finie, se présente ici encore ou bien symboliquement, ou bien allégoriquement. L'art symbolique par excellence est la *sculpture* [3], expression d'un concept à même un individu fini. La *peinture* en revanche est allégorique, car ses objets ne sont pas immédiatement identiques au concept, mais lui sont *rapportés* par l'intermédiaire de la lumière [4]. Que le rapport du concept au phénomène soit médiat ou immédiat, il est cependant toujours l'œuvre vivante de la conscience artistique [5]. Mais cette activité *subjective* de mise en rapport devient le centre même de l'œuvre dans la *musique* et dans *l'architecture* [6]. Seule l'activité de la conscience est en effet susceptible de conférer, à la pure corporéité de l'édifice architectural, son unité avec la pensée, ou à la parfaite fugacité spirituelle de la musique, un ancrage dans l'objectivité [7].

La philosophie de l'art de Solger, finalement, tient ensemble, à travers le déploiement constant de la dialectique de la révélation jusqu'à un niveau de précision concrète remarquable, aussi bien l'exigence de systématicité (c'est la même oscillation paradoxale qui permet de comprendre toutes les strates de l'activité artistique) que le désir de fidélité à la vie et à la rencontre avec l'existant, comme le montreraient les analyses d'œuvres auxquelles il faudrait consacrer une étude à part entière.

1. *Vorlesungen*, p. 259 ; *Erwin*, p. 241-259 sur la poésie.
2. *Vorlesungen*, p. 260.
3. *Ibid.*, et *Erwin*, p. 259-266 sur sculpture et peinture.
4. *Vorlesungen*, p. 261.
5. *Vorlesungen*, p. 262.
6. *Vorlesungen*, p. 262-266 ; *Erwin*, p. 269-277.
7. *Vorlesungen*, p. 266.

HISTOIRE ET PHILOSOPHIE DE LA MYTHOLOGIE

Si Solger accorde à la mythologie le rôle d'un contenu privilégié des œuvres d'art, son intérêt pour les études mythologiques dépasse largement le cadre de la philosophie de l'art : elles représentent en effet, avec et à partir de la philologie classique qui est leur lieu naturel à l'époque, une part essentielle de sa formation et de ses travaux. Par ses contacts avec Friedrich August Wolf, auprès de qui il a étudié la philologie classique à Halle [1], avec Johann Heinrich Voß le Jeune ainsi que Wilhelm von Humboldt, par ses lectures (Georg Friedrich Creuzer, Martin Gottfried Hermann, Christian Gottlob Heyne) et ses prises de position dans les débats essentiels de l'époque, il se caractérise comme « un philologue à la pointe de son époque » [2]. Il traduit Sophocle et Pindare [3] et donne, à Francfort-sur-l'Oder comme à Berlin, des cours sur les classiques grecs et latins et sur la mythologie [4]. Surtout, Solger a le projet d'une présentation en cinq à six livres de ses *Idées sur la religion des Grecs et de quelques autres peuples de l'Antiquité*, dont il semble avoir eu dès 1810 une idée assez précise [5]. Il collectionne dans ce but les notes sur Pausanias, Hérodote, Homère, Hésiode, Apollodore etc., sans pouvoir cependant mener à bien le projet avant sa mort.

C'est donc de manière dommageable à une pleine compréhension de sa pensée que toute cette partie de son œuvre a été relativement négligée par la recherche [6]. On dispose d'une compilation réalisée par Karl Otfried Müller

1. W. Henckmann, « *Etwas über das Verhältnis…* », p. 420.

2. W. Henckmann, « *Etwas über das Verhältnis…* », p. 413 ; *cf.* p. 421.

3. Solger collabore régulièrement à la revue *Pantheon. Ein Zeitschrift für Wissenschaft und Kunst* (éditée par Johann Gustav Büsching et Karl Ludwig Kannegießer) avec des traductions d'hymnes de Pindare. Signalons la traduction commentée récente, par Noemi Angehrn, de la préface écrite par Solger pour sa traduction des tragédies de Sophocle (K. W. F. Solger, *Sur Sophocle et la tragédie antique*, Lausanne, L'Âge d'Homme, 2010).

4. Pour la liste des cours donnés par Solger, *cf.* H. Fricke, *Karl W. F. Solger*, p. 261-262.

5. Au point d'en discuter avec l'éditeur Georg Andreas Reimer. *Cf.* W. Henckmann, « *Etwas über das Verhältnis…* », p. 422. Solger décrit son projet de livre dans une lettre à son ami Ludwig Krause de janvier 1810 (NSB I, p. 187-188).

6. *Cf.* W. Henckmann, « *Etwas über das Verhältnis…* », p. 411-413. Signalons toutefois l'étude de G. Pinna, « Alle origini degli studi mitologici di K. O. Müller : Karl Wilhelm Ferdinand Solger », *Annali della Scuola Normale Superiore di Pisa*, 1984 (3), p. 1021-1029. Voir aussi G. Arrigoni, « Il maestro del maestro e i loro continuatori : mitologia e simbolismo animale in Karl Wilhelm Ferdinand Solger, Karl Otfried Müller e dopo », *Annali della Scuola Normale Superiore*, 1984 (3), p. 937-1019 ; et A. Baillot, « Aktualität des Sophokles. Zur Übersetzung und Inszenierung der *Antigone* : ein unveröffentlicher Brief von Rudolf Abeken an Karl Solger (Weimar, 1809) », *Zeitschrift für deutsche Philologie*, 2001 (120), p. 161-182.

à partir de ses propres notes de cours (prises à Berlin en 1816-1817) et des papiers de Solger[1] ; s'y ajoutent quelques courts textes de Solger[2], ainsi qu'un intéressant échange épistolaire avec Friedrich von der Hagen en septembre 1819, à propos de l'édition et traduction du *Chant des Nibelungen* procurée par ce dernier. Pour présenter la conception solgérienne de la mythologie et de son étude philologico-historique et philosophique dans le cadre restreint de la présente introduction, et dans son rapport avec la pensée de la révélation, nous nous appuierons ici sur cet échange de lettres et surtout, en raison de leur grande clarté systématique, sur des notes manuscrites d'étudiant relatives à un cours tenu en 1818 par Solger sur la *Mythologie des Grecs*, notes conservées à la *Joseph Regenstein Library* de l'Université de Chicago (Illinois) et jusqu'à présent inédites. Elles sont en cours de transcription par Anne Baillot[3].

Mythologie et révélation

Comment comprendre le lien entre les études mythologiques de Solger et sa pensée philosophique de la révélation ? Les *Lettres concernant les malentendus sur la philosophie et son rapport à la religion* arrivent à la conclusion, reprise dans le « Manifeste », que le contenu de la philosophie et celui de la religion ne font ultimement qu'un ; la conscience religieuse fait l'expérience de la révélation que la philosophie a pour tâche d'élucider dialectiquement[4]. Or nous avons vu l'importance, pour ce concept de « révélation », du modèle kénotique issu du christianisme, et même de la *theologia crucis* luthérienne. L'affirmation de l'unité de contenu de la religion et de la philosophie peut-elle vraiment valoir pour *toute* religion, si le contenu spéculatif dont il est question est défini en référence à un paradigme chrétien ? Et si « le Christ est le tournant de l'histoire (*der Wende-*

1. *Solgers mythologische Ansichten, aus seinen Papieren zusammengestellt von K. O. Müller*, NSB II, p. 676-717.

2. *Über die älteste Ansicht der Griechen von der Gestalt der Welt* (NSB II, p. 629-649) ; *Über den Ursprung der Lehre von Dämonen und Schutzgeistern in der Religion der alten Griechen* (NSB II, p. 650-675) ; *Ideen über die Religion der Griechen und einiger andern Völker des Alterthums* (NSB II, p. 719-761).

3. K. W. F. Solger, *Mythologie der Griechen*, Lecture Notes (unknown hand), April 1818, part of the Berlin Collection of the Joseph Regenstein Library (ms 106), University of Chicago, Illinois. J'exprime ici ma reconnaissance au *Special Collections Research Center of Joseph Regenstein Library* pour me permettre d'utiliser ce matériau, ainsi qu'à Anne Baillot pour sa transcription du manuscrit, qui est très probablement de la main de K. W. L. Heyse.

4. *Lettres sur la philosophie et la religion*, p. [51]-[53] ; *Sur la vraie signification*, NSB II, p. 157-158, p. 178, et tout le chap. 12.

punkt der Geschichte) »[1], le moment unique par rapport auquel un avant et un après prennent sens, l'interprétation des autres religions revient-elle seulement à les penser en fonction du christianisme ?

Il est clair que le but de Solger n'est pas de faire une apologie théologique de la religion chrétienne telle qu'elle existe historiquement, ni d'interpréter téléologiquement les autres religions par rapport à elle. Ce qu'il postule, c'est que son concept philosophique de révélation (articulé à une expérience de cette dernière que la philosophie ne crée pas) doit permettre de comprendre toutes les formes du rapport humain au divin, y compris celui dont témoignent les religions de l'Antiquité (spécialement l'Antiquité grecque – mais l'approche de Solger, que l'on ne saurait réduire à un classicisme, lui permet de s'intéresser aussi par exemple à la mythologie indienne[2], dans une approche qu'il veut distincte de celle de F. Schlegel). Rappelons aussi que la catégorie philosophique de « révélation » ne coïncide pas *stricto sensu* avec la pensée chrétienne de la révélation, mais s'en inspire de manière critique.

Ce que Solger entend par « mythologie », ce n'est pas la simple étude des mythes eux-mêmes, mais *une histoire et une philosophie des religions*, susceptibles de décrire de l'intérieur le rapport de la conscience à la divinité. Il annonce ainsi dans son cours de 1818 : « Je ne me contenterai pas de parler de la mythologie au sens restreint, en excluant la religion et en mentionnant seulement les légendes, mais j'inclurai tout ce qui relève de la façon dont les Grecs envisageaient le monde religieux. Le but, c'est de saisir les mystères, le service divin, etc. dans leur esprit et leur signification »[3]. Posée à partir des données historiques sur les mythes et la religion grecs, la question du sens de la religion des Grecs et de son rapport au paradigme métaphysique de la révélation ne recevra pas une réponse déduite *a priori* d'un système extérieur aux données historiques et culturelles : le questionnement herméneutique doit partir des *faits* historiques – c'est-à-dire, ici, essentiellement des *textes* antiques décrivant les mythes et les pratiques religieuses. « Il nous faut donc ici trouver les faits de manière exhaustive en vue de notre but, et avec exactitude. (...) Nous n'évoquons pas seulement le <côté> abstrait de la religion, les concepts moraux universels, au contraire ce ne sont que les faits eux-mêmes que nous

1. Lettre de Solger à Abeken, 23.1.1818, NSB I, p. 604.

2. Lettre de Solger à Hagen, 19.9.1819, NSB I, p. 757. Hagen, germaniste, avait fait ses études de droit avec Solger. Il publia en 1807 une édition du *Nibelungenlied* et fut nommé professeur à l'Université de Berlin en 1810, à l'Université de Breslau en 1811 et de nouveau à Berlin en 1824.

3. Solger, *Mythologie der Griechen*, p. 1V (*verso*).

mettons au fondement» [1]. Solger se tient ainsi, dans ses recherches sur la mythologie, toujours au plus près des textes ; à Friedrich von der Hagen qui a édité le *Nibelungenlied*, il recommande avant tout la rigueur philologique [2], qu'il reconnaît par exemple à Georg Friedrich Creuzer comme sa principale qualité [3]. En même temps, il prend soin de situer les données relatives à la mythologie et à l'histoire des religions dans leur contexte culturel d'ensemble, afin de se tenir au plus près du sens que les textes ou les pratiques religieuses avaient pour les Grecs [4].

Or selon lui, cette rigueur herméneutique dans l'étude historique n'est nullement en contradiction avec la compréhension des données philologiques en fonction d'*un vrai principe unifiant*, qui est bien, quant à lui, *philosophique*. Solger désigne son approche de la mythologie comme une approche philosophique: «En même temps, l'intention est ici une intention philosophique, et elle est même quelque chose de prédominant, bien que le philosophique ne puisse être trouvé que par la voie historique, et non pas fondé sur des conjectures» [5]. C'est cette spécificité de l'approche de Solger qui doit le démarquer des autres approches contemporaines. Comprendre philosophiquement la religion des Grecs ne peut consister, dit-il, en une application arbitraire de philosophèmes extérieurs aux «faits» religieux, qu'il s'agisse d'une explication «physique» rapportant les mythes à des phénomènes naturels, ou d'idées générales abstraites relevant de l'éthique, ou bien d'une «religion rationnelle» [6]. Solger

1. Solger, *Mythologie der Griechen*, p. 1R (*recto*).

2. Lettre de Solger à Hagen, 11.9.1819, NSB I, p. 748.

3. *Ibid.*, p. 745.

4. Solger, *Ideen über die Religion der Griechen und einiger andern Völker des Alterthums*, NSB II, p. 720-721. Également la lettre à L. Krause de janvier 1810 : « En effet, il ne doit pas y avoir d'histoire (*Historie*) là où nulle histoire n'est possible, c'est-à-dire là où les données historiques ne sont pas suffisamment complètes ; mais la considération doit se tourner, à travers les données, vers l'esprit, aussi profondément que possible. (…) Comprends-moi bien : tout cela ne sera pas une accumulation de notices antiquaires, mais chaque fois, on ne fait comprendre que ce qui relève de la chose (*Sache*) et du sens. Ainsi cela peut devenir une œuvre dans laquelle il n'est pas purement et simplement question de l'Antiquité, mais où l'on retrouve aussi quelque chose de la manière d'être de l'Antiquité » (NSB I, p. 188).

5. Solger, *Mythologie der Griechen*, 1V.

6. Lettre de Solger à Hagen, 11.9.1819, NSB I, p. 745-746. Solger prend ici position sur un problème d'une brûlante actualité à l'époque où il donne son cours, puisque l'idée d'une reconduction possible de toute figuration mythologique à un philosophème, c'est-à-dire au déguisement d'un noyau de signification rationnelle, est au cœur de la querelle qui oppose alors Gottfried Hermann (1772-1848) à Friedrich Creuzer (1771-1858), le premier défendant l'idée d'une telle reconduction alors que le second rapporte la figuration mythologique à un symbolisme *sui generis*, une « pensée en images » spontanée et indécomposable (pour plus de

s'oppose aux théories qui, pour expliquer le contenu de la mythologie, associent de manière arbitraire des « abstractions vides » (le bien, le mal, la divinité…) et des images sensibles (cours des astres, saisons…), ces dernières étant alors appelées à tort « symboles » : dans ces interprétations en effet, « la cohésion entre ces symboles et les idées religieuses n'est même pas effleurée, mais présupposée avec aplomb, et, on a envie de le dire parfois, avec impudence » [1].

À la suite de Moritz dans la *Götterlehre* et de Schelling dans ses cours sur la philosophie de l'art [2], Solger pense que les mythes (et les symboles religieux) doivent être expliqués de manière immanente, par eux-mêmes. Cette explication immanente renvoie à ce qu'ils *sont* profondément : une expression du lien de la conscience finie à l'essence divine, et de la manière dont la conscience appréhende le rapport du divin au monde [3]. Solger interprète les religions comme des « systèmes » en un sens *organique* : une religion, avec l'ensemble de ses productions et de ses manifestations, est un tout cohérent qui se déploie de manière immanente à partir d'un principe de vie unique, que le « mythologue » doit identifier et à partir duquel il doit expliquer les différentes expressions de la vie religieuse – tout comme le botaniste repère dans la constitution des plantes un « système » unique qu'il doit étudier dans toutes ses nuances et modifications [4]. Ce principe philosophique unique, Solger l'affirme explicitement, est la « révélation » : « L'unité intérieure (…) qui réside [dans les différentes mythologies], et l'étoile qui doit nous éclairer quant à leur développement et à leur histoire

détails, voir M. Galland-Szymkowiak, « La *Symbolique* de Friedrich Creuzer. Philologie, mythologie, philosophie », *Revue Germanique Internationale* 2011 (14), p. 91-112, spécialement p. 101-103). Sur la position critique de Solger par rapport aux « mythologues » contemporains, voir *Sur la vraie signification*, p. [185] et notre commentaire ; et p. [193].

1. Lettre de Solger à Hagen, 11.9.1819, NSB I, p. 747.

2. *Cf.* l'introduction à la *Götterlehre*, qui pose le principe, repris par Schelling, d'une compréhension tautégorique des mythes (K. P. Moritz, *Schriften zur Aesthetik und Poetik*, H. J. Schrimpf (Hg.), Tübingen, Niemeyer, 1962, p. 196). Solger mentionne la *Götterlehre* de Moritz dans le cours inédit de 1818 (*Mythologie der Griechen*, p. 14R). Pour Schelling, cf. *Philosophie de l'art*, SW V, p. 401, 409, 411, trad. fr. p. 93, 101, 103.

3. Telle sera aussi l'approche adoptée par Schelling dans sa philosophie de la mythologie développée des années 1820 aux années 1840. Schelling reprend la thèse élevée, dit-il, par Creuzer « au rang d'une évidence historique incontestable » : la signification de la mythologie est religieuse. Les théories qui y voient un déguisement, conscient ou non, de philosophèmes théoriques ou éthiques, ne rendent pas davantage compte du phénomène mythologique que celles qui le voient comme une affabulation poétique. Les représentations mythologiques expriment immédiatement un rapport de la conscience au divin (*cf.* Schelling, *Introduction à la philosophie de la mythologie*, leçons I à IV, SW XI, p. 3-93 ; trad. fr. p. 25-105).

4. Lettre de Solger à Hagen, 19.9.1819, NSB I, p. 753.

telle qu'ils sont apparus dans le genre humain, c'est tout simplement la *révélation* et elle seule ; sans elle, toute l'histoire mondiale est incompréhensible, et plus encore l'histoire des idées religieuses qui s'en détache »[1]. L'*esprit* de la religion, c'est-à-dire le sens qu'elle revêt à chaque fois pour la conscience humaine, « consiste uniquement dans les idées <que l'on se fait> de la présence et de la révélation de Dieu – aussi bien dans la création que dans la conscience de l'homme –, du rapport du monde et de l'homme avec Dieu, et, pour finir, de la rédemption »[2]. C'est donc à partir d'une interrogation sur la forme à chaque fois prise par la révélation que la philosophie solgérienne de la mythologie (qui, on l'aura compris, est donc en même temps une histoire et une philologie des symbolismes religieux) peut développer l'interprétation concrète des faits religieux.

Mythe et mystique

La révélation comporte un double mouvement dialectique : 1) d'un côté, l'Idée se configure sous une forme finie, se manifeste dans la particularité de l'*existence*, c'est-à-dire qu'elle crée l'existence comme être ; 2) mais cette auto-manifestation serait simplement une dissolution de l'Idée dans l'existence finie si, dans la *conscience* individuelle comme conscience de la nullité totale du fini, l'Idée ne trouvait aussi un « là » comme Idée, comme unité (un *là* qui néanmoins n'échappe pas lui-même à la caducité de tout existant). C'est à ce double mouvement dialectique de la révélation que Solger veut, à l'aide du couple *mythologie au sens étroit / mystique*, reconduire toutes les manifestations de la religion grecque antique : « À travers le mythe, la divinité passe dans la connaissance humaine, à travers la mystique, notre connaissance revient dans le divin, s'y dissout. Dans les mystères, on a plutôt le principe allégorique, la réalité est donnée. C'est à la connaissance supérieure que nous devons nous rendre ; et ce transport (*Versetzen*) en une connaissance supérieure, nous l'appelons allégorie »[3]. Le *mythe*, quant à lui, est du côté du symbole : il montre l'individualisation du divin, son « abaissement (*herabsteigen*) ». Dans l'attitude *mystique*, à l'opposé, la conscience ne saisit plus le divin

1. Lettre de Solger à Hagen, 19.9.1819, NSB I, p. 752. Solger est conscient de l'originalité de sa position : « Oui, en réalité je veux bien plus que Kanne et ceux de cette espèce, je veux [étudier la mythologie] en relation avec la révélation et c'est pourquoi il m'est d'autant plus odieux qu'ils partent de points de vue entièrement faux et suivent des voies entièrement fausses » (*ibid.*).

2. Lettre de Solger à Hagen, 19.9.1819, NSB I, p. 754-755.

3. Solger, *Mythologie der Griechen*, p. 5V.

comme un existant, mais elle s'y rapporte comme à un *principe*, de manière allégorique [1].

Chacune des deux directions, en outre, se dédouble : dans le mythe lui-même, il y a du symbolique (la forme, la configuration de la légende) *et* de l'allégorique (le rapport de la conscience à la signification de cette légende) ; de même, le mystère comporte une dimension allégorique (la pure connaissance du divin) *et* une dimension symbolique (l'aspect du *sentiment* religieux, de l'expérience individuelle immédiate du divin) [2]. L'utilisation du couple symbole/allégorie est ici en cohérence avec son élaboration dans la philosophie de l'art [3]. Toutefois, il ne s'agit pas du tout pour Solger d'interpréter les religions à partir de l'art – il tient rigueur, précisément, à Johann Heinrich Voß d'adopter une telle démarche [4]. Le cours de 1818 suggère en définitive que la religion est, du point de vue de la révélation, plus originaire que l'art [5]. Le réinvestissement, ici, des catégories de symbole et d'allégorie, ne traduit pas une suprématie de l'art, mais une commune in-formation des produits de l'art et des manifestations mythico-religieuses par le mouvement paradoxal de la révélation, qui nous fait voir l'Idée à la fois comme se présentant dans le réel et comme s'absentant de toute réalité.

L'expérience religieuse et l'expérience artistique partagent, pour la conscience individuelle, un caractère *ponctuel* : il s'agit d'instants de fulgurance de l'Idée, saisie dans un cas comme phénomène, dans l'autre comme expérience intérieure, mais toujours dans une *évanescence* symptomatique de la tension inconciliable – et pourtant conciliée, mais un point-limite du temps – entre unité absolue de l'Idée et dispersion infinie de l'existence. C'est précisément la tâche de la philosophie que de garantir, par le patient tissage de la pensée dialectique, la conservation de tels instants privilégiés.

Mais une telle pérennisation doit-elle alors rester hors de portée des non-philosophes ? Ce problème de l'« objectivité de la philosophie », au sens de la possibilité, pour le contenu de cette dernière, d'être présent dans l'existence *de tout un chacun*, Solger le partage avec nombre de penseurs de son temps, à commencer par Fichte et Schelling qui ont tous deux, à un

1. Sur le sens de la « mystique » en général dans la philosophie de Solger, cf. *Sur la vraie signification*, p. [114] et notre commentaire.

2. Solger, *Mythologie der Griechen*, p. 5V-5R.

3. *Cf.* aussi la lettre de Solger à Tieck, 22.11.1818, NSB I, p. 688-689, *Tieck and Solger*, p. 485-486.

4. Solger, *Mythologie der Griechen*, p. 3R-4V.

5. Solger, *Mythologie der Griechen*, p. 2V et 4V.

moment donné, pensé trouver dans le point de vue esthétique un moyen de rendre le contenu supérieur de la philosophie accessible à l'homme du commun, ou à l'homme « tout entier ». En un sens, il y a bien une ambition de cet ordre aussi dans le dialogue philosophique tel que Solger l'entend : en équilibre entre art et philosophie, il doit rendre accessible de manière vivante la révélation de l'Idée. Mais l'image prédominante d'un « Solger esthéticien » a jusqu'ici fait obstacle au point que nous voulons maintenant aborder : parallèlement à la pérennisation philosophique des fulgurances de l'Idée dans l'élément de la *pensée*, l'auteur d'*Erwin* a voulu concevoir un autre type de « stabilisation » de la révélation, cette fois *dans l'élément même de l'existence*, au sein de l'État et de la vie juridique et politique.

PHILOSOPHIE MORALE ET POLITIQUE : INDIVIDU, ÉTAT ET GENRE HUMAIN

Ici encore, de fait, plusieurs éléments bio-bibliographiques incitent à dépasser l'image réductrice d'un Solger « esthéticien », ou encore « théoricien de l'ironie romantique »[1]. Solger avait fait des études de droit à l'Université de Halle entre 1799 et 1802. Dans ses *Dialogues philosophiques* parus en 1817, ainsi que dans sa correspondance avec Raumer et Hagen, il aborde des questions de philosophie politique. Il avait l'intention, l'année précédant sa mort, de publier un livre sur la philosophie du droit et de l'État[2]. Le matériau de base pour la composition de cet ouvrage lui aurait sans nul doute été fourni par le texte que nous connaissons sous le titre *Philosophie des Rechts und Staats* (*Philosophie du droit et de l'État*), paru de manière posthume en 1826 dans les *Nachgelassene Schriften und Briefwechsel*[3], et très probablement composé à partir de notes de prépa-

1. Une version plus détaillée de cette présentation de la philosophie politique de Solger est donnée dans : M. Galland-Szymkowiak, « Individuum, Staat und Existenz der Idee. Solgers politische Philosophie », dans A. Baillot, M. Galland-Szymkowiak (Hg.), *Grundzüge der Philosophie Solgers*, Berlin/Münster, LIT-Verlag, 2014.

2. Voir la lettre à l'éditeur Ferdinand Dümmler du 18.6.1817 : « Je n'ai pas réussi, très cher ami, à vous apporter pour cet été mon livre sur la philosophie du droit et de l'État. Je me décide donc à vous le proposer en une fois [*i.e.* après l'été, M.G.-S.]. Peut-être pouvez-vous le faire imprimer l'hiver prochain. (…) Je souhaiterais d'autant plus pouvoir l'éditer bientôt, que tant de phénomènes de notre époque incitent dans cette matière à défendre et à faire accepter le droit (*das Rechte*) de manière vivante » (Nachlass Solger, *Staatsbibliothek Preußischer Kulturbesitz*, Berlin ; je remercie vivement Anne Baillot pour sa transcription du manuscrit).

3. NSB II, p. 263-365 (désormais *PhiRS*).

ration des cours de philosophie politique régulièrement tenus par Solger à l'Université de Berlin entre 1813 et 1819[1]. Prendre sérieusement en compte ce texte difficile, par moments redondant, par moments très elliptique (les sous-titres camouflant ce qui semble être une juxtaposition de plusieurs versions du cours, plutôt qu'un unique texte structuré) ne peut que conduire à déplacer la focale dans l'interprétation de l'œuvre de Solger. La conception de l'État et du droit qui s'y déploie apparaît, en particulier, plus proche de la philosophie hégélienne de l'esprit objectif, que d'une solution esthétisante au problème de l'objectivité de la philosophie. De fait, dans sa *Recension* des *Écrits posthumes* de Solger, Hegel se déclare « pour ainsi dire en tout point d'accord »[2] avec la philosophie politique de Solger.

Art, religion, politique

Solger comprend l'État comme l'une des formes de la révélation de l'Idée dans l'existence. L'État et le droit « expriment l'*Idée* en son existence » ; l'État est « le système de l'existence de l'Idée »[3]. Mais en quel sens exactement l'Idée vient-elle à l'existence dans la sphère juridique et politique ? Dans l'art et dans la religion, nous l'avons vu, la phénoménalisation de l'Idée coïncide avec la négation de l'existence finie[4]. La réalité (du monde ou de ma conscience) y devient la présence même de l'Idée – une présence paradoxale qui ne saurait durer que le temps d'un éclair, d'un *instant* de grâce esthétique ou mystique. « Chacun des deux [= art et religion] est un monde propre, et chacun est aussi en même temps existence (*Existenz*), pour autant que chacun opère la fusion de la réalité avec l'Idée. Mais par là-même, précisément, cette réalité est anéantie en tous deux, et pourtant elle doit être là, elle ne peut qu'être là. Elle ne peut donc être que si elle aussi est élevée à l'existence (*Daseyn*) essentielle »[5]. Mais si la révélation est toujours en même temps création *et* anéantissement du fini, comment penser une consistance essentielle du fini qui ne se dissolve pas

1. Solger enseigne la « théorie philosophique du droit » durant les semestres d'été 1816 et 1818, et la « politique » à l'été 1819 (voir W. Virmond (Hg.), *Die Vorlesungen der Berliner Universität 1810-1834*, Berlin, Akademie Verlag, 2011, p. 123, 167, 191).

2. Hegel, *Solger-Rez.*, p. 272, trad. fr. p. 139.

3. Solger, *PhiRS*, NSB II, p. 329, et p. 314.

4. « De même que, dans la religion, notre propre conscience passe dans la pensée divine en tant [qu'elle devient] pure et simple révélation de cette dernière, de même, dans la beauté, c'est ce qui arrive à la réalité du monde dans lequel nous vivons » (*Vorlesungen*, p. 69).

5. *PhiRS*, NSB II, p. 311.

instantanément ? L'idée même d'une « existence essentielle » ne se réduit-elle pas à un oxymore vide de sens ?

Ce qui est en jeu avec la pensée de l'État, c'est très clairement la possibilité d'un mode non plus instantané mais durable d'existence de l'Idée. Solger pose ainsi les définitions suivantes : « L'État est une *Idée qui se tient fermement* dans la réalité, *un ordre pérenne et un calme univers de l'agir* » [1] ; « l'*État* est la totalité de l'être-là essentiel, à travers laquelle l'Idée du bien est, dans l'agir, rendue réelle en tant que système-du-monde subsistant » [2]. C'était également comme agir, on s'en souvient, que l'art donnait existence à l'Idée ; mais une telle existence était purement individuelle et, comme telle, évanescente. Dans la vie juridique et politique, en revanche, la réalité de l'Idée prend la figure d'un *Weltsystem* : l'organisation et la vie juridiques et politiques font du monde ordinaire l'actualisation permanente de l'Idée [3]. Notre existence n'y est plus simplement une existence purement relative et finie, qui s'anéantit dans l'Idée (et l'anéantit en retour) : elle devient elle-même « quelque chose de pérenne et d'essentiel », ou encore « un être-là vrai » [4].

Reste qu'un tel dépassement de l'instantanéité de la révélation esthétique et religieuse a de quoi surprendre ; sa compatibilité avec les fondements métaphysiques de la philosophie solgérienne pose question. Comment une telle révélation *pérenne* de l'Idée dans l'existence est-elle possible, si l'existence en général est définie comme « le néant de l'essence » [5] ? Solger désigne explicitement la pensée de l'*individualité* comme la clef de ce problème [6].

1. *PhiRS*, NSB II, p. 330 (c'est Solger qui souligne).

2. *PhiRS*, NSB II, p. 313. Hegel parle de l'État comme de « l'univers éthique (*das sittliche Universum*) » (*Principes de la philosophie du droit*, Préface, HW 7, p. 26, trad. fr. p. 105).

3. *PhiRS*, NSB II, p. 313, et p. 330.

4. *PhiRS*, NSB II, p. 330. Il faut remarquer que la distinction entre *Existenz* (l'existence vue comme purement finie) et *Dasein* (l'existence comme présence de l'Idée), qui n'est pas constamment présente chez Solger, joue ici à plein (voir le glossaire).

5. *Sur la vraie signification*, p. [172].

6. *Cf. PhiRS*, NSB II, p. 317.

Individualité et arbitre ; l'action morale

Alors que l'individualité animale a immédiatement son principe dans son espèce et se réduit à une expression de cette dernière [1], l'individualité humaine présente ceci de particulier qu'elle se pose *pour elle-même* comme telle. « L'homme s'op-pose (*setzt sich entgegen*) ses représentations à lui-même en tant qu'il est l'Un » : abstraction d'une part, réflexion de l'autre font de l'homme le point où le monde naturel se retourne en un monde idéal [2], où le déploiement de l'unité absolue dans ses oppositions devient l'objet d'une représentation consciente. L'unité avec soi prend, dans la conscience de soi, le sens d'une *activité* : celle de l'auto-position du Moi comme un, auto-position à laquelle sont principiellement rapportées nos représentations. L'individu humain se sait tel au moyen de l'activité par laquelle il prend conscience de l'identité universelle du Moi=Moi comme existant singulièrement en lui [3].

La conscience de soi comme un *et* pluriel, universel *et* particulier advient à tout un chacun par l'intermédiaire d'*actes* qui posent à chaque fois son identité personnelle en même temps comme particulière [4]. Ces actes sont le produit de sa faculté de décision ou arbitre (*Willkür*). « L'arbitre est donc le véritable acte de l'existence (*Daseyn*), dans lequel l'homme est ce qu'il est » [5]. L'arbitre, c'est l'existence en tant qu'acte, l'inscription active de l'individu dans un réseau de relations et d'oppositions. Mais en même temps, l'arbitre est l'acte d'un sujet Un, et d'un sujet qui rapporte à soi ses propres actes. Aussi Solger peut-il identifier l'arbitre à l'individualité même de l'homme : « l'individu lui-même n'est donc rien

1. *PhiRS*, NSB II, p. 165. *Gattung* sera traduit ici par « espèce » plutôt que par « genre » : étant donné l'écho, dans la philosophie politique de Solger, des leçons de Fichte sur *Le Caractère de l'époque actuelle*, nous avons repris pour *Gattung* la traduction choisie par Ives Radrizzani dans ce dernier texte. Dans le contexte de réflexions sur la théorie de la connaissance, nous traduirons plutôt par « genre », et *Gattungsbegriff* par « concept générique ».

2. Sur le rapport entre nature et pensée, cf. *PhiRS*, NSB II, p. 275.

3. Cf. *PhiRS*, NSB II, p. 333.

4. Comparer avec Hegel, *Principes de la philosophie du droit*, § 124 : « Ce qu'est le sujet, c'est la série de ses actions » (HW 7, p. 233, trad. fr. p. 221).

5. *PhiRS*, NSB II, p. 336 ; *cf.* p. 305 : « Le point de l'arbitre, c'est donc celui dans lequel se révèle l'existence infinie originaire, le *devenir pur*, non pas en tant que principe, comme dans la dialectique, mais en tant qu'instant réel de l'existence, en tant qu'acte existential ». Le terme d'*Existentialact* (aussi *PhiRS*, p. 273) est fichtéen, très probablement emprunté au cours sur les *Principes de la doctrine de Dieu, de la morale et du droit* (*Principien der Gottes-, Sitten- und Rechtslehre*) dont Solger avait été auditeur au printemps 1805 (*cf.* Fichte, GA II/7, p. 375). Sur l'arbitre, voir aussi *Sur la vraie signification*, p. [165]-[168].

qu'*arbitre*, et son existence particulière est l'agir, qui n'est que le phénomène de l'arbitre. (...) Il doit continuellement agir, sinon il ne serait rien du tout, et dans cet agir, il n'est rien que l'arbitre »[1].

Ici encore, le modèle fichtéen du flottement productif[2] fait l'objet d'une réappropriation, pour penser l'arbitre comme unification dynamique des deux directions de l'action, autodétermination (ou détermination par l'universel, le *Sollen*[3]) et détermination particulière (par le *Trieb*). Comme Hegel, Solger souligne que l'action elle-même ne peut être comprise que comme devenir-réel de l'*unité* de ces deux directions. « Dans le moment même de l'arbitre, l'autodétermination et la détermination par l'extérieur ne sont plus du tout opposées, mais confluent entièrement en Un »[4]. Or selon Solger, une telle unité ne saurait être créée par l'individu existant, mais seulement reçue par lui du « fait absolu » de la révélation. Il ne peut y avoir d'action « si, dans ce moment de l'annulation, l'*Idée* ne brille en un éclair »[5]. Solger veut ainsi s'opposer au formalisme issu de la philosophie morale kantienne en soulignant que la philosophie ne peut considérer « le bien comme une règle universelle de l'agir, ni comme un idéal, un but infiniment éloigné »[6].

Toute action a donc, à son principe, l'unité de l'Idée en moi – Idée qui prend ici la figure de l'Idée du bien. Toutefois, l'*action morale individuelle* ne peut conserver cette unité comme telle lorsqu'elle entreprend de la faire passer à l'existence. Si la source de l'agir est bien l'unité de l'Idée du bien présente en moi, « cette unité ne peut passer que peu à peu dans [l]es relations [de l'existence] ; elle ne peut être exécutée que par l'agir particulier, et jamais complètement, parce que notre existence même contient toujours encore les concepts de l'universel et du particulier dans leur division. C'est pourquoi l'Idée du bien est quelque chose qui *doit* devenir, qui n'est pas encore, un *devoir*, et la réalité et l'Idée sont toujours encore séparées l'une de l'autre. La réalité est présupposée comme étant, l'Idée comme devant être, et une compénétration complète ne vient jamais au jour »[7]. En effet, un individu singulier ne peut comme tel produire qu'une action irrémédiablement particulière, qui ne « révèlera » pas « le » bien, mais toujours seulement la dualité inéluctable du bien et mal. « Ce n'est que

1. *PhiRS*, NSB II, p. 336-337.
2. *Cf.* par ex. *PhiRS*, NSB II, p. 303.
3. Cf. *PhiRS*, NSB II, p. 302.
4. *PhiRS*, NSB II, p. 300 ; *cf.* p. 334-335.
5. *PhiRS*, NSB II, p. 301.
6. *Sur la vraie signification*, p. [167].
7. *Vorlesungen*, p. 65.

par l'Idée [en tant qu'elle se fait jour dans l'agir, M.G.-S.] que l'agir est quelque chose, pour soi il n'est rien, il est même le rien, le néant même ; car il expose l'Idée en tant que rien. Si donc l'agir, en tant que pur et simple agir, se détache de l'Idée et pourtant se [1] révèle dans la réalité et dans des actions singulières, il devient un *néant réel ou positif* et cela, c'est le *mal*. Mais pour autant qu'il est l'Idée elle-même, l'agir est le *bien* » [2]. La dualité indépassable du bien et du mal est ainsi l'expression éthique de la détermination ontologique et gnoséologique de l'existence comme néant de l'essence.

Avec l'action éthique, la réalisation d'une « existence essentielle » ne peut donc advenir ; ce n'est pas dans le domaine moral que l'on doit chercher « un système-du-monde subsistant » déployant la vie de l'Idée [3]. Cela ne serait possible, souligne Solger suivant un schéma qui lui est familier et qu'il emprunte très certainement aux *Recherches philosophiques sur l'essence de la liberté humaine* publiées par Schelling en 1809 [4], que si l'Idée du bien était à la fois au fondement (*Grund*) de l'action, *et* toujours déjà présente comme existence dans la réalité investie par cette action : « l'agir individuel est lui-même sur la limite entre l'Idée et le néant, et ne peut échapper à ce dernier si l'Idée ne passe pas continuellement, en tant que quelque chose de subsistant, dans la réalité, et si en même temps elle ne réside pas au fondement de cette dernière, ce qui ne saurait advenir qu'à travers une existence (*Daseyn*) qui, pour ainsi dire, est érigée par l'agir au-dessus de l'agir réel » [5].

L'existence pérenne de l'Idée dans l'État : l'individu se rapportant à l'idée du genre humain

Tout le problème est de comprendre si, et comment, l'unité originelle de l'autodétermination et de la détermination particulière peut passer dans l'action effective sans s'y perdre en tant qu'unité. Elle le peut, si l'individu n'inscrit pas son action dans une existence purement relative, mais dans une existence où l'unité de l'Idée s'est déjà particularisée. Pour Solger, une telle action est possible si l'individu agit en fonction de l'Idée *comprise comme Idée de l'espèce humaine* – une thèse qui lui a sans nul doute été

1. Le texte des NSB II porte *sich offenbart* mais *sie offenbart* (l'agir révèle l'Idée) semblerait plus logique.

2. *PhiRS*, NSB II, p. 306.

3. *PhiRS*, NSB II, p. 313.

4. Pour la reprise du couple schellingien *Wesen als Grund/Wesen als Existenz*, *cf.* par ex. *PhiRS*, NSB II, p. 301, p. 319.

5. *PhiRS*, NSB II, p. 313.

inspirée par le cours de Fichte qu'il avait suivi en 1804-1805 sur le *Caractère de l'époque actuelle*. « [Le concept universel de l'autodétermination] doit avoir une existence réelle, et il ne l'a qu'en tant qu'espèce, pour autant qu'il est exposé par les individus formant un tout. (...) Ce concept est dans l'individu du fait que chaque individu, en son arbitre, porte en soi et extériorise l'entière réalité de l'espèce en tant que concept universel » [1].

Dès lors, l'existence dans laquelle l'Idée du bien peut advenir réellement n'est *pas celle des choses, mais seulement celle des individus en leur libre interaction*, se considérant d'emblée les uns les autres comme des singularisations du concept de genre humain. Dans l'intersubjectivité s'ouvre ainsi comme un deuxième niveau de l'existence, qui n'est plus purement et simplement le néant de l'essence, mais la mise en relation de l'Idée, comprise comme Idée du genre humain, avec *soi-même existant toujours déjà sous une infinité de formes singulières*. Pour que l'unité de l'Idée se réalise dans ce deuxième niveau de l'existence, il faut que chaque individu rapporte son action à l'unité de l'espèce. Il peut appréhender cette unité ou bien comme un universel (le concept d'humanité), ou bien comme une individuation (le genre humain en tel homme). « Or une telle existence du genre humain, dans laquelle l'espèce se rapporte complètement à son concept, et dans laquelle l'individu ne vit que pour le concept de l'espèce, c'est l'État » [2].

Le droit, l'État, la vie politique

L'État fait *exister*, à travers la manière dont il organise les relations interindividuelles, l'unité de l'autodétermination et du *Trieb* qui est constitutive de tout agir. Il n'est pas une simple règle imposée de l'extérieur aux actions individuelles, mais bien « l'agir lui-même, mais pensé comme essence originaire et comme être fixe (*stehendes Seyn*) » [3]. Il porte à son accomplissement réel ce qui, dans l'action morale, restait à l'état de principe et de visée. « L'État est l'être-là de l'Idée. La moralité est le devenir de l'Idée. Dans la moralité c'est l'individualité, ou l'existence, qui règne, dans l'État c'est l'être-là parfait » [4].

1. *PhiRS*, NSB II, p. 315.

2. *PhiRS*, NSB II, p. 318. À rapprocher de Fichte, *Le Caractère de l'époque actuelle*, surtout la dixième leçon. Remarquons toutefois que Fichte insiste sur l'idée d'une *contrainte* nécessaire pour faire accepter aux individus de mettre toutes leurs forces au service de l'espèce. Cette vision coercitive ne se trouve pas chez Solger.

3. *PhiRS*, NSB II, p. 294.

4. *Ibid.*

La configuration de l'unité de l'Idée, comprise comme Idée de l'espèce, en une «existence parfaite» se fait, là encore, selon deux directions dialectiquement liées. L'*État au sens large* comprend d'une part *le droit*, qui doit rapporter toute action individuelle particulière à l'Idée de l'espèce, d'autre part l'*État au sens restreint*, dans lequel l'Idée de l'espèce se présente elle-même comme individualité agissante.

Dans le système du *droit* comme ensemble de lois, les pulsions particulières sont d'emblée orientées en fonction du concept du genre, donc universalisées. Solger définit le droit comme «une nature morale (*eine sittliche Natur*)» [1]. En effet, la «nature» en général est selon lui le déploiement de l'unité de l'Idée dans les oppositions de l'existence à travers des lois nécessaires, déploiement tel que toute particularité est comprise dans l'universalité de l'Idée. Le droit constitue une «nature morale» pour autant qu'il fournit un cadre légal dans lequel toute action particulière est principiellement rapportée à l'universalité de l'idée de l'espèce. «Ce n'est que par la nature que l'universel et le particulier, à travers une relation mutuelle et à partir d'un fondement commun, passent l'un dans l'autre. Ce n'est que par une nature morale que les individus peuvent, en tant qu'individus, avoir quand même une existence essentielle. Cette nature morale s'appelle le droit» [2].

L'*État au sens restreint*, de son côté, «expose l'agir libre à partir de l'Idée, en tant que quelque chose de réel» [3] (c'est-à-dire, pas comme un devoir-être): au lieu de rapporter les actions particulières à l'idée de l'espèce, il déploie cette dernière dans l'existence – non pas cependant en l'y dissolvant, mais en l'y *individualisant*. Cela est possible parce que l'action de l'État ne porte pas sur des choses mais sur les *personnes* [4]. Les personnes sont les individus considérés comme sujets du droit, *i.e.* les individus en tant qu'ils agissent sous la détermination du concept du genre [5]. Parce que l'État *stricto sensu* n'est constitué par rien d'autre que par des rapports entre des personnes [6], il est une *existence essentielle* c'est-à-dire un système légal et institutionnel de relations, de rapports [7] tenant leur unité de l'Idée de l'espèce constamment individualisée. «Le but de

1. *PhiRS*, NSB II, p. 337-338.
2. *PhiRS*, NSB II, p. 319-320.
3. *PhiRS*, NSB II, p. 340.
4. *PhiRS*, NSB II, p. 340-341.
5. *PhiRS*, NSB II, p. 341.
6. *PhiRS*, NSB II, p. 343.
7. *PhiRS*, NSB II, p. 324.

l'État, c'est l'agir individuel du concept de l'espèce, par quoi aussi l'agir de tous les individus se trouve transformé en un agir de l'État » [1].

L'action de l'État s'oriente selon deux directions. D'une part, il garantit, au moyen de la *justice* [2], que les personnes particulières agissent conformément au droit ; d'autre part il individualise l'idée de l'espèce dans une *constitution* déterminée. Dans la constitution « se donne à reconnaître l'individualité et existence particulière de l'État, non pas cependant comme une individualité finie contingente, mais comme l'individualité du concept de l'espèce » [3]. La constitution fixe l'organisation de l'État et le cadre de son action, de telle sorte que cette action exprime toujours le concept universel de l'espèce humaine [4]. Le moyen terme entre la justice et la constitution est la *vie politique* concrète dans l'État (*die Politik*). Sa fonction est d'unifier constamment l'action individuelle (conforme au droit) des personnes avec l'Idée de l'espèce, idée individualisée dans l'État [5].

La philosophie politique de Solger offre un champ de recherche entièrement neuf, où l'une des tâches essentielles consistera assurément en une mise en contexte précise par rapport aux philosophies politiques de Fichte (surtout le *Caractère de l'époque actuelle*) et de Schelling (le texte de Solger contient des échos du *Système de l'idéalisme transcendantal*), ainsi que par rapport aux *Principes de la philosophie du droit* de Hegel qui paraissent quelques mois après la mort de Solger.

Pour conclure cette brève présentation : le principe, ou plutôt le centre toujours renaissant sur lequel toute la pensée de Solger se fonde de manière cohérente, est le fait absolu et éternel de la révélation, le mouvement infini de l'auto-révélation et auto-anéantissement de l'Idée dans l'existence et la conscience finies. La révélation constitue le fond à partir duquel toute unité (de l'être ou du connaître) peut être saisie – y compris l'unité de la conscience de soi. Très loin de se réduire à une réflexion sur le beau et l'art, l'œuvre de Solger vise une explication systématique de la réalité humaine

1. *PhiRS*, NSB II, p. 353.

2. *PhiRS*, NSB II, p. 344.

3. *PhiRS*, NSB II, p. 345. Solger note que la constitution est quelque chose d'historique, de donné et en même temps l'expression de l'essence (*ibid.*).

4. *PhiRS*, NSB II, p. 346. La constitution fixe les rapports entre le *peuple*, comme totalité empirique, et l'idée du genre dans son individualisation (*PhiRS*, NSB II, p. 248). Cette dernière peut être comprise comme s'individualisant dans le peuple entier – *démocratie* –, dans un groupe d'individus – *aristocratie* – ou dans une personne individuelle – *monarchie*, qui selon Solger correspond le mieux à une individualisation de l'idée.

5. *PhiRS*, NS II, p. 345-346.

(théorie de la connaissance, de la religion, de l'art, de la morale et de la politique) en fonction de l'intuition et de la pensée dialectique de la révélation – l'intuition étant reçue dans la « foi », la pensée dialectique étant mise en œuvre par la philosophie. En soulignant que ce fondement abyssal, cet événement qui en son renouvellement éternel fonde pour nous toute réalité, ne saurait être produit par la conscience mais seulement reçu par elle, la philosophie de Solger ouvre une fracture dans la conception du système de la philosophie – fracture qui traversera également l'œuvre du dernier Schelling. Solger doit également beaucoup au Fichte de 1804-1806, dont il conserve notamment le jeu dialectique entre la transcendance de l'absolu et son immanence à la conscience. Plus largement, comme on le verra en détail avec les textes qui vont suivre, la volonté de construire une position qui dépasse, d'un côté, les unilatéralités de l'idéalisme transcendantal du premier Fichte et de la philosophie schellingienne de l'identité, de l'autre la dichotomie jacobienne de la foi et du savoir – tout en intégrant des points fondamentaux de ces différentes approches – conduit Solger à mettre en tension philosophèmes idéalistes et intuition mystique, traits transcendantaux et conscience du spéculatif, affirmation de la présence de l'absolu et insistance sur l'indépassable finitude de notre existence. L'acuité paradoxale et exigeante de sa pensée nous est une incitation à interroger la portée et la pertinence de ces divisions reçues de l'histoire de la philosophie, et à repenser ainsi en première personne le cœur de l'inspiration idéaliste.

K. F. W. SOLGER

LETTRES CONCERNANT LES MALENTENDUS SUR LA PHILOSOPHIE ET SON RAPPORT À LA RELIGION

SUR LA VRAIE SIGNIFICATION ET DESTINATION DE LA PHILOSOPHIE, EN PARTICULIER À NOTRE ÉPOQUE

DIALOGUES PHILOSOPHIQUES SUR L'ÊTRE, LE NON-ÊTRE ET LE CONNAÎTRE

LETTRES CONCERNANT LES MALENTENDUS SUR LA PHILOSOPHIE ET SON RAPPORT À LA RELIGION

PRÉSENTATION

Objet

L'objet des *Lettres concernant les malentendus sur la philosophie et son rapport à la religion* (1) est le *geistiger Zustand* « de notre époque et de notre peuple » (2), c'est-à-dire l'état intellectuel et spirituel de la Prusse sortant des guerres de libération contre les armées napoléoniennes, une Prusse à la fois héritière des Lumières et en proie à une certaine effusion religieuse. Cet écrit volontairement exotérique ressortit, de par sa forme épistolaire, son ton vivant et son lexique à dessein non technique, à la « philosophie populaire (*Popularphilosophie*) ». Mais cet aspect plaisant ne doit pas tromper : à travers la question de la relation entre foi et savoir, ce sont bel et bien des problèmes centraux pour l'ensemble de l'idéalisme allemand qui sont abordés ici – la possibilité de l'achèvement systématique de la philosophie, le rapport de la raison à son autre ou encore la nature de la connaissance philosophique et son rapport à la vie et à la réalité de l'expérience. À la différence toutefois du Hegel de *Foi et savoir* (1803), du Schelling de *Philosophie et religion* (1804) ou même du Fichte de l'*Initiation à la vie bienheureuse* (1806), Solger aborde le rapport entre philosophie et religion autant, voire davantage, sous l'angle de la religion et de la théologie que sous celui de la philosophie, et plus spécifiquement encore, sous l'angle de la théologie et de la piété protestantes luthériennes au début du XIXe siècle. Aussi l'interprétation philosophique de ce texte ne peut-elle faire l'économie d'une approche non seulement historico-théologique mais également confessionnelle.

Les deux questions essentielles qui parcourent le texte sont les suivantes : celle, ici plutôt religieuse et théologique, de « savoir s'il est permis et utile de philosopher sur la révélation » (3) et celle, philosophique, « concernant la valeur de la philosophie en général en relation à ce qui est positif » (4). Mais de ces deux questions, Solger entend montrer qu'elles ne font qu'une. Sa compréhension de la relation entre religion et philosophie aspire dès lors à dépasser, du côté religieux, aussi bien la « haine de la philosophie » (5) que le rationalisme étroit, et du côté philosophique, aussi bien un transcendantalisme oublieux de la positivité que des idéalismes (ou idéal-réalismes) qui ne retrouvent le « positif » qu'au prix d'une systématicité finalement partiale et séparée de l'existence.

Datation

La datation de 1816 proposée par W. Henckmann (6) ne nous paraît pas tenable, pour plusieurs raisons. Si un premier noyau de réflexions sur la religion a en effet été soumis à Tieck fin 1815 ou début 1816 (Tieck parle d'une seule « lettre », Solger évoque des « pensées brièvement jetées sur le papier ») (7), la version comprenant six lettres fictives qui nous est présentée dans les *Écrits posthumes* a sans nul doute été retravaillée durant l'année 1817 voire au début de 1818. Solger y cite une métaphore présente dans une lettre écrite par Tieck en mars 1817 (8). Le 4 octobre 1817, il écrit à Tieck qu'il a commencé à travailler aux « Lettres sur la philosophie, la religion et l'histoire ». Le 18 décembre 1817, Tieck accuse réception avec enthousiasme des « lettres destinées à la publication » (9), et le 4 janvier 1818 Solger se réjouit de cet enthousiasme et se demande si ces lettres conviendront pour le journal dont ils ont tous deux le projet (10). Enfin le recoupement avec la lettre que Solger adresse à Abeken le 23 janvier 1818 confirme qu'il s'agit bien, sous cette dénomination, de notre texte sur les « malentendus » concernant ces trois genres de connaissance, que Solger est encore en train d'y travailler et qu'à cette date les principales idées que nous y découvrons sont en place (11). Il n'est pas exclu que la version dont nous disposons soit inachevée : même si une réflexion sur l'histoire (comme facticité) la structure en filigrane, les considérations sur l'histoire ne sont pas aussi développées ici que celles sur la philosophie et la religion. En tout état de cause, le texte doit être daté au plus tôt de fin 1817-début 1818, et Solger l'a sans doute encore modifié pendant l'année 1818 (12).

Contexte philosophico-religieux

Avant de revenir brièvement sur les enjeux philosophiques de ce texte, il nous faut, étant donné son rapport explicite à l'actualité de sa rédaction, restituer son contexte théologique et philosophico-religieux. Comment le problème du rapport entre raison et révélation se pose-t-il fin 1817 ? Non seulement Solger réfléchit sur ce problème qui était déjà celui du XVIIIe siècle (13), mais plus largement, l'un des fils conducteurs des *Lettres* consiste en une réélaboration du rapport des « deux grands courants philosophico-religieux » qui ont transformé « le XVIIIe siècle en Allemagne en un véritable champ de tiraillement : le rationalisme, d'un côté, et le piétisme, de l'autre » (14).

Les différentes étapes du rationalisme théologique au XVIIIe siècle, quant à cette question de la relation entre raison et révélation, ont été mises en lumière par Karl Aner : le *wolffianisme* qui accorde au savoir rationnel et au savoir fondé sur la révélation des sphères de validité distinctes, mais se recoupant et se complétant – la théologie chrétienne étant ainsi appuyée et confirmée par la « religion naturelle » ; la *néologie* (15), qui exclut de l'ensemble des vérités révélées ce qui lui semble contraire à la raison, tout en laissant subsister le concept de révélation, le contenu des dogmes étant alors remplacé par des vérités conformes à la raison ; enfin le *rationalisme* à proprement parler, qui passe au crible de la raison l'ensemble du contenu de la révélation et résorbe pour ainsi dire le caractère extra-rationnel de la révélation dans la raison. En même temps, il devient possible de penser la révélation non comme un événement unique mais comme un processus se déroulant historiquement (16) (élément qui sera déterminant pour la redétermination idéaliste du concept de révélation). Avec Lessing (qui reprend entre autres l'héritage du déisme anglais), et plus radicalement avec Kant et Fichte, la raison est le sol à partir duquel le contenu et la validité de la révélation sont déterminés. Lessing, dont la position, complexe, a varié, a posé de manière aiguë le face-à-face entre la suprématie de la raison humaine dans la recherche de la vérité et l'élément historique de la révélation positive, en même temps que la question de la possible conversion des vérités révélées en vérités de raison. C'est sur la base de cette même distinction que Kant, dans *La religion dans les limites de la simple raison* (1793), identifie la foi en la révélation avec la « religion positive », historique et « statutaire » (institutionnalisée) et distingue celle-ci du « cœur » même de toute religion, qui est selon lui purement moral (17). Solger s'oppose à une telle reconstruction purement conceptuelle des objets de la religion (une reconstruction que Karl Leonhard Reinhold voulait déjà tenter en 1786 sur la base de la *Critique de la raison pure*) (18)) : il dénonce le formalisme des

« abstractions au moyen desquelles les philosophes eux-mêmes ont cru pouvoir séparer ce qu'on appelle le positif dans la religion, de l'universel dont la condition est donnée dans les lois de la nature humaine en général, sans présupposition de faits historiques » (19). Il rejoint en cela l'opposition d'un Johann Friedrich Kleuker (1749-1827), orientaliste et théologien proche de Jacobi (sur lequel nous reviendrons), à une « philosophie de la religion » au sens de Kant et Reinhold qui ferait de la raison la seule source et garantie du vrai dans la religion : pour Kleuker, « sans les données (*Data*) dont nous sommes redevables à une révélation divine, nulle vraie philosophie de la religion ne saurait être seulement pensée comme étant possible » (20). Pour Solger également, la philosophie ne peut recevoir son objet essentiel, la « révélation », que d'une expérience de type religieux.

Mais si cette dernière thèse s'oppose au rationalisme ou « religion d'entendement », en ce qu'elle revendique la possibilité d'une expérience intérieure de la « présence » divine, elle est tout autant entendue contre cette autre forme d'arraisonnement du vrai qu'est le mysticisme ésotérique (ou l'illuminisme), que Solger désigne à l'occasion comme *Schwärmerei* (21). Dans les deux cas (rationalisme et mysticisme), en fin de compte, l'individu fini se fait un mérite du vrai et se l'arroge – à mille lieues d'une humilité de la raison à laquelle Solger tient, qu'il est tentant de comprendre comme une transposition philosophique du *sola gratia,* et sur laquelle doivent s'appuyer aussi bien la vraie religion que la vraie philosophie. Que ce soit dans le rationalisme ou dans le mysticisme, la conscience religieuse se coupe du réel, en refusant la « positivité » ou bien en se plongeant « dans une méditation onirique dans laquelle l'âme tente de se détacher entièrement de la réalité, afin de devenir capable du contact avec une influence purement spirituelle – ou, bien plutôt, abstraite » (22). La dénonciation d'un "mauvais" mysticisme religieux s'inscrit chez Solger dans le contexte plus large d'une critique de la « pseudo-mystique (*Scheinmystik*) », définie comme la tendance « corruptrice » à « se gargaris[er] perpétuellement d'Idées et de Divin » (23) sans pour autant concevoir clairement le rapport de l' « enthousiasme » authentique à l'existence (24). Au contraire, « [l]a vraie mystique consiste dans la connaissance du divin tel qu'il est immédiatement présent, en tant qu'essence, dans l'existence ; seule la vraie unité de la spéculation et de la révélation y conduit donc » (25).

Solger entend montrer que la vraie religion ne saurait se passer de la raison (distinguée de l'entendement ratiocinant, et entendue en un sens spéculatif). Parmi les ennemis de la philosophie, ceux qu'il « aime le plus » et veut convaincre en priorité de la nécessité d'une *philosophie* de la religion, ce sont les « vraiment pieux (*diese wahrhaft Frommen*) » (26). De qui s'agit-il ? On peut certes reconnaître dans les allusions critiques de Solger nombre d'éléments caractéristiques du piétisme, tel qu'il s'était développé depuis le XVIIe siècle : l'aspiration piétiste à l'« individualisation et à l'intériorisation de la vie religieuse » (27), qui se traduit par un déplacement d'accent, de la doctrine vers la foi vivante et active et l'expérience intérieure du divin (28), par une mise au second plan voire une franche contestation de toute élucidation « philosophique » de la Bible (29) (c'est-à-dire une élucidation basée sur la *Schulphilosophie*), ainsi que par une relativisation de l'aspect institutionnel (ecclésial) de la vie religieuse (30) et des différences confessionnelles intra-protestantes (la différenciation d'avec le catholicisme est en revanche exacerbée), enfin par une tendance à remplacer la justification luthérienne par la sanctification individuelle (31). Le texte dans son ensemble apparaît comme une prise de distance argumentée et nuancée par rapport à ces tendances, même si Solger reprend l'idée centrale de la foi comme expérience intérieure vivante et contact immédiat avec le divin.

Cependant « le piétiste (*der Pietist*) » n'est explicitement évoqué sous ce nom qu'une fois, dans la cinquième *Lettre* (32), où il est en fait présenté comme l'avatar sentimentaliste du « vrai pieux », à côté du théiste et de l'« orthodoxe » (c'est-à-dire du luthérien orthodoxe). Si l'on peut penser au néopiétisme de certains des collègues théologiens de Solger à l'Université Frédéric-Guillaume de Berlin, comme August Johann Wilhelm Neander (1789-1850, à Berlin à partir de 1813), promoteur d'une *Herztheologie*, Wilhelm Martin Leberecht De Wette (1780-1849, à Berlin de 1810 à 1819) ou même Friedrich Schleiermacher, c'est sans doute plus immédiatement l'effervescence religieuse d'après les guerres de libération (1813-1815) (33), puis celle perceptible à la *Wartburgfest* (18 octobre 1817) ou à l'occasion de la célébration du tricentenaire de la Réforme (31 octobre 1817) qui est visée ; sans doute aussi les premiers développements du « Réveil » (*Erweckungsbewegung*), mouvement d'influence piétiste insistant entre autres sur l'insuffisance de la raison, sur le salut par la grâce, sur la lecture de la Bible et sur une approche émotionnelle de la religion, en même temps que sur la mission et l'action sociale (34).

Un dernier élément de contexte est essentiel : la tentative d'Union des Églises protestantes (luthérienne et réformée) que Frédéric-Guillaume III avait voulu commencer à mettre en place en Prusse à l'occasion des célébrations du tricentenaire de la Réforme. Très vite se fit jour une opposition publique active à cette Union, notamment du côté de certains luthériens tendant à la comprendre comme une tentative de rationalisation – la branche « réformée » (calviniste) du protestantisme allemand apparaissant comme traditionnellement plus réceptive à la réflexion philosophique (35). Johann Gottfried Scheibel, pasteur luthérien et professeur de théologie à l'université de Breslau, un opposant aux tendances rationalistes, prônant un retour à la piété et à la dogmatique luthériennes et à la lettre de la Bible (36), refusa l'Union dès novembre 1817. Claus Harms, archidiacre à Kiel, publia pour la *Reformationsfest* 95 thèses censées renouveler celles de Luther et s'opposant violemment à toute intervention, dans la religion, de la *raison*, « le pape de notre temps, notre Antéchrist » (37). Assez rapidement, une connexion fut en outre manifeste entre cette opposition *altlutherisch* (des Vieux-Luthériens) à l'Union, et le mouvement néo-piétiste du Réveil (38). Ainsi le baron Hans Ernst von Kottwitz (1757-1843), très engagé dans l'*Erweckung* berlinoise, prit position en faveur de l'opposition centrée autour de Scheibel à Breslau. Solger aborde à plusieurs reprises dans sa correspondance le sujet de l'Union : à titre personnel, il y est opposé, jugeant inappropriée la manière dont elle est proposée, c'est-à-dire sans mettre au premier plan la question d'une profession de foi commune entre luthériens et réformés. Pour lui, il ne saurait être question d'une Union réalisée en ignorant la différence doctrinale (39). Or il est visible que dans les *Lettres sur la philosophie et la religion*, Solger cherche à réarticuler plusieurs éléments fondamentaux du protestantisme luthérien – tout spécialement le rôle de la grâce (40) et l'idée du *Beruf* (41) – afin de montrer la nécessité de leur *appréhension spéculative* : une démonstration qui aura pu lui apparaître comme cruciale non seulement face aux (néo)piétistes insistant sur l'action et l'aspect sentimental d'une foi peu soucieuse d'élaborations philosophiques, mais aussi face aux *Altlutheraner* figés dans le refus de ce qu'ils considéraient comme une compromission avec le rationalisme, et se posant en défenseurs du luthéranisme authentique. La position de Solger, ici comme ailleurs, est nuancée : il ne peut – c'est le propos même des *Lettres* – accepter le rejet religieux (en particulier piétiste) de la raison et de la philosophie, mais pas non plus la stigmatisation du « noble Harms », qui selon lui fait partie des « hommes courageux (...) qui n'ont d'autre désir que de saisir la présence vivante de Dieu dans la religion et ne veulent pas supporter que tout se dissolve dans une froide sophistique d'État » (42). Le quadruple contexte de la haine luthérienne « originaire » de la philosophie (43), du piétisme des XVIIe et XVIIIe siècles, des débuts de l'*Erweckungsbewegung* berlinoise, et de l'Union des Églises protestantes permet ainsi de mieux saisir les enjeux historico-théologiques du projet des *Lettres* : montrer la compatibilité d'un luthéranisme « authentique » avec une compréhension *philosophique* de la révélation, faire voir la nécessité de la raison spéculative pour une foi – d'abord une foi luthérienne – censée, loin de toute extériorité, pénétrer la vie entière du croyant (44). Dès mai 1816, Solger avait écrit à son ami Rudolf Abeken qu'il pensait « pouvoir produire quelque chose que beaucoup tiennent pour impossible : exposer, au moyen de la pure spéculation, la religion dans sa vitalité (*Lebendigkeit*) suprême. » (45). Si les *Lettres* ne réalisent pas ce projet de « théorie spéculative de la religion, par laquelle tout ce qui se présente, à titre de contenu, dans la religion réelle, peut être porté jusqu'à la claire intellection » (46), elles en assoient du moins la légitimité et éclairent son lien intime avec le projet philosophique de Solger.

Contexte philosophique

Non seulement la philosophie peut bel et bien rendre compte de l'expérience religieuse, mais en outre – tel est le postulat de la philosophie de la religion solgérienne – seule la « vitalité » de cette expérience pourra, en tant qu'expliquée philosophiquement, réaliser vraiment une ambition centrale des idéalismes postkantiens : à partir d'un principe à la fois entièrement idéal et entièrement réel, déployer systématiquement, dans l'ordre de la pensée, l'unité de l'être et de la pensée qui forme le fond de toute réalité. Pour Solger, ce déploiement lui-même ne se restreindra pas au seul ordre de la pensée, mais nous redonnera la réalité même de l'existence, si et seulement s'il trouve son fondement dans un fait à la fois extérieur et intérieur à la conscience, un fait universel qui est en même temps « quelque chose de réellement existant » (47). Seule, donc, la philosophie prenant comme objet essentiel et comme principe le « fait » de la « révélation » (dont le sens reste à déterminer) peut se donner les moyens d'une élucidation spéculative complète de notre existence théorique et pratique. Si l'expérience de la présence divine dans la foi est par nature différente de la dialectique philosophique, la première garantit seule la vérité de la seconde, et la seconde seule garantit l'authenticité et l'ancrage effectif de la première dans l'existence humaine (48).

Il faut dire ici quelques mots du rapport, complexe, de Solger avec la « non-philosophie » de Jacobi. Avançons la thèse suivante : ce que Solger tente de construire avec sa philosophie centrée sur l'idée de « révélation », c'est une position intermédiaire entre, d'une part, la dichotomie jacobienne du savoir (ou de la science) et de la foi, et de l'autre, la tendance des idéalistes à développer une connaissance de « Dieu » qui soit de part en part philosophique. À propos de Jacobi, il écrit à Friedrich von Raumer le

2 novembre 1816 : « Il conquiert tous ceux qui s'intéressent de manière vivante à la philosophie, sans être philosophes de profession ; pour cette dernière, il a trop peu de méthode et de conscience claire. Vous-même cependant, vous ne voulez pas vous contenter de ses pressentiments. Je pense que vous me l'accorderez : si l'on poursuit avec cohérence ses idées sur la divinité, et si l'on veut faire la lumière sur ses rêves, il finit bel et bien par en sortir une pure et simple religion d'entendement – de même que, de manière générale, ce que beaucoup de gens appellent mysticisme confine souvent aux Lumières de manière bien plus proche qu'on ne le croit. » Ce que l'on a ainsi envie d'appeler une *dialectique du rationalisme borné et de la mystique vide* apparaît plusieurs fois dans notre texte. L'un et l'autre en effet résultent d'un même présupposé, celui d'une indépassable hétérogénéité entre connaissance ou savoir d'un côté, expérience intérieure du divin de l'autre. Solger poursuit, dans sa lettre à von Raumer : « Je voudrais dire qu'en ce qui concerne la religion, ma philosophie commence là où celle de Jacobi s'arrête. Je peux faire comprendre clairement – j'en suis fermement convaincu – que sans révélation, nulle conscience rationnelle n'est possible (...). » (49). Pour Jacobi, le principe du savoir, « le vrai » ou Dieu, est nécessairement transcendant au savoir lui-même. « Un Dieu qui pourrait être un objet de savoir ne pourrait être un Dieu », écrit-il (50). Ainsi la raison ne peut édifier une science de l'Un ou du divin : elle n'en est jamais que le sentiment, le pressentiment (51), ou la faculté de présupposer le vrai (52), la confiance inébranlable en la présence en nous et hors de nous du suprasensible (53). Vue sous cette perspective jacobienne, l'ambition systématique des idéalistes allemands n'est rien d'autre que la négation d'un Dieu vivant, personnel et transcendant (54), l'éviction principielle de ce Dieu *de facto* remplacé par le philosophe, nouveau « créateur ». Si la foi est bien repérée par Jacobi comme source de toute certitude du savoir, et la raison comme « sens du suprasensible », foi et savoir restent principiellement disjoints. Cependant, il affirme dans l'écrit sur les *Choses divines*, dans une note supprimée en 1816, que la foi en Dieu, en la nature, en l'esprit personnel, foi « généralement non philosophique, doit pouvoir devenir philosophique au sens le plus rigoureux, *une foi confirmée par la réflexion*, et je n'ai pas peur de le dire : je sais qu'elle peut le devenir » (55).

Une telle description, certes exceptionnelle chez Jacobi, donne le programme qui sera celui de Solger : faire du contenu de la révélation (donnée dans la foi) le contenu même de la « science », élucidé comme teneur de toute connaissance rationnelle ; et ancrer par là la philosophie spéculative, qui a son point de départ dans la conscience de soi (56), dans l'existence même qu'elle veut élucider. Comme Jacobi (mais aussi comme le Schelling de la philosophie de l'identité), Solger pense que le règne de la démonstration et de la déduction, du principe de causalité, de l'opposition de la forme vide du concept à la diversité de l'intuition, est en soi hétérogène à la connaissance du Dieu un (57). Mais contrairement à Jacobi, il admet une réelle connaissance de Dieu – du Dieu de la foi – par la philosophie ; la foi prend tout son sens seulement lorsqu'elle est effectivement expliquée comme la certitude fondatrice de toute connaissance (58). Ainsi dans le dialogue *Erwin* (1815), le pressentiment (*Ahndung*) du personnage éponyme (59), et sa « vision » appelée aussi « rêve », font l'objet d'une élucidation philosophique systématique. Pour Solger, comme pour le Schelling de la philosophie de l'identité, comme pour le Fichte de l'*Initiation*, et comme pour Hegel, foi et philosophie nous donnent accès à un seul et même *contenu*, celui de l'absolu qui est au principe de la philosophie (60) ; et dans l'élucidation rationnelle du contenu de la foi (chrétienne), c'est bien à son propre cœur spéculatif que la raison parvient.

Mais Solger refuse de laisser la teneur de l'expérience religieuse se dissoudre dans le concept (61). La séparation de la foi et de la « pensée » (Solger parle rarement de « raison ») est intrinsèquement liée à notre finitude (62). Solger à cet égard est proche de Friedrich Schleiermacher, qui lui aussi s'approprie de manière critique la pensée de Jacobi (63), et qui dans sa lettre de mars 1818 adressée à ce dernier voit d'un côté le sentiment du divin dans la religion, de l'autre l'entendement philosophique comme les deux foyers d'une ellipse, bien distincts et en même temps complémentaires (64). Mais pour Solger, l'expérience de la foi est la « clef de voûte » *de la philosophie*, c'est-à-dire le point où celle-ci s'assure réellement de sa connaissance de l'Idée absolue, alors que pour Schleiermacher la connaissance de l'absolu demeure une visée (65).

Reste que, pour l'auteur d'*Erwin*, l'attitude réceptive de la conscience dans la foi n'est pas un résidu d'extériorité (ou un défaut de connaissance) qui serait ultimement appelé à être dépassé dans l'authenticité du savoir spéculatif, du savoir de soi de l'Être en moi (66). La foi est le pôle qui, faisant face à la dialectique philosophique, fonde et achève le système, mais l'achève en une béance sur l'existence. Autant que leur *identité* intérieure, c'est donc *l'opposition* même entre religion et philosophie qui est féconde et même fondatrice pour la philosophie. La révélation est le « fait absolu » susceptible de constituer le centre d'une philosophie spéculative précisément parce que ce « fait » *s'impose* à la raison – ce que Solger désigne comme « positivité ».

Sous sa forme exotérique, le texte des *Lettres* nous introduit bien à l'idée centrale de la philosophie de Solger, celle de « l'unité de la révélation divine et de la raison (...) » – « le fait que la raison parfaite, mais livrée à elle-même ne comprend la nécessité que de ce qui nous est révélé par l'amour de Dieu, et que la grâce divine nous révèle comme quelque chose de vivant et de présent ce dont la raison reconnaît la nécessité sans pouvoir elle-même le créer » (67). La thèse centrale de l'unité de la raison et de la révélation fonde la critique solgérienne de deux types de philosophie : celle qui dissocie le positif (l'historique) de l'universel et borne l'approche philosophique à une universalité alors devenue vide (kantisme) ; et celle qui, cherchant bien à saisir l'universalité du positif ou la positivité de l'universel, ne le fait pourtant que de manière partiale, biaisée, arbitraire (c'est ce qui a lieu selon Solger dans les idéalismes du premier Fichte et de la philosophie schellingienne de l'identité). Le « positif », le « fait absolu » de la révélation, dont Solger veut montrer qu'il doit être le principe de la philosophie, ce n'est évidemment pas le donné historique auquel s'opposait la raison des Lumières, mais l'existence même de l'unité de l'Idée et de l'existence, que la raison ne saurait trouver en elle-même, et qui pourtant est son unique objet et la condition de pertinence de sa propre activité.

En abandonnant l'assimilation du « positif » au simplement extérieur et objectif (68), Solger accuse réception de la transformation du sens de ce terme effectuée dans les écrits de Jacobi (69). Mais il est permis de se demander aussi dans quelle mesure l'usage que fait Solger du « positif » – lorsqu'il revendique une philosophie « non pas simplement universelle mais aussi positive » (70) – pourrait être rapproché du sens donné plus tard par le dernier Schelling à une « philosophie positive » (71), pour autant que celle-ci indique la nécessaire réception, par la raison, de la réalité de l'existant nécessaire, réalité que ne saurait atteindre le système construit par la seule raison. L'existant nécessaire est clairement distingué de Dieu par Schelling et sa philosophie positive n'est pas une « philosophie de la religion » au sens de celle de Solger (72). Toutefois ce qui est commun aux deux auteurs, c'est la question de savoir en quoi la raison a en elle-même un « intérêt à la facticité » (73). Une étude complète du rapport de Solger à la philosophie de Schelling reste à faire, mais avançons tout de même une remarque. Solger connaît bien le *Système de l'idéalisme transcendantal* de Schelling (1800), dans lequel l'œuvre d'art permet – tout comme, ici, l'expérience religieuse (74) – un achèvement de la rationalité philosophique qui en est en même temps une sortie, une confirmation de la validité de la raison qui exige la réceptivité de cette dernière à une réalité qui lui est extérieure et qu'elle ne saurait créer (l'existence de l'œuvre d'art pour

Schelling, le fait de la révélation pour Solger) (75). Ce qui vient au premier plan avec la thèse solgérienne de l'identité du contenu de la religion et de la philosophie, et de la complémentarité de leurs approches (la religion seule nous donnant la réalité d'un «divin» dont la philosophie seule peut comprendre et exposer pleinement l'essence), c'est la question du rapport de la raison spéculative à sa propre fondation, et de celui de la « science » à son achèvement (76).

Le texte des *Lettres concernant les malentendus sur la philosophie et son rapport à la religion*, s'il définit la *fonction* du fait «absolument positif» de la révélation, reste cependant en attente d'une élucidation plus précise du *contenu* spéculatif de cette dernière notion. Ici, en effet, le sens chrétien du terme (comprenant la révélation divine non seulement dans l'Incarnation mais aussi dans la Création) est admis comme présupposé et la relation de ce sens à une acception proprement philosophique du terme n'est pas véritablement explicitée. C'est dans le traité ultérieur *Sur la vraie signification et vocation de la philosophie*, ainsi qu'au fil de la correspondance avec ses amis, que Solger élabore explicitement son concept philosophique de révélation en l'articulant aux éléments de la Révélation chrétienne.

LETTRES CONCERNANT LES MALENTENDUS SUR LA PHILOSOPHIE ET SON RAPPORT À LA RELIGION

PREMIÈRE LETTRE

| Depuis notre séparation, mon cher ami, j'ai encore réfléchi souvent et NSB II,
en profondeur aux objets de notre entretien, j'ai repris presque mot à mot 1 - 53
pour moi-même tout ce dont nous avions discuté ensemble, je n'ai cessé de m'y replonger – j'irais jusqu'à dire que c'est seulement depuis lors que je me suis vraiment rendu maître de mes propres pensées relativement à ces objets. Comme l'on sent les fruits infinis de la communication, une fois que l'on peut comparer la clarté et la vivacité que prennent les sentiments et les pensées après avoir été communiqués, avec leur état précédent où tout était encore l'un dans l'autre, non développé (1) ! L'homme s'y élève, s'y renforce non pas au triple mais au décuple. C'est pourquoi je continue avec
joie sur le chemin que m'ouvre |, même lorsque vous êtes loin, notre corres- 2
pondance. Nous avions tous deux à cœur de réfléchir et de nous éclairer mutuellement sur ce qu'il en est réellement de la situation spirituelle de notre époque et de notre peuple, sur ce que signifient l'orientation religieuse qui semble prise par tant de cœurs (*Gemüther*), la tendance générale à fonder historiquement toutes connaissances et institutions, l'indifférence générale voire la haine envers la philosophie. De fait, ce dernier point était pour moi d'une importance toute particulière. Ce n'est pas rien de devoir s'entendre dire continuellement que l'on fait quelque chose de tout à fait vain et de superficiel, ou même que ces ruminations prétentieuses auxquelles on donne le nom de philosophie ont amené le péché et la corruption dans le peuple (1). Même en étant, en son âme et conscience, calme et sûr de soi sur tous ces points, on veut tout de même aussi avoir une action sur les autres, et il faut le vouloir, quand bien même le philosophe pourrait s'être habitué au fait que la vraie philosophie a de tous temps été

méconnue et méprisée, et au fait que cet abaissement extérieur relève presque de sa dignité intérieure. Pour l'individu, néanmoins, cette consolation n'est pas d'une très grande portée ; il a besoin de communiquer, d'être stimulé par des cœurs accordés au sien, et, comme je le disais, ce n'est qu'avec leur aide qu'il peut se développer en avant de lui-même, qu'il peut s'élever au-dessus de son propre soi singulier.

Comme le philosophe irait mieux, bien sûr, s'il pouvait s'adresser à une
3 nation compréhensive, accordée à lui, | bienveillante ! Comme celle-ci l'extrairait du périmètre restrictif des formules et des expressions étroitement limitées pour le porter dans le domaine clair et divin du discours vivant ! Ce serait assurément un sentiment magnifique, indicible, que de pouvoir se considérer soi-même, dans ce que l'on nourrit en soi de meilleur et de plus noble, comme le fruit d'une époque cultivée et d'une nation enthousiaste, que d'être bien volontiers redevable au tout pour tout ce qui est bon et beau, de le lui offrir en retour joyeusement et de bon gré, et, en adorant ce qui est divin et parfait, de se sentir un avec tout ce qui nous entoure (1). Ce sont des œuvres immortelles, véritablement grandes qui naîtraient alors. Car nul ne croirait pouvoir réussir à soi seul quelque chose de grand ; ce qui est efficace, pérenne dans tout ce que nous faisons est bien ce qui relève non de l'individu, mais de l'époque, du peuple, à travers lesquels se révèle la vie divine (2). Par contre, quand l'individu se voit en contradiction avec son environnement, il se referme sur soi, se soumet à l'esprit de contradiction et d'opposition qui croît bien trop facilement, et il se remplit d'aigreur au détriment de sa propre efficacité. Mais comment conserverait-il en lui-même le véritable courage et l'amour de la communication, lorsque tout se détourne de lui avec froideur, avec aigreur même, lorsqu'il est devenu de bon ton, en toutes circonstances, d'accabler la philosophie de diffamations, et lorsque tout rivalise pour rompre tout
4 contact avec elle ? Et | pourtant il n'a pas le droit, même à ce moment là, de cesser d'exiger de son peuple qu'il l'écoute et apprenne à le comprendre (1).

Vous m'objecterez à bon droit que la philosophie n'est pas la seule dans cette situation, qu'il en va de même en ce qui concerne l'intérêt pour l'art (*Sinn für Kunst*), et même pour toute science qui n'a pas une portée immédiatement pratique (2). D'art – spécialement de poésie – l'on ne parle que trop ; et ils sont encore peu nombreux, ceux qui se sont avancés jusqu'à lui déclarer tout simplement la guerre, comme à un badinage dépourvu de tout sérieux véritable (3). Quant à la situation chez ceux qui tirent encore quelque profit de l'art, nous la voyons de la manière la plus claire au fait que l'art doit partout servir des fins qui lui sont étrangères. Si les vrais

poètes de notre nation sont encore respectés, cela est surtout dû à l'habitude, et au fait que leur éloge est transmis par la tradition ; aujourd'hui, il leur deviendrait difficile de se faire un nom. C'est qu'ils ne sont tantôt pas assez patriotiques, tantôt pas assez religieux, tantôt pas assez moraux ; on exige qu'ils se proposent d'agir en vue des orientations clairement reconnues de notre époque, et l'on ne voit pas qu'il leur faudrait alors à tout le moins cesser d'être poètes. Ce qui rallie en revanche tous les suffrages, ce sont les drames patriotiques empesés de germanitude grandiloquente, les histoires criminelles dramatisées en exemples moraux, dans lesquelles certes le prétendu destin joue son rôle pompeux, mais où les criminels, en vue de l'apaisement moral, sont judicieusement livrés au
gibet (4) ; | ce sont, aussi, les chants partisans philosophico-étatiques, 5
patriotiques, affectant une chevalerie mal comprise (1) ; bref, des phénomènes dans lesquels le véritable ami de l'art reconnaît avec effroi les signes avant-coureurs d'une barbarie qui se rapproche à grands pas. On ne peut tout de même pas dire que ces choses séduisent et enthousiasment vraiment la foule que l'on dit cultivée ; elles ne sont appréciées que parce qu'on veut que cela soit un devoir de les apprécier – exactement comme lorsqu'il faut visiter des expositions d'œuvres d'art et écouter des concerts et autres, et en faire l'éloge sans la moindre attention pour leur valeur, mais seulement à cause de leur noble finalité, c'est-à-dire parce que leurs recettes vont aux pauvres. De même pour les poètes et les artistes, tout dépend de ce que l'on appelle leur mentalité (*Gesinnung*), et non de la poésie ou de l'art ; et beaucoup de gens qui certes ne reconnaissent pas la barbarie dans leurs œuvres, mais la sentent tout de même, les protègent et les vantent, soit qu'ils aient honte de témoigner eux-mêmes d'une mentalité moins noble, soit qu'ils s'imaginent que de telles œuvres (quelles qu'elles soient du reste) encouragent ce qu'il y a de bon dans l'époque.

Mais sérieusement, quelle est la conséquence immédiate d'un tel état de choses ? Manifestement, le fait que tous soient blasés à l'égard de ce qui doit et peut agir par une vraie force intérieure, la funeste habitude de toujours penser, devant tout ce qui est beau et bon, à quelque chose d'autre en dehors de lui, et de tenir à part soi cette autre chose pour ce qui est au
fond l'essentiel (2). Cette froideur horrible, toujours sur la réserve, | évitant 6
toujours l'impression réellement vivante, cette froideur que beaucoup tiennent, en outre, pour une conscience supérieure et pour un accord réfléchi avec soi-même, ne peut arriver à rien d'autre, en définitive, qu'à évider tout l'intérieur de la vie éthique, ne laissant que les noms et les formules vides. En effet, une fois que s'est installée l'illusion qu'en toutes choses, ce qui est vraiment beau et digne d'estime se réduit à l'intention

particulière dont on est conscient, ou à l'angle de vue singulier sous lequel on saisit les choses, et quand on s'habitue ainsi à affaiblir et à refroidir tout ce qui exerce une impression et un attrait directs, pour ensuite lui consentir une signification prétendûment supérieure, alors la nature humaine n'incline que trop à ne voir ultimement derrière toute chose que son Moi, sa propre intelligence, vertu et excellence, et à remplacer subrepticement tout noble élan par l'égoïsme le plus abominable. On peut évidemment dire que tout cela est une vision trop noire ; beaucoup de gens seront même d'avis que la véritable vertu de notre époque réside précisément en ce qu'elle s'oriente exclusivement vers ce qui est pratique (1), vers ce qui est susceptible d'influer directement sur notre état moral, et en ce qu'elle veut faire passer la science et l'art pris séparément pour eux-mêmes, qui n'éveillent qu'un froid intérêt de nature générale, après ce qui est plus nécessaire. Mais c'est là précisément l'erreur fondamentale, contre laquelle j'ai sur le cœur mille choses à dire. Rien qu'un coup d'œil sur le présent pourrait nous instruire là-dessus et suffire à prouver que ce que j'ai dit est très loin de
7 valoir uniquement pour le savoir et l'art, | mais vaut aussi pour l'État, l'Église et la vie éthique, de sorte que cela confirmerait bien que toutes ces choses ne peuvent être si facilement séparées les unes des autres et que leurs destins sont en règle générale communs.

Nous ne nous laisserons donc pas dissuader de faire ce que nous avons à faire, dans l'art et dans le savoir, pour conserver le vrai et l'authentique tels que nous les reconnaissons, ou encore pour les créer de nouveau ! L'incitation et le soutien extérieurs nous font entièrement défaut ? Mettons d'autant plus à profit notre mutuelle communication et substituons-la à des motivations plus générales. Rappelons-nous qu'en Allemagne, en fait, il en fut toujours ainsi, que la philosophie et l'art ont toujours connu cette solitude, ou, pire, ont été en butte à l'aversion et aux attaques, jusqu'à ce qu'ils deviennent à la mode et tombent peut-être par là-même dans une solitude encore plus funeste. Même lorsqu'on s'adresse à un public plus large, on ne peut se le représenter de manière vraiment vivante et stimulante qu'en le pensant sous la figure d'individus vers lesquels, d'emblée, nous orientons nos paroles. À l'inverse, ici, je veux vous dire dans mes prochaines lettres des choses que je fais tout aussi volontiers entendre publiquement. Ceux qui pensent que le temps n'est pas venu de philosopher publiquement ne pourront donc pas s'offenser de ce que nous le fassions entre nous.

| DEUXIÈME LETTRE 8

Comme les entreprises de l'esprit humain sont étonnantes, mon ami ! Aussi longtemps qu'elles séduisent la foule et que le point de vue à partir duquel on les juge n'est pas saisi hors d'elles, tout est parfait et magnifique, ou, du moins, on jouit de tout et on comprend tout, d'une manière ou d'une autre. Mais dès que les esprits (*Gemüther*) refroidis ou tournés d'un autre côté commencent à réfléchir, les difficultés liées aux aspirations que l'on a délaissées semblent énormes, leurs exigences deviennent arbitraires et irréalisables, et l'on va jusqu'à les tenir pour inadmissibles ou pour impossibles.

Quels jugements n'entend-on pas, de nos jours, sur la philosophie ! Selon les uns, ce à quoi l'on aspire sous le nom de philosophie est une absurdité (*Unding*), et cette aspiration n'est qu'une folle prétention, car il est impossible de faire de l'essence intime de notre connaissance à son tour un objet de connaissance. Selon les autres, la philosophie veut atteindre la connaissance des objets suprêmes dont dépend tout le salut de l'humanité, la connaissance de Dieu, du bien et du mal, de l'immortalité de l'âme et de la vie à venir, au moyen de quelque chose d'autre que ces objets eux-mêmes ; il faut donc que la philosophie ou bien se résolve tout simplement à se contenter d'images de ces objets, images qu'elle a elle-même inventées sans aucun fondement (1), ou bien à admettre <l'hypothèse> monstrueuse selon laquelle, au-delà de Dieu et de l'éternel, il y aurait
quelque chose d'autre, à partir de quoi l'on pourrait | contempler ces idées 9
dans leur surgissement (1). D'autres encore ne sont pas si regardants sur les fondements théoriques de la philosophie, ils admettent que quelque chose du genre de ce à quoi la philosophie prétend puisse être atteint ; mais ils en tiennent les conséquences pour extrêmement dangereuses. Une vision d'ensemble claire, universelle, uniforme de tous les objets de la connaissance humaine, y compris ses objets suprêmes, refroidirait – pensent-ils – l'intérêt vivant que nous y prenons, et nous égarerait par rapport à ce qui est rapporté par la tradition ou établi par la révélation et qui devrait être sacré pour tous, à titre de ligne directrice de la vie réelle. Donc s'il y avait réellement une telle science, elle devrait du moins rester la propriété de quelques hommes assez forts pour résister à ses séduisantes influences, mais elle ne devrait en aucun cas être enseignée publiquement, car cela mettrait aux mains des faibles une arme avec laquelle ils pourraient se blesser eux-mêmes. Pour finir, il y en a encore d'autres qui certes n'ont aucun doute sur le fait qu'il y ait une philosophie, qu'elle puisse être elle aussi une science salutaire, et qui osent même prendre toute la mesure des

exigences que l'on doit y faire valoir ; mais, insatisfaits de tout ce qui s'est passé jusqu'à maintenant, ils réclament que l'on emprunte une voie entièrement neuve, et cela, ils ne l'attendent en aucun cas de notre époque blasée, saturée, tombée dans la confusion à cause des systèmes anté-
10 rieurs (2). | On a envie d'appeler ces derniers les plus distingués.

Toutes ces opinions et expressions, telles qu'elles sont habituellement émises, sont sans aucun doute complètement vides et oiseuses aussi longtemps qu'elles ne consistent qu'en simples dénégations, par conséquent on ne peut pas non plus avancer de démonstration positive pour prouver quelque chose contre elles. À vrai dire, une dispute féconde n'est possible qu'à partir du moment où quelque chose d'autonome s'oppose à la philosophie, en tant que principe antagoniste. Mais même dans ce cas, cela ne procède le plus souvent que d'un manque d'intelligence de ce que la philosophie est et doit être ; pourtant on se sent quand même obligé, sur cette question, d'exprimer de manière décidée un avis, quel qu'il soit. En ce qui me concerne, je ne peux rien voir d'autre, dans toutes ces plaintes et accusations générales, qu'une totale indifférence, qui répugne à se faire une idée claire de la situation et ne cherche en fait que des moyens de la fuir.

La philosophie, c'est évident, doit apparaître comme quelque chose de tout à fait monstrueux et difforme, si l'on suppose que sa méthode et ses buts sont entièrement opposés à ceux de l'entendement ordinaire, et qu'en même temps on la présente et on la juge selon les rapports de l'entendement ordinaire. Quand on dit que la connaissance prend pour objet sa propre essence intérieure, ou encore qu'elle pose devant soi cela même par quoi elle connaît et pense, une nouvelle fois, pour le connaître et le penser, qu'est-ce que tout cela peut bien signifier ? Que la pensée, pour autant qu'elle est pensée, doive se penser elle-même à nouveau, voilà qui paraît
11 assurément tordu (*verkehrt*) et bizarre. | Mais tous les concepts qui se trouvent dans ces manières de s'exprimer proviennent entièrement du type de représentations propres à la vie ordinaire : dans la philosophie, ils disparaissent, ou prennent une autre signification. La pensée ou la connaissance, telle que la philosophie la conçoit, n'est pas un objet du type de ceux qui, pour l'entendement ordinaire, se séparent de notre conscience – que ce soient des objets extérieurs ou intérieurs à elle – et se présentent comme quelque chose d'indépendant. L'organe de la philosophie, lui non plus, n'est pas l'organe qui forme nos représentations ordinaires et qui les pense. C'est donc bien assez si nous disons : ce n'est pas ce que vous pensez, la philosophie ne veut pas cela et ne saurait le vouloir ; vous la rabaissez à la confusion et à la platitude de votre propre mode de représentation, et vous la condamnez ensuite uniquement à cause de ce retournement qu'elle n'a

opéré que dans vos têtes. Le procédé auquel vous pensez est celui de la psychologie (*Seelenkunde*) ordinaire et de la logique ordinaire, que vous tenez d'ailleurs en très haute estime parce qu'elles veulent faire un objet de réflexion ordinaire de ce qui ne peut l'être, et s'étendent ainsi largement au-delà du domaine que l'on peut leur concéder. N'y a-t-il pas là un abîme d'erreur et de confusion ? On s'explique évidemment bien d'où vient le fait que la plupart des gens cherchent à réduire ce rapport à une norme si faible et qui lui est tellement étrangère. C'est qu'ils ne font pas mieux avec leur propre conscience de soi. | Ils la scindent, elle aussi, en deux personnes 12
particulières, dont l'une observe l'autre et ne la regarde le plus souvent que trop passivement. La contrepartie, c'est aussi qu'ils sont continuellement désunis en eux-mêmes et ne savent à vrai dire rien d'eux-mêmes, mais seulement au mieux ce qui leur arrive. Et c'est précisément cet état insensé qui est le leur qu'ils prêtent à la philosophie, l'accusant d'être quelque chose qui est le contraire de ce qu'elle est et veut être. Car ce sont justement ces dissociations et séparations provoquées par l'état ordinaire de la connaissance que la philosophie a pour vocation d'annuler (1). Cela, nous le trouvons presque partout, et il faut voir un véritable triomphe de la philosophie sur ses ennemis dans le fait que ceux-ci, pour l'attaquer, doivent commencer par lui attribuer leurs propres fautes et faiblesses, au-delà desquelles leur propre vision s'étend bien sûr rarement.

Il en va exactement de même en ce qui concerne le reproche fait à la philosophie de vouloir déduire et prouver Dieu et la vie éternelle, et tout ce qui en dépend, et ainsi non seulement de dérober à ces objets la vénération qui leur est due, mais en outre d'en donner une présentation dénaturée et avilissante (2). Mais une telle dénaturation pourrait-elle vraiment provenir de la philosophie qui part précisément de l'idée que tout ce qui doit exister véritablement ne peut qu'exister par soi-même, de manière éternelle et inconditionnée ? Est-ce qu'on n'a pas déjà dans cette philosophie l'affirmation que, seul, ce qui n'est rien en soi-même et auquel des relations extérieures procurent seulement un semblant d'être, peut être prouvé par autre chose et déduit d'autre chose ? | On nous objectera que dans ce cas, la philo- 13
sophie devrait alors non pas être issue de notre propre conscience, mais présupposer les objets suprêmes eux-mêmes et les contempler tels qu'ils sont là pour nous, c'est-à-dire tels qu'ils nous sont révélés. Mais ici nous voudrions demander si ceux qui parlent ainsi sont conscients de la connaissance de ces objets, voire de n'importe quels objets même les plus ordinaires, autrement qu'au moyen de leur propre conscience ? Ou bien une connaissance convenable de ces objets est-elle fournie, disons par cette conscience scindée, désunie d'avec soi, qui n'est jamais déterminée qu'en

fonction d'un aspect particulier – ce que notre conscience demeure constamment, tant qu'elle est une conscience particulière et personnelle ? Ce miroir concave (1) qui, à partir des innombrables points de vue de la vie ordinaire, présente tout de manière déformée et déchiquetée et disperse au loin les membres des figures véritables, nos efforts ne tendent qu'à le positionner en fonction du foyer adéquat pour qu'il reflète l'image du tout en son harmonie. Et si les rayons dispersés, qui auparavant ne jetaient qu'une pâle lueur, maintenant se concentrent au vrai point focal pour réchauffer et faire vivre, alors nous nous sommes enfin ouverts, de cette manière, à l'influence (2) du divin et du vrai et nous nous sommes purifiés des sombres perturbations liées à l'état de confusion. Qui pourrait bien trouver là-dedans une prétention à être soi-même Seigneur et Créateur (3) ? Inversement, nous pouvons fort bien démontrer d'où vient, chez nos adversaires,
14 le penchant à nous | accuser de cette prétention. Il vient de ce que se manifeste chez eux-mêmes le besoin de telles déductions et preuves, besoin dont ils ne se rendent maîtres que de manière arbitraire et violente. En effet, conformément à leur nature, ils ne peuvent se représenter une intelligence plus profonde des objets religieux, ou même simplement le fait de les penser, que sous la figure de telles preuves et déductions, qui ne peuvent en fait avoir de validité que pour ce qui n'est qu'apparent et inessentiel. Il faudrait sans doute prouver de manière un peu plus minutieuse ce reproche que j'adresse là à nos adversaires ; je m'épargne par conséquent, cher ami, la peine de vous communiquer sur ce point mes pensées en détail.

Rien n'est plus étrange que la prétention de ceux qui pensent que la vérité et sa connaissance supérieure ne leur nuisent pas, qu'au contraire elle est bonne pour eux-mêmes, mais qu'elle est dangereuse pour ce qu'on appelle les masses, et qu'il faudrait donc la leur cacher (1). Il ne m'étonnerait pas beaucoup que ces gens soient exactement les mêmes que ceux qui se récrient de leur côté contre la tromperie des prêtres, ne se laissent eux-mêmes lier par aucune forme d'autorité, et refusent de se laisser aller à une quelconque foi en une source de vérité supérieure à l'entendement limité de tout individu (2). C'est que le cœur humain est exposé à de telles contradictions, elles nous poursuivent partout, et nous n'y échappons qu'avec l'aide de la pensée supérieure, ou philosophie. Celui qui est
15 seulement arrivé assez loin pour comprendre et | expérimenter en lui-même <le fait> qu'il y a une vérité en soi, indépendante en son essence du degré de formation intellectuelle de l'individu, même si elle ne l'est pas dans ses apparitions phénoménales, une vérité de loin supérieure aux différences minimes – que nous plaçons volontiers si haut – entre nos connaissances et nos capacités <respectives>, une vérité par rapport à laquelle le plus sage

ne demeure jamais qu'un écolier tandis qu'elle peut éclairer le plus inexpérimenté ; celui qui sait cela avec certitude répugnera tout aussi peu à se rendre sans conditions à la révélation supérieure de cette vérité, qu'il ne s'imaginera avoir sur elle un droit et des prérogatives supérieures à ceux du plus petit des hommes. Le seul « petit », ici, celui qui appartient à la masse prise en un sens péjoratif, c'est uniquement celui qui ne veut lui-même rien croire de ce qui ne lui semble pas prouvé par sa tête limitée, mais qui veut dérober aux autres cette sagesse, donc la tenir sous le poids de l'erreur et même de la tromperie.

Pour finir, quant à celui qui dénie uniquement à notre époque et à notre situation actuelle la capacité de produire quelque chose de neuf et de salutaire en philosophie, il offense surtout ceux qui consacrent leurs forces précisément à cette tâche. Nous insurger vivement contre lui pourrait donc sembler partial. Toutefois, il est bon de distinguer ceux qui expriment un tel jugement de manière sérieuse et réfléchie, et dont l'affaire est réellement le vrai, de ceux chez qui ce n'est qu'une façon de parler, qu'ils ne cessent de répéter afin de montrer comme ils sont difficiles à satisfaire – vu qu'en effet ils n'ont nul | besoin qui pourrait être satisfait. Pour ceux-là, Rien ne leur 16
convient ; rien n'est pour eux assez grand et magnifique (1), puisqu'évidemment toutes les choses humaines pourraient être encore infiniment plus grandes et magnifiques. Mais s'ils rentraient en eux-mêmes et se demandaient comment doit être constituée la perfection qu'ils exigent, ils n'auraient sans doute rien à répondre sur ce point. Ils ne trouveraient en leur for intérieur que le vide indéterminé et désert qui, n'étant animé par rien, s'étend en une nuit immense et froide dans laquelle, au mieux, ils projettent des silhouettes vides, dont la beauté consiste essentiellement à leurs yeux en ce qu'elles ne sont pas là. Pourtant, s'ils pouvaient trouver chaleur et force au plus petit des biens de la présence, s'ils pouvaient se contenter de la connaissance certes la plus mince, mais bien vivante et réelle, à quel point verraient-ils – si cela leur était possible – leurs exigences les plus subtiles infiniment dépassées par une telle jouissance de la vie !

Mais c'est peut-être par le fait que nous pourrons au mieux réfuter ceux qui ont des motifs pour juger ainsi. Ne portons donc pas préjudice à la vérité par une fausse modestie ou une réserve craintive, mais énonçons la tâche qui nous est dévolue, et confions-en l'issue à la puissance supérieure.

TROISIÈME LETTRE

Parmi tous ceux qui sont hostiles à la philosophie, mon cher ami, ceux
17 que j'aime le plus, sans comparaison, | sont ceux qui, de fait, en sont les adversaires les plus puissants – ceux qui se contentent vraiment sérieusement de la révélation (1). Je dis « vraiment sérieusement », car l'arbitraire et le préjugé aveugle se sont introduits jusqu'ici, mais nous en reparlerons par la suite.

En ce qui concerne ces gens qui sont vraiment pieux, tout dépend chez eux aussi de <ce point> : savent-ils bien clairement ce qu'ils pensent sous le nom de philosophie ? Habituellement, ils sont d'avis que la philosophie ne se donne en fin de compte comme but spécifique rien d'autre que ce qui n'est que l'affaire de la révélation et de la religion ; la philosophie voudrait nous aider non seulement à connaître complètement et clairement Dieu et les choses divines, mais aussi à entrer en communion avec lui, elle voudrait nous montrer une autre voie pour parvenir à Dieu que celle qu'il nous a lui-même montrée et qu'il a consacrée comme la seule voie véritable. De fait, si la philosophie a vraiment voulu cela, elle s'est gravement égarée ; qui plus est, cet égarement a aussi été cause de ce qu'elle n'a pas non plus accompli de manière satisfaisante ses propres tâches. Car la vérité n'est qu'une seule et même, et là où elle est une fois manquée pour l'essentiel, ou entièrement méconnue, on ne peut plus la trouver dans aucune direction. C'est pourquoi aussi la plupart de ces philosophes ont reconnu <l'existence> d'un besoin de religion, et ont entièrement exclu de leur science sa satisfaction ; ou alors, ils se sont soumis à ce besoin sans le reconnaître
18 explicitement, et ainsi, du fait | qu'ils voulaient quand même le satisfaire par la science, ils ont finalement été infidèles à eux-mêmes. De fait, celui qui croit fermement en un Dieu personnel, vivant, créateur du monde, dirigeant les affaires humaines, qui croit que sa grâce sauve le genre humain du mal et du péché, celui-là ne peut pas croire en même temps que l'on puisse parvenir à une connaissance vivante de lui, et finalement revenir à l'union avec lui, par un autre moyen que par cette grâce même. Tout ce que l'homme peut bien tenir par ailleurs pour bon et méritoire, tout discernement et toute action bonne, pour autant qu'ils ne lui viennent pas par la grâce divine ou qu'il ne les reçoit pas comme donnés par elle, tout cela n'est jamais que purement extérieur, seulement apparent, et ne contribue pas à son salut véritable. On dit ainsi à bon droit que la grâce de Dieu est plus haute que toute raison : c'est que l'homme qui se considère lui-même comme un être subsistant séparément, qui veut faire le bien par ses propres forces, pénétrer le vrai par sa propre intelligence, gagner la béatitude par

son propre mérite, se voit bientôt abandonné des dispositions les plus admirables de sa nature, égaré hors du bien dans le mal, hors du vrai dans l'erreur, en grand besoin d'un secours supérieur. Donc, si l'on considère la science comme quelque chose que l'homme mettrait sur pied simplement par ses propres forces, ou même si l'on pense que cette connaissance, qui s'est développée toute entière sur une base temporelle, devrait sonder l'éternel, il est alors naturel | qu'on la tienne non pas seulement pour vaine 19
et nulle, mais aussi pour un sacrilège qui dépasse la mesure humaine.

Maintenant, on voudrait bien demander, tout d'abord, ce qu'il faut penser du reste des efforts et des connaissances humaines, qui ne sont pas la religion mais qui, selon toute apparence du moins, n'ont pas non plus des visées aussi hautes et audacieuses que la philosophie. Comment faut-il donc penser les sciences expérimentales, les institutions politiques, les arts et tant d'autres choses humaines que nous considérons comme bonnes chacune en son genre, sans pour autant les dissoudre dans le concept de la religion ni même pouvoir les y dissoudre ? Si nous refusons de nier que dans ces choses aussi, seul un cœur soumis à Dieu peut atteindre le meilleur et ce qui est vraiment salutaire, nous n'avons pas pour autant le droit d'affirmer qu'elles sont constituées entièrement de la même étoffe que la religion. La simple soumission à la volonté de Dieu, l'attente de l'illumination divine et même le fait de se préparer à la recevoir ne peuvent bien sûr pas suffire ici ; est exigée en particulier l'acquisition de connaissances et de savoir-faire pour lesquels notre esprit (*Sinn*) doit être orienté ou bien vers les choses extérieures, ou bien vers les lois universelles de la nature humaine. Et pourtant, cette situation ne conduira pas à ce que l'on veuille dénier toute valeur à ces choses, voire les présenter comme préjudiciables au vrai salut ! Il y a donc bien, selon toute apparence, une région du
| connaître et de l'agir dans laquelle nous est laissée une marge de 20
manœuvre et de liberté, je dirais même : dans laquelle nous sommes renvoyés à nous-mêmes et à nos propres forces. Mais pourrait-il en être autrement, à supposer qu'il y ait quelque chose du genre de ce que nous appelons religion, et que notre rapport à Dieu, telle que la révélation le présente, soit le bon ? Si l'homme dans son existence réelle (1) n'était rien d'autre que ce que l'influence directe de Dieu fait de lui, il ne serait pas même capable de foi ; car dans ce cas, l'existence de Dieu et son efficace seraient directement l'objet de l'expérience ordinaire. Il en résulterait même un vrai panthéisme, dans la mesure où tout ne serait qu'une seule machine, mue et conduite uniquement par le maître d'œuvre caché. Ce dernier serait l'unique âme de l'univers, et tout ce qui par ailleurs nous paraît être une âme ne serait de part en part déterminé que par lui, de sorte

qu'on ne pourrait discerner ni bien ni mal et que tout ce qui advient ne pourrait être attribué qu'à l'agir de cette âme du monde. Mais cette manière de penser est purement et simplement opposée à celle du christianisme. D'après ce dernier, l'homme doit nécessairement avoir une vie, une pensée et une action propres, même si leur valeur véritable ne peut être estimée qu'en fonction de leur rapport avec Dieu et sa révélation. Sans cette vie propre, l'homme ne pourrait revenir à Dieu, car il ne serait alors jamais sorti de lui ; loin d'avoir un lien avec Dieu, il ne serait qu'une partie ou une
21 expression de Dieu, comme | quelques philosophes l'ont du reste exposé, et de cette manière l'homme ne pourrait pas non plus être à l'image de Dieu, comme il le doit pourtant (1).

C'est exactement l'inverse qui est vrai. Dans sa vie séparée, qui a une consistance propre, l'homme n'est qu'une partie d'un grand tout, il a une place particulière en son sein, et il est déterminé et limité de manière précise par cette place. L'unité avec soi, la maîtrise de soi et la conscience de soi, il ne les acquiert que dans son union à Dieu, ce n'est qu'en elle que se clôt et se parfait sa conscience, il n'y a que là qu'il trouve la satisfaction complète et la plénitude intérieure. Chaque homme dans le cœur duquel la religion est vivante sait cela ; mais on peut aussi le démontrer scientifiquement, même s'il n'y a eu, jusqu'à maintenant, que peu de tentatives en ce sens, et encore moins de tentatives réussies. Or, aussi longtemps que l'homme a une vie propre, il est une partie de l'humanité, du monde, de la nature, et ce tout auquel il appartient a lui aussi en soi une vérité éternelle, dans laquelle seule il est réel et ne se limite pas à une apparence d'être ; cette vérité ne peut venir au tout que du fait qu'il est le déploiement d'une existence divine ou d'un royaume de Dieu, que nous édifions dans notre réalité et que nous devons exposer selon ses rapports et relations exacts. Il y a donc une vérité éternelle, dont nous nous emparons en tant qu'hommes réels, ou tout au moins que nous essayons d'atteindre de toutes nos forces, une vérité dont nous emplissons notre connaissance et en fonction de laquelle nous devons ordonner notre action. C'est elle que nous cherchons dans nos sciences, elle que nous posons comme loi dans la direction de nos
22 vies. Elle ne peut donc pas être quelque chose de nul | ou de dépourvu de valeur ; car elle est la vocation qui nous est donnée pour notre vie, et nous sommes agréables à Dieu lorsque nous réalisons cette vocation. C'est uniquement selon cet angle de vue qu'il y a bien, en tous cas, quelque chose de vrai en dehors de ce que nous appelons ici-bas religion, ou connaissance et perception du divin et vie dans le divin. C'est une vérité qui, considérée sous cet angle, n'est pas la vérité révélée elle-même, mais paraît pourtant bien être une vérité dans laquelle notre propre connaissance et notre propre

action doivent nous faire passer. Qu'il y ait une telle vérité est pour nous, êtres humains, une condition de possibilité de la religion ; sans elle en effet nous ne serions, comme je l'ai dit, qu'une expression de l'âme universelle. S'il en va ainsi, on peut prévoir qu'il y aura un point dans la connaissance où cette vérité subsistante pour soi coïncide avec celle que nous, êtres humains, isolons sous le nom de vérité révélée, et que ce n'est qu'à partir de ce point que le rapport exact de ces deux vérités se fera connaître.

Une chose au moins est donc certaine, c'est que Dieu nous a donné une vocation dans laquelle nous devons œuvrer de manière autonome. – Autonome, pour autant que nous appartenons au grand Tout et à la vérité éternelle qui s'y déploie (1). Si nous atteignons cette dernière, si elle devient vivante en nous (savoir comment cela se produit relève d'une autre étude), nous saurons d'expérience qu'elle est la vérité divine et qu'elle nous vient en outre de Dieu. Mais nous n'avons pas le droit d'attendre que son doigt nous la montre, ou bien qu'il la crée en nous | au moyen d'un 23
miracle perpétuel ; car si cela arrivait, nous serions des outils dans la main du maître d'œuvre, il n'y aurait nulle distinction pour nous entre le bien et le mal, ou bien s'il y en avait une, nous pourrions rejeter la culpabilité du mal sur le maître d'œuvre. On a depuis toujours admis qu'il y a deux révélations de Dieu, l'une dans la nature ou le monde, l'autre par son Verbe. Mais que serait la première, si nous n'en avions pas de connaissance vraie ?

Penser selon les lois de notre nature rationnelle, chercher par ce moyen la vérité éternelle – tout cela ne saurait donc nous être interdit. D'autant moins que la religion elle-même tolère et requiert une telle pensée. En effet, tout autant que la vérité éternelle est une vérité divine, la révélation devient aussi en même temps quelque chose que notre connaissance réelle possède, elle entre avec cette connaissance dans le monde dans lequel nous avons à vivre et à penser. Il nous faut penser la révélation, elle aussi, si nous voulons nous l'approprier et la posséder entièrement. Il est impossible de participer nous-mêmes entièrement à ce que la révélation nous présente, si nous ne pensons pas sous ce terme toujours quelque chose de déterminé, bien plus : si nous ne posons pas la révélation dans un rapport de réconciliation avec les lois de notre propre connaissance. Si tel n'était pas notre but, il nous faudrait renoncer à être entièrement emplis de la révélation et déterminés par elle. Un être double en nous, en désaccord avec soi-même, déchirerait toute la cohésion de notre existence ; | ou bien nous n'arri- 24
verions jamais à l'équilibre, et nous laisserions avec indifférence en suspens le vrai rapport de notre nature spirituelle à Dieu, ou bien nous donnerions à tout prix l'avantage à l'un des deux côtés (1), et par là, quel

que soit ce dernier, nous ferions un mauvais choix dont les conséquences se révéleraient n'être rien de moins que l'erreur et la perversion (2).

Tout cela, cher ami, paraît si simple et naturel que l'on pourrait s'étonner de ce que tant de gens sont dans une confusion totale à propos de ces rapports, ou encore de ce qu'ils les dilacèrent, pleins d'entêtement et de partialité aveugle. Mais nos pieux disent : « Nous n'avons pas besoin de philosopher sur la révélation, car elle s'explique elle-même ; bien plus, de là d'où elle vient, vient aussi l'illumination grâce à laquelle nous la comprenons » (3). Bientôt ils font encore un pas de plus et affirment que ce qui là-dedans nécessite réflexion et rumination n'est pas l'essentiel, celui-ci est au contraire entièrement simple, il ne doit être compris que d'une seule manière et il est le même pour tous. Enfin, ils en viennent <à déclarer> que toute autre pensée sur la nature et l'ordre de la vie éthique, ainsi que toutes les institutions fondées à partir de la vérité universelle, sont mondaines, superflues et même préjudiciables à la foi et à la disposition religieuse. Vous êtes certainement d'accord avec moi : de là sortent des égarements et des errements monstrueux. Mais la chose est de la plus haute importance, et il faut sur ce point se faire les idées les plus claires possibles. | C'est pourquoi nous en parlerons davantage prochainement.

Quatrième lettre

Cela a toujours été, mon cher ami, l'une des questions les plus difficiles, et même une question qui est susceptible de nous plonger dans le doute quant à sa réponse, que de savoir s'il est permis et s'il est utile de philosopher sur la révélation. La foi, dit-on, est supérieure à toute raison. Les anciens Pères de l'Église, dit-on encore, ont certes philosophé sur ces objets, mais ils ont aussi toujours été blâmés à cause de cela ; c'était là chez eux une dernière étincelle de paganisme, qui les a continuellement désorientés et fait douter. Enfin, les héros de la religion ont de tout temps reconnu et affirmé qu'il ne fallait pas réfléchir plus avant là-dessus, et Luther lui-même a dit qu'il était dangereux de parler de telles choses en utilisant d'autres expressions que celles de l'Écriture (1).

On peut bien s'embarquer dans des distinctions vétilleuses pour savoir ce que signifie « être supérieur à la raison » ou bien « opposé à la raison », et, de la distinction de ces deux expressions, déduire encore bien des arguties. Mais, d'une part, cela nous rappelle une période peu réjouissante de la philosophie récente (2), et ensuite la seule chose qui importe ici est de nous entendre entre nous.

| En premier lieu, sans aucun doute, la foi est supérieure à l'enten- 26
dement humain ordinaire, qui ne pénètre absolument pas l'essence des choses mais se contente de leurs relations extérieures et inessentielles, et n'aspire à rien d'autre qu'à se maintenir dans l'existence (*Existenz*) extérieure, insoucieux de ce qui en son essentialité constitue le fondement de cette dernière. Beaucoup de gens appellent « raison » l'entendement, parce que ses forces fondamentales et la capacité de les utiliser sont communes à tous les êtres humains, et que, du point de vue phénoménal externe, elles distinguent ces derniers de tous les autres êtres. Bien loin de ne comprendre que ce que l'on appelle entendement, qui s'occupe de préférence de jugements et de déductions, <la raison contient aussi> la faculté ordinaire de sentir et de désirer, l'imagination ordinaire et d'autres du même genre. Toutes ces capacités peuvent être ramenées à leurs relations les plus simples avec les choses extérieures, et peuvent être exposées à partir des conditions premières de leur extériorisation ; c'est précisément en tant que considérées de cette manière qu'elles portent pour la plupart des gens le nom de « raison ». Vu qu'elles ne produisent qu'une connaissance des rapports et des effets des choses, elles n'ont aucun objet donné en soi, contrairement à la foi, mais sont comme un récipient vide ; c'est pourquoi également cette raison ne reconnaît aucun objet que pour autant qu'il a un effet sur elle. À cause de cela, elle ne veut rien tolérer qui serait en soi ce qu'il est, rien de positif comme on dit aussi, et ne veut au contraire attribuer
de valeur aux choses qu'à la mesure de | ses propres critères. Elle lutte par 27
conséquent contre la religion positive, la loi positive, les mœurs en usage, l'opinion reçue, elle se débarrasse de tout ce qui possède une signification inconditionnée et donne à ce procédé le nom de « Lumières ». Ce compte-rendu fidèle aura fait voir avec suffisamment de clarté à quel point cette raison est loin en dessous de la foi, qui perçoit des objets éternels et essentiels.

Mais que l'on ne se fasse pas d'illusion au point de croire, par exemple, que là où l'on ne parle que de Dieu et du divin et de l'inconditionné (1) serait déjà présente une forme supérieure de la connaissance. L'esprit de mensonge peut se déguiser sous les figures les plus sublimes et les plus saintes, et cette soi-disant raison peut aussi abaisser jusqu'à son domaine les objets les plus hauts. Elle peut aussi présenter Dieu comme un objet de l'imagination ordinaire et des relations d'entendement ordinaires. Elle n'a donc même pas besoin de rejeter explicitement la foi en Dieu, elle peut bien plutôt appeler de ce nom quelque chose de tout autre que ce qu'est réellement la foi ; et il peut arriver que ceux qui, en paroles, sont les plus ardents zélateurs du divin et d'une foi supérieure à toute raison, entendent précisément sous ces termes <les choses> les plus étranges, créées à partir du mode de connaissance le plus ordinaire. Que chacun se garde donc des faux prophètes !

Mais il y a encore un autre danger : que les prêtres et les défenseurs de la
28 révélation | fassent cause commune avec les défenseurs de l'entendement humain ordinaire, et par là agissent contre leur propre vocation de la manière la plus funeste. Cela arrive effectivement, lorsqu'ils affirment que la raison ou la connaissance humaine est totalement incapable de connaître et de comprendre quoi que ce soit d'essentiel ; tout ce qui est essentiel et vrai en soi, elle ne le tiendrait que de la révélation, il faudrait donc simplement croire en celle-ci, ou plus exactement l'accepter aveuglément, mais pas vouloir la comprendre. Affirment-ils donc alors autre chose que ceci : l'être humain ne possède rien d'autre que l'entendement ordinaire, il n'est capable d'aucune autre connaissance que celle qui advient par cette raison ordinaire méprisée ? Mais si c'est à l'aide de cette dernière qu'il doit croire aux faits de la révélation (et il semble bien que ce soit le cas), il ne peut y croire autrement que comme l'entendement ordinaire croit, comme il admet l'existence des objets extérieurs, comme il les rapporte à soi-même, à sa situation et à ses intérêts extérieurs. Il admettra donc qu'il y a un Dieu, parce qu'il l'a appris (1) de la révélation, de la même manière qu'il admet que d'autres choses sont là, qu'il a vues ou dont il a entendu dire qu'elles sont là. Maintes choses lui sont-elles incompréhensibles dans ce qu'il entend dire de Dieu ? Il se rappellera alors que les causes de beaucoup de phénomènes naturels lui sont tout aussi incompréhensibles, et il laissera en suspens Celui-là en même temps que ceux-ci, ou bien au mieux il en attendra l'explication à partir d'un meilleur développement à venir des forces de la raison. Et ce serait là pour lui tout le mérite de croire à l'incom-
29 préhensible, | un mérite dont beaucoup de gens font si grand cas ! Et de ce Dieu – ou dirons-nous plutôt : de cette idole ? – il craindra la punition de ses fautes et il espérera, avec plus de confiance encore, la récompense de ses bonnes actions, de même <qu'il s'attend> à ce que les choses extérieures lui causent de l'agrément ou du désagrément. – Mais n'en va-t-il pas autrement en réalité ? L'homme ne doit-il pas croire parce que Dieu s'est fait Un avec l'homme, tant en son apparition phénoménale qu'en notre for intérieur ? Et à l'aide de quoi doit-il saisir cette connaissance sublime au-delà toute raison, s'il n'a rien d'autre que la raison ordinaire ? On dit que la révélation engendre elle-même en l'homme la capacité de croire en elle (1). Bien ! Si elle engendre cette capacité simplement à partir de soi-même, pour s'y copier seulement et pour ainsi dire s'y refléter, alors ni la révélation ni sa connaissance ne sont dans la conscience de l'être humain, il n'y

participe pas, il est là encore le récipient vide ou la machine dépourvue de conscience. La foi ne peut donc s'engendrer que dans un organe qui constituerait déjà en soi l'essence de l'être humain, parce qu'il lui a été donné lorsqu'il a été créé à l'image de Dieu ; et si c'est le cas, cet organe est sa raison véritable ; car c'est lui qui fait qu'il se perçoit (*vernimmt*) (2) en son essence en tant qu'être humain, et c'est au moyen de la raison qu'il est capable aussi de connaître la révélation, et même de la comprendre, de la concevoir.

Cependant, nous devons et voulons reconnaître, nous aussi, la formule
selon laquelle « la foi est plus haute que toute raison », | mais en la ramenant 30
à sa signification véritable. Il y a en nous une connaissance supérieure, qui ne repose pas sur les conditions fondamentales extérieures, relevant de la pure et simple existence (*Existenz*), mais sur les conditions fondamentales intérieures et éternelles de notre conscience, une connaissance qui nous rend capables de saisir la vérité éternelle et l'essence des choses. Son objet est ce qui, en nous et dans les choses, a une consistance, et une portée universelle ; non pas, bien entendu, la forme vide au moyen de laquelle nous ne faisons que relier les phénomènes et les faits, et qui appartient précisément à l'entendement ordinaire, mais ce qui, dans tous les phénomènes et faits, revient comme un seul et même être (*Wesen*) continuellement métamorphosé. Seule cette faculté nous permet de connaître le monde présent, en résolvant ce qui, dans ce monde, n'est que phénomène et relation, en son unité véritable, en une unité éternelle, essentielle et divine, et en nous faisant prendre conscience de ce que nous ne vivons pas uniquement dans l'apparence, mais dans la vérité. C'est de cette faculté par conséquent que découlent tous nos concepts d'une vie intérieure de la nature conformément à des lois, nos concepts de la vertu et du droit, de ce qui est essentiel dans les situations de notre vie, et par là aussi de notre relation à Dieu. Il pourrait donc sembler que cette connaissance puisse à elle seule nous suffire, et qu'il n'y ait vraiment pas besoin d'une intervention directe dans notre conscience, ni de ce que nous appelons révélation, pour nous élever à la connaissance de Dieu, à l'annulation complète
de | l'apparence comme néant, et à l'union véritable avec Dieu. 31

Mais ce n'est pas le cas, loin de là ! C'est qu'avec toute notre pensée et notre action, nous pouvons bien tenir sous nos yeux le bien et le vrai, nous pouvons les connaître et les représenter, mais nous ne pouvons les *créer*, ni en nous ni hors de nous. La question se pose donc toujours de nouveau : qu'*est-ce* donc que cet <élément> essentiel que nous devons connaître et représenter ? Peut-il résulter du fait que nous le pensons, que nous en faisons la règle et le contenu de notre action ? Non, il existe, et il existe

éternellement, sinon il ne serait pas l'essentiel, il n'est que Dieu lui-même et son efficace, sa révélation. Nous ne portons cet Essentiel en nous que parce que Dieu nous l'a donné et l'a appelé à l'existence en même temps que nous. Mais de cette existence, l'apparence et le monde de l'entendement ordinaire étaient inséparables ; et lorsque nous prenons conscience de l'éternel et du vrai en nous, nous ne faisons rien de plus que résoudre cette apparence en son néant. La connaissance suprême de l'essence dans notre existence et la conviction absolue de la nullité de cette existence ne font entièrement qu'un. Mais nous ne pouvons être sauvés (1) de cette nullité, et atteindre réellement la vie essentielle, que par Dieu et par son expression dans l'existence, c'est-à-dire par sa révélation. Elle seule nous apporte la félicité, et non notre savoir, si parfait soit-il ; car le savoir le plus
32 parfait ne contient jamais que cette vérité : Dieu seul est Vie (2). | Nous pourrions posséder la connaissance la plus parfaite et pourtant ne pas parvenir à Dieu, si le fondement de notre connaissance n'était que néant ; c'est Dieu seul qui fait que ce fondement est quelque chose, en nous et hors de nous ; ainsi, pour vivre, nous n'avons qu'à nous tourner vers lui. Mais si nous comprenons les choses ainsi, c'est bien de nouveau la foi qui est seule efficace, elle est donc aussi supérieure à la vraie et suprême raison.

Mais aussitôt que la révélation est apparue dans notre monde réel, nous ne pouvons plus faire autrement que de la mettre en relation avec cette réalité, ni, afin de résoudre entièrement celle-ci dans l'essentiel, de faire de la révélation le centre de notre connaissance essentielle et supérieure. Pourrait-il vraiment y avoir deux mondes, celui de la pensée et de l'action, et celui de la foi, qui se tiendraient l'un hors de l'autre et que l'on comprendrait comme n'ayant nul contact l'un avec l'autre ? S'ils doivent passer l'un dans l'autre, alors il nous faut aussi penser la révélation et la faire entrer dans notre agir, qui est nécessaire à ce monde réel ; autrement, il nous est impossible de la saisir comme ce qui existe véritablement, nous nous contentons de la rêver dans l'obscurité d'un éloignement qui finalement s'évanouit tout à fait hors de notre existence. Des dérives de ce genre, il y en a eu aussi. Celui qui pense que notre connaissance présente est indifférente à Dieu, pourvu que nous préservions en nous face à lui une vénération indéterminée, fondée sur d'obscurs pressentiments, et celui qui pense devoir se tenir entièrement éloigné de la présence vivante pour
33 s'abîmer uniquement dans une pensée rudimentaire | de la grâce divine – ces deux-là sont également éloignés du vrai.

C'est pourquoi tous les grands héros de l'Église ont pensé la révélation ; grâce leur en soit rendue ! Car personne ne peut se passer entièrement d'une telle pensée, et sans une pensée scientifique de la révélation on peut bien se rassurer quant à son point de vue individuel et limité, mais non pas enseigner la révélation au genre humain, ni lui montrer le chemin vers la vie véritable. Si, dans ce domaine, maint Père de l'Église s'en est tenu de manière excessive aux formes de la science païenne, il faut le pardonner à son époque. De plus, des tentatives déficientes ne prouvent rien contre la valeur d'un effort ; car tout ce qui est humain reste déficient, et notre seule obligation ici est de faire mieux, à la mesure de nos forces. Luther lui aussi a pensé la vérité divine, plus profondément même que quiconque avant lui ; si ce n'était pas le cas, il n'aurait pu restaurer et même réengendrer son vrai sens, plus purement qu'il n'avait jamais été saisi auparavant. Quand il dit qu'il faut s'en tenir aux expressions de l'Écriture, il a parfaitement raison ; car c'est là la parole de la vérité éternelle en tant qu'objet de foi, et comme telle, elle n'est là que grâce à la révélation. Mais encore faut-il réfléchir sur ces expressions comme il l'a fait lui-même !

Peut-être, cher ami, cette question de savoir si l'on peut penser la révélation vous semble-t-elle étrangère à l'autre question que nous avons discutée en premier lieu, concernant la valeur | de la philosophie en général 34
en relation à ce qui est positif, particulièrement à la religion. Pourtant vous comprenez, sans aucun doute, comment ces deux questions sont précisément liées. Mais je pense en outre vous convaincre entièrement que toutes deux coïncident complètement, et je ne tarderai pas à le faire.

Cinquième lettre

Vous m'adressez, cher ami, le reproche suivant : certes, nous pouvons fort bien nous entendre entre nous au moyen de mes arguments montrant pourquoi il faut penser la révélation, mais ils ne suffiraient guère à convaincre les gens que, précisément, nous voulions réfuter en cherchant ces arguments. Je vous crois, nous ne réussirons peut-être qu'avec quelques-uns. Mais c'est là de manière générale le destin de la science, et particulièrement de la philosophie, que de ne pas gagner de manière immédiate ceux qui pensent autrement. Souvent on aurait envie de renoncer entièrement à détourner quiconque, au moyen de vraies raisons scientifiques, d'opinions qu'il a déjà adoptées ; et ceux qui ont l'obligeance de se laisser convaincre facilement et avec bonne volonté y sont souvent poussés par des incitations dont nous voudrions le moins du monde qu'elles renforcent notre efficacité. À l'inverse, qu'il est heureux, l'orateur qui peut ne prendre pour point de départ que ce qui est concédé par tous, et qui n'a ensuite besoin d'atteindre que ce que ses auditeurs sentent ainsi déjà ! Mais

la science, au contraire, agit d'autant plus sûrement et universellement
35 qu'elle retourne | peu à peu, à l'insu des hommes, toute leur manière de
penser. Elle est le règne de la vérité universelle, dont nous nous considérons volontiers comme de simples organes particuliers, acceptant ainsi de nous dépouiller des apparences d'une influence personnelle.

Vous me rappelez ce que j'ai dit moi-même dans l'une de mes lettres (1) : nos adversaires en resteront au fait qu'il est possible de percer quelque chose de la révélation à l'aide de notre pensée, de philosopher là-dessus, mais que cela n'est pas l'essentiel ; l'essentiel est bien plutôt entièrement simple et le même pour tous, alors que penser sous une forme déterminée implique d'emblée que chacun pense nécessairement l'objet à sa manière particulière. Ne suffirait-il pas d'ajouter : la vérité éternelle en nous est, elle aussi, en soi immuable et constamment la même, et pourtant elle aussi doit être pensée différemment par des gens qui sont différents ? Sans cela, elle ne serait rien de vivant ni de réel, nous ne la posséderions pas et n'en prendrions pas conscience. Et c'est bien là la nature de l'éternel et du vrai en soi, que de se métamorphoser dans les figures infinies de la réalité, sans pour autant être en soi autre chose qu'éternellement un et le même. Mais ne revient-il pas aussi à la révélation – comme elle le dit d'elle-même – d'être tout pour tous les hommes (2) ?

Bien sûr, si nous affirmions que tout un chacun a le droit de l'accommoder selon ses besoins individuels, souvent pervertis au plus haut point,
36 de la modeler en fonction de son | *entendement ordinaire* extrêmement
limité, on aurait le droit de nous reprocher d'ôter entièrement à la révélation sa destination et sa dignité originelles. Mais c'est justement au contraire que la science doit nous servir ! Celle-ci doit nous présenter une expression de la révélation dans laquelle nous connaissons son contenu éternel et immuable, en même temps que l'application la plus universelle et partout pertinente de ce contenu (1). On nous objectera que l'Écriture sainte a nécessairement déjà donné cette expression. Mais n'est-il pas certain que déjà les rédacteurs des écrits du Nouveau Testament ont présenté les mêmes objets avec des différences significatives ? Leur était-il vraiment possible de répéter les enseignements, ou même de raconter les faits, sans que chacun ne les laisse traverser sa propre conscience ? On demandera donc ce que peut bien être, rien qu'ici, l'essentiel ? Or la réponse dépendra entièrement de ce que tout un chacun incline à tenir pour tel, de ce que son besoin personnel, particulier lui représente comme tel ; et si nous ne concédons pas que l'on peut penser l'essentiel en fonction de lois universelles et essentielles, l'arbitraire et la personnalité s'installeront ici aussi.

Mais c'est ainsi : le concept correct de ce qu'est la science et de ce
qu'elle doit être se rencontre très rarement, même chez ceux qui se sont
consacrés à elle. Si nous affirmons que l'homme ne peut faire autrement
que de penser la révélation et son contenu d'une manière déterminée, | ce 37
sera compris comme si nous voulions faire de l'entendement ordinaire
l'étalon de cette connaissance. Et pourtant, nous affirmons justement qu'il
y a une connaissance supérieure, grâce à laquelle nous sommes capables de
saisir l'éternel et l'immuable selon les lois qui leur sont propres. Elle aussi
toutefois est variable, pour autant qu'elle est la propriété d'hommes,
d'époques ou de nations déterminés, et elle doit, précisément pour cette
raison, traverser en tant que science les métamorphoses les plus diverses.
Mais elle n'est pas pour autant livrée aux contingences de l'existence
(*Existenz*) seulement temporelle et de l'apparence qui lui est liée. Elle doit
précisément tenir l'éternel en ses expressions infinies, le connaître et le
développer constamment comme ce qui est en soi le purement simple, mais
qui est, précisément pour cette raison, tout autant susceptible de toute
métamorphose. C'est pourquoi il nous faut non seulement penser la révé-
lation d'une manière déterminée, mais aussi connaître l'histoire des diffé-
rentes manières dont elle a été pensée. La science est indispensable pour
reconnaître l'éternellement vrai comme tel sous toutes ses figures, pour le
maintenir pur et le préserver de tout mélange avec l'apparence impure et
même nulle.

Si vous, pouvons-nous donc dire, vous les pieux ! vous ne voulez
retenir dans la religion que l'essentiel et le simple qui n'a pas besoin d'être
pensé, prenez bien garde de savoir ce qu'est cet essentiel ! Quelques-uns
comprendront sous ce terme le concept universel et vide d'une divinité en
général, ou | peut-être aussi le concept obscurément pensé d'une réconci- 38
liation ou d'une rédemption, que l'entendement ordinaire ne produit
cependant jamais que par abstraction, et qui manque de vie, donc aussi
d'effet sur la vie. D'autres tiendront pour l'essentiel d'admettre certains
faits racontés, ce qui est lié de plus près que vous ne le pensez peut-être à la
réduction de Dieu à une simple magistrature morale (1). D'autres encore
n'accorderont de valeur qu'à ce qui agit sur le sentiment, et en quoi nous
trouvons consolation et apaisement au milieu des soucis extérieurs et
intérieurs. Et il y aura ainsi encore plusieurs manières de voir ; mais chacun
sera enclin de manière prépondérante à l'une ou l'autre, selon l'orientation
particulière de son cœur et de son éducation. Toutefois, ne croyez pas que
le premier, celui qui <forme un concept> abstrait, soit davantage livré à
l'entendement ordinaire et à ses faux-semblants que les autres, par exemple
le deuxième, que nous pourrions peut-être appeler l'orthodoxe (2), ou

le troisième, le piétiste, si l'on nous permet d'évoquer à grands traits ces caractères sans pour autant vouloir les déduire ! Si vous trouvez le premier trop indifférent, le deuxième devrait être pour vous trop sévère et dépourvu d'amour, car en règle générale il fera dépendre le salut du fait que l'on admette ou non la simple matière des faits ; et le troisième vous sera trop orgueilleux, car il n'aura plus cure de rien si ce n'est du fait que son cœur puisse, dans l'état déterminé où il se trouve précisément, être apaisé ou bien
39 même réjoui. Mais la religion devrait pourtant | pénétrer l'être humain tout entier jusqu'au tréfonds de ce qu'il est ; et comment cela est-il possible, si nous ne pouvons amener à la conscience cet être (*Wesen*) universel de la nature humaine comme un être vrai et réel, à partir duquel nous devons reconnaître toutes les directions particulières comme ses rayonnements, si nous ne voulons pas qu'elles deviennent la proie de l'apparence et du mode de connaissance ordinaire ? Or c'est là précisément l'affaire de la science. C'est elle que nous devons amener jusqu'à la révélation, c'est par son moyen que nous devons nous approprier la révélation ; et, précisément, le fait que nous ne fassions qu'amener le savoir jusqu'à elle prouve au mieux que nous ne pouvons de la sorte *créer* les *effets* de la révélation, et que nous n'en avons pas non plus la prétention. La révélation, c'est là sa nature, n'apporte pas d'elle-même ce savoir avec soi ; dans le cas contraire, en effet, elle ne se révélerait qu'à elle-même et pas à nous, comme je l'ai déjà souvent montré.

Je ne veux pourtant pas nier qu'il y a des cœurs organisés si heureusement qu'en eux la religion prend les figures les plus variées, et les satisfait pleinement, même sans qu'ils pensent distinctement à ses enseignements, et il est très clair que ces gens pourraient avoir le plus grand droit à dédaigner la science. C'est d'ailleurs ce qu'ils feront habituellement, et pas seulement en ce qui concerne le fait de penser la révélation : dans leur contentement et leur satisfaction, ils considéreront aussi le besoin des sciences en général et surtout la philosophie comme quelque chose qui leur
40 est étranger. |Dans ce retrait apparemment modeste et sobre loin des connaissances du monde, réside cependant toujours un certain orgueil. Il ne veulent pas s'acoquiner avec ce qui est pourtant bel et bien là, et qu'il faut travailler comme un matériau donné. Pour vivre pieusement, il ne suffit tout de même pas de s'enfermer en soi-même et de laisser le monde à son cours. Nous sommes placés dans ce monde, il est de notre devoir d'y prendre part, de contribuer à le travailler, et ce n'est qu'en faisant tout cela du point de vue de notre pieuse conviction que nous ferons honneur à celle-ci.

Or connaître le monde et sa science fait partie de <ce travail>. Il en va ainsi et pas autrement, quand bien même nous conviendrions qu'il devrait en être autrement. Enlevez donc subitement tout ce qui a éloigné notre vie de sa supposée naïveté originelle et l'a entourée d'infinies complications, cette connaissance immense des phénomènes naturels et de leurs lois, l'infinie diversité des arts, des établissements et arts mécaniques, le grand art des institutions de l'État et des rapports publics, toute la culture de la vie sociale (1) ! En premier lieu, il est impossible d'abattre tout cela d'un seul coup, et si cela était possible, quel abîme de confusion, de brutalité et d'inhumanité s'ouvrirait ! Mais vous ne pouvez éviter de comprendre qu'il faut que tout cela reste ainsi, et alors il est en vérité très confortable et élégant de laisser le monde à son cours, de prendre part à la jouissance de tous les avantages et privilèges | de cette vie cultivée au plus haut point (car 41
vous ne seriez pas non plus ce que vous êtes si vous n'en aviez reçu la culture) et de se faire de son côté, avec une autosuffisance superbe, un mérite de n'avoir besoin pour vivre de rien de plus que sa crainte de Dieu. Ce n'est pas difficile, après que les autres vous ont fourni tout le reste en prenant de la peine, en se fatigant et en risquant leur esprit. Et ne vous réclamez pas ici de la vie calme et simple des premiers chrétiens ! Ce n'est pas eux que nous devons prendre pour modèle, car ils vivaient dans une tout autre situation, dans un monde hostile, dégénéré, ruiné, de la contagion et des attaques duquel ils étaient de toutes façons contraints de se protéger par tous les moyens. Si un tel environnement est la condition de votre manière de vivre et de penser, qui nous semble idéelle (1), nous n'avons pas le droit, en vérité, d'en souhaiter le retour.

J'ai fait ici, cher ami, beaucoup de concessions qu'il ne m'était en aucun cas indispensable de faire, vous le voyez ; et pourtant il est clair que personne ne peut se passer de la science. Posséder la révélation sans la penser est impossible, ne serait-ce que pour éviter de la saisir et la déformer au moyen des organes déficients et isolés qui sont ceux de la connaissance ordinaire. Mais toutes les autres sciences de l'humanité sont elles aussi indispensables, même au pieux qui ne veut qu'être pieux, précisément pour être pieux, pour autant qu'elles touchent à l'activité à laquelle sa vie est appelée (2). Je n'ai même pas encore parlé ici | de la philosophie comme 42
telle : c'est qu'il est, semble-t-il, extrêmement difficile de faire comprendre aux hommes ce qu'elle est. Mais je peux cependant montrer de manière incontestable qu'elle est le centre de tout ce qui est juste et authentique dans la connaissance humaine, le vrai moyen de réconciliation de tous ses constituants contradictoires, le plus sûr bouclier contre les erreurs et errements. *L'homme doit philosopher*, qu'il le veuille ou non, et s'il ne se

décide pas à le faire sur un mode scientifique correct, la philosophie se venge de lui par les sophismes les plus infondés et les plus funestes.

SIXIÈME LETTRE

Mon très cher ami, que comprennent donc de nos jours les hommes sous le nom de philosophie ? Essayons de voir si nous arrivons un peu à faire comprendre, en nous exprimant de manière brève et simple, ce qu'elle est et ce qu'elle doit être.

Peut-être la meilleure manière d'y arriver est-elle de nous rappeler que des reproches contraires lui ont été faits. Quelques-uns pensent, en effet, qu'elle ne s'occupe que des conditions et des lois générales de la connaissance humaine, ainsi que de l'existence (*Existenz*) des choses, qui est à mettre en rapport avec cette connaissance, sans se soucier de ce qui est réellement donné, et qui serait pourtant à proprement parler l'objet de la
43 connaissance et ce qu'elle devrait prendre pour point de départ ; | elle ne pourrait donc jamais atteindre complètement le réel, ni lui être adéquate. D'autres, en revanche, pensent que la philosophie pose de manière arbitraire des principes particuliers et unilatéraux, qu'elle met à la place de l'universel, et à partir desquels elle veut déduire tout le reste ; de là naît l'alternance des systèmes, qui, chacun imparfait et ne considérant jamais le monde que sous une lumière oblique, revendiquent pourtant une validité universelle, et par là déplacent et embrouillent tout. De plus, les deux accusations se mêlent l'une à l'autre, et l'on peut aussi dire, en un sens, qu'elles se présupposent mutuellement bien qu'elles se contredisent ; et l'on peut même aller jusqu'à concéder que l'histoire de la philosophie leur offre à toutes deux une ample matière.

Le cas le plus courant consistera à concéder effectivement à la philosophie que son domaine est l'universel dans les connaissances humaines, mais aussi à la limiter à ce domaine. Vu que l'on admet que tout objet est particulier et déterminé, tous les objets réels sont alors bannis de la philosophie, qui devient une pure forme de la pensée. Qu'elle s'occupe de cette forme en visant le meilleur pour la vie ordinaire et temporelle et pour ses besoins, diront ses pieux adversaires ; mais qu'elle ne se permette pas, au prétexte que la forme est ce qui est universel et pérenne dans notre raison, de vouloir déterminer par là aussi l'objet éternel, lequel ne se révèle
44 lui-même qu'en influant directement sur notre connaître, | d'une manière qui lui est entièrement propre ! Si la philosophie se consacre à cet objet, et donc en général à ce qui est éternel et vrai en soi en toute matière et ne peut

venir que de lui, elle court alors le plus grand risque – qui est même plutôt une triste certitude – de n'accepter que ce qui se conforme à cette forme universelle, mais en soi vide, une forme que <cet objet éternel>, portant en lui-même les lois de sa propre manifestation, contredit bel et bien. Au lieu de la foi féconde en un Dieu réel, vivant, nous obtiendrons un concept universel dépourvu de vie servant à penser un Dieu en général, une forme qui ne correspond à aucun objet réel, et que ses propres adorateurs ne tarderont pas à reconnaître comme une chimère de leur raison et qui finira ainsi par transformer la dévotion à Dieu en idolâtrie de la raison humaine (1).

Il est indéniable que l'occasion de ces attaques a été fournie par la prétendue religion rationnelle, ou théologie naturelle et philosophique, ou religion dans les limites de la raison (2), bref par les abstractions au moyen desquelles les philosophes eux-mêmes ont cru pouvoir séparer ce que l'on appelle le positif dans la religion, de l'universel dont la condition est donnée dans les lois de la nature humaine en général, sans présupposition de faits historiques. On a fait exactement pareil avec la théorie de l'État et avec tout ce qui a par ailleurs rapport à la pratique. Ici non plus, ce n'est pas
un État déterminé et particulier qui doit être | présenté, ce ne sont pas le 45
droit et la loi positifs qui doivent être déduits – on tient que cela est impossible et relève de l'histoire –, mais ce qui relève de la pensabilité d'un État ou d'une législation en général, et qui semble donc être ici la seule chose essentielle, mais n'est de fait rien d'autre qu'une abstraction qui ne peut jamais prendre vie (1). En partant de ce point de vue, les philosophes mettent une habileté et un honneur tout particuliers à s'en tenir exclusivement au domaine de la pure pensée hors de toute expérience, et l'on raille le fait de s'aider d'un élément pris dans l'histoire ou dans l'expérience. Voilà à quel point la raison peut s'égarer, on peut le dire, quand elle est sortie du droit chemin, quand l'inessentiel est devenu une affaire d'honneur et que le but est devenu d'accomplir un tour d'adresse, bien plus que de résoudre les problèmes les plus urgents !

Le sentiment de l'infirmité, peut-être même de l'impossibilité d'une telle pratique formelle, qui s'est complètement imposée, a donc incité ceux qui font de la philosophie à rechercher, à titre d'élément premier et originaire, des faits déterminés, à déduire à partir d'eux tout le reste, et à l'ordonner et le fixer en sa signification exacte en fonction de ces faits. Mais de tels faits ne pouvaient évidemment pas être des faits contingents, historiques ; il fallait qu'ils eussent en eux quelque chose d'universel, afin de pouvoir être pensés comme ce qui est l'essentiel, la condition de tout le
reste. C'est pourquoi l'on a choisi | à cet effet tantôt l'un, tantôt l'autre des 46
moments dans lesquels la connaissance se clôt en un tout, l'accord de la

conscience de soi personnelle avec elle-même (1), l'unité des opposés dans la nature (2), l'unité du concept avec le particulier qu'il subsume (3), et ainsi de suite. Cette aspiration au factuel et au positif se montre aussi lorsqu'on fixe son but à la philosophie. Car en fin de compte, la religiosité fondée sur un tel système est bel et bien prise dans un conflit avec la religion révélée, et se tient pour plus pure, pour plus adéquate au concept purifié de la divinité, elle revendique par conséquent un droit exclusif à s'exercer dans la réalité. Et, de même, penser philosophiquement ce qu'il y a d'universel et d'essentiel dans les États aboutit bien à inventer et à dépeindre un État qui serait le meilleur, et qui, fût-ce à titre de modèle et d'idéal inatteignable, est bel et bien posé en soi comme un but positif. Mais tout cela a fourni des arguments souvent justifiés à ceux qui se plaignent de la manie des systèmes (4), de la bizarrerie des philosophes et de leur entêtement, tourné vers le monde selon une direction unilatérale, à imposer comme norme à l'univers entier et à toutes les relations qu'il comporte quelque chose qui ne contient jamais, à ce qu'il paraît au bon sens, qu'un seul aspect particulier de la connaissance. J'ai entendu un homme plein d'esprit, et il n'a pas tort, comparer ces systèmes à des silhouettes ou encore à des coupes plates effectuées dans la plénitude du tout (5).

47 | À partir de ces aspirations opposées, <le point suivant> apparaît déjà clairement : ce qui doit résider au fondement de la vraie philosophie, sa substance (*Stoff*), ne peut être qu'un fait, mais aussi en même temps l'absolument universel, manifestement la même chose que ce qui, comme essence, est inhérent à tout notre monde réel et présent, pour autant que ce monde est là pour nous comme quelque chose de positif. Comment penser cela ? Voilà qui est difficile à faire comprendre, principalement parce que l'imagination, que la philosophie a faussée et désorientée par des représentations fausses, est tout aussi inépuisable, dans sa recherche de voies détournées et partiales, que l'est la nature sensible ordinaire de l'homme pour se chercher des excuses face à la religion et à la conscience morale. En effet, si cette imagination est réglée sur l'universel vide, elle se rebelle contre les liens du système, qu'elle rejette comme chaînes d'esclaves oppressantes à l'aide de quelques poncifs héroïsants et libéraux. Si elle se résout à reconnaître un système positif, elle aime ce qu'on appelle en art un coup de théâtre, ce qui est vraiment partial et cassant, ce qui se heurte le plus fort possible aux manières habituelles de penser ; et elle n'est pas satisfaite tant que le monde n'en a pas été, autant que possible, entièrement disloqué et mis sens dessus dessous. Mais le fait éternel et universel ne peut pas être quelque chose de purement universel en opposition à quelque chose de particulier ; car il doit être la réalité déterminée elle-même. Et,

encore une fois, il ne peut être reconnu comme un fait ni exclusivement
dans notre conscience, ni | exclusivement dans quelque objet que ce 48
soit (1) ; il doit bien plutôt embrasser l'ensemble de notre connaissance, la déterminer et la pourvoir de son vrai contenu, donc être à la fois ce qui conditionne l'unité et la cohérence de notre conscience avec elle-même, et le seul objet qui la comble entièrement. Donc, s'il doit y avoir une matière réelle et pourtant universelle de la philosophie, il faut que ce soit l'essence qui se révèle aussi bien à travers l'existence de notre monde réel, que dans celui-ci en tant qu'unique contenu vrai de ses phénomènes et de notre conscience – qui se révèle, donc, par des faits réels et comme <quelque chose de> réellement existant (*als ein wirklich Existirendes*).

Mais alors, l'objet de la connaissance religieuse peut-il vraiment être autre que celui de la connaissance philosophique authentique ? Il ne saurait, lui non plus, consister dans le simple <fait> d'admettre certains faits particuliers et phénomènes historiques, et la foi religieuse ne peut consister simplement dans la confiance en un témoignage, quel qu'il soit, qui vaudrait pour nous simplement comme tel. Même si le contenu de ce témoignage était d'une espèce telle que ces faits, en tant que réels et particuliers, puissent embrasser en même temps le destin de l'univers entier et de notre conscience le reflétant, ils ne feraient encore que contredire par là la logique (2) de l'entendement ordinaire ; mais si nous nous décidions pourtant, de manière arbitraire, à admettre ces faits, ils n'en seraient pas alors pour autant effectivement là pour nous, ils n'en exerceraient pas pour
autant une influence sur nous ; car le simple <fait> d'admettre | un évé- 49
nement (*Begebenheit*) quelconque ne peut en aucun cas agir directement sur notre sentiment ou notre état moral. Dans notre nature spirituelle doit donc nécessairement déjà se trouver un besoin qui, sans cet événement, ne saurait pas du tout être satisfait ; et ce besoin à son tour doit s'étendre à tout le cercle de notre connaissance, en toutes ses relations et significations, si le fait doit être pour nous en toute son universalité ce qu'il est en soi. De même donc que ceux qui limitent la philosophie au pur universel formel commettent une faute, ceux qui tiennent pour l'essentiel dans la religion le fait d'admettre des faits historiques en commettent également une ; et de même que l'instauration d'un principe choisi de manière unilatérale ne fonde pas une philosophie vraie, de même on n'a pas le droit de chercher le besoin de religion uniquement dans le sentiment, ni dans aucun autre aspect particulier de notre conscience. Il est impossible que nous puissions penser, sentir ou agir en accord avec nous-mêmes sans être entièrement déterminés selon ces faits et par eux, s'il doit y avoir une vraie foi dans la révélation.

L'affirmation selon laquelle la religion doit avoir de la sorte une action sur chacun des organes de notre connaissance et être indispensable à chacun d'eux rencontrera sans aucun doute des résistances, mais pas si on la comprend pour elle-même, en son sens le plus pur (1). Si la religion est la clef de voûte nécessaire à toutes nos pensées et connaissances, le mérite
50 | que l'on se fait volontiers de la foi s'amenuise, et son importance et son efficacité <à provoquer> des états individuels extraordinaires semblent également s'amenuiser. On aime à considérer la foi comme affaire de pur sentiment, parce qu'un sentiment puissant se rend facilement maître de notre pensée, et parce qu'avec son aide, nous pensons pouvoir écraser plus certainement les revendications de l'entendement ordinaire – que nous continuons pourtant à tenir pour une intelligence plus exacte. Je ne puis reconnaître en tout cela que subterfuges de la faiblesse humaine. Vouloir faire de la foi un mérite est en soi contradictoire ; mais nous ne craindrons pas que cette nécessité soit préjudiciable à sa valeur, si nous nous rappelons à quel point nous sommes, dans cette vie temporelle, jetés (*geworfen*) dans le monde du néant des apparences qui ne nous étreignent, hélas, que trop étroitement. L'apparence nous laisse si rarement entrevoir ce qui nous est nécessaire ! Nous nous laissons si volontiers aller à un état qui ne nous satisfait jamais que partiellement, et ne laisse que difficilement émerger la connaissance de cette nécessité d'une pleine réconciliation avec nous-mêmes ! Et comme il nous fait facilement miroiter une indépendance qui n'est fondée que sur le néant, et qui est la source du mal positif (1) !

Mais en quoi la philosophie se distingue-t-elle donc de la religion, diront alors les pieux, si la première a le même objet positif <que la seconde>, mais que celle-ci doit être requise par notre nature comme quelque chose de nécessaire ? Ô vous les pieux, vous aimeriez bien encore
51 et toujours séparer votre piété | du reste de la connaissance vraie, vous la réserver à vous seuls, et condamner aveuglément ce qui par ailleurs dans les aspirations humaines pourrait être vrai et bon. Ne seriez-vous pas précisément aussi vaniteux que les philosophants qui, loin de se contenter de la connaissance inhérente à l'homme du fait de sa nature, voudraient bien élucubrer de l'entièrement nouveau, de l'inouï (1) ? Mais souvenez-vous seulement que depuis toujours la religion perçoit, sent l'existence présente réelle de Dieu, qu'elle y croit, qu'elle en a l'intelligence et qu'elle agit ainsi ! Pour elle, l'éternel est tout entier fait, réalité et présence ; la nécessité factuelle qu'il exerce sur l'ensemble de nos pouvoirs de connaître tient uniquement à cela. Est-ce que les faits n'exercent un effet que sur notre sentiment ? Ne nous sont-ils pas bien souvent indispensables pour réunir nos pensées, pour déterminer notre agir ? Combien plus le fait éternel et

parfait, qui emplit toute notre conscience de notre propre existence, résout-il toute énigme de nos pensées, lui dont notre agir lui-même ne doit être qu'une émanation ! Quand bien même la philosophie nous enseigne clairement qu'il doit en être ainsi selon notre nature et ses lois nécessaires, quand bien même elle nous élève, en résolvant entièrement toute notre pensée dans ses éléments et rapports fondamentaux, à l'intelligence parfaitement claire <de ce qu'il doit en être ainsi>, l'intuition vivante qu'il en va ainsi et son action sur toute notre pensée et notre vie réelles sont-elles pour autant superflues ? Ou bien cette intelligence peut-elle à son tour être superflue, si elle n'est | intelligence de la vérité éternelle que *de facto* ? 52
Peut-elle être préjudiciable à la religion, qui est l'ennemie de toute erreur, de toute illusion, de toute confusion et de tout manque de clarté ? Vous nous objecterez encore que la vérité se révèle bien déjà d'elle-même à la foi ; pourquoi donc prouver en plus sa nécessité ? Mais à qui se révèle-t-elle ? Assurément, à notre intelligence, notre connaissance et notre perception ! N'est-il donc pas indispensable de purifier ces dernières de toute pseudo-vérité, et de les présenter dans la nécessité de leur nature essentielle, afin qu'elles deviennent et restent l'intelligence du vrai, y compris dans toute leur existence réelle ? Mais si la philosophie n'a dès le départ pas d'autre but ni d'autre contenu que la religion, cela ne veut pas dire pour autant qu'elle soit sa servante.

Que ce soit donc une certitude, et une certitude inébranlable : religion et philosophie ne luttent pas l'une contre l'autre, ne se contredisent pas, et même, pour l'essentiel, ne se distinguent pas l'une de l'autre, mais ne sont qu'une seule et même (1) ! Ce n'est que dans notre réalité qu'elles se séparent, parce que nous sommes jetés dans l'existence, où l'existence de l'essence, connue par la religion, et l'essence de l'existence, dévoilée par la philosophie, doivent nécessairement être distinguées l'une de l'autre, parce que nous ne sommes pas Dieu, mais sommes par lui dans l'éternel et le vrai.

Assez donc de la pseudo-sagesse d'une religion rationnelle particulière ! Il n'y en a pas ; car il n'y a en général qu'une unique religion, qui n'est pas seulement la religion positive, | mais aussi la religion abso- 53
lument universelle ; mais elle est révélée, et ne peut être là pour nous que par révélation. Et il n'y a aussi qu'une unique philosophie, une philosophie qui n'est pas simplement universelle mais aussi positive, et qui ne peut trouver sa clef de voûte nulle part ailleurs que dans la vérité révélée (1). C'est vers celle-ci qu'elle doit tendre, c'est jusqu'à cette vérité que la philosophie doit percer à travers l'édifice, compliqué mais conforme à des lois, de notre nature. Jusqu'à ce qu'elle y soit parvenue, elle reste simple

dissolution et anéantissement de la pseudo-connaissance, et ce n'est que lorsqu'elle a atteint la source éternelle de la révélation qu'affluent en elle, à partir de là, réalité, vie et présence, en toutes ses veines et jusqu'aux extrémités de notre organisation ! Ne servons donc pas la vanité qui veut inventer autre chose que ce qui est déjà là ! L'éclosion de la connaissance philosophique dans l'âme de celui qui la découvre est, elle aussi, un fait dans l'histoire du monde ordonnée selon des lois universelles et, en tant que tel, également une révélation. Devant ce point de vue qui est le seul correct, disparaissent ici aussi le mérite de l'individu, et la gloire éblouissante et étourdissante qui se fonde sur ce mérite. La vérité universelle peut aussi se révéler à travers ce qui est très imparfait et limité de diverses manières : plus elle apparaît purement, et moins elle appartiendra en propre à l'individu singulier à qui il est échu de la dévoiler.

SUR LA VRAIE SIGNIFICATION ET DESTINATION DE LA PHILOSOPHIE, EN PARTICULIER À NOTRE ÉPOQUE

PRÉSENTATION

Conception et datation

Dès les premiers jours de janvier 1818, Solger avait annoncé à Tieck son intention d'écrire « quelque chose "Sur la vocation (*Beruf*) de la philosophie à notre époque", où mes propres idées devraient être insérées de manière plus positive [que dans les *Lettres sur les malentendus*, M.G.-S.] » (1). Fin avril, il dit se mettre à l'écrire (2). Tieck, enthousiaste et partageant les jugements de Solger sur l'époque, l'encourage à rédiger ce texte qu'il verrait bien servir d'introduction générale à la revue que le poète et le philosophe veulent éditer ensemble – une introduction susceptible de donner à cette revue un profil qui la singulariserait par rapport aux *Heures*, aux *Propylées* ou à l'*Athenäum* (3). Le 22 novembre 1818, Solger écrit à Tieck : « je rédige mon manifeste, c'est-à-dire une explication générale de ma philosophie, et ce sera ensuite à vous de décider s'il a sa place dans le journal, ou s'il vaut mieux l'imprimer séparément. Il doit être tout à fait populaire, et cependant dire de façon suffisamment claire ce que je veux dire » (4). Quelques semaines plus tard, la rédaction de l'écrit « sur le point de vue auquel la philosophie doit se tenir de nos jours » est repoussée au semestre d'été 1819 (5) ; mais le premier janvier 1819, la conception en est assez avancée pour que Solger puisse exposer à l'intention du poète les grands traits du « contenu réel de mon manifeste, comme nous l'avions appelé » (6). C'est en juin, une fois terminée la rédaction d'une recension critique des *Leçons sur l'art dramatique et la littérature* de A. W. Schlegel, et pendant que Tieck lui rend une longue visite à Berlin, que Solger se plonge dans la rédaction (7), achevée durant la deuxième quinzaine de septembre (8). Si l'écriture du « manifeste » a pris place entre avril 1818 et septembre 1819, elle s'est concentrée pendant le semestre d'été 1819, ce qui en fait sans doute le dernier écrit de la main de Solger avant son décès brutal le 25 octobre, peu avant son trente-neuvième anniversaire.

Place dans l'œuvre de Solger

Si l'on excepte sa traduction de Sophocle, parue (d'abord anonymement) partiellement en 1804 puis entièrement en 1808 et qui lui valut d'être nommé docteur en philosophie, les œuvres principales de Solger parues jusqu'alors étaient des dialogues (9) : son chef-d'œuvre, *Erwin. Quatre dialogues sur le beau et l'art* en 1815, puis les *Dialogues philosophiques* en 1817. Si dès 1812, à l'époque où il rédige *Erwin*, Solger considère le dialogue comme la seule forme adéquate à la philosophie telle qu'il la conçoit, déjà il remarque aussi que « l'époque exige un traité érudit et complètement prémâché » (10). Le manque d'écho rencontré par le grand dialogue *Erwin* puis, dans une moindre mesure, par les *Dialogues philosophiques* plus courts et de forme plus abordable, ne fera que confirmer à ses yeux l'exactitude de ce diagnostic (11). La corrélation intime et nécessaire du contenu de la philosophie de Solger et de la forme dialogique n'est généralement pas perçue – l'exception la plus notable ici étant Ludwig Tieck. Raumer écrit à Solger en 1815 : « Vos dialogues sont trop difficiles, et vous devez absolument (par quelque moyen que ce soit) rendre plus compréhensibles ceux qui sont encore à venir » (12). Friedrich von der Hagen sera encore plus direct : « Jusqu'à maintenant, je comprends mieux la cathédrale de Strasbourg que ton *Erwin* » (13). Il faut donc comprendre la forme didactique de *Sur la vraie signification et destination de la philosophie* non pas comme un renoncement au primat philosophique de la forme dialoguée (14), mais comme une concession momentanée de Solger au goût du public, afin de lui faire entendre les points principaux de sa philosophie. Ce traité devra, écrit-il, être « une clef pour la compréhension du reste de mes écrits, et même de ceux qui sont encore à venir, en particulier pour les gens qui n'ont toujours pas réussi à établir, dans les dialogues, en quoi pouvait donc bien consister l'opinion de l'auteur lui-même » (15). Solger assigne à son « manifeste » une fonction introductive (16) : il ne doit pas être considéré comme un exposé scientifique *stricto sensu* (contrairement à *Erwin*). Cela dit, il s'agit, parmi l'ensemble des écrits de Solger dont nous disposons, de l'exposé le plus clair, le plus complet et le plus synthétique sur la teneur de sa philosophie – spécialement de sa *philosophia prima* – et sur la manière dont il la situe dans la vie intellectuelle de son époque.

Ce caractère introductif peut rapprocher notre texte des écrits populaires fichtéens, ou encore, comme le remarque Wolfhart Henckmann, des « introductions scientifiques à la philosophie » telles que la *Phénoménologie de l'esprit* qui, partant de la connaissance inférieure, conduisent pas à pas leur lecteur jusqu'au savoir philosophique – ici, la pensée de la révélation (17). Un trait caractéristique de la présente introduction réside cependant en ce qu'elle a son point de départ non dans la sensation, mais dans la *conscience de l'identité personnelle.* Ce point de départ n'est pas fortuit : au « principe » de la philosophie solgérienne de la révélation se tient en effet non pas l'identité de l'universel et du particulier (ou l'unité absolue du subjectif et de l'objectif) mais bien *l'acte* par lequel cette identité elle-même – l' « Idée » – *passe dans l'existence* (18). L'objet, ou plutôt le centre vivant de la philosophie n'est pas la pensée, mais l'activité par laquelle une conscience individuelle existante reçoit et s'approprie par la pensée la révélation de l'unité absolue (19). Toute la difficulté est alors de tenir *à la fois* la thèse, ontologique autant qu'épistémologique, de l'entière relativité et vanité de la connaissance et de l'existence finies, *et* la thèse selon laquelle cette finitude même est le lieu même de la révélation, pour nous pleine et entière, de l'Idée. Solger développe une conception absolument paradoxale – ou, si l'on veut, kénotique – de la révélation comme annulation ou *réduction à rien* de son propre néant, une annulation qui certes coïncide avec la présence positive (« factuelle ») de l'Idée pour la conscience, mais qui signifie également que la présence de l'Idée se donne toujours identiquement comme absence – la négation du néant étant aussi, inévitablement, négation du *là* de l'Idée.

Synopsis

Le texte s'organise de la manière suivante. Du *chapitre 1 au chapitre 5,* est parcouru le chemin par lequel l'individu conscient de soi s'élève jusqu'à la philosophie. À partir d'une théorie de la connaissance, Solger introduit sa conception de la philosophie comme mise en rapport consciente de deux pôles : la connaissance purement conditionnée, relative, et la certitude de l'unité absolue.

Le *chapitre 1* est une apologie de la philosophie, contre ceux qui la réduisent à une entreprise relativiste et nihiliste, ou à une simple réponse aux nécessités de la vie pratique. Pour autant qu'il a conscience de son identité individuelle, l'homme ne peut pas ne pas philosopher. Je ne me sais un « à travers la diversité de [m]on existence » (20) que parce que j'ai la notion d'une unité susceptible de contenir absolument toutes les modifications possibles. Or rapporter le divers à l'un, comme je le fais lorsque j'ai conscience d'être un individu (et tel individu) et que je relie à cette identité individuelle toute modification de mon existence ou de ma pensée, c'est, selon Solger, déjà philosopher. Mais cette notion d'un « un » absolument compréhensif, je ne la rencontre nulle part dans la connaissance ordinaire, analysée au *chapitre 2*, qui ne fait que mettre en relation un divers, en soi littéralement in-compréhensible, et une unité abstraite – que cette dernière apparaisse comme singularité inexplicable (« contingence ») des *choses* perçues, comme pure forme de la *pensée*, ou comme indifférence de *l'arbitre* dans la décision morale. La connaissance ordinaire – théorique (perceptive, conceptuelle) ou pratique – est purement relative, elle ne consiste à l'infini qu'en connexions et oppositions sans nul point fixe. Cependant des traces ou des pressentiments de l'Un absolu (ou « conscience absolue ») se donnent, selon le *chapitre 3,* dans la connaissance ordinaire : dans l'activité synthétique de l'imagination, dans la conception de la nature comme tout ou univers, dans la pensée de Dieu. Mais, de l'intérieur de la connaissance ordinaire, de telles représentations sont seulement données (particulièrement dans ces vues d'entendement que sont les philosophies formaliste et matérialiste), et non ressaisies à partir de l'unité de la « conscience de soi universelle ». Nous savons, en revanche, que nous connaissons réellement (*chapitre 4*) lorsque les pôles que nous mettons en relation (le concept et l'intuition, par ex.) se présentent à nous dans une unité non pas juxtaposée, mais intrinsèque, c'est-à-dire dans une co-appartenance, surgissant et s'imposant à nous à la faveur de l'activité de mise en relation déployée par notre conscience. Nous faisons alors l'expérience d'un point d'unité inconditionné, que notre activité de mise en relation éclaire sans pour autant le créer. Cette unité est celle de l'Idée, qui se présente à nous comme nature ou comme conscience. Dans la nature, l'Idée se diffracte en existence, elle fonde pour nous l'unité des phénomènes ; dans la conscience, elle se donne immédiatement comme existence de l'Un, devenant le « là » de notre individualité dans la certitude fondamentale que Solger appelle « foi ». Faut-il alors en conclure qu'il n'y a qu'une seule sorte de connaissance vraie – la connaissance de l'Idée ? Le *chapitre 5* note que, contre la thèse affirmant l'existence de deux types hétérogènes de connaissance (par exemple, la science d'un côté, et de l'autre l'intuition de l'Un ou foi, comme chez le Jacobi de la *Lettre à Fichte*), il faut dire que la connaissance d'entendement ne serait pas du tout connaissance si elle était entièrement séparée de l'expérience de l'Un ; mais contre la thèse selon laquelle il n'y a en définitive qu'une seule connaissance (absolument) vraie (la connaissance philosophique, qui seule donne sa valeur à tout autre type de connaissance), il faut affirmer que la différence entre connaissance finie (purement relative) et connaissance supérieure ne se résorbe pas sans reste. Il faut penser à la fois notre expérience existentielle de la relativité de toutes choses, *et* la réalité de notre connaissance (son ancrage dans un inconditionné, ou encore : le fait qu'une unité nous y soit réellement présente). « [L]es faits relatifs et la forme universelle suivant laquelle ils sont pensés ne sont vrais que parce qu'une vérité éternelle, qui ne fait qu'un avec soi-même, se révèle en eux, et par là anéantit leur conformation simplement relative, aussi bien que leur forme en tant qu'elle est simplement universelle et vide » (21). Connaissance ordinaire et connaissance supérieure sont donc *à la fois* opposées et une, leur opposition ne se résorbant pas dans leur unité.

Solger élucide alors en détail, *du chapitre 6 au chapitre 14,* le sens, la teneur et les modalités de réalisation de l'entreprise philosophique, qui doit selon lui se focaliser sur le point même de la connexion entre connaissance ordinaire et connaissance supérieure. Le chapitre 6 définit la philosophie comme pensée consciente de la révélation, i.e. du « passage » de l'Idée, ou essence, à l'existence. Les chapitres 7, 8 et 9 critiquent les formes imparfaites de la philosophie, c'est-à-dire celles qui ne pensent pas le point même du passage : Solger situe ici plus précisément (bien que sans citer de noms) sa propre entreprise dans l'histoire de la philosophie. Les chapitres 10 à 12 élucident quant à eux positivement la teneur de la « vraie philosophie », en revenant notamment sur l'identité de la révélation et de la spéculation, ainsi que sur l'articulation entre les parties de la philosophie : dialectique, philosophie de la nature, philosophie morale. Enfin les chapitres 13 et 14 s'attachent aux façons de réaliser *hic et nunc* la vraie philosophie.

Le *chapitre 6* présente la philosophie comme l'indispensable unification des deux aspects de la connaissance supérieure, l'expérience intérieure de l'Un et la science de son déploiement dans l'existence. L'unité absolue immédiatement présente dans la foi se perd si elle est simplement opposée à la science. Réciproquement, si la raison est simple unité formelle de la conscience dans la connaissance, elle ne rejoint jamais la vie et la réalité des choses. La philosophie est la pensée médiatrice qui lie activement l'unité de l'essence, et son déploiement en oppositions et relations. Son principe ou centre est donc le « point vital intérieur » (22) du *passage* – renouvelé à chaque moment où le connaître s'accomplit – de l'essence dans l'existence. Il ne peut s'agir que d'un *point* : manifestée dans la « nullité » de l'existence, l'unité de l'Idée acquiert un *là* mais simultanément se désagrège. La fonction de la philosophie est dès lors double : d'une part, comprendre consciemment chaque expérience du vrai, du bien, du beau comme résultat de l'autorévélation divine (et non comme simple produit de l'action humaine), d'autre part, les présenter toutes explicitement comme différentes facettes de l'unité de « Dieu ». Par la philosophie, la révélation devient donc « l'objet d'une intellection consciente » (23) et complète ; l'Idée se réunit pleinement à elle-même par l'activité de la conscience philosophique, et la philosophie sort de l'universalité vide pour devenir elle-même « fait » supérieur (non empirique) de la révélation (24). À partir du *chapitre 7,* Solger se penche sur les formes défectueuses de la philosophie – celles qui ne font pas de l'expérience de la révélation leur objet propre. La philosophie n'est pas une pensée de l'universel, ni même la pensée de l'unité de l'universel et du particulier (ou Idée), mais la pensée de « l'acte éternel » du passage de l'Idée à l'existence (une pensée qui, en outre, doit elle-même *devenir* cet acte). Avoir la certitude immédiate de cet acte, et le penser, cela fait deux pour nous parce que nous sommes finis, pourtant la philosophie doit tout autant tenir leur unité qui seule rend possible le vrai. Les idéalismes de Fichte et de Schelling, s'ils ont bel et bien cherché à déployer discursivement la certitude de l'unité fondamentale, ne sont pas allés jusqu'à achever véritablement cette entreprise, comme Solger l'expose plus en détail au *chapitre 8* ; ces philosophes ne sont pas nommés, mais les traits évoqués autorisent selon nous cette interprétation. Ni la philosophie qui prend pour point de départ l'unité absolue de la conscience de soi (est visé ici le premier Fichte), ni celle qui prend pour principe cette même unité « posée comme un être fondé en soi » (25) (le Schelling de la philosophie de l'identité), malgré leurs efforts pour montrer comment l'ensemble de nos représentations tient sa réalité de l'unité absolue (du Moi/de la Raison), n'arrivent à penser jusqu'au bout la manière dont cette unité entre effectivement dans l'existence finie. Le *chapitre 9* continue la critique des philosophies existantes incomplètes ; il est question ici non plus de celles qui partent du fait de l'unité de la conscience de soi, vu du côté du sujet ou du côté de l'objet, et cherchent à étendre la certitude fondamentale de ce fait à l'ensemble de nos représentations (ou de la *Wirklichkeit*), mais de deux philosophies qui se situent d'emblée dans une réalité tout entière pénétrée du fondement absolu de toutes choses, ou encore dans une connaissance ordinaire pénétrée par la connaissance supérieure. Là encore sans donner de noms, Solger pose ici en quelque sorte comme l'envers l'une de l'autre deux philosophies que nous interprétons comme étant celle de Spinoza (qui part du fondement absolu) et celle de Schleiermacher (qui part de la relativité de l'existence). Spinoza pose au départ la parfaite adéquation de la substance et de ses attributs et en déduit toute réalité, mais ôte par là selon

Solger toute consistance à la conscience individuelle. Schleiermacher postule le fondement transcendant comme condition et visée de la connaissance philosophique, mais bien qu'il affirme que ce fondement est senti dans la religion, il soutient qu'il n'est jamais su comme présent par la conscience. Dans les deux cas, on a une disjonction entre d'un côté l'unité absolue présupposée et de l'autre l'existence de la conscience individuelle, qui aboutit finalement à effacer l'un de ces deux pôles.

Après ces délimitations *ex negativo*, Solger s'attache à préciser positivement la teneur de la « vraie philosophie », en abordant d'abord, au *chapitre 10,* la question du système – c'est-à-dire la question, fondamentale pour l'idéalisme allemand, de la possibilité de rendre compte de la totalité de nos représentations en un tout cohérent articulé à partir d'un principe unique. Il s'agit de ne laisser subsister aucun présupposé qui ne soit repris à l'intérieur même du système : cela, Solger le note (là encore sans mentionner de nom), a bien été accompli par une philosophie qui nous paraît être celle de Hegel, comme déploiement immanent de l'Idée absolue. Plus de « principe », de *Grundsatz* ici, mais seulement la substance qui est en même temps sujet. Toutefois, Hegel évacue trop vite, dans son système autarcique, le pôle de l'existence. La révélation selon Solger ne transperce pas l'existence, elle en éprouve la résistance et la nie ; elle n'est pas simplement l'autodéploiement de l'Idée selon sa nécessité propre, mais elle coïncide en même temps toujours aussi avec l'annihilation de l'existence. La thèse paradoxale avancée ici est la suivante : la philosophie ne peut former un système entièrement *autonome* qu'en reconnaissant comme sa propre condition de possibilité, et comme son expérience fondatrice, une présence qui est son *autre*. Le « fait universel » de la révélation (dont la certitude est éprouvée dans la foi) est à la fois la négation de la discursivité philosophique – sa limite – et la clef de voûte de toute philosophie. Au *chapitre 11,* après avoir redit que la vérité philosophique n'est pas seulement une loi de la pensée mais bien un objet d'expérience intérieure, ce qui fonde la complémentarité entre foi et philosophie, Solger entre dans le détail de la manière dont le principe unique de la révélation anime les trois parties de la philosophie : la *dialectique* c'est-à-dire, si l'on veut, la logique supérieure de la conjonction, à chaque instant renouvelée, de la médiation de la pensée et de l'immédiateté de la foi ; la *philosophie de la nature*, qui reconnaît « l'ensemble du monde extérieur comme une pensée agissante et autocréatrice de la conscience divine » (26) ; la *philosophie morale*, qui montre comment l'action humaine vise et réalise le bien à partir de l'expérience intérieure de l'identité de la conscience de soi et de l'essence divine. Le *chapitre 12* revient à l'unité de la philosophie en insistant sur ce que Solger désigne comme sa thèse centrale, celle de l'*unité de la révélation et de la spéculation*. L'Éternel en soi ne nous est pas connu. Nous ne connaissons que la révélation, le devenir-soi éternel de l'Éternel, comme autocréation et autoanéantissement. En effet, dans la nature, l'Idée se perd ultimement dans l'existence qu'elle crée ; dans l'action, elle supprime au contraire cette existence qu'elle *n*'est *pas*. Au point de jonction des deux, notre conscience *est* (d'abord inconsciemment) leur unité, qu'en outre elle *pense* en philosophant. Dire qu'il n'y a de philosophie que comme philosophie de la « révélation », ce n'est pas utiliser une image, une métaphore, ni « illustrer » un contenu philosophique universel par une référence au contenu du christianisme, ce n'est pas faire référence à un principe qui ne serait qu'un contenu de pensée : c'est définir la philosophie comme pensée du « fait absolu » (27), non seulement parce qu'elle déploie ce fait, mais aussi parce qu'elle le devient elle-même toujours de nouveau, puisant sa vie et sa réalité dans l'expérience de la foi. Au terme de cette exposition de sa philosophie, Solger relève dans le *chapitre 13* les obstacles à sa mise en œuvre dans le contexte contemporain. Il faut faire face à la critique, adressée de l'extérieur à la philosophie, selon laquelle celle-ci, éloignée de la vie pratique, serait inutile et même nocive ; cette critique reflète selon Solger une paresse intellectuelle et un individualisme particulariste. Il faut aussi, cette fois à l'intérieur du monde intellectuel, contrer les tentatives visant à relier l'universel et les « faits » de manière non médiatisée, simplement extérieure, c'est-à-dire purement objectivante. La seule forme adéquate dans laquelle la philosophie comme pensée de la révélation pourra espérer se réaliser et se communiquer est le dialogue, comme l'expose le *chapitre 14*. Dans le dialogue, l'exposé philosophique advient comme synthèse d'une expérience de type religieux (dissolution de l'existence relative de la conscience dans la présence divine intérieure) et d'une expérience de type esthétique (dissolution de l'existence phénoménale dans l'apparition du beau) : l'homme y devient « sa propre œuvre d'art » (28). Solger détaille certains aspects plus techniques de réalisation et note – légitimant tout de même ainsi *in fine* la forme d'écriture non dialogique de son « manifeste » – que la prééminence du dialogue n'exclut pas, dans certaines circonstances, une préférence d'ordre didactique pour d'autres formes d'écriture philosophique.

SUR LA VRAIE SIGNIFICATION ET DESTINATION DE LA PHILOSOPHIE, EN PARTICULIER À NOTRE ÉPOQUE

CHAPITRE PREMIER

DE LA CONFORMATION PROPRE À LA CONSCIENCE HUMAINE

| À une époque comme l'époque présente, où presque tout ce qui fondait NSB II,
autrefois la conviction humaine et l'accord des hommes entre eux est 54-199
balayé, ou du moins ébranlé au point de trembler et de vaciller dès que l'on
veut réellement fonder quelque chose sur lui, on ne doit s'attendre, pour
toute entreprise de l'esprit qui ne provient pas des passions de l'instant, à
nulle bienveillance encourageante. Peut-être cela tient-il à un autre aspect
de la conformation de cette époque, dont peut sortir quelque chose d'excel-
lent, comme on le verra plus tard (1). Mais à cause de cela, en tous cas, nous
sommes contraints de chercher par tous les moyens à nous faire entendre du
public, | avant de pouvoir exiger qu'il nous écoute (1). Qui donc aujour- 55
d'hui peut bien avoir le temps et l'envie de chercher la vérité ? Qui se
résoudra, au petit bonheur la chance, à lire une œuvre construite de manière
scientifique ou artistique, que l'on ne peut tirer vanité de connaître préci-
sément parce qu'elle est nouvelle, et qui visiblement ne défend pas la cause
d'un tel ou de tel autre, mais seulement celle de la vérité (2) ? Il nous faut
donc proposer la vérité, c'est dans l'ordre des choses. Peut-être réussirons-
nous à la recommander, si nous exprimons brièvement et sans détours ce
que nous voulons et ce que nous tenons pour nécessaire.

À toutes les époques, et en toutes circonstances, c'est la philosophie qui devait, parmi les connaissances humaines et les sciences formées à partir d'elles, susciter l'intérêt le plus universel : c'est qu'elle doit contenir et porter à la claire conscience ce qui, dans toutes les autres connaissances, est

proprement le vrai pour soi. Mais c'est précisément pourquoi il est difficile à la plupart des gens de comprendre ce que la philosophie peut bien être, ou devrait bien être. Quelques-uns la tiennent pour une rumination oiseuse et débile, voire débilitante, parce qu'elle ne s'attacherait pas au réel et à ce qui est immédiatement donné, mais tout au plus aux conditions universelles, dépourvues de contenu, de la connaissance humaine (3), et qu'à partir de là elle voudrait déterminer la réalité sans se soucier de savoir quelle force d'engendrement réside dans cette réalité même. D'autres trouvent au contraire la philosophie trop limitée et unilatérale, l'accusant de poser, à la
56 place de | l'essence de toutes choses, éternelle, universelle et se révélant immédiatement, ses <propres> inventions arbitraires et insuffisantes (1). C'est pourquoi je veux dire, de façon compréhensible par tous et sans jargon d'école, d'où vient la philosophie, ce qu'elle est et ce qu'il lui faut accomplir (2). Je veux essayer de montrer aux autres la voie qui mène, en ce qui concerne les occupations humaines les plus hautes, à une assurance et à un apaisement inébranlables qui, pour autant qu'ils dépendent du savoir, ne peuvent venir que de la philosophie. Sera alors évidente la vérité, au sens le plus pur et le plus profond du terme, de ce que dit Bacon de Verulam : que la philosophie, goûtée superficiellement, éloigne de Dieu, mais que vraiment approfondie elle conduit à l'union la plus intime avec lui (3).

Mais chercher de toutes nos forces à approfondir la philosophie, c'est une exigence nécessaire et inévitable qui nous est adressée. Il nous est tout bonnement impossible de nous passer d'elle (4), et c'est une illusion des plus dangereuse que de croire, comme nous faisons souvent, que nous pourrions nous soustraire à elle arbitrairement ou même que nous le devrions. Aux époques où les faits donnés dont dépendent le sort de l'homme et le jugement porté sur toutes les choses réelles apparaissent comme établis par une autorité incontestable dans l'État ou l'Église, la libre pensée est parfois tenue pour quelque chose de dangereux, parce qu'elle ne pourrait servir qu'à ébranler ces indispensables colonnes fondatrices sans les consolider en retour ; ou bien, si elles devaient s'écrouler
57 entièrement, sans mettre quelque chose d'autre | et de meilleur à leur place. À l'inverse, il y a d'autres époques – au nombre desquelles il faut compter la nôtre – où réellement, à cause d'une pensée et d'une rumination sans retenue, les liens qui devaient tenir ensemble tout notre agir et notre connaître se sont déjà dénoués. Alors le genre humain s'effraie devant le vide désertique qu'il voit désormais devant lui ; c'est à la philosophie qu'il impute cette désolation, et il préfère désormais se résoudre à y renoncer entièrement, et à s'en tenir à ce que lui offrent l'expérience et le pressentiment qui se développe à partir du besoin d'un appui ; ou bien, si

quelque chose continue à passer pour de la philosophie, du moins ne doit-elle plus avoir la prétention de vouloir poser le fondement le plus intérieur de la conscience humaine, elle ne doit plus s'attacher qu'au donné, au pratique, à ce qui est réellement applicable, comme on dit (1). Ces deux motifs de renoncement à la philosophie sont l'un comme l'autre perfides et pernicieux (2). Elle seule peut conserver aux fondements les plus intérieurs de la vie leur solidité et leur incontestabilité pour notre connaissance réelle, parce qu'elle seule les élève à la claire conscience. Si donc ils sont arbitrairement affirmés comme quelque chose d'étranger, d'imposé au moyen d'une violence inexplicable, alors il est naturel que la philosophie se révolte contre cela de toutes ses forces et essaie d'éliminer ce qui se tient en travers de son chemin, vu qu'elle ne peut ni ne doit pas du tout se l'approprier ; et ainsi elle se fausse elle-même, et dégénère en une pure et simple opposition à l'<ordre> établi et en soi inexplicable. Cet | état de choses, il 58
nous faut l'imputer au soi-disant principe de la libre pensée, qui s'est éveillé précocement déjà au Moyen-Âge et d'abord chez les figures les plus dignes (1), et qui s'est développé progressivement toujours davantage, jusqu'à donner ces Lumières prenant le ciel d'assaut, qui ont fini par nous précipiter dans un abîme sans fond maintenant connu de tous. Dans ce désert où le pied ne trouve plus aucun sol ferme pour le soutenir, on se résout maintenant à abolir entièrement la libre pensée dépourvue de fondement, qui s'est montrée si funeste, et à prendre pour seule ligne directrice les expériences particulières, et aussi les premiers besoins de l'esprit tels qu'ils adviennent à chaque fois à telle ou telle fin urgente. Et voyez, ce qui se forme à partir de là devient une seconde fois pseudo-philosophie! Surgit le royaume des manières de voir, de ce que l'on appelle faussement les idées. En effet ce qui, dans notre pensée, devrait être universellement valable et essentiel se façonne désormais d'après chaque figure de l'expérience et d'après chaque agitation de l'époque, aussi unilatérale ou transitoire soit-elle. L'instant voit naître et périr les systèmes, et nous nous tenons pour vraiment actifs et pleins de force vitale, alors même que nous traînons dans la soif et la faim de l'esprit les plus abjectes, sur une mer à perte de vue, sans vivres ni compas (2).

Voilà les conséquences inéluctables du mépris de la philosophie. Lorsqu'on lui refuse la claire conscience de son centre intérieur, la raison se cherche immanquablement ses propres issues. Là où les canaux | qui 59
diffusent à travers le corps vie et force active sont entravés de manière arbitraire et violente, il faut que la sève vitale aille gonfler quelque partie et se transforme elle-même en matière morbide. Et toute cette distorsion ne naît que du préjugé selon lequel l'esprit humain pourrait penser librement,

ou, comme on dit, aurait reçu le don de la libre pensée, qui pourrait pourtant devenir si dangereux qu'il ne devrait plutôt pas l'utiliser ; ce qui, en soi, veut très exactement dire que ce don assurément dangereux serait pourtant un noble présent, dont on ne devrait pas interdire l'usage à l'homme, pourvu qu'il l'utilise de la bonne manière. Mais quelle est donc cette bonne manière ? À cette question, chacun répondra selon l'inclination qui lui est propre. L'un dira que l'on doit se limiter seulement à la connexion formelle des pensées, sans vouloir déterminer leur contenu ; l'autre que cela tient précisément au fait que la pensée doit puiser son contenu entièrement en elle-même ; et ainsi il y aura encore beaucoup d'autres réponses intermédiaires. Mais la seule et unique chose qui soit vraie, c'est seulement et avant tout celle-ci : notre conscience n'est pas simplement capable de philosopher, mais par nature elle doit nécessairement philosopher ; et s'il en est ainsi, alors tout arbitraire aussi est éliminé, même si toute différence naturelle dans l'art et la manière ne l'est pas ; en effet cette nécessité intérieure, pourvu qu'elle s'impose contre toutes les contingences, saura aussi trouver son droit chemin.

60 | Or si l'homme doit philosopher, c'est parce qu'il a une conscience de soi complète (1). Tous les autres êtres que nous connaissons sont dépendants d'un concept général de leur genre, ou encore de leur rapport à l'univers, rapport qu'ils n'expriment jamais que partiellement et dont ils apparaissent eux-mêmes simplement comme des manifestations particulières ; l'homme a en lui-même le plein concept de tout son connaître et de tout son agir, il les rassemble dans ce concept ou cette unité, il demeure continuellement le même dans toute la diversité de ses expressions particulières, et c'est précisément pourquoi s'expose (*darstellt*) également en lui le concept entier de son genre, de manière complète, mais en une position (*Stelle*) particulière (2). Car s'il doit pouvoir rassembler en une seule et même unité toute la variété des états dans lesquels il entre au moyen de ses contacts avec le monde extérieur ou de ses propres évolutions intérieures, et qui en eux-mêmes sont probablement infinis, alors il faut aussi que réside en même temps dans cette unité la possibilité infinie de ces états, laquelle revient au genre en son entier ; si l'homme n'était capable que d'expérimenter certaines modifications et déterminations particulières, alors il serait lui-même également limité à n'être que membre de son genre et n'en présenterait jamais qu'une détermination tout à fait particulière. Mais, en même temps précisément que le fait qu'il a un savoir de toute sa connaissance et de tout son action, est également donné le fait qu'il connaît lui-même cette unité de soi avec soi-même (3). C'est que la diversité des
61 phénomènes particuliers qu'il | doit rassembler dans sa propre unité ne

serait, en ce sens, pas du tout là pour lui, s'il ne pouvait la percevoir comme une transformation continuelle de cette unité intérieure de son moi ; et derechef ce moi simple ne serait rien pour lui s'il ne pouvait, d'un côté, l'opposer et par là le comparer, en tant que ce qui demeure et repose en soi, à cette variété des impressions, et de l'autre côté distinguer en même temps ce moi, en tant que moi particulier, du concept universel d'un Moi qu'il doit également avoir en lui-même. Si donc il doit y avoir une vraie conscience, alors il faut, premièrement, qu'elle soit en même temps le simple et le divers, et deuxièmement, en tant qu'elle est prise comme étant les deux ensemble, qu'elle flotte (1) entre la diversité des connaissances et expressions particulières dans leur possibilité infinie en général, et le concept d'un Moi simple absolument auquel elle doit s'opposer elle-même de nouveau comme moi particulier. Donc, le fait qu'un être connaissant soit Un avec lui-même implique déjà aussi qu'il se connaisse lui-même comme tel, et cela à son tour implique qu'il ait un savoir du concept d'un tel être en général, concept qui repose et est présent en lui-même, ainsi que de la possibilité infinie de modifications particulières ; et ce sont seulement toutes ces déterminations prises ensemble qui constituent la conscience complète.

Or, dans cette conformation nécessaire de la conscience humaine réside aussi la nécessité du philosopher. L'homme ne peut pas se connaître comme réellement | Un avec soi-même, ou encore comme étant le même à **62**
travers la diversité de son être-là (1), s'il ne reconnaît pas en même temps en lui la conscience en général, ou l'unité absolue qui dès l'origine ne fait qu'Un avec toute diversité (2). Car sans cela, il ne se percevrait jamais que comme partiellement déterminé dans le moment présent par une quelconque diversité, et il ne se connaîtrait lui-même comme unité que pour autant qu'il se rassemble d'une manière particulière à partir de la diversité. Lui-même ne serait jamais complètement là pour lui-même et pour sa propre connaissance, au contraire il ne serait jamais compris qu'en devenir, et prisonnier de la modification de l'instant présent. Certes, cette présence continuellement imparfaite, il pourrait bien l'opposer, d'un côté, à une telle unité de déterminations diverses en général, de l'autre à une totalité de tout le divers ; mais toutes deux ne seraient jamais réellement là pour lui, elles flotteraient plutôt continuellement devant lui dans un lointain infini, en fonction de son propre état contingent. S'il peut au contraire se rassembler complètement lui-même dans l'un et le divers, alors il reconnaît aussi en lui-même l'essence d'une telle conscience en général, qui doit être la même en tous, et à laquelle la sienne propre, pour autant qu'elle est une conscience singulière, n'est qu'apposée.

Mais cette connaissance d'une conscience universelle avec laquelle la nôtre en son essence ne fait qu'un et dont elle n'est qu'une expression singulière, c'est là déjà ce que nous appelons philosophie. Pour nous
63 connaître nous-mêmes entièrement comme Un | – et la conscience ne consiste qu'en cela – il faut que nous ayons en nous également cette conscience universelle, et que dans tous nos états nous prenions conscience de notre rapport à elle. Certes, elle s'exprimera aussi d'une manière spécifique en tout état particulier dans lequel nous nous rassemblons et dont nous savons donc qu'il est nôtre ; mais dans ces expressions particulières, ce n'est pas une pleine conscience qui nous est donnée, mais seulement à chaque fois une conscience conditionnée et déterminée. C'est pourquoi nous sommes dans tous les cas contraints par notre nature intérieure à reconduire à l'universel chaque conscience d'un tel état particulier, même si nous y connaissons l'essentiel, et à la dissoudre dans cet universel ; car tant que nous n'avons pas connu son rapport au tout, elle n'est toujours pas en propre la nôtre. Mais si philosopher, c'est cela, alors nul ne peut subsister sans philosopher, et même s'il n'y a que peu de gens qui parviennent dans ce domaine à quelque perfection, chacun pourtant doit nécessairement s'y essayer : bien plus, tout un chacun, avant même d'en être entièrement conscient, est poussé à aspirer tout au moins à un accord et à un équilibre avec soi-même, quel qu'il soit.

C'est pourquoi cette tendance qui pousse à philosopher se montre sous les figures les plus variées, et aux degrés les plus variés du développement de l'esprit. Celui qui est entièrement englouti dans le commerce avec les choses phénoménales extérieures et dans les connexions indigentes de
64 l'entendement ordinaire, celui qui ne se | tire d'affaire et ne maintient sa propre cohérence que par moyen et fin, au coup par coup, celui-là ne peut pourtant pas se passer d'une relation avec l'essentiel. Sa philosophie consistera ou bien à essayer de nier cet essentiel, en utilisant toutes les raisons dont il peut s'emparer – démarche par laquelle précisément il ne peut pas ne pas le reconnaître ; ou bien à prendre pour l'essentiel le lien universel de toutes les perceptions particulières et de leurs connexions, sans lequel sa propre cohésion avec soi-même ne pourrait aucunement subsister au milieu d'elles. Celui qui reconnaît dans notre nature quelque chose d'essentiel mais l'admet comme un fait originaire et inexplicable, voudra peut-être interdire à lui-même et aux autres de réfléchir sur ce fait, pour autant qu'il constitue notre propre conscience essentielle ; et cependant il ne pourra éviter, d'une manière ou d'une autre, de l'unir à sa conscience, ni de s'appliquer à comprendre avec son intelligence que la conscience entière doit être emplie et déterminée par ce fait, et à comprendre comment,

et ainsi là encore il fera de la philosophie. Or, si ces deux-là doivent philosopher, eux qui de fait paraissent être les plus grands ennemis de la philosophie (1), alors rien qu'à partir de là il devient clair que nul ne peut se dérober à cet impérieux besoin intérieur, et donc que le philosopher lui aussi, quand il est empêché par quelque arbitraire, doit trouver à s'épancher par des chemins erronés.

| CHAPITRE II 65

DU MODE ORDINAIRE DE LA CONNAISSANCE

À partir de ce qui a été dit précédemment, il va clairement de soi qu'il doit nécessairement y avoir deux modes différents de la connaissance humaine : celui de la conscience ordinaire, incomplète, et celui de la conscience supérieure et essentielle.

Selon le premier mode, nous connaissons toute chose (*Ding*) de façon seulement partielle et dans ses relations et rapports à d'autres choses, mais nous n'en connaissons jamais aucune entièrement comme elle est et de manière à y trouver complète satisfaction ; cette connaissance est celle des relations, des contradictions, des luttes. L'âme plongée dans cet imbroglio cherche alors ici ou là un point fixe, pour, à partir de lui, s'y retrouver à travers le labyrinthe des oppositions changeantes ; mais elle peut bien supposer ce point où elle veut, il ne peut jamais être qu'un point particulier soumis aux contradictions, et à partir de là le monde entier lui apparaîtra de manière biaisée et gauchie. Et pourtant, cette vie dans de purs rapports, unilatéralités et oppositions incomplètes est la condition nécessaire de notre être-là phénoménal.

Le fondement de tout ce mode de connaissance, sur lequel, redisons-le, repose notre existence, nous apparaît habituellement être la perception d'objets extérieurs singuliers, parce qu'ils constituent pour ainsi dire la limite et le sol de toute notre activité intellectuelle (1). | Nous ne pouvons 66
les dépasser, et connaître ne nous permet pas non plus de voir à travers eux pour avoir en quelque sorte l'expérience de ce qui pourrait être caché derrière leur enveloppe phénoménale ; c'est nous au contraire qui sommes entièrement environnés par eux, et ils circonscrivent notre horizon en une dense cohésion. C'est pourquoi l'on dit que nous devons appréhender les objets purement comme ils sont (1), ou, ce qui veut dire la même chose, comme ils nous apparaissent en tant que purs et simples objets, sans leur substituer une essence que nous ne pouvons jamais percevoir réellement en

eux. Si maintenant nous suivons cette exigence, et que nous dirigeons conformément à elle notre faculté intellectuelle sur une chose tout à fait particulière, singulière, comme nous devons le faire pour ne pas en troubler la pure appréhension par des relations et des comparaisons extérieures, alors soudain cette chose qui paraissait simple et séparée se désagrège pour nous en une nouvelle infinité de parties et modifications différentes. À chaque instant, donc, se renouvelle l'exigence d'aller toujours plus avant dans le singulier, et jamais nous n'arrivons à quelque chose qui serait vraiment purement pour soi ; au contraire, toutes choses passent imperceptiblement les unes dans les autres en un flux permanent. Donc, notre connaissance par appréhension ne peut s'accrocher nulle part, ne peut nulle part supposer qu'elle aurait saisi un objet purement pour lui-même, vu que l'objet est toujours dissous et modifié par sa cohésion infinie avec d'autres et par la désagrégation infinie de ses parties. Que faire alors de l'injonction d'appréhender les objets purement pour soi, tels qu'ils appa-
67 raissent ? Nous nous voyons contraints de présupposer que | des masses
bien déterminées du divers sont liées par une unité intérieure, afin de pouvoir nous emparer d'elles par un seul et même acte de connaître. Nous devons donc admettre qu'il y a, dans les choses, quelque chose qui leur donne intérieurement l'unité par laquelle elles correspondent au pouvoir rassemblant et séparateur de notre connaissance, et cela implique d'assigner aux choses un être et subsister en elles-mêmes et par elles-mêmes. Nous ne pouvons percevoir cet être et subsister, car ce que nous percevons, c'est seulement le phénomène extérieur, divers à l'infini ; donc nous pensons cet être pour soi en l'introduisant dans les choses, et par conséquent, ainsi considéré, c'est une illusion <de croire> que l'apparition phénoménale sensible et diverse des choses limiterait complètement notre connaissance de ce côté ; bien plutôt n'y a-t-il pour nous des choses que pour autant qu'en même temps nous les pensons. Mais par là précisément surgit, dans l'ensemble de notre état intellectuel, un vacillement qui fait qu'à nous en tenir à la simple perception des choses, nous ne connaissons tout qu'à un certain égard et dans une certaine relation, donc de manière imparfaite et conditionnée, avec une vérité qui n'est valable que sous certaines présuppositions. En effet, si la diversité est infinie, il ne nous est nulle part donné en elle d'indication pour savoir où nous devons admettre cet être intérieur, ou encore, ce qui veut dire la même chose, où nous devons le poser. C'est pourquoi l'existence des choses nous apparaît comme purement contingente (2) ; elles sont bel et bien là comme elles sont, et pourtant, redisons-le, ce n'est pas de manière nécessaire qu'elles sont
68 données ainsi ; | car si c'était le cas, la perception à elle seule nous

apporterait déjà la connaissance de l'unité intérieure de leur être. C'est pourquoi il nous faut toujours prendre en compte le divers en l'assignant, en tant que détermination contingente, à une chose qui aurait pour soi un être intérieur simple, et inversement nous ne pouvons percevoir une certaine chose en tant que telle qu'en la considérant comme l'unité reposant au fondement d'une diversité donnée. Et dans la mesure où les choses, de cette manière, nous apparaissent elles-mêmes comme du divers, nous ne pouvons pas non plus les tenir de façon ferme si nous ne posons pas l'une comme présupposé de l'autre et ne lions pas celle-ci à celle-là comme l'effet à sa cause. Mais ainsi, rien n'est là pour nous qu'en relation et en détermination réciproque avec autre chose, rien n'est là pour soi, de manière indépendante et inconditionnée, et nous ne pouvons jamais dire : « c'est ainsi », mais toujours seulement : « cela nous apparaît ainsi, sous tels et tels rapports ».

Or, vu que l'esprit humain a une tendance irrésistible à lier le divers en une unité supérieure et à chercher une cohésion en toutes ses connaissances, à cette perception continuellement incomplète, et modifiée à chaque instant par la situation, s'ajoute aussitôt une activité de connexion que nous appelons par excellence la pensée. L'unité que nous mettions au fondement de telle ou telle masse du divers nous apparaît désormais **69**
comme unité de la | conformation déterminée de ce divers, et de cette manière le singulier, ce qui est originairement donné, est pour nous extrait de la perception <et porté> dans la pensée ; nous formons des représentations, au moyen desquelles nous rassemblons en unités particulières le divers entré dans notre connaissance par la perception, et ces unités ne sont plus contingentes pour nous, puisqu'elles reposent sur une conformation déterminée et sur une réunion de propriétés. Mais ces représentations, nous ne pouvons les penser que comme particulières et déterminées, en les rapportant à des concepts universels qui sont les unités des propriétés liées prises pour elles-mêmes, sans la détermination qu'apporte la diversité de la perception. L'unité dans la représentation de la chose singulière n'est que l'unité du concept, modifiée par le divers donné ; les propriétés qui sont liées dans le concept ne sont que les propriétés en général qui, dans la représentation singulière, étaient déterminées par un moment particulier de la diversité. La pensée des représentations de choses particulières est donc indissociable de la pensée des concepts ; l'une des deux n'est là que pour autant que l'autre est là, et ainsi ni la représentation singulière, ni le concept universel ne sont quelque chose de subsistant séparément ; il nous faut toujours déterminer alternativement l'un par l'autre, et l'on peut déjà prévoir qu'à cause de cela l'on n'arrivera, là encore, qu'à une connaissance

70 dépendante de rapports et de relations. Certes, il semble à beaucoup de gens que c'est dans | les représentations de choses singulières que résiderait le sol ferme à partir duquel nous pourrions nous élever aux concepts ; mais là encore, c'est une illusion. En effet, l'unité sous laquelle nous devons appréhender déjà la représentation n'est pas du tout là pour nous sans l'unité du concept, qui ne fait que s'y individualiser ; et sans nous interroger ici plus avant pour savoir d'où proviennent finalement les deux, concept et représentation singulière, nous ne pouvons que concéder que chacun des deux ne peut jamais être ce qu'il est que dans son rapport à l'autre.

Si donc nous devons penser les deux – et toute l'activité ordinaire de notre entendement ne consiste qu'en cela –, cela ne peut jamais se faire que de la manière suivante : nous déterminons les concepts par les perceptions particulières, et inversement celles-ci par ceux-là, ce que nous appelons abstraire et juger. Cette double opération flotte entre les deux directions de l'universel et du particulier, elle n'a ni dans l'un ni dans l'autre son point de départ complet donné une fois pour toutes, mais paraît toujours déterminée de façon seulement contingente à présupposer l'un des deux. Il nous faut bien en tirer la leçon que la connaissance qui repose sur cette opération ne peut aussi être qu'une connaissance conditionnée et relative. Ici aussi, chacun des deux n'est jamais vrai que sous la présupposition de l'autre. Si nous avons appréhendé ou formé un concept, nous ne pouvons nous convaincre de l'exactitude avec laquelle nous le pensons qu'en le comparant, autant que possible, avec les représentations des choses singu-
71 lières qui sont subsumées sous lui. | Si nous jugeons une chose singulière donnée à l'aide d'un concept connu et qu'il nous vient un doute sur la question de savoir si nous avons jugé exactement, alors l'unique moyen de prouver l'exactitude de nos pensées est de comparer la conformation que nous attribuons à cette chose au moyen du jugement, avec celle que nous pensons dans ce concept. Ainsi donc, chacun des deux doit alternativement prendre en charge la garantie de l'autre ; ce qui démontre bien assez qu'ici, la vérité n'est jamais valable que pour l'instant de la relation, et sous condition. On peut aussi reconnaître cela, de la manière la plus complète, dans l'acte de l'entendement ordinaire que nous tenons pour le plus parfait, le syllogisme. Au moyen du syllogisme, l'universel et le particulier passent complètement l'un dans l'autre eu égard à certaines déterminations particulières en lesquelles ils se touchent, non pas cependant pour former une unité commune, mais toujours seulement dans une direction déterminée, de telle sorte que soit nous trouvons la conclusion à partir des prémisses, soit nous développons celles-ci à partir de celle-là ; c'est à cela que se rapporte pour l'essentiel la distinction entre ce que nous appelons procédé

synthétique et procédé analytique. Ainsi, par le moyen du syllogisme, l'universel et le particulier sont certes liés dans notre connaissance, au moment du passage; c'est pourquoi une certaine conclusion (1) et un apaisement de notre conscience nous y paraissent être atteints; mais tout cela n'a lieu que pour les conditions données, et en dehors de celles-ci les 72
éléments restent à l'infini | séparés les uns des autres, et des chaînes d'autres liaisons de pensées entrent en connexion avec eux, sortant les unes des autres à l'infini.

Toutes les relations par lesquelles nous aspirons à unir en un tout nos connaissances des choses phénoménales et les concepts universels qui les embrassent, et par là à poser notre propre conscience, telle qu'elle est partiellement déterminée dans les connaissances particulières, en cohésion complète avec son unité intérieure, ne sont, d'après les raisons qui ont été exposées, capables de nous procurer cette cohésion que sous la présupposition de conditions particulières et d'une certaine direction déterminée de l'activité de notre entendement; ces relations ouvrent par conséquent encore une autre quête infinie. Cherchons-nous des concepts universels dans la diversité des phénomènes? Cela ne nous est possible qu'en comparant un phénomène avec l'autre, en différenciant l'un de l'autre, c'est-à-dire en remarquant qu'ils s'accordent partiellement les uns avec les autres et qu'ils se distinguent partiellement les uns des autres; car s'ils s'accordaient entièrement en quelque point, notre pensée prendrait fin, elle qui ne consiste que dans l'activité de mettre en connexion et de dissocier selon des directions opposées. Voulons-nous lier à un concept donné les phénomènes qui lui sont subordonnés et poser de cette manière leur cohésion mutuelle? Cela ne peut se faire qu'au moyen de certaines propriétés déterminées, à cause desquelles ils relèvent de ce concept 73
supérieur; mais par ailleurs, | ils conservent d'innombrables autres déterminations de la diversité, par lesquelles ils se libèrent pour ainsi dire de la domination de ce concept et se séparent aussi entre eux les uns des autres. Tous nos systèmes fondés sur ces liaisons de pensées ne sont donc également valables que de manière conditionnée. Chaque surcroît d'expériences que nous faisons du phénomène extérieur, chaque invention d'une nouvelle façon de manier des concepts, de les développer ou de les unir à d'autres, anéantit ou transforme un tel système, puisque sont par là mises en œuvre de nouvelles conditions, qui fondent une autre cohésion.

Si, pour finir, nous entrons dans notre propre for intérieur, nous trouvons là aussi une pareille contradiction du simple et du divers, qui ne se laisse réduire à nulle unité commune et n'est jamais annulée que par un passage contingent, singulier; bien plus, nous sommes ici en contradiction

avec nous-mêmes, et pourtant là non plus nous ne pouvons subsister dans la réalité sans cette contradiction. Notre propre conscience, si elle consistait purement et simplement dans l'unité de notre moi avec lui-même, ne se distinguerait pas d'elle-même, et de cette manière ne serait pas non plus connaissable, elle ne serait pas en même temps un divers susceptible de se modifier de diverses façons (1). C'est pourtant bien ce qui arrive dans le vouloir et l'agir. Ici, le simple en nous se détermine au moyen d'une certaine particularité, pour autant qu'avec son vouloir il doit se tourner vers
74 des choses particulières selon une direction déterminée. Mais cela derechef ne serait pas possible | si les objets particuliers de son vouloir ne lui étaient pas donnés du dehors. Tout vouloir, bien qu'il consiste dans la libre autodétermination, est donc nécessairement en même temps une détermination par un objet extérieur indépendant de nous ; ainsi, c'est justement là où nous devrions le plus être un avec nous-mêmes que nous sommes le plus scindés et déchirés. Bien plus, il semble que cette contradiction ne puisse pas connaître de médiation, et que de cette manière le vouloir lui-même soit quelque chose de tout à fait impossible si nous devons, d'un côté, nous déterminer librement nous-mêmes mais de l'autre, être déterminés par l'objet extérieur.

La médiation réside seulement dans <le fait> que ce qui est simple en nous puisse être pensé comme se tournant complètement et de toute sa simplicité vers un point singulier du phénomène extérieur. Subsisterait-il en nous quelque part non déterminée par cet objet extérieur, alors la décision ne serait pas mûre ; elle ne l'est que lorsque je donne, en tant que le seul et même indivisible, mon assentiment à ce vouloir. Ce n'est donc que parce que cette détermination à partir de l'extérieur emplit entièrement le moi, pour un instant du moins, qu'elle devient en même temps autodétermination (1). Mais dès qu'intervient un tel passage des opposés l'un dans l'autre, se montre également en même temps l'activité de l'entendement qui distingue et compare. Il distingue, dans le moi, la libre autodétermination de la détermination par l'objet particulier, et les lie de
75 nouveau tous deux l'un avec | l'autre. Mais cela lui serait impossible s'il ne pouvait déjà présupposer dans le moi une modification par laquelle ce dernier se rapprocherait du particulier, et viendrait pour ainsi dire audevant de l'objet singulier déterminé, de même que l'on doit pouvoir reconnaître en face, dans la chose, une relation universelle au vouloir. En effet, sans cette rencontre en un certain sens et en une certaine signification déterminée, nulle connexion ne serait pensable entre ce qui est tout à fait simple et pur et ce qui n'est que singulier et particulier, et les deux ne pourraient que s'exclure mutuellement. Ainsi une pensée, une connexion

partielle et relative de ce genre entre les opposés est, ici aussi, indispensable.

Sans penser, nous ne pouvons donc connaître ni la réalité des choses hors de nous, ni la cohésion des représentations que nous en avons avec les concepts universels qui leur conviennent, ni celle des concepts entre eux, ni, pour finir, le rapport de notre vouloir à ses objets ou fins ; et cette pensée présuppose toujours déjà, dans les connaissances qu'elle sépare et lie, certaines déterminations et particularités au moyen desquelles se font les relations. Toutes ces matières (1) ne peuvent par conséquent être connues que partiellement par ce moyen, et seulement comme ce qu'elles sont dans le moment d'une telle relation et eu égard à celle-ci, mais non d'après ce qu'elles seraient en elles-mêmes, ou dans une détermination qui les concernerait dans l'ensemble de leur essence et de leur contenu. Donc si | notre 76
conscience présente continue à se laisser guider par ce mode de connaissance, elle ne peut jamais devenir qu'une conscience incomplète et valable de façon relationnelle, et nous ne sommes alors à chaque moment que ce que les relations changeantes font de nous. Nous nous dissoudrions alors entièrement en celles-ci, il ne resterait plus en nous la moindre unité de la conscience et ne consisterions plus nous-mêmes qu'en une série de phénomènes, si cette pensée n'avait elle-même été rendue possible uniquement par le fait que nous opposons à chaque détermination ce qui en nous est simple et dépourvu de détermination, et qui ne réside pas seulement au fondement de toutes les connexions comme leur possibilité, mais s'engendre également de nouveau en chacune, puisque sans cela elle ne serait pas connexion, fusion réelle des contraires. Mais ce simple n'est lui-même rien de déterminé, car sinon il devrait chercher également pour lui de nouveau une relation particulière et déterminée ; au contraire, il a seulement la propriété d'être opposé à toute déterminité et de se comporter en toute indifférence à l'égard de celle-ci.

De cette indifférence de notre conscience à l'égard de toute détermination provient d'abord pour nous la *contingence* avec laquelle les choses extérieures nous apparaissent en tant que choses pour soi. Elles sont là comme elles sont, c'est ainsi ; il n'y a en nous-mêmes aucune raison de les penser d'une manière déterminée, ou autrement qu'elles ne se présentent. C'est précisément de là que vient la capacité de l'entendement à s'attacher librement à chaque matière, et à achever les liaisons entre | les 77
opposés (quelle que soit leur conformation particulière en et pour soi) uniquement au moyen des rapports généraux de comparaison, de distinction, de subordination etc., en un mot, par la pure et simple *forme de la pensée*. Enfin, c'est aussi de là que vient la capacité de notre vouloir à se

décider librement, sans y être déterminé ni uniquement par sa nature simple, ni uniquement par l'objet particulier vers lequel il se dirige ; cette capacité est *l'arbitre*. Ce dernier, en effet, ne consiste en rien d'autre que ceci : notre volonté flotte librement entre ses stimulations et éléments opposés, elle n'est ni pure activité de l'esprit qui guiderait la détermination des matières d'après ses lois nécessaires, ni pure dépendance par rapport à la matière, dépendance que nous devrions nous représenter comme quelque chose d'instinctif ; elle doit au contraire à chaque fois, dans chaque vraie décision, lier entièrement les deux ensemble, c'est pourquoi précisément elle se tient au centre, en soi indifférente.

À chacune de ces manières d'agir de la connaissance ordinaire, est en même temps liée une *conscience de notre Soi* ou de la personnalité qui nous est propre. Rassembler les opposés qui doivent être liés ne serait absolument pas possible s'il n'y avait, dans la connaissance active, une unité se produisant elle-même de nouveau et se réunissant à soi-même. Car sinon, le moment dans lequel les opposés – le simple et le multiple – coïncident serait, pris en lui-même, quelque chose de tout à fait indifférent entre ces
78 deux côtés, et | ne serait pas connu comme ce qui lie les opposés qui, par ailleurs, se trouvent l'un hors de l'autre. Il faut donc que ces opposés apparaissent comme des modifications d'un seul et même <être> actif ou pensant, s'ils doivent réellement être réunis l'un avec l'autre dans un troisième terme. Et, de l'autre côté, la forme purement et simplement vide et indifférente de la connexion ne pourrait également rien lier réellement, vu qu'elle n'en est précisément que la possibilité, si elle n'était pas connue en même temps comme une unité de cet <être actif ou pensant> avec lui-même, unité qui est l'indifférent et ce qui nie de soi toute détermination réelle seulement lorsqu'on la compare aux diverses connexions particulières. Ainsi donc, c'est nous-mêmes que nous percevons à tout moment dans ces activités. Or, vu que ce moi n'est jamais contenu réellement dans ces activités que pour autant qu'il prend part à toutes ces déterminations et relations et s'en trouve modifié, il ne peut également s'apparaître à lui-même que comme une chose *qui existe de manière contingente*, qui ne perçoit son propre être-là que parce qu'elle est bel et bien là, mais qui a pourtant en elle la possibilité infinie d'une existence en général ; de plus, le moi ne peut s'apparaître que comme *un être pensant* qui est toujours engagé dans des liaisons de pensées déterminées, mais porte en soi l'universelle forme vide de la pensée ; enfin, comme une *volonté* qui veut toujours quelque chose de donné et de particulier, mais le veut *arbitrairement*, de telle sorte qu'elle pourrait tout aussi bien vouloir quelque chose d'autre.

Ainsi donc, cette conscience ordinaire, eu égard aussi bien | aux choses hors de nous et aux concepts universels qu'à notre Soi, n'est rien d'autre qu'un reflet changeant qui renvoie sans cesse l'un à l'autre et celui-ci vers celui-là. Le simple en nous devient toujours un vide, parce qu'il n'est saisi qu'à travers son opposition à la connexion déterminée, et son remplissage par la matière n'est jamais que relatif, car il n'est là qu'en opposition à ce qui est sans détermination. Or, tout bannis que nous sommes dans ce monde de relations et de formes – et toute notre existence consiste en de telles connexions imparfaites, qui présupposent toujours quelque chose et sont toujours elles-mêmes le présupposé d'autre chose –, nous sentons pourtant qu'un tel monde de silhouettes vides ne saurait être notre vrai sol vital.

CHAPITRE III

DU BESOIN D'UNE CONNAISSANCE SUPÉRIEURE

Bien que prisonniers du mode de connaissance vide et vacillant qui a été décrit, nous ne serions pourtant pas en mesure de vivre, de penser, d'agir, de tenir quoi que ce soit pour réel, pour vrai ou pour bon si nous ne présupposions, de manière obscure et en un pressentiment (1) inconscient, un autre mode de connaissance, susceptible de constituer le noyau véritable de ce mode en lui-même seulement apparent et de lui conférer un contenu.

| Tout d'abord, si nous lions dans l'entendement l'universel au particulier, si nous distinguons ce qui est divers et réunissons ce qui est 80
semblable au moyen de propriétés et de caractéristiques particulières, notre affaire n'est pas de trouver ces opposés en coïncidence seulement dans ces moments de connexion particuliers ; nous recherchons au contraire la conviction qu'ils sont en soi un seul et même dans tout leur contenu et toute leur extension, ou bien qu'ils sont entièrement opposés l'un à l'autre, et ce n'est qu'à cela que nous voulons parvenir par un tel passage particulier. Bien plus, nous ne qualifions notre état de « conviction » que lorsque nous ne nous contentons pas de tenir en notre conscience la connexion relative, mais qu'en même temps s'y produit la connaissance de cette unité parfaite. Si j'ai trouvé, par division et comparaison des objets de la nature et de leurs concepts généraux, que quelque créature nouvellement découverte appartient à tel ou tel genre, cela ne consiste pas seulement à le poser comme un moment particulier de la diversité infinie sous la forme vide de ce concept

générique ; mais j'admets que ce concept, dans toute la plénitude que son unité embrasse, est présent dans cette chose, l'emplit de son essence et lui confère toutes les déterminations et expressions qui, de manière générale, sont compatibles avec la pensée d'une telle essence. De la même manière, si j'ai formé, par une semblable distinction et comparaison, un concept qui
81 n'était pas encore connu auparavant, | je n'entends pas qu'il ne soit qu'une marque ou une case destinée à recueillir une diversité éparse de phénomènes, mais plutôt que l'entière possibilité des particularités qui peuvent advenir aux choses singulières qu'il subsume soit circonscrite comme présente dans l'unité de ce concept, et soit rendue réelle par lui dans ces choses. Et il en va de même pour la différenciation et la comparaison elles-mêmes. Les choses que j'ai à distinguer doivent être réunies en un concept supérieur, et puisque celui-ci doit être complètement contenu en chacune d'elles, elles doivent aussi, en elles-mêmes, ne faire complètement qu'un avec lui et entre elles ; et il est aisé de déduire de la même raison que, dans ce qui est distingué, c'est toujours la même chose qui s'oppose à soi ou doit être séparée de soi.

C'est pourquoi l'activité de l'entendement ordinaire est accompagnée elle aussi par une force que nous appelons l'*imagination* (1). Celle-ci fait que nous pensons toujours le concept universel abstrait sous une certaine figure comme quelque chose d'existant, et la chose particulière comme emplie et animée par son concept. Ce n'est que grâce à l'imagination qu'il nous devient possible de parler de concepts comme de moments vivants universels du développement de la nature, comme de forces de la nature, etc. ; ce n'est que grâce à elle que, dans les phénomènes particuliers, nous pouvons nous représenter comme vivante l'efficacité de concepts, de forces, de lois etc. Sans elle, toutes ces relations ne seraient décrites que par
82 des formules que nous | alignerions les unes sous les autres et sur lesquelles nous compterions, sans croire qu'elles désignent une vie réelle. Mais cela non plus ne nous suffit nullement pour arriver à la pleine conviction et à l'apaisement intérieur. En effet, même l'imagination ne fait jamais que flotter à l'infini entre les opposés, avec son aspiration à les emplir l'un de l'autre, et elle ne peut aussi faire que cela ; car si elle pouvait jamais avoir l'intuition du concept en sa pleine réalité, ou de ses expressions singulières dans leur pleine universalité, alors toute l'activité de notre entendement, et avec elle notre existence (*Daseyn*) réelle, seraient annulées.

Mais que nous ayons besoin d'une telle unité intérieure et essentielle, cela nous est prouvé par la nature de notre propre conscience de soi (1), et aussi par la confiance avec laquelle, soutenus par l'imagination, nous accomplissons les opérations de l'entendement. Les différentes hiérarchies

des concepts les uns par rapport aux autres, les rapports de leurs unités aux divers phénomènes, les oppositions de ce qui est différent et les connexions de ce qui est semblable, les activités universelles et les modifications particulières, tout cela, nous le considérons comme le déploiement d'un seul et même tout qui, une fois rassemblé, coïncide en fin de compte avec l'unité originaire de notre conscience de soi, tout comme les divers développements de ce tout coïncident avec les relations et applications singulières de cette même conscience en son existence particulière. Cette nécessité intérieure nous pousse | à considérer la nature comme un tout ou un univers 83
qui lie en une seule grande cohésion toutes les oppositions et subordinations que nous nous représentons avec notre entendement, en étant déterminés par des stimulations singulières. Il faut donc qu'il se trouve des causes de la liaison entre ces différentes modifications de notre connaissance d'entendement, des causes véritables et réelles, qui ne sont pas définies uniquement pour la pensée, et ces causes ne peuvent être que des expressions particulières de l'unité universelle de la cohésion. L'entendement ordinaire ne nous permet pas de connaître ces causes intérieures des choses, parce que cet entendement ne consiste précisément en rien d'autre qu'en l'activité qui les résout en pures et simples relations et en connexions incomplètes ; et c'est là la seule raison pour laquelle ceux dont toute l'activité intellectuelle est principalement déterminée par l'entendement ordinaire sont d'avis qu'il n'est absolument pas possible de connaître les causes intérieures des choses, que l'esprit humain est renvoyé à leur figure extérieure et à leur rapport extérieur, et qu'il en demeure constamment prisonnier. De même, nous sommes également contraints de présupposer l'unité intérieure de l'esprit – unité dont toute connaissance particulière n'est qu'une expression singulière – en tant que vie originaire du tout, non pas seulement comme le lien ou la connexion nécessaire des opposés, mais comme l'Un vivant qui est donné avant toute opposition, qui ne perçoit que soi-même en toute diversité et déploie celle-ci à partir de sa conscience simple. Une telle conscience suprême ou divine | nous est indis- 84
pensable, ne serait-ce que pour l'unité de notre propre conscience. En effet, nous ne nous connaîtrions jamais comme Un avec nous-mêmes que pour autant que nous mettons en connexion mutuelle des opposés particuliers, mais pas en tant que ce qui oppose, à toute opposition et à toute connexion, seulement sa propre unité originaire et la réinstaure partout en elles, si l'accord de notre conscience avec elle-même ne reposait que sur la présupposition de cette unité réelle (*real*) des contraires, et non sur l'hypothèse d'un pur connaître qui ne serait lui-même rien d'autre que conscience de soi suprême et parfaite et s'exprimerait dans les actions de notre

conscience, pour autant que celles-ci proviennent de l'unité véritable et indivisible. Car notre conscience, pour autant qu'elle se tient sur la première marche de la connaissance, n'en reste jamais qu'au vacillement entre la déterminité particulière et la forme universelle, comme on l'a montré au chapitre précédent. Si elle doit être une seule et même avec soi-même (et sans cela, ce ne serait jamais nous-mêmes que nous connaîtrions en elle, mais seulement ces déterminations qui alternent en nous), alors il faut que la forme pure soit une unité parfaite, qui ne fait que se transformer à travers les différentes déterminations et y demeure en chaque moment complètement la même. Or cela ne serait pas possible s'il n'y avait une conscience de soi divine, universelle et en soi unique, dans laquelle toutes les déterminations soient contenues comme en leur parfaite unité. Sans
85 cela, | la forme de la pensée et la détermination particulière ne feraient jamais que s'annuler l'une l'autre en tant que contraires, mais ne contiendraient jamais en commun une unité positive pérenne.

Ainsi donc l'entendement ordinaire est bien contraint de se former des représentations d'un Dieu et d'un univers, ne serait-ce à vrai dire que pour pouvoir accomplir ses propres opérations. Mais c'est précisément la raison pour laquelle ces représentations ne sont là pour lui que comme données ; il n'en a pas le concept, il ne les comprend même pas. Vu qu'il demeure toujours prisonnier des connexions singulières entre les matières, et de sa propre universalité indifférente, lorsqu'il veut saisir par la pensée l'unité intérieure véritable des relations sa pensée ne peut jamais être active que sous ces figures ; et vu que les connexions relatives et incomplètes se montrent telles précisément parce que leur moment singulier ne coïncide jamais entièrement avec la forme indifférente vide, et qu'inversement cette dernière ne s'épuise jamais dans une expression singulière en des matières déterminées, l'entendement est contraint, lorsqu'il a cette intention (1), de présupposer l'un ou bien l'autre de ces opposés comme ce qui est premier et essentiel, et de mettre en relation avec lui le deuxième seulement à titre d'application particulière.

De là viennent les deux vues d'entendement que nous pouvons appeler, pour utiliser les expressions les plus générales, le *formalisme* et le *matérialisme*. Le premier suppose que ce qui est originel et essentiel, c'est la forme du penser, universelle, mais indifférente et vide, qui assurément fait en
86 sorte que dans nos | abstractions, jugements et syllogismes, l'universel et le particulier, le différent et le semblable se lient complètement l'un avec l'autre, en dépit du fait qu'ils restent en et pour soi infiniment séparés l'un de l'autre. Il ne considère donc comme vérité que l'accord formel ; la différence infinie qui reste toujours, il la rejette au compte de l'imperfection, de

l'indistinction et de la confusion de notre connaissance perceptive ; c'est pourquoi, de façon erronée, il nomme « faculté supérieure de l'âme » la capacité de penser formellement, et « faculté inférieure » (1) celle de la perception sensible alors que, comme nous l'avons vu, cette dernière elle non plus n'est pas possible sans penser. Ce qui s'ensuit pour la conformation des choses phénoménales elles-mêmes et pour la volonté humaine est aisé à prévoir. Ce sera, à partir de là, le mode de pensée qui cherche partout l'accord des phénomènes particuliers avec les concepts mais ne peut le trouver nulle part. Vérité, beauté, moralité – il les pose dans cet accord, qu'il lui faut supposer en dépit de lui-même et encore que, d'après sa propre présupposition, la connaissance confuse ne puisse jamais être complètement reconduite à la pure forme. Le *matérialisme*, en revanche, tient pour ce qui est originel et essentiel le phénomène qui s'offre aux sens, dans toute la particularité qui lui est propre, sans détermination par des concepts ; car c'est ce phénomène qui, à son avis, serait ce qui est absolument donné, que nous trouvons devant nous tout simplement comme il est et qui existe en et pour soi ; quant aux concepts, en revanche, on ne pourrait jamais que les former et les assembler à partir du phéno-
mène, de manière artificielle. | Assurément cette manière de voir, elle non 87
plus, ne peut subsister sans déjà présupposer la forme de l'entendement en fonction de laquelle les phénomènes eux-mêmes s'ordonnent – ainsi les atomes par leur mouvement (1) – ou bien d'après laquelle nous les ordonnons. Toute légalité de la nature ne naît ici que de la façon dont s'ordonne la matière (*Materie*) ; toute moralité, de la façon dont elle exerce son effet sur notre faculté de percevoir et de sentir. Ainsi, ce mode de représentation lui aussi se montre donc en désaccord avec lui-même, dans la mesure où il lui faut bien toujours, à l'une des deux présuppositions, ajouter l'autre.

De telles théories font donc tomber jusqu'aux représentations de *Dieu* et de *l'univers* dans la sphère des relations ordinaires. Dieu est pensé tantôt comme un être personnel de plus, qui ne se distingue des autres que par un entendement infiniment plus excellent, d'après lequel il a fait et ordonné toutes les choses réelles de la façon la plus appropriée ; tantôt comme ce calme entendement lui-même, dans lequel ces choses ne sont que des modifications et des compositions de concepts fixes. L'univers apparaît tantôt comme la production de ce Dieu, contingente mais modelée conformément à une sage réflexion, tantôt comme le développement de la matière elle-même selon les lois qui l'habitent. Quant à la conscience, on ne s'interroge pas sur elle dans tout cela, on ne s'en soucie pas, car elle est bien sûr déjà là avant tout. Son aspiration intérieure nécessaire à s'appréhender elle-
même dans son unité et à | se contempler en son essence, sa soif de 88

connaître une vérité qui englobe tout et s'épuise elle-même, de percevoir pleinement en elle-même son accord originaire avec son essence éternelle, ne sont pas satisfaites par de telles échappatoires, mais tout au plus dispersées et distraites ; en vérité, la conscience est abusée, quant à sa juste destination, par le reflet du néant.

CHAPITRE IV

DU MODE SUPÉRIEUR DE LA CONNAISSANCE

C'est dans de telles abstractions nulles que l'homme tombe, et par là évide toute sa vie intérieure, quand il isole arbitrairement l'un ou l'autre côté de son connaître pour le présupposer comme ce qui est originaire et premier ; la conscience naturelle, non prévenue, se comporte bien autrement, quand elle s'abandonne de bon gré au pouvoir d'influences supérieures (1). Ni la forme vide de la pensée, ni la diversité des concepts et des objets ne peuvent être pour elle l'essentiel dans notre connaître. Cette forme, en effet, n'est rien sans un universel et un particulier, sans du différent et du semblable à lier et à séparer ; et le divers à son tour n'est rien s'il n'est pas appréhendé alternativement comme universel et particulier, comme semblable et différent. Il faut donc que, dans la connaissance plus
89 essentielle, les deux, matière | et forme, soient entièrement Une et inséparablement compénétrées l'une par l'autre. Ce n'est que dans notre existence qu'elles se séparent, parce que notre pensée ne consiste qu'à passer de l'universel au particulier, et n'appréhende que par ce passage chacun des opposés comme ce qu'il est. C'est pourquoi elle ne les connaît que dans leur relation mutuelle ou leur conformation relative ; et dès lors que la pensée n'a qu'elles pour contenu, elle ne peut également être elle-même que la pure et simple forme de la liaison. Notre connaissance des choses ne les épuiserait que si nous pouvions, au moyen de ces relations, épuiser les matières elles-mêmes, et donc aussi emplir entièrement de matière la forme de la relation. Si donc il y a un mode essentiel de connaissance, il faut qu'il ait précisément cette conformation.

Une erreur commune, mais très préjudiciable à l'intelligence vraie, consiste à penser que la matière serait contenue uniquement dans les objets extérieurs singuliers que nos sens perçoivent comme se trouvant hors de nous, et que les concepts et leurs connexions mutuelles, en tant que pures et simples productions de notre entendement, ne seraient que des formes destinées à embrasser le divers donné et à le mettre en connexion en

<formant des> unités communes (1). Cette façon de penser confortable présuppose la conscience ici active comme une conscience entièrement indépendante de toutes ses opérations – en lesquelles seules pourtant elle consiste –, une conscience qui constitue ces formes des concepts à partir de la masse des phénomènes et s'en sert ensuite | comme d'instruments pour 90
ses fins. Mais si nous remarquons ensuite que les concepts, en tant que concepts déterminés, embrassent toujours une diversité déterminée de phénomènes mais jamais la diversité en général, si nous remarquons qu'il n'y a pas et qu'il ne saurait y avoir de concept absolument parlant, qui ne serait que forme sans être forme ou concept de quelque chose, il en résulte que dans les concepts est pareillement contenu quelque chose de donné, une particularité originelle (1). Si l'on voulait objecter à cela que pourtant, une unité universelle réside à leur fondement, unité qui est la forme en général et dont chacun d'entre eux n'est qu'une modification particulière mise en œuvre par les choses singulières diverses, la réponse pourrait être la suivante : au fondement des représentations des choses singulières, il y a de la même manière une diversité infiniment indéterminée et fluctuante de phénomènes qui à son tour n'est modifiée et déterminée que par les concepts qui y sont contenus. Mais les deux, cette simplicité et cette diversité, sont les limites entre lesquelles se meut et se forme notre conscience en tant qu'unité avec elle-même. Or, dans la mesure où elle consiste en un passage et en une connexion entre la représentation particulière et le concept universel, ces derniers sont tous deux les matières de cette connexion, et seule l'unité indifférente de la conscience qui les relie est la forme, comme nous avons saisi précédemment déjà ce rapport (2).

En conséquence, la forme se distingue des matières seulement parce que nous ne lions les matières à l'aide de notre pensée | que par passage et 91
relation, et qu'ainsi les matières mises en connexion relative se laissent isoler de l'activité qui les lie. En et pour soi, la connaissance doit être unité de l'universel et du particulier, et donc aussi unité de la forme et de la matière, et c'est là l'un des principaux sens du mot Idée (1). Or en ce sens, l'Idée ne peut naître au moyen des relations de l'entendement, puisque celles-ci, étant donné la nature qui est en propre la leur, sont justement son contraire. De l'Idée, nous ne pouvons donc rien dire de plus que ceci : elle est là dès l'origine, indépendamment du rapport et de l'activité qui effectue le passage, elle n'est que par soi et en soi, elle est l'Éternel, le clos (2) et le parfait (3).

Mais si nous ne pouvions pas en savoir plus que cela sur l'Idée, elle ne deviendrait rien d'autre pour nous qu'une abstraction vide, ce qu'aussi bien elle est devenue pour la plupart des gens et même des philosophes. En effet,

ses propriétés d'inconditionnalité, d'inséparabilité de l'universel et du particulier, de clôture etc. sont purement négatives et abstraites, et ainsi elle ne contiendrait jamais que le contraire de la distinction de la matière et de la forme, et le contraire des connexions relatives diverses. Elle ne pourrait finalement rien devenir d'autre que la pure et simple forme indifférente elle-même, mais pensée comme indépendante, et de ce fait comprise de façon erronée comme unité de soi avec soi-même, ou comme une matière qui n'est rien que cette indifférence même. Mais aussi ce n'est pas autre-
92 ment que | beaucoup pensent cette unité des opposés, tenant, pour maint d'entre eux, de manière tout à fait ingénue la fiction vide par laquelle l'imagination veut vivifier ce qui est le plus abstrait, pour le prétendu absolu, l'intuition originaire, la raison ou quoi que ce soit d'autre ; d'autres en reconnaissent en revanche le manque de contenu, et décrient à cause de cela la philosophie en général – ou du moins celle qui provient de cette perspective de l'unité absolue – comme doctrine du vide ou du néant absolu (1).

Il faut donc nécessairement que soit connaissable <le fait> que la connaissance supérieure a un contenu positif, et ne se réduit pas à la négation (*Negation*) présupposée de la connaissance ordinaire. En effet, cela est exposé aussi déjà dans la connaissance ordinaire, dans la mesure où celle-ci, comme on l'a montré auparavant, ne se suffirait pas à elle-même si elle ne se considérait comme le développement d'une unité originaire. Mais cette unité disparaît dans les relations de l'entendement, parce que celles-ci ne sont et ne demeurent précisément jamais que des relations et rien de plus, et qu'en opposition à elles, l'unité ne serait que la forme vide de la connexion. Elle ne peut donc s'exprimer qu'en se faisant jour (2) dans les moments de la connexion où, dans la forme, les oppositions des matières s'annulent et se saturent, et cela, en tant qu'elle est l'unité véritable de ces matières qui, pour l'entendement, ne sont que rapportées l'une à l'autre. C'est là l'éclat (*Hervorleuchten*) de l'Idée dans l'existence, à travers lequel, précisément à cause de sa participation à l'existence, elle devient une pluralité d'Idées (3).

93 | Il est dès lors évident que les Idées ne sont pas créées ni formées par l'entendement ordinaire lorsqu'il pense, mais qu'elles sont là en et pour soi dès le début en tant qu'unités éternelles des relations d'entendement, et qu'elles ne deviennent évidentes pour nous que là où ces relations se closent en certains points de réunion. C'est là que l'Idée se fait alors jour librement, comme l'acte éternel de l'unité, qui n'entre en contact avec l'existence que par cette clôture de l'entendement ordinaire ; et en annulant l'entendement comme relation et alternance de l'universel et du parti-

culier, elle le confirme en même temps en un sens supérieur et essentiel, comme étant l'être-là vrai, unifié, du concept, et la signification essentielle du phénomène particulier. Mais que la connaissance d'entendement se close ainsi en certains points comme en un tout, cela ne peut provenir que de l'Idée elle-même, et ne saurait être expliqué hors d'elle ; pour la conscience ordinaire, c'est à admettre comme un pur et simple fait. Toute notre pensée d'entendement aspire à conduire ses connexions assez loin pour atteindre de tels points, et l'Idée ne s'y atteste que par elle-même. Pourtant, vu que les oppositions particulières qui sont mises en connexion en elle ne demeurent jamais que relatives, étant donné que sinon elles ne seraient même plus un objet de la relation d'entendement, l'Idée qui se fait jour dans cette pensée doit aussi toujours revêtir un caractère relatif et imparfait, qui ne lui échoit pourtant précisément que pour autant qu'elle est tournée vers le monde de l'existence.

| Or, puisque l'Idée est connue comme unité parfaite des matières et de 94
la forme, elle peut et doit être saisie de deux façons dans son orientation vers l'existence : d'un côté, comme ce qui apporte en notre conscience une unité avec soi-même, de l'autre côté comme ce qui apporte l'unité dans les oppositions où se tiennent les objets extérieurs de notre connaissance les uns à l'égard des autres. Les Idées du premier type se rapportent à la volonté, celles du second type au monde des objets indépendants de notre conscience, ou à la nature. Enquêter plus avant sur leur conformation n'est pas notre affaire ici ; il s'agit seulement de nous représenter distinctement la façon dont ces Idées se rapportent en général à l'ensemble de notre connaissance et de notre existence, et les raisons en résident déjà dans ce qui précède. Ce qu'il y a d'essentiel dans la manière dont l'entendement se comporte vis-à-vis des Idées, c'est qu'il les présuppose comme éternelles et vivantes en elles-mêmes, et ne considère jamais tout vouloir, aussi bien que toute pensée de la nature, que comme des essais pour se rapprocher des Idées elles-mêmes. Ainsi les concepts fondamentaux de la vertu et de la moralité ne sont pas pour lui des résultats de ses expériences et comparaisons, ils sont bien plutôt là pour lui éternellement et originairement. Tout aussi peu sont-ils pour lui de pures et simples règles, des formes universelles de concepts auxquelles l'exécution réelle ne pourrait jamais correspondre que d'une manière infiniment imparfaite. Car si cela était, on ne pourrait blâmer la scission infinie entre la règle et son application,
| puisque c'est là le rapport nécessaire de l'universel et du particulier dans 95
le concept. On exige au contraire ici le parfait accord avec l'Idée morale, et celui-ci n'est précisément pas pensable autrement qu'en supposant que cette Idée s'engendre elle-même dans l'existence, qu'elle a donc

immédiatement une action efficace dans cette dernière. Maintenant, si elle ne peut pourtant pas s'accomplir parfaitement dans l'existence, ce n'est pas sa faute mais seulement celle de l'existence, pour autant que c'est à partir de l'existence que l'Idée est contemplée comme apparaissant en cette dernière ; et à partir du côté de l'existence, l'action se montre donc comme un essai pour atteindre l'Idée dans sa plénitude, essai qui tient sa valeur uniquement du fait de vouloir cela même s'il ne peut jamais réussir entièrement (1). Il ne nous faut pas moins présupposer les Idées éternellement vivantes dans la nature, si notre pensée de cette dernière doit avoir une valeur essentielle. Les essais que nous faisons pour atteindre ces Idées par la pensée, nous les appelons des hypothèses, au sens supérieur et noble du mot, bien que l'on mésuse assez souvent de ce terme pour désigner les conjectures de l'entendement ordinaire.

Donc le fait qu'il y ait une pluralité d'Idées provient, comme il résulte de tout ce qui a précédé, des différents rapports dans lesquels l'Idée éternelle, une seule et même, se tient à l'égard de l'existence et de la conscience ordinaire, dans lesquelles elle s'exprime de différentes façons et sous différentes configurations. Mais en toutes, l'unité avec soi-même de l'essence Une reste la même, unité qui précisément à cause de cela est
96 une unité vivante et non morte, | parce qu'elle se déploie elle-même jusqu'à l'existence et se réunit à elle-même dans l'annulation de l'existence et de ses oppositions. Or si nous ne la connaissions que dans sa façon de se poser de nouveau dans les moments singuliers de l'existence, elle ne nous apparaîtrait jamais que comme une pluralité éparse, comme un éclat du vrai à tel ou tel endroit, grâce auquel notre comportement moral ou la cohésion des phénomènes naturels s'illumineraient soudain pour nous de temps en temps, comme par des éclairs singuliers (1). Cette lueur décousue et isolée des Idées ne s'améliore nullement du fait que nous présupposons de manière générale les concepts de Dieu et de l'univers comme points de convergence universels de nos connaissances. C'est une grave erreur que de supposer que ces concepts, pensés comme pure et simple présupposition, proviendraient déjà de la région des Idées vivantes et présentes dans notre existence. Pris en ce sens, ils sont bien plutôt le témoignage de la finitude et de l'imperfection de notre entendement, qui ne se retire aveuglément en eux que parce que sa propre manière de procéder ne suffit aucunement à la conscience. Pour l'expression de l'Idée elle-même, l'unité originaire dont elle est issue ne peut être pensée que comme l'essence en repos dans laquelle l'unité de l'Idée est fondée, ou comme la raison ; mais celle-ci n'est rien de réel, ou rien de pensé comme réel, elle n'est précisément que ce qui constitue le fondement intérieur présupposé de tout ce

qui est essentiel dans l'existence. Dès lors, encore que toute véritable | exis- 97
tence puisse être reconduite à la raison, cette dernière n'est pourtant nulle part immédiatement présente ; et si elle était l'unique ligne directrice et l'unique contenu essentiel de notre penser, il n'aurait jamais de matière présente, mais devrait présupposer l'unité de la matière et de la forme seulement à titre de fondement inconnu et lointain. Cette matière, présente pour autant qu'elle est véritablement essentielle, seules les Idées l'offrent en s'avançant de manière réelle et vivante, annulant ainsi les oppositions de l'existence ordinaire.

Si donc nous n'avions que la raison comme unité essentielle, même là où les Idées se font jour il y aurait séparation entre ce qui appartient au moment de l'existence, moment qu'elles annulent, et l'essentiel, qui appartient à la raison, et ainsi elles ne seraient pas du tout des Idées, mais ce serait une réflexion qui naîtrait, dans laquelle la rencontre réelle des éléments serait de nouveau la matière particulière, et l'unité, en revanche, la forme vide. L'unité essentielle elle-même ne doit donc pas seulement résider au fondement, mais se faire jour en tant que telle de manière vivante, ou encore se révéler. Or, de même que les Idées entrent dans l'existence par les connexions particulières des matières dans l'entendement, de même il faut que cette unité divine ou essentielle se révèle également par une connexion dans l'existence ; mais puisque la matière de cette unité n'est qu'une seule et même en tant qu'une avec soi-même, cette connexion ne peut être aussi que la connexion de notre conscience avec elle-même,
dans laquelle est en même temps contenue l'existence entière, | vu que cette 98
dernière consiste uniquement dans les modifications de notre conscience détachée d'elle-même. C'est donc par notre conscience pleine et entière, et en même temps par un rassemblement de toute l'existence en un unique point de la présence immédiate, que se révèle la vie parfaite de Dieu (1).

L'état dans lequel notre conscience est mise par cette révélation de Dieu, en elle – comme révélation de sa propre essence présente – comme dans l'existence, est ce qui est essentiel pour tout le mode supérieur de la connaissance ; nous l'appelons la *foi*, au sens plein et rigoureux du terme. Ce que nous avons le droit de décrire par ce mot, ce n'est pas un pressentiment indéterminé ni même une conjecture ; c'est bien plutôt ce qui est le plus clair et le plus certain dans l'ensemble de notre connaissance ; en effet, c'est ce qui seul nous permet de rassembler nous-mêmes notre conscience comme une conscience unifiée et immédiatement présente. Sous tout autre point de vue, cette conscience qui est la nôtre ne demeure jamais présente que de manière partielle et relationnelle. Si elle ne fait que s'opposer aux objets extérieurs et aux concepts qui s'y rapportent, elle est et demeure une

forme vide. Le « Je suis je » ne contient rien à part cette opposition vide, et il est entièrement dépourvu de contenu spécifique. Si la conscience se saisit dans l'agir, ou bien elle est conçue à chaque fois dans un moment déterminé du vouloir et de l'agir et tombe par là elle-même dans la particularité du monde phénoménal ; ou bien elle s'oppose, en tant que vouloir absolument
99 parlant, | à tout vouloir particulier et devient donc là encore une ombre insignifiante. Ainsi la conscience ne contient donc ni une vraie connaissance de soi, ni une impulsion positive pour agir, et ne s'appréhende donc elle-même comme quelque chose pour soi que pour autant qu'elle est en même temps entièrement soumise à la connaissance ordinaire. Elle ne peut s'appréhender elle-même complètement et comme entièrement présente, elle ne peut donc être considérée comme une véritable conscience de soi que si, dans son unité avec soi-même, elle perçoit en même temps l'annulation de l'opposition qui est en elle, et même l'annulation de cette connexion de l'opposition, et si elle reconnaît l'auto-révélation de l'unité divine comme ce qui est à proprement parler le Vivant en elle. En effet, seule l'essence divine est capable d'être entièrement une avec soi-même et, dans cette unité, de se créer à partir d'elle-même comme essence réellement présente ; elle seule est libre des oppositions infinies et de la distinction de la matière et de la forme. L'effet de sa présence en nous, c'est précisément l'annulation de notre propre conscience pour autant qu'elle est prise dans l'entrelacement des oppositions et des médiations de sa propre existence, et aussi la création de notre propre essence véritable, qui n'est rien d'autre en vérité que l'essence divine elle-même (1).

On a donc vu ici que le mode supérieur de la connaissance a deux aspects. L'un est tourné vers le monde de l'existence et des oppositions, l'autre vers l'unité intérieure par la conscience de soi. En soi, les deux ne
100 sont évidemment qu'un seul et même, c'est-à-dire | que toute vérité, dans les domaines de la nature et de la moralité, est révélation de Dieu. Mais pour nous, cette révélation ne va pas sans les oppositions et contradictions infinies de la connaissance ordinaire. Celle-ci se trouve là pour être annulée par la connaissance supérieure, qui ne se révèle que par ce moyen ; mais en même temps aussi elle est là pour nous précisément afin que la vérité s'y révèle.

CHAPITRE V

DU RAPPORT DES DEUX MODES DE CONNAISSANCE

En ce qui concerne le rapport entre la connaissance ordinaire et la connaissance supérieure, il y a deux opinions différentes. Suivant la première, elles sont entièrement différentes l'une de l'autre et sont issues de deux mondes différents ; suivant la seconde, il n'y a qu'un unique mode de connaissance, et ce que l'on différencie comme mode supérieur ou inférieur revient à une distinction à l'intérieur d'un seul et même mode (1).

Ceux qui admettent deux modes de connaissance entièrement différents s'appuient sur une expérience vivante et universelle. Il est évident que notre pouvoir de connaître déploie, pour appréhender des objets extérieurs, abstraire et déduire, ou pour soupeser fin et moyen, une tout autre activité que pour distinguer bien et mal et percevoir la présence du divin dans notre intériorité. | Cette distinction nous frappe d'autant plus 101
lorsque nous constatons que ces objets eux aussi – je veux dire nos représentations de la vertu et du vice, de Dieu et de l'univers – peuvent être traités à l'aune du mode inférieur de connaissance, encore qu'ils perdent bien sûr par là toute leur signification essentielle. Nous pouvons bien, pendant longtemps, poser ces représentations au fondement en tant que purement et simplement présupposées, sans nous interroger plus avant sur leur nature, et trouver ainsi par exemple la signification du bien dans l'ordre et la finalité intelligibles, trouver le rapport de Dieu et du monde dans celui de la cause et de l'effet, et nous en satisfaire ; mais dans ce cas, notre besoin continue à être tourné vers le monde du phénomène et des relations, et ces représentations ne nous servent alors que de moyen pour comprendre et traiter ce monde. En revanche, aussitôt qu'intervient un véritable besoin intérieur de rendre clair pour nous-mêmes ce qu'est le bien, et dans quel rapport à Dieu nous nous tenons, il n'est plus possible de connaître le bien à travers des comparaisons et des relations, mais il se manifeste lui-même immédiatement par lui-même, il n'a sa signification qu'en lui-même, et ainsi il est impossible d'arriver à une vraie connaissance de Dieu sans faire en nous-mêmes immédiatement l'expérience de sa présence. Il y a donc de toute évidence deux genres bien différents d'objets de la connaissance. La première sorte, ceux qui forment le monde des oppositions et relations, est dominée par notre entendement, bien qu'elle
| réside entièrement à l'extérieur de notre conscience ; l'autre sorte est 102
présente à l'intérieur de la conscience, l'emplit et la domine, et la joint à

elle-même en tant que conscience. À travers la première sorte [d'objets], la conscience prend elle-même part à l'existence, en se scindant, en se transformant en un réseau de relations et en se percevant ainsi elle-même partout comme son propre reflet. À travers la deuxième sorte, en se joignant à soi comme Une, elle est en même temps annulée en tant que multiple et toujours incomplète, et transformée en un miroir du vrai et du divin en soi.

Ceux qui pensent au contraire qu'il n'y a qu'un seul mode de connaissance, et qu'il serait uni à lui-même de la même manière que notre conscience, dont il ne serait que le déploiement (1), ceux-là ne peuvent évidemment pas nier que considérer les choses selon les relations imparfaites de l'entendement, et selon l'unité intérieure des relations dans l'essence de la conscience, sont deux choses différentes ; mais ils affirment seulement que toutes les aspirations de l'entendement ne font que tendre vers l'unité véritable de la conscience, ne font que se rapprocher à l'infini de la vérité parfaite, et là encore les matières éternelles et essentielles ne peuvent pas non plus se révéler immédiatement, mais seulement sous la figure de connaissances d'entendement indéfiniment inachevées. Pour eux, donc, ces objets éternels deviennent le but infini des relations et des efforts, et ils tiendraient pour une dégradation de ce but suprême le fait d'admettre que l'homme, en son imperfection, puisse jamais en atteindre
103 une possession réellement présente. | Prétendre qu'il y aurait une expérience intérieure des choses divines et une perception de la présence divine – ils tiennent cela pour une auto-illusion exaltée, voire pour une hypocrisie délibérée ; et, en s'astreignant à une certaine sobriété et clarté dans la connaissance, ce qu'ils obtiennent en soumettant à l'entendement toutes choses y compris les plus hautes, ils réclament en même temps partout le pratique et l'exécutable, parce que selon eux de prétendues révélations immédiates ne sauraient être présentées dans le monde réel. À ceux-là également, il faut sans nul doute concéder que les connaissances supérieures prennent nécessairement part aussi à l'état des oppositions et relations, puisque nous ne pourrions qu'avoir une conscience double si les deux régions étaient purement séparées l'une de l'autre ; il faut concéder, donc, que nous n'apercevons jamais les Idées elles-mêmes que dans la lumière réfractée de l'existence. Tandis que les premiers inclinent à se laisser dominer par les Idées et, pour cette raison, considèrent de leur devoir d'abandonner la domination exercée sur le monde de l'existence, les seconds considèrent justement leur conscience des Idées comme le moyen le plus parfait pour se soumettre pleinement l'existence, et voient la lutte en vue de cette fin comme la vocation la plus haute et la plus noble de l'homme.

Maintenant, on montrera aisément, à partir de ce qui a été dit auparavant sur les Idées, que ces deux manières de voir souffrent d'unilatéralité et de confusion des points de vue, | et que chacune d'elles ne reçoit son sens 104
véritable que lorsqu'elles se complètent mutuellement. Admettre une expérience immédiate des choses divines peut, si l'on rejette alors entièrement la connaissance du monde existant et l'entendement qui la met en ordre, conduire à deux erreurs (1). Premièrement, on peut alors considérer la perception du divin comme étant de même nature que la perception d'objets sensibles (2), ce qui conduit ou bien à une évidente superstition, ou bien à la foi arbitrairement forcée en des faits apparemment impossibles ; et deuxièmement, on peut s'abîmer en une rêverie fantasmatique, l'âme cherchant à se dégager entièrement de la réalité afin de pouvoir entrer en contact avec une influence toute spirituelle – ou plutôt abstraite –, et tombant ainsi précisément dans ce qu'elle voulait le plus éviter – l'abstraction vide (3). L'autre opinion est, de son côté, exposée à une double illusion. Si elle s'en tient au réel et au phénomène donné, l'essentiel et le divin finissent par devenir pour elle la pure règle vide selon laquelle cette existence doit être pensée – une mesure présupposée, qui comme la mesure mathématique n'existe elle-même nulle part, mais doit pourtant être appliquée à tous les objets réels en tant que quelque chose d'indifférent en soi à leur particularité. Mais si cette autre opinion part de l'unité présupposée des pensées, celle-ci peut certes tout aussi peu devenir phénomène, mais elle est maintenant pensée, en tout devenir-phénomène, comme l'unique réel, et la diversité donnée des | oppositions et relations est pensée 105
comme un reflet trompeur, et nous obtenons ainsi l'Un en Tout, d'après quoi la réalité dans son ensemble est tenue pour la divinité elle-même (1).

Il est dès lors en même temps clair que chacun de ces modes de représentation doit nécessairement prendre part à l'autre. Celui qui admet un mode inférieur et un mode supérieur de la connaissance ne peut les laisser subsister l'un à côté de l'autre ; il doit considérer l'un en propre comme le mode véritable de la connaissance, l'autre comme un mode illusoire et nul. Celui qui, au contraire, n'admet qu'un seul et même mode de la connaissance, il faut bien qu'il admette dans ce dernier une distinction entre le parfait, ce qui approche le but ou la règle, et l'imparfait, ce qui est purement et simplement relatif. Partant, les deux représentations n'atteignent leur maturité que lorsqu'elles deviennent une seule et même.

Tels que nous nous trouvons dans cette existence, avec un entendement qui est enchevêtré à l'infini dans les oppositions et relations, nous devons nécessairement admettre deux modes de connaissance. En chaque moment de cette existence, nous sommes prisonniers d'une connexion relative

déterminée ; dans la mesure où nous partons et devons partir d'une telle connexion, tout le reste ne nous apparaît donc, suivant cette relation, qu'en une figure gauchie et incomplète. Mais nous ne pourrions pas même nous bercer de l'illusion de posséder réellement quelque chose de vrai dans ce
106 genre de connaissance, si nous n'y présupposions pas l'Idée complète, | et si, dans tout procédé ultérieur, nous n'étions pas uniquement à la recherche de la convergence des résultats relatifs avec cette Idée. Or cela est impossible par le moyen d'une pure et simple continuation des relations et connexions : en effet, elles ne restent précisément que des relations, si nous ne les annulons pas comme telles, et ne pouvons nous plonger dans l'unité de l'Idée de telle manière qu'alors seulement, les relations se confirment comme étant des déploiements de l'Idée. Mais pour cela, il est nécessairement requis que l'Idée soit présente en nous en tant qu'expérience intérieure immédiatement donnée, et non en tant que pure et simple règle de notre procédé relatif. En effet, si elle n'était que cette règle, cela voudrait dire qu'elle ne pourrait jamais passer elle-même dans l'existence, ce qui creuserait par conséquent vraiment un fossé infranchissable entre elle et la connaissance relative. Mais si elle était pensée comme cet Un et Tout que nous avons également mentionné à propos de cette manière de voir, la connaissance relative n'aurait aucune valeur ni aucun sens et serait pure illusion, comme le prétend d'ailleurs maint système. L'Idée doit donc nous être présente au moyen d'une foi inébranlable, de la manière que nous avons décrite, en tant que mode supérieur de connaissance opposé au mode inférieur, et ainsi il y a donc assurément, si l'on considère les choses sous cet angle, deux modes de connaissance qui sont en contradiction et en lutte l'un avec l'autre.

Il est néanmoins tout aussi exact que nous n'avons qu'une seule conscience, et que celle-ci ne présuppose également qu'une seule connaissance en cohésion et unifiée avec soi-même, et donc – même s'il semble qu'il y ait une connaissance double –, que les deux modes de connaissance
107 | ne doivent pourtant en constituer qu'un seul, et former une opposition dans laquelle la connaissance qui est une seule et même est comprise avec soi-même. Et de fait, sans une telle opposition, nulle vie, nulle activité de la conscience en tant qu'une avec soi-même ne seraient pensables. Il n'y a donc, en sa pleine et entière réalité, qu'une seule connaissance, dans laquelle la possibilité de liaisons relatives infinies et, en même temps, la nécessité d'une présence immédiate de l'unité ou Idée sont contenues, et passent l'une dans l'autre. Si là-dessus nous nous tournons vers le monde des relations, la foi dans l'Idée, que nous appelons ici tantôt enthousiasme, tantôt génie, est toujours déjà présente dans une présupposition

déterminée, et la pensée relative ne conduira jamais à un résultat suffisant et satisfaisant sans cette foi solide (1). Colomb n'aurait jamais trouvé le Nouveau Monde s'il n'avait été certain de la configuration sphérique de la Terre, et Kepler n'aurait jamais découvert les lois du mouvement du monde si l'Idée d'une vie absolue dans le système du monde ne lui avait été présente auparavant. La pensée ne fait donc rien de plus ici que purifier le déploiement de l'Idée dans ses relations, des scories de la contingence relative, qui ne naissent que de ce que nous sommes toujours, dans cette existence, prisonniers de connexions déterminées. Mais l'Idée n'est jamais présente dans ces relations que comme solution d'un problème déterminé,
et si elle est trouvée, | rien n'empêche l'entendement, agglutiné à ce qui est 108
relatif, d'exposer cette solution comme un résultat de sa propre efficacité, appuyée sur des faits connus de manière entièrement contingente. S'il ne se comportait pas de cette façon, l'Idée ne demeurerait jamais que la forme abstraite de la connexion, et par là c'est toute la vérité essentielle qui aurait de nouveau disparu. À l'évidence, les deux modes de connaissance n'en forment qu'une seule et même parfaitement une en soi, qui ne se distingue d'elle-même que lorsque nous opposons, à l'existence appréhendée de manière uniquement relative, l'essence simple, mais alors également dépourvue de vie et de réalité. Mais c'est d'elle-même que l'Idée, dans l'existence, sort de soi et de sa propre unité, et devient l'essence immédiatement présente de la réalité, dans laquelle les connexions relatives se transforment précisément par là en plein déploiement de cette essence.

Mais si nous nous tournons, précisément avec cette connaissance à la fois essentielle et réelle, vers l'unité intérieure de notre conscience, conscience qui est à la fois le point central et le lien des connexions pour tout ce monde du phénomène et des oppositions, c'est bien cette Idée qui doit y être immédiatement présente, mais d'une autre manière. Sa présence est ici la foi au sens restreint, qui annule la conscience tout entière en tant que conscience simplement existante et pose à sa place la révélation de la vie divine (1). Car la conscience n'est conscience de soi que du fait qu'elle est entièrement une avec soi-même, et pourtant elle est toujours en même
temps une | connexion d'opposés relatifs, par exemple quand notre vouloir 109
passe immédiatement du concept d'une fin à la présentation extérieure de cette fin par l'intermédiaire de moyens. Si donc l'être (*Wesen*) conscient, ici, ne doit pas être un avec soi-même de façon uniquement partielle et au regard de la connexion particulière, et ne doit donc pas non plus être la pure et simple forme d'une telle unité – ce qu'est l'arbitre –, alors il faut qu'il se transforme en Idée, ou qu'il soit annulé dans l'être qui est l'unité vivante avec soi-même, en soi et complètement, c'est-à-dire l'être (*Wesen*) divin.

C'est donc la même Idée divine qui, ici, se resserre pour ainsi dire jusqu'à sa propre unité intérieure, et là se déploie dans le monde des oppositions, comme opposition et relation avec soi-même. Mais ici aussi, elle entre en contact avec les opposés relatifs et leurs connexions et s'en pénètre elle-même complètement. En effet, elle ne peut se révéler pour nous que dans notre vouloir et dans notre pensée réels ; sans cela l'arbitre, et de même l'entendement, resteraient une forme vide indifférente, et c'est leur unité abstraite qui serait l'être divin ; et par conséquent il n'y a ici derechef qu'une seule connaissance, et elle ne se distingue d'elle-même que pour autant qu'elle se ressaisit comme unité absolue, ou bien qu'elle annule, dans l'acte singulier de l'activité, ce qu'il y a de relatif dans les connexions, prenant dès lors aussi elle-même une signification particulière pour l'existence. Nul besoin d'ajouter qu'elle est la même que celle qui, auparavant, se diffusait dans les oppositions.

110 | À partir de là, on verra clairement comment la connaissance est assurément Une, mais cela d'autant plus parfaitement qu'elle s'est plus parfaitement opposée à elle-même et qu'elle s'annule elle-même dans ses oppositions. En effet, en s'anéantissant en celles-ci, elle se présente elle-même précisément dans ces oppositions, puisque ce n'est que sous certaines présuppositions qu'elle s'annule, et qu'elle ne subsiste donc aussi que sous certaines présuppositions. Donc si nous nous en tenons à la sphère des relations, ou de la pure et simple existence, celle-ci ne nous suffira jamais, et nous ne pourrons que penser en face d'elle un monde de la vérité immédiate. Aux faits relatifs, incomplets, ne subsistant que du fait de leur cohésion mutuelle et qui ne se laissent penser que d'après des règles et formes universelles et vides, s'opposera une vérité éternelle, qui n'est son propre fait qu'en tant que telle. Mais la sagesse voudra que l'on reconnaisse que ces deux mondes n'en font qu'un. En effet, les faits relatifs, et la forme universelle suivant laquelle ils sont pensés, ne sont vrais que parce qu'une vérité éternelle, qui ne fait qu'un avec soi-même, se révèle en eux, et par là anéantit leur conformation purement et simplement relative, aussi bien que leur forme en tant qu'elle n'est qu'universelle et vide. Mais pour nous (autre manière de dire la même chose), cette vérité divine n'est précisément pas en soi, mais seulement par sa révélation, c'est-à-dire du fait qu'elle-même devient, dans toute son universalité et union avec soi-même, un fait présent – que la faiblesse de l'entendement ordinaire peut également
111 penser comme un fait | relatif et soumis à la forme vide.

CHAPITRE VI

DE LA VRAIE SIGNIFICATION DE LA PHILOSOPHIE EN GÉNÉRAL

Les deux modes de connaissance sont à la fois un seul et même, et opposés l'un à l'autre – on l'a montré précédemment. La seule raison à cela, c'est qu'ils sont connaissance. Car celle-ci est certes unité et cohésion, mais pas morte pour autant, ni dépourvue d'opposition et de mouvement; elle est certes activité et passage, mais de telle manière qu'elle se joint à soi dans l'unité avec soi. C'est là tout ce que nous avons dit sur cette compénétration de l'unité et de l'opposition, sans laquelle la connaissance ne peut subsister comme connaissance complète. Or cette conformation de la connaissance fait que, dans son développement réel, elle ne peut prendre son point de départ que dans l'une ou dans l'autre – dans la conscience de l'unité divine intérieure, ou dans les oppositions et différences de l'existence.

Si la pensée de l'homme part de l'unité divine, c'est cela qui est alors pour lui le principe immédiatement présent de toute l'existence, et tout ce qu'il connaît du monde présent est également déterminé par sa conscience
de Dieu et des choses divines. | Mais cela n'est possible que si la divinité lui 112
apparaît toujours déjà sous les relations et situations de l'existence; autrement, il ne pourrait pas les rattacher immédiatement à elle. En effet, prise séparément, l'Idée de la divinité ne rassemblerait jamais, face au phénomène donné, que la conscience comme pure et simple unité avec soi-même et comme point central de toutes les relations possibles de l'existence, mais pas comme principe des relations qui sont présentes et données juste à ce moment-là. Par conséquent, on déforme le sens de la divinité en la comprenant comme une existence présente de la connaissance imparfaite et relative. C'est de cette façon que naissent les représentations les plus imparfaites de la divinité, suivant lesquelles ses révélations doivent n'être que des faits ordinaires, tout en étant pourtant divins et éternels. Il en résulte le mode du miraculeux, qui ne doit contenir que des phénomènes extérieurs, et qui pourtant doit contredire toutes les lois de la phénoménalité. Vu que cette manière de penser provient, en sa toute première origine, de l'élan de la foi comprise au sens supérieur, beaucoup de gens l'attribuent entièrement à la foi inconditionnelle, ou bien au fait de s'abandonner à ces contradictions et à leur réunion, requise mais jamais susceptible d'être réellement atteinte. C'est ainsi que le mot de « foi » fait l'objet de malentendus et de mésusages et, ce qui est encore bien pire,

qu'une autre manière de penser philosophante se sert de ces expériences pour définir toute foi, même la foi authentique, comme niaiserie ou bien
113 comme mensonge. Mais la pensée humaine ne saurait échapper | à cette faiblesse et à cette confusion tant qu'elle continue à suivre cette direction unilatérale.

Si au contraire c'est l'existence, avec ses relations et les matières qui ne sont connues qu'en elles, qui est devenue prépondérante dans la connaissance de l'homme, alors la nature essentielle de sa conscience pousse ce dernier à chercher à partir de là l'unité divine intérieure. Or puisqu'il appréhende ici toutes les connaissances particulières comme purement et simplement relatives, il en reste à la conscience qui, dans la forme universelle des connexions, est close en tant qu'unité avec soi-même, mais une unité dépourvue de vie et qui n'est que présupposée. Nous l'appelons la raison. Le divin sera donc ici la raison suprême et la plus parfaite, libre de toutes relations, mais résidant au fondement de toutes. À cette raison, l'imagination prêtera certes une vie et une certaine personnalité, mais avec peu de succès ; car elle ne peut jamais obtenir de présence intérieure immédiate pour la conscience, elle ne peut jamais devenir la matière d'une expérience vivante. Et de même que tous les objets et concepts qui surviennent dans l'existence se trouvent désormais seulement dans cette raison, ainsi ils deviennent en eux-mêmes, tels qu'ils sont dans l'existence, des contingences qui ne font que survenir, et ils ne peuvent donc absolument pas être mis en connexion dans une connaissance organique (1).

Quelques mots suffisent pour montrer que la vérité se trouve au milieu. Comme il résulte de tout ce qui précède, la connaissance est unité de l'unité et de ses oppositions (2), mais elle ne l'est qu'en tant qu'activité (3), et
114 | cette activité n'est présente (*vorhanden*) en son entière signification qu'au moment où elle se produit elle-même comme une opposition, et où, de ce fait, elle devient la relation des éléments qui la composent – et pourtant l'annule en même temps en tant que relation, puisqu'elle est unité. Tout le reste n'est que la conséquence de la réflexion, de la dissociation de ce qui n'est en soi-même qu'une unique vie, du fait de l'imperfection de notre conscience vacillant entre les contradictions. La divinité resterait pour nous une forme vide des relations, si elle ne se créait immédiatement en un fait présent, et ce fait à son tour deviendrait pour nous un fait purement et simplement relatif qui ne relève que de l'existence ordinaire, si dans ses oppositions l'essence divine ne se réunissait en tant qu'une avec soi-même, et n'annulait par là ces oppositions elles-mêmes en tant qu'oppositions relatives. Ce passage mystique de l'essence dans son existence, par lequel

elle se crée et s'annule elle-même tour à tour comme essence et existence,
est le vrai point vital intérieur de la connaissance, et dans tous les états
particuliers de cette dernière, même dans les directions unilatérales
mentionnées plus haut, c'est ce moment qui est seul le vrai et ce qui est véri-
tablement présent (1). Mais il en résulte, cela va de soi, que ce point n'est là
pour nous que sous les déterminations et relations de l'existence, dont nous
sommes prisonniers, et s'il n'en allait pas ainsi, nous n'existerions pas du
tout, mais serions nous-mêmes cette essence éternellement étante et non
étante de la divinité. Pourtant, <ce point vital> se manifeste partout dans
notre conscience : autrement, nous ne croirions jamais en rien, | nous ne **115**
compterions jamais sur rien comme sur quelque chose d'essentiel. Ce point
est, dans la nature, la nécessité présente ; dans l'organisme il est la vie, dans
notre savoir, le vrai, dans l'agir le bien, dans la production le beau, dans la
conscience de soi la religion.

Ainsi, nous sommes à la fois conscients et non conscients de cette
présence de l'essence. Nous en sommes conscients dans la mesure où, en
tant que fait, elle donne à chacun de nos états sa vérité immédiate ; non
conscients, pour autant que nous ne la pensons précisément jamais comme
fait que dans des relations déterminées, étant donné que notre pensée est
bel et bien annulée, en tant que pensée relative, par l'Idée se faisant jour. Or
si, dans l'un de ces états où l'Idée éternelle nous apparaît en même temps
entièrement comme fait donné, il ne nous est pas possible de distinguer ce
qui lui revient à elle comme Idée, de ce qui revient à la relation particulière
dans laquelle elle est comprise, alors elle coïncidera pour nous avec cette
relation, et voilà pourquoi nous tomberons nécessairement dans l'une de
ces directions unilatérales. Mais ce qui constitue en nous la foi et l'inébran-
lable conviction, c'est pourtant bien ce moment vital de la révélation, en et
pour lui-même (1). Aussi vrai, donc, que notre affaire ne peut être que la
vérité, et non l'erreur et l'illusion, aussi vrai devons-nous nous efforcer de
tenir cette foi, jusque dans chaque état particulier, comme ce que ce
moment est en soi (2). Mais cela n'est possible que s'il parvient à notre
conscience dans toutes les relations qui sont les siennes, et pas seulement
comme un fait présent. C'est seulement par là qu'il est extrait pour nous | de **116**
l'orientation unilatérale des rapports imparfaits et que, tout prisonniers que
nous sommes de ces rapports, nous le reconnaissons en même temps
comme l'essence qui les crée et les annule partout selon ses lois éternelles.
Cela n'advient que grâce à une pensée parfaite, se développant à partir de
l'Idée elle-même : cette pensée, c'est la philosophie.

La philosophie n'est donc rien d'autre que la pensée qui porte sur la
présence de l'essence dans notre connaissance et notre existence, ou, en

d'autres termes, sur la révélation divine. Notre vie présente tout entière, pour autant qu'elle contient en elle-même de la vérité, est cette révélation elle-même, et nous prenons toujours conscience de cette dernière comme de l'essentiel en chaque moment de vie. Sans la révélation, en aucun de ces moments nous ne serions réellement présents à l'essence de notre conscience, au contraire nous n'en serions que partiellement affectés et serions enserrés dans un tissu de phénomènes vides. Chaque satisfaction apportée par le vrai, chaque jouissance du beau, chaque apaisement dans le bien nous vient de cet essentiel, pour autant qu'il devient présent en nous à un moment donné. Mais autant l'Idée n'est présente en ce moment que par elle-même, et ne saurait être l'effet d'un effort temporel et relatif; autant donc nous ne possédons le vrai, en un tel moment, que pour autant que nous reconnaissons la présence de l'Idée aussi comme une telle autorévélation en soi et par soi – autant l'Idée n'est cependant jamais, pour le moment
117 déterminé, que ce qui est essentiel dans tel état donné, | dans les connexions
relatives, et en ce sens elle tombe donc en même temps elle-même sous les relations de l'existence. C'est pourquoi nous ne prenons précisément conscience d'elle qu'en oscillant entre l'abstraction et la perception nue, ou bien en nous laissant déterminer par l'une ou l'autre. Il faut donc que l'Idée soit également reconnue comme la même dans tous les moments de sa révélation, et comme contenant en soi-même, en tant qu'unité parfaite, les oppositions qui seules la rendent capable de se rattacher à l'existence et de l'accueillir en soi. La pensée par laquelle elle se développe en ces opposés et s'y réunit à soi-même est précisément la philosophie. C'est donc grâce à elle que l'Idée nous vient à la conscience pour la première fois en son entière signification, non pas uniquement dans celle que lui donne le moment déterminé de l'existence. Elle nous procure l'intelligence distincte de ce qui, auparavant, était certes présent pour nous de manière essentielle, mais restait pourtant obscurci par des états et relations particuliers.

Le philosopher n'est donc nullement une entreprise arbitraire, mais une entreprise nécessaire et inévitable (1). Sa fonction ne doit pas se réduire à donner à notre connaissance une conformation particulière, dont à la rigueur elle pourrait tout aussi bien se passer; au contraire, sans le philosopher, elle ne pourrait pas même être appelée connaissance, et même la révélation de l'Idée serait déformée et confuse. Sans la philosophie, nous ne pouvons rien connaître d'essentiel, nous ne pouvons trouver en nulle
118 vérité un apaisement complet, qui ne serait plus sujet à contestation. | La
philosophie est la foi elle-même, mais la foi saisie sous la figure qui est la sienne en tant qu'intelligence, alors que sous son autre figure, la foi se

présentait comme expérience. Il ne dépend finalement pas du tout de notre décision de vouloir philosopher ou non, mais nous y sommes obligés, poussés par une nécessité intérieure de notre nature. En effet, la conscience en sa pure unité avec soi-même ne saurait trouver d'apaisement dans les figures relatives sous lesquelles les Idées lui apparaissent ; si c'était le cas, elle devrait renoncer à elle-même, ce qui est impossible. Donc, celui qui ne veut pas se décider avec bonne volonté à philosopher, ni à se rattacher à une philosophie trouvée de même, celui-là ne peut pourtant pas faire autrement que de chercher son salut dans la philosophie, et il est alors poussé à se contenter d'un pauvre substitut et par là à déshonorer la foi elle-même.

Mais, de même que le mode relatif de la connaissance n'arrive pas à un moment d'apaisement avant d'avoir atteint la présence de l'Idée qui clôt tout, de même, nulle pensée sur l'Idée comme essence ne saurait, elle non plus, être considérée comme une vraie philosophie avant d'avoir atteint en elle-même l'existence, et d'avoir fait son chemin de telle sorte que l'Idée devienne pour elle en même temps un fait immédiatement présent dans l'existence. En effet, ce n'est qu'ainsi que l'Idée peut se dissoudre dans l'existence et en même temps, par l'annulation de cette dernière, se rétablir elle-même comme essence présente. Une philosophie qui, en tant qu'universel, flotte toujours au dessus de l'existence prise comme une
possibilité de | particularités, n'est jamais qu'une forme abstraite et n'a pas 119
atteint son but, tout aussi peu qu'une philosophie qui aurait toujours besoin de présupposer des faits particuliers et se bornerait à être une méditation qui réfléchit sur eux. La vraie philosophie ne doit plus considérer ce qui est présent dans cette existence – aussi bien le pur et simple phénomène que la révélation de l'Idée en lui – comme un donné contingent qui sortirait, justement en tant que ce donné-ci, d'une possibilité infinie de l'abstraction vide ; elle doit au contraire confirmer à notre intelligence consciente qu'il est la présence exhaustive de l'Éternel. Et elle a tout aussi peu le droit de reconnaître la cohésion universelle des choses dans ce monde et les lois de cette cohésion comme des règles en soi vides, qu'il n'y aurait qu'à appliquer aux matières telles qu'elles arrivent ; elle doit au contraire mettre pleinement en évidence cette cohésion dans le fait présent. Seulement, ce fait n'est pas celui de la conscience ordinaire, qui ne peut être appréhendé que comme relatif, mais le fait absolu dont précisément notre conscience ordinaire tout entière n'est que le développement relatif.

C'est là, bien sûr, ce qui semble aux hommes le plus difficile à assimiler, et voilà pourquoi ils préfèrent abandonner tout à fait la philosophie, ou se contenter d'une philosophie pervertie. Ils restent tellement collés à la connaissance relative qu'ils ne peuvent s'imaginer qu'un fait, qui de leur

point de vue doit évidemment pouvoir être considéré aussi comme quelque
120 chose de seulement contingent et temporel, soit | en même temps une vérité éternelle. Et pourtant, sans la capacité de saisir ce point, que devient la foi, qui repose uniquement sur cela ? Ils en reviennent toujours <à l'idée> que le phénomène singulier, dans sa figure contingente limitée, n'est quand même pas la même <chose> que le concept universel ou la loi intérieure essentielle d'après laquelle tout arrive. S'il en était ainsi, il n'y aurait évidemment pas du tout d'existence ; mais l'existence que nous trouvons devant nous ne serait rien non plus si l'Idée n'était pas présente en elle en tant que vraie unité ; et si cela doit être, alors il faut que dans le fait où est trouvée cette unité, le concept aussi se pénètre complètement du phénomène particulier.

Si, à présent, nous avons montré que la philosophie n'est rien d'autre que la pensée par laquelle la révélation divine devient pour nous l'objet d'une intelligence consciente, et que pour cette raison, la philosophie n'atteint sa perfection que lorsqu'elle se configure en même temps entièrement comme un fait, cela implique bien qu'elle est en soi éternellement une et la même, exactement comme l'Idée divine elle-même, mais aussi qu'elle doit prendre différentes configurations dans la conscience des hommes ou dans leur existence propre ; dans le cas contraire, en effet, elle ne serait jamais véritablement présente dans cette conscience-ci. Il n'y a donc pas plusieurs philosophies, mais diverses transformations d'une seule et même philosophie, qui forment son histoire (1). Celui qui pense avoir
121 trouvé la figure absolue, éternelle | et dorénavant irrévocable de la philosophie doit s'avouer à lui-même qu'il n'a pas de philosophie propre ; car une philosophie propre n'est que celle qui en même temps contente tous les besoins présents de notre cœur, et précisément par là se manifeste en même temps comme une philosophie particulière. Cependant, il y a toujours aussi des déviations qui quittent tout à fait le sentier de la philosophie et s'égarent dans l'abstraction vide ou la perception ordinaire, dans la forme ou dans la pure et simple matière. Si nous les laissons de côté, nous pouvons penser d'infinies transformations de la philosophie authentique, que pour les raisons que nous avons dites il serait injuste et absurde de rejeter. Pourtant – redisons-le –, pour chaque état et chaque moment vital donné, seule une manière de saisir la philosophie peut être la bonne ou la meilleure, puisqu'elle doit entièrement passer dans une conscience déterminée et présente. Si donc nous jetons un regard sur d'autres configurations de la philosophie et que nous les exposons comme insuffisantes, cela n'a de valeur que pour notre besoin présent, dont pour nous, toutefois, les exigences sont absolument décisives. Car en dehors de la satisfaction de ce

besoin, il n'y a pour nous nulle vérité, nulle foi, nul apaisement. Pour ce qui est du point de vue de notre époque, ces efforts insuffisants se manifestent aussi en ce qu'ils se lient ici d'une manière ou d'une autre avec la non-philosophie sur laquelle nous avons fait des remarques plus haut, précisément parce que, par eux-mêmes, ils n'assument pas | complètement ce 122
point de vue. Il nous faut maintenant commencer par montrer comment on peut reconnaître cela.

CHAPITRE VII

DU RAPPORT ENTRE LA VOIE AUTHENTIQUE DE LA PHILOSOPHIE ET LES DÉVIATIONS DANS L'UNIVERSEL

Chez la plupart des hommes, le préjugé dominant est celui-ci : la philosophie ne pourrait et ne devrait déterminer que l'universel dans nos connaissances, elle ne donnerait que la règle universelle, c'est l'expérience qui donnerait le particulier. Et bien que, là où ils doivent se servir d'abstractions vides, ils voient bien eux-mêmes que l'on ne peut rien en faire et s'en lamentent, cela ne les empêche pas de considérer que celui qui ne traîne pas dans des généralités bien fades n'est pas un philosophe.

Qu'est-ce donc que l'universel ? qu'est-ce que les concepts abstraits ? Ceux-ci ne sont rien sans la diversité qui leur appartient, et ils appartiennent tout autant qu'elle à la matière de la connaissance ordinaire. <L'universel>, n'est-ce rien d'autre que la forme logique de la connexion de l'universel et du particulier ? Cette forme n'existe pas même en tant que forme sans les matières universelles et particulières qu'elle met en connexion, et elle ne fournit de connaissance que par les modifications dans lesquelles ces connexions la font entrer. Mais nous avons déjà parlé du matérialisme et du formalisme (1), et il est aisé de comprendre que ces
| manières de voir ne peuvent être soutenues qu'à une époque d'incompré- 123
hension totale de ce qu'est la philosophie.

Mais la forme ne lie les matières que par des relations. Au cœur des matières réside l'Idée en tant qu'unité des matières elles-mêmes, et donc aussi unité de la forme avec les matières ; l'Idée se révèle dans les connexions relatives, dans la mesure où il doit bien y avoir aussi en elles nécessairement une vraie coïncidence des opposés, et en même temps elle se révèle dans la conscience, en tant que vraie unité de cette dernière avec soi-même, par la foi. Ces révélations de l'Idée dans notre connaître, nul ne les tient pour philosophie. Quelques-uns les appellent intuition immédiate, inspiration, enthousiasme ; d'autres encore sentiment, pressentiment, nostalgie, selon qu'ils sont tournés plutôt vers l'appréhension immédiate de ces expressions de l'essentiel, ou plutôt vers le monde des oppositions et relations. Mais nul ne tient ces révélations pour philosophie, parce que l'on se représente à juste titre le philosopher comme une pensée ; et il est clair qu'elles sont les faits authentiques, et même les faits proprement dits de notre être-là véritable quant à l'expérience la plus haute, dont nous n'apercevons, dans la sphère des relations, que le reflet projeté çà et là sur le fond terne de la forme.

Or, pris absolument et séparément, le fait vrai est notre conscience elle-même, telle qu'elle se tient au centre entre la connaissance réfléchie et
124 l'Idée se révélant, comme unité des deux. Car la vérité pleine | et présente n'est que là. Mais ce fait n'est pas là pour nous, mais seulement pour Dieu (1). En ce point en effet, l'Idée éternelle est inséparablement Une avec l'existence. Quant à nous, nous sommes prisonniers des moments relatifs de l'existence ; c'est pourquoi ce fait éternel, ou l'être-là de Dieu, n'est pour nous que par révélation, c'est-à-dire précisément par l'acte particulier par lequel Dieu annule notre existence, conditionnée et de ce fait nulle en sa nature formelle. Et ce n'est précisément aussi que par cette révélation que l'être-là de Dieu pénètre notre présent tout entier ; sans elle, cet être-là resterait pour nous une abstraction vide.

Maintenant, si nous ne pouvons pas faire l'expérience de ce fait éternel, mais seulement de sa révélation, et si celle-ci est par ailleurs également une action des opposés l'un sur l'autre, et une annulation de l'un par l'autre, alors nous devons pouvoir penser cet Éternel pour autant qu'il est contenu comme un seul et même dans ces oppositions de la révélation. Car si nous ne pouvions le penser ainsi, la révélation se disloquerait de nouveau pour nous dans les oppositions de l'existence, comme nous l'avons montré (2). Cette pensée, c'est la philosophie. Or on pourrait dire que l'Éternel redevient ici la connexion seulement formelle des opposés, qui se déterminent par un fait dans la révélation, et ainsi la philosophie n'aurait donc bien affaire qu'à une forme, mais d'une autre sorte que celle de l'entendement ordinaire (3). Seulement, <les pôles> qui passent l'un dans l'autre
125 dans la révélation ne sont pas l'universel | et le particulier, mais l'Idée même et l'existence comme telle. Donc, même dans cette pensée, l'Éternel n'est pas non plus contenu en tant qu'élément uniquement formel qui lierait des matières quelconques ; ce sont au contraire les matières entièrement déterminées, ou plutôt uniques, contenues nécessairement et seulement dans la révélation, qui sont l'unité de l'Éternel avec lui-même, mais saisie dans l'acte de son passage vers lui-même. Par conséquent, cette

pensée que nous appelons philosophie ne peut pas se réduire à de l'universel ou à du formel, elle ne peut être que la pensée d'un seul et même acte éternel. Il faut donc que la philosophie, dans sa pensée même, devienne entièrement fait, mais ce fait n'est en soi évidemmment pas un fait relatif, <relevant> du phénomène ordinaire, mais le fait éternel de la révélation ; cependant, pour autant que cette existence, dans le moment déterminé de la connexion de ses opposés, annule autant qu'elle crée (1), elle peut également être considérée du point de vue ordinaire et apparaître comme une existence relative. On me comprendra donc si j'ajoute brièvement ceci : qu'il y ait, l'une à côté de l'autre, une expérience de la révélation, c'est-à-dire d'un être-là divin qui crée l'existence et aussi bien l'annule, et une philosophie, cela ne provient que <du fait> que nous ne sommes pas l'Éternel lui-même (2). En lui toutes deux ne font qu'une, d'une manière pour nous incompréhensible. Mais pour cette raison aussi, aucune des deux n'est vraie pour nous si chacune des deux ne passe dans l'autre. La révélation n'entretient pas à notre place la conscience de l'Éternel si nous ne pensons pas la conscience dans la révélation, en philosophant ; | le philosopher ne reste jamais pour nous qu'un jeu formel, s'il ne **126**
nous sert pas à penser l'essence qui se tient dans la révélation, c'est-à-dire si nous ne conduisons pas la philosophie jusqu'au fait qui lui est propre, ou jusqu'à l'expérience de sa propre vérité. Ce n'est que par ce passage de l'une dans l'autre que toutes deux, révélation et philosophie, nous rendent capables de prendre part à l'Éternel.

Si maintenant nous tenons fermement cette manière de voir les choses, en sa cohésion, nous pourrons bientôt, à partir de cette piste de vérité, nous y retrouver à travers l'enchevêtrement des déviations défectueuses du philosopher. Tout au moins pourrons-nous aisément embrasser du regard les déviations principales qui sont les plus proches de nous ; et au regard de la fin qui est présentement la nôtre, il nous suffit d'avertir et de protéger de ces déviations. La faute la plus essentielle consiste en effet toujours en ce que la philosophie ne se reconnaît pas elle-même comme une pensée de la révélation ou de son contenu, et de ce fait s'égare en une tendance erronée, ou bien à se contenter de poser l'Éternel comme son propre présupposé, en tant qu'elle est la pensée de Son existence, ou bien à remplacer la présence de l'Éternel dans le monde réel par l'hypothèse initiale de cette présence, hypothèse faite en vue de la seule pensée. On va montrer à l'instant ce que cela implique.

Dans toute philosophie imparfaite – même si nous ne la tenons pour telle qu'eu égard à un certain état intérieur – tout ce qui doit venir à la conscience n'y vient pas, il reste au contraire des présuppositions obscures.

Quelles sont-elles ? Cela est déterminé par les circonstances et par le cours du temps. Mais il faut que ces présuppositions soient tout particulièrement
127 réfléchies | par chacun de ceux qui étudient un tel système ; chez leurs inventeurs, elles étaient présentes de manière inconsciente, ou à tout le moins non développée, car autrement ils n'auraient pu en aucune manière donner un contenu vivant à leurs affirmations.

Là où cela est le plus frappant, c'est en toute sorte de scepticisme. En effet, vu que l'on ne peut pas se mettre en doute soi-même, ni mettre en doute le fait que l'on doute, il est impossible de mettre en doute la certitude des connaissances si l'on n'a pas en arrière-fond une autre sorte de certitude, en laquelle on croit avec une conviction d'autant plus ferme. Zénon (1) n'aurait jamais pu montrer la nullité des connaissances que nous avons du monde réel à partir de leurs oppositions et contradictions, si l'unité des Éléates ne lui avait été indiscutablement certaine ; et Hume aurait tout aussi peu nié la cohésion essentielle de la cause et de l'effet (2), s'il n'avait été parfaitement convaincu que toutes nos représentations qui s'y rapportent sont acquises par la pure et simple perception sensible. Mais ces présuppositions ne sont pas intégrées dans la réflexion (*Überlegung*), elles font office de forces cachées qui mettent en mouvement toute la spéculation, qui précisément pour cette raison ne peut venir à maturité en tant que telle. La philosophie critique, que l'on peut aussi après tout regarder comme une sorte de scepticisme, se fait des illusions analogues. En voulant chercher la possibilité d'une connaissance essentielle et
128 absolue dans la faculté de connaître elle-même, elle ne peut que | séparer cette faculté de l'acte même de cette connaissance, et donc présupposer cet acte alors même qu'elle s'occupe de le décomposer. C'est pourquoi elle devient donc aussi entièrement vide, et seulement formelle, lorsqu'elle se tourne vers l'élaboration de détail des parties positives de la science (1).

Mais la même chose se produit dans les systèmes qui partent effectivement d'une connaissance positive (2), lorsqu'ils ne se tiennent pas entièrement au point central de la conscience, mais font ressortir tel ou tel de ses aspects singuliers en fonction d'un besoin qui a été appréhendé unilatéralement. Si, par exemple, l'idéalisme ne saisit l'Idée se révélant elle-même que comme unité de la conscience avec soi-même, la raison dépourvue de vie devient certes pour lui une activité, mais une activité qui doit présupposer comme fondement non seulement cette raison en soi inerte, mais encore aussi une incitation extérieure à agir (3). À l'inverse, le nouveau réalisme pose cette raison comme pure et simple unité du subjectif et de l'objectif (4) ; mais pour pouvoir la décomposer, ce qui est sa seule issue, il ne peut que présupposer en silence une activité spirituelle de

l'unité originairement vivante, qu'il ne peut déduire de cette dernière (5). Les deux systèmes ont donné lieu à des paradoxes qui n'ont pu ébranler que pour une très courte durée le genre humain, qui suit à vrai dire une tout autre pente ; voilà pourquoi une tendance intellectualiste uniforme s'est établie d'autant plus solidement. Elle opère au moyen de l'entendement | et des 129
relations qui lui sont accessibles, et se rattache tantôt au formalisme, tantôt au criticisme (1). Cependant elle n'est pas, et ne veut pas être, formelle, mais toujours posséder un contenu véritable, ce qui ne peut donc se faire que pour autant qu'elle présuppose une intuition essentielle originairement intérieure qui, en tant que matière véritable, réside au fondement de toutes les relations – même si cette tendance n'avoue pas toujours cette hypothèse.

Après tout ce qui vient d'être dit, il est bien clair que toutes ces configurations peuvent être de la philosophie, suivant le noyau qui est au cœur de leurs développements conscients et de leurs présuppositions inconscientes – mais une philosophie qui, en elles, n'a pas atteint sa pleine maturité. Mais il sera bientôt tout aussi clair que cette maturité n'adviendra que lorsque le premier fondement et présupposé lui-même sera à son tour devenu un fait, une pleine expérience vivante.

CHAPITRE VIII

DE CERTAINS POINTS DE VUE PARTICULIERS ET INSUFFISANTS

Si désormais, j'en viens un peu plus au détail de certains points de vue philosophiques que je ne peux considérer comme suffisants, il va de soi, étant donné ce qui a été dit plus haut, que je pose ici comme fondement mon propre point de vue, et que j'ai toujours en vue ce qu'exige présentement le salut de la philosophie. Ce n'est pas | de la non-philosophie que je veux 130
parler – car celle-ci n'a pu être ici que rapidement repoussée, à la manière dont nous l'avons fait plus haut –, mais de la philosophie elle-même, pour autant qu'elle n'est pas encore parvenue au point que je reconnais comme étant son point vital essentiel, et qui ne peut être évident comme tel tant qu'il n'est pas lui-même réellement entré dans la conscience philosophante (1). Vu sous cet angle, Platon lui-même ne me suffirait pas, de même qu'à nul homme ne suffit une conviction étrangère quelle qu'elle soit, s'il ne peut la faire sienne et qu'en lui-même une autre conviction

s'insurge. Mais il ne saurait être question ici de la manière dont je me représente, de manière générale, le lien entre les différents systèmes.

Il ne peut absolument pas y avoir de philosophie qui ne reconnaisse une annulation de la connaissance relative en une unité essentielle des oppositions. L'élément d'imperfection ne peut résider qu'en ce que l'on pense cette annulation d'une manière tantôt entièrement positive, tantôt entièrement négative et que l'on est, précisément pour cette raison, obligé de la faire commencer tantôt de ce côté particulier-ci, tantôt de celui-là. On perd en outre précisément le moment de la transformation, qui est pourtant seul le véritable acte de connaissance, dans lequel les <éléments> opposés de cette dernière ne font plus qu'Un et en même temps s'annulent mutuellement ; on se contente de présupposer cet acte comme donné et on le considère de manière unilatérale.

Si la philosophie prend pour point de départ la pure et simple unité de la conscience de soi (2), pour quelle raison le fait-elle, si ce n'est parce qu'elle trouve ici – à tout le moins en un sens particulier – une unité à soi de la
131 conscience de soi, dans laquelle la connaissance | s'est unifiée et a annulé toute connexion incomplète et seulement relative. De fait, ce par quoi je me connais comme moi-même, ce par quoi je sais que je suis *je*, est un point de la connaissance dans lequel le sujet n'est pas seulement son propre objet (*Object*) mais également son propre prédicat, et le concept, sa propre particularité (1). Mais la question est de savoir comment cette connaissance s'engendre en moi, et de quelle manière elle se lie alors aux opposés relatifs, et les annule. Or il est clair que nous ne parvenons à cette conscience de notre propre unité avec nous-mêmes que pour autant que la conscience est active et se lie à elle-même (2). S'il en est ainsi, il faut qu'elle se soit séparée d'elle-même, ce qui d'ailleurs est le cas quand son unité est morcelée à l'infini par la diversité du monde extérieur. Elle ne peut donc s'appréhender comme unité avec soi que dans l'opposition et la contradiction avec ce monde extérieur. Mais si elle n'est considérée comme unité qu'en ce sens, elle n'est comme telle qu'une forme vide, qui est connue à partir de son remplissage graduel par cette matière diverse. Mais de cette façon, c'est là encore la véritable unité avec soi-même qui est annulée. Donc, pour sauver celle-ci, il faut admettre que c'est cette conscience unie elle-même qui crée ce monde extérieur, et qu'elle ne se réunit à soi-même qu'en l'annulant de nouveau progressivement par son agir (3). Mais il est nécessaire pour cela de présupposer une unité origi-
132 naire, ou raison, qui ne se développerait que dans cette activité | mais ne peut jamais être réellement connue ou expérimentée elle-même (1) ; et outre cela, est encore indispensable une impulsion (*Anstoß*) extérieure

inconnue (2), qui provoquerait cette unité à l'activité et à la production. Ainsi la raison, qui est pourtant reconnue comme l'unique étant en soi, ne devient jamais ici quelque chose de réel. Elle n'est là que dans ses expressions particulières, et celles-ci, qui doivent être annulées par elle, procèdent à leur tour de la médiation de quelque chose d'inconnu qu'il est impensable de faire disparaître (3).

Pour l'essentiel, nous ne réussirons pas mieux si, pour nous sortir de ces difficultés, nous transférons d'emblée l'unité à soi de la conscience dans les objets, ou même si nous la posons comme un être fondé en soi (4). Dans tout ce qui est, dira cette philosophie, l'essentiel à proprement parler, l'en-soi, la raison, est l'unité du subjectif et de l'objectif, ou de l'universel et du particulier, ou du fini et de l'infini (5), ou toute autre manière de concevoir cette opposition sous un aspect particulier. Mais en tant qu'elle est une telle unité pure, cette raison, ou cet être absolu, ne subsiste nulle part ; partant, la diversité n'est pas modification de son essence, qui est absolument la même partout (6), elle n'est qu'une prépondérance relative de l'un ou l'autre élément (7). Or, les opposés qui naissent de là peuvent bien être liés les uns aux autres avec ingéniosité, on peut bien faire attention à ce que le transparaître de | l'identité originaire soit remarqué en chacune de leurs 133
liaisons, de cette manière pourtant l'identité ne deviendra jamais autre chose qu'une simple forme d'unité et de connexion, sauf que la matière est ici considérée comme modification et décomposition de cette forme elle-même. De là surgit nécessairement la figure d'un schéma sous laquelle cette unité se développe, et dont en outre on finit par aller prendre les oppositions déterminantes dans la perception, vu qu'en soi l'identité originaire ne contient en elle-même aucune prépondérance relative de ses éléments (1). La raison demeure donc ici aussi quelque chose de simplement présupposé, de tout à fait formel ; elle ne peut jamais se réengendrer dans la réalité, parce qu'elle ne peut jamais redevenir quitte du relatif par lequel elle a été éveillée à cette réalité. C'est aussi la raison pour laquelle ne viendra jamais au jour ici une manière de voir satisfaisante, quelle qu'elle soit, de ce qui est moral (2). En effet, quel que soit le luxe de détours dans la construction que l'on puisse s'imaginer, on n'arrivera jamais à rendre concevable la manière dont l'unité originaire des opposés, une fois que le relatif lui a été ajouté, peut devenir réelle, ou dont elle peut parvenir à la conscience factuelle.

Ce serait bel et bien une prétention dépourvue de sens que de vouloir affirmer que ces rapides considérations réfuteraient les systèmes que l'on pourrait associer aux concepts fondamentaux qui ont été énoncés. Il ne peut même pas en être question – cela saute aux yeux, vu que j'ai suffisamment

expliqué que je m'efforce seulement d'énoncer distinctement la véritable
134 direction et destination de la philosophie | telle que je la reconnais, et que pour ce faire, je ne me sers que de ses mouvements partiels possibles, et évidemment aussi réels, afin d'être aussi bref et en même temps pourtant aussi précis que possible. On pourrait m'objecter d'emblée que les présuppositions mises en évidence n'ont jamais exprimé l'intention de ces systèmes ; que ce qui leur importe, ce n'est jamais d'établir les rapports empiriques qui en réxsultent, mais que ce qu'ils ont en vue dans leur démarche, c'est l'absolu, qui doit finir par coïncider de nouveau avec les relations qu'on lui ajoute. Je n'ai jamais mis en doute le fait qu'il en aille ainsi, et c'est précisément pourquoi je concède volontiers que de tels systèmes sont de la philosophie ; mais j'affirme qu'ils ne conduisent pas la philosophie à sa conclusion, qu'ils constituent bien plutôt, à l'intérieur de son cercle complet, un mouvement limité suivant une direction unilatérale, et qu'à cause de cela ils doivent finir, dans leurs résultats, par retomber dans l'état de la connaissance ordinaire, dès lors que la conscience insiste sérieusement pour satisfaire complètement son besoin véritable et ultime.

CHAPITRE IX

CONTINUATION DU PRÉCÉDENT

Ce n'est pas autrement qu'il faudra comprendre ce que nous avons à dire maintenant de la manière de voir qui se tient au centre même de la
135 pensée mais qui, parce qu'elle | présuppose sa propre unité comme quelque chose qui ne fait que résider au fondement de cette pensée, ne peut parvenir à dissoudre complètement les pures et simples relations de cette dernière dans la présence de cette unité (1). Les manières de penser citées plus haut avaient pour intention de donner à la philosophie un contenu positif entièrement déterminé ou, en d'autres termes, de déterminer toute la réalité par la philosophie. Par exemple, le Moi qui ne fait absolument (*absolut*) qu'un avec soi-même doit être Tout ; toute diversité éparse doit être reconduite à lui, et lui-même doit se présenter comme l'unique Vrai en soi et imprimer au monde entier son caractère (2). Ou bien, de l'autre côté, nous devons pouvoir mettre en évidence en tout point du monde réel la pleine et entière unité des opposés en tant que vérité intrinsèque (3). Ce qui a pour conséquence la contradiction suivante : la réalité n'est plus rien en elle-même, mais seulement un obstacle, un brouillage de la vérité, et cependant il faut bien la poser si l'on doit pouvoir penser en général quelque chose dans cette

prétendue vérité suprême. Il en résulte donc qu'à tout être humain naturel et non prévenu, il semble que l'on ait été chercher un tel système de façon tout à fait arbitraire et en partant d'une intention particulière. Mais puisque le monde, hébété, veut être secoué, les paradoxes lui conviennent (4), et souvent les tenants de ces manières de penser ont précisément vu en cela leur valeur la plus excellente. Celui qui ne récuse pas de cette manière la connaissance par oppositions et relations, mais qui, | parce qu'il se trouve 136
au milieu d'elles, admet aussi la pensée, au sens propre du terme, comme l'instrument adéquat à la philosophie, et pose au fondement de cette pensée sa véritable unité intérieure, celui-là s'y prend de toute évidence, au commencement, de manière plus naturelle et plus simple – pourvu qu'il ne se contente pas de présupposer cette unité, et ne finisse de ce fait par récuser sa véritable présence et réalité, se retrouvant ainsi contraint à des détours encore plus artificiels.

Une vraie pensée, avec la conviction que l'on pense quelque chose, ou que la pensée a réellement un contenu qui est quelque chose en soi, est entièrement impossible si l'on n'admet pas comme certain qu'une vraie unité originaire est contenue dans les oppositions au moyen desquelles nous pensons, mais qu'elle y est dans la désintégration de ces siens éléments qui sont en vérité entièrement semblables. Mais sitôt que cette unité est présupposée, surgit immédiatement aussi une contradiction entre elle et les connexions relatives et incomplètes qui constituent notre pensée ordinaire. De ces relations, les matières de la connaissance ne reçoivent que les déterminations qui reposent sur l'alternance du simple et du divers, du semblable et du différent, de l'universel et du particulier, et sur l'action efficace réciproque de ces opposés les uns sur les autres. Mais dans l'unité intérieure qu'il faut poser au fondement de la liaison possible de toutes ces matières, tout cela n'est pas contenu. Cette unité est la substance qui est parfaitement adéquate à toutes ses déterminations, dans laquelle unité et diversité passent entièrement l'une dans l'autre, qui se suffit entièrement à soi, | qui est par soi ce qu'elle est, et qui ne peut être conçue que par soi- 137
même, non par quelque chose d'extérieur à elle (1). Elle semble donc complètement inconciliable avec ces opposés relatifs. Or, au lieu de prendre conscience de cette substance comme étant à son tour connexion active de la connaissance avec elle-même (2), la philosophie peut la poser comme l'unique vivant en soi, qui serait aussi le seul vrai dans les connaissances relatives (3) ; ou bien elle peut aussi se transposer dans l'activité de connexion et de séparation de l'entendement, et la considérer comme une décomposition de l'unité originaire (4). Mais de cette manière, elle ne pourra jamais saisir le vrai qu'à demi ; en particulier, elle ne pourra jamais

le porter en lui-même à la présence immédiate de la conscience, présence sans laquelle pourtant il ne saurait demeurer à proprement parler le vrai.

Si nous pensons cette substance absolue comme entièrement close en elle-même, tout ce qui relève des diverses déterminations de notre conscience n'est là, à proprement parler, que de façon apparente ; on les prend tout au plus pour des modifications de la substance, qui ne sont que pour autant qu'elles peuvent être reconduites à l'unité avec la substance (5). Or, vu que cette unité indistincte n'est pas perçue dans son activité et sa réalité, mais est seulement pensée comme contenue en tout (6), notre conscience elle aussi est quelque chose de vrai et d'éternel non pas pour autant que l'essence éternelle se transforme en son contenu par son activité vivante, mais seulement si nous pensons de manière géné-
138 rale cette essence en nous comme l'unique étant véritable, | donc au fond toujours seulement comme la plus pure abstraction. Partant, notre disposition et notre amélioration morales, elles aussi, ne peuvent finalement jamais se rapporter qu'à ceci : nous faisons abstraction de toute la particularité de notre existence diverse, ce qui nous amène à nous représenter ou bien cette substance éternelle tout entière (1), ou bien un moment singulier et indivisible de son être (2). On pourrait penser que c'est là aussi une présence immédiate, un se-faire-jour de la substance en nous ; mais ce n'est pas le cas. La substance était déjà tout aussi bien en nous lorsque nous nous pensions comme quelque chose de relatif ; mais sa vie et sa présence nous demeurent étrangères lorsque nous nous pensons comme passant en elle ; en effet, pour nous élever jusqu'à elle, il nous faut nous purifier jusqu'à <n'être plus que> notre propre concept dénué de déterminations. Par là disparaît aussi pour nous, à vrai dire, notre propre conscience, en tant que conscience réelle et singulière : car ce qu'elle est en soi, ce n'est que la substance éternelle elle-même ; ce qu'elle est en tant que conscience relative, elle ne l'est que par ses rapports à d'autres objets relatifs de la connaissance. Ce qu'elle est pour autant qu'elle est Une en elle-même, mais aussi une conscience vivante, singulière et présente, cela nous n'en avons pas l'expérience, et c'est pourtant à vrai dire la seule chose qui doit nous importer.

On ne peut pas dire que cette manière de voir soit formelle : en effet, bien que le propos soit d'une abstraction extrême, cette abstraction pourtant n'est pas uniquement dans la forme, elle est en même temps le contenu lui-même (1) ; si ce n'était pas le cas, ici non plus nous n'aurions pas de la vraie philosophie (*wirkliche Philosophie*). L'autre modification
139 de cet | état, à laquelle nous avons fait allusion (1), ne se réduit pas elle non plus à une modification formelle – je veux parler du moment où l'unité ou

substance originaire est dissoute dans les relations de la pensée, mais de telle sorte pourtant qu'elle constitue toujours la matière de ces relations et de ce qui est en propre leur vérité (2). Il est certain que la pensée <qui a pour objet> le monde de l'existence n'est quelque chose pour nous que pour autant qu'elle s'accompagne en nous de la conscience de ce que ses résultats ont une réalité (*Realität*) absolue, c'est-à-dire, au fond, de la conscience que l'unité essentielle y est décomposée. Toutefois, la façon de penser dont nous parlons maintenant ne s'en tient qu'aux relations et oppositions. Certes, elle ne se contente pas de les appréhender pour autant qu'elles n'ont qu'une valeur relative et formelle, au contraire elle y reconnaît l'accord de l'Idée avec elle-même, et elle se configure donc également à partir de là un système de la présence de l'Idée dans ces relations (3) ; mais ce n'est jamais que l'Idée décomposée, l'Idée qui doit être comparée seulement avec elle-même et avec ses différentes significations. Elle ne vient jamais à la présence en tant qu'unité vivante, elle n'est que présupposée. Elle n'est pas perçue et expérimentée dans la conscience comme essence et tout simplement comme elle-même, mais seulement remarquée et reconnue à partir de ses expressions singulières. Et la seule et unique raison en est que la conscience ne fait que s'appréhender elle-même dans son existence, dans son agir, qui est toujours prisonnier des oppositions, mais pas dans son essence intérieure, entièrement unie à soi-même (4).

Or la conséquence de cet état de choses est double. La première
conséquence, | c'est qu'une telle philosophie refuse de déboucher sur 140
quelque chose de formel ou de négatif. Dans la doctrine morale, par exemple, elle ne veut pas établir comme but ultime une conscience de soi vide comme celle de l'idéalisme, mais des commandements matériels (*materiale Gebote*) déteminés. Mais le contenu de ces commandements sera toujours déjà un contenu relatif, ou modifié par les relations de l'existence, et ainsi la doctrine morale aura certes une matière, mais jamais la matière juste et pure, qui ne peut être que le divin et l'Éternel lui-même (1). La deuxième conséquence, très exactement corrélée à la première, c'est que cette philosophie ne reconnaîtra et ne traitera jamais le philosopher que comme un instrument pour l'existence, fût-ce pour une existence supérieure à l'existence ordinaire, mais pas comme une connaissance de l'Éternel lui-même (2). Il faut donc qu'elle se considère elle-même non pas comme une science proprement dite, qui possèderait un contenu et une matière présents parfaits, mais comme une habileté ou un art du penser, un art de s'y retrouver dans une matière qui a déjà été décomposée et n'est connue qu'à travers ses relations (3). Comment cette modestie apparente

renferme en fait elle aussi une grande présomption – nous réservons à plus tard de jeter un coup d'œil sur ce point. Tout le sens de cette affirmation se résume dans la formulation suivante : on ne pourrait rien *savoir* de Dieu et de l'univers, ou de l'essence éternelle, mais seulement la penser dans les oppositions du monde réel (4).

141 Tout dépend ici de ce que l'on | comprend sous le terme de *savoir*. Le savoir est la conclusion et la perfection de la pensée. Cette perfection n'est jamais possible au moyen de la seule pensée, mais en même temps toujours seulement du fait que les matières de la pensée, dans leurs oppositions, ne sont en soi qu'Une ; ainsi, à chacune de ces conclusions est en même temps liée une perception ou une expérience de cette unité essentielle de la matière, et ce n'est qu'à partir des deux aspects de la connaissance que naît le savoir plein et entier. Or si l'on affirme que tout savoir repose sur la préexistence d'une telle unité de la matière, unité que le penser n'atteindrait qu'à travers ses relations particulières, et que pour cette raison le savoir ne pourrait jamais avoir lieu que dans le singulier, parce qu'une telle préexistence serait nécessaire au savoir mais qu'elle ne pourrait pas être de nouveau présupposée de l'essence elle-même, alors on méconnaît la vraie nature de la conscience complète. En effet, la conscience complète est aussi un fait, encore qu'elle soit le fait universel ; en elle, l'essence éternelle devient également une matière qui se fait jour singulièrement, et donc, dans cette mesure, elle réside ici aussi à son propre fondement, et elle préexiste à son expression ou révélation. Le mode sur lequel nous reconnaissons cette sienne préexistence est la *foi*, qu'il ne faut seulement pas confondre, de nouveau, avec la conjecture, le pressentiment ou tout autre mode de connaissance imparfait. La foi est bien plutôt la connaissance absolument certaine et immédiate elle-même, le fondement sur lequel absolument tout
142 repose pour nous. Mais ce qui est là pour nous par la foi – la révélation | et ses ramifications dans les oppositions de l'existence –, nous pouvons et devons en vérité le *savoir* (1). Si nous affirmons donc que nous avons un savoir des choses divines – c'est-à-dire, pour autant qu'elles sont révélées –, c'est une accusation tout à fait injustifiée que d'y voir de l'aveuglement, de la présomption, de l'exaltation et autres choses semblables. Évidemment, si l'on confond ce que nous appelons savoir et foi avec la perception commune, si l'on nous attribue l'affirmation que nous pourrions percevoir, voir, sentir le divin comme une matière purement et simplement sensible, on n'a aucun mal à nous accuser d'un non-sens que l'on a soi-même d'abord introduit dans notre façon de penser. De l'autre côté, que serait la pensée qui se résigne à n'être pas un savoir du Très-Haut, que deviendrait-elle, si elle n'admettait ou ne présupposait, dans ses

relations, une essence éternelle? Et qu'est-ce donc à la fin que cette présupposition, sinon une foi, sauf qu'elle n'est pas appréhendée purement comme telle, mais mise sous une autre sorte de connaissance, à la manière d'un tain (2) ? Cette foi n'est-elle donc pour autant rien d'autre, en et pour elle-même, qu'un tain de ce genre ? Que l'on se place donc comme on veut : sans croire, on ne pourrait pas même arriver à la conclusion des actions particulières de la pensée en un savoir ; mais on ne prend pas conscience de cela comme d'une foi, parce que l'on ne trouve la matière de la foi que dans le fait particulier. Nous pourrions même reformuler de manière exacte et exhaustive l'antique sentence de la logique ordinaire : « nul ne peut conclure s'il n'a auparavant tenu quelque chose pour vrai », en disant | que **143**
« nul ne peut exercer un vrai penser réel (*real*), s'il n'a auparavant cru en quelque chose d'essentiel et d'éternel ».

Quelquefois, l'idée que nous venons d'examiner est également exprimée ainsi : « *nous n'avons pas encore atteint le savoir des raisons dernières et de l'Éternel, mais il est possible que l'homme arrive un jour aussi loin* » (1). Ici, la manière de voir tend vraiment plus au formalisme, en admettant une approximation continuée qui doit en fait aller à l'infini, parce que la forme est en soi vide. Mais parce que cette manière de voir est consciente de présupposer l'essentiel, elle veut quand même, en fin de compte, admettre comme atteignable la pleine résolution et pénétration de celui-ci, afin par là de couper court à son caractère formellement irréalisable. Mais on ne peut comprendre comment on pourrait se contenter d'un savoir qui n'en est pas encore un mais peut le devenir, ou comment on se satisfait pour ainsi dire d'une existence (*Daseyn*) entièrement problématique et provisoire. Il faut que l'être humain tienne quelque chose pour absolument vrai, il faut nécessairement qu'il rattache son existence (*Daseyn*) à un suprême et unique point fixe, sans quoi il ne peut se considérer lui-même que comme une apparence et une lueur fugaces. S'il ne peut, en nulle figure, saisir l'Éternel comme présent en sa conscience immédiate, alors celui-ci s'imposera à lui tout au moins de la manière abstraite, comme nous l'avons vu dans le cas de la connaissance ordinaire (2), et l'être humain devra alors reconnaître tout ce qu'il prend pour réellement présent | comme contingent et valable seulement de façon rela- **144**
tionnelle, ce qui engendre une misérable indifférence à l'égard de l'essentiel et de ce qui est vrai et bon en soi. Récemment, nous avons entendu pousser si loin cette circonspection à admettre le vrai que l'on a dit, par exemple, que la religion chrétienne n'était pas la seule ni la meilleure que l'on puisse s'imaginer (*sich denken*), mais que pour le moment, elle était suffisante, et qu'il fallait donc provisoirement s'en contenter (1).

À vrai dire, le non-sens de cette idée devrait s'imposer immédiatement comme tel à chacun. Une religion, c'est-à-dire ultimement une foi ou une conviction inébranlable, n'en est pas une si l'on peut encore s'en imaginer une meilleure à part soi. Si l'on s'imagine une telle religion avec un contenu réel, on est alors bien obligé d'y croire ; mais si l'on ne fait qu'admettre qu'une meilleure religion devrait être possible, parce que la pensée tient devant soi, de manière générale, une possibilité illimitée, il n'est alors pas du tout question de quelque chose qui mérite le nom de religion, dont l'essence consiste bien dans le fait d'être la conviction suprême, libérée de l'opposition purement et simplement relative du possible et du réel.

Avec la formulation que l'on a abordée, toute cette manière de voir retombe évidemment au degré le plus bas de la pensée ordinaire. Mais de manière générale, cette prétendue modestie dans le savoir est un dangereux égarement qui incite à la présomption suprême. Qu'est-ce qui réchauffera
145 l'homme, qu'est-ce qui l'animera, s'il ne croit pas | qu'il possède une expérience réelle de la vie présente de l'essence ? Qu'est-ce qui remplacera pour lui la tenue intérieure, le fait de se donner un but solide, que seule la présence de l'essentiel peut avoir pour effets ? Rien de ce qu'il prend pour des faits réels ne peut accomplir cela : car tout cela n'a pour lui qu'une importance relative, et si l'un quelconque de ces faits avait une valeur essentielle, il devrait être l'objet d'une foi que cet homme se refuse à lui-même. C'est donc par une pensée essentielle, une mise en relation essentielle des faits les uns avec les autres qu'il donnera satisfaction au besoin suprême. Or si cette pensée était une pensée essentielle du fait que l'Éternel s'y manifeste lui-même immédiatement comme sa matière, ce serait la révélation pleine et entière dont nous parlons. L'Éternel doit donc ici se tenir seulement à l'arrière-plan, et bien qu'il y soit comme une matière, il doit cependant ne contenir en soi que la nécessité universelle des lois de la pensée. Il s'ensuit que la réussite de cette pensée dépend entièrement, dans son exercice réel, de l'individu qui l'exerce, et qu'à tout le moins nous ne la connaissons qu'ainsi. En effet, bien que la pensée essentielle suprême agisse réellement dans l'individu, elle n'est pourtant pas connue elle-même comme activité – sinon elle serait, redisons-le, présence immédiate et révélation –, elle n'est connue que comme nécessité intérieure de la loi, qui ne peut toutefois s'exprimer que dans son application au <sujet> réellement agissant ; de même la force naturelle, appréhendée dans ses
146 oppositions et relations, ne se fait remarquer de manière générale | que comme loi, alors que comme activité elle ne se fait remarquer que dans l'individu particulier.

Ainsi toute dissociation de ce qui, dans l'homme, va essentiellement ensemble, ne peut avoir qu'une action pernicieuse. Bien sûr, rien n'empêche celui qui se tient au niveau que nous avons décrit de parler de foi et de révélation, et d'entendre sous ces termes tantôt ce fondement présupposé, mais à son avis inatteignable de fait, tantôt les vérités relatives dans lesquelles il pense reconnaître cette loi suprême par la pensée. Mais la vie, qui n'est vie que dans sa présence, l'amour, qui n'est engendré que par la présence et par le fait de s'y abandonner, la force de la vérité, que nul calcul ne peut remplacer – nous les attendrons en vain. Dans la religion, cette manière de voir nous arrachera à la présence vivifiante de Dieu, la seule qui nous console, dans la vie pratique elle nous arrachera à sa véritable révélation dans l'histoire, révélation dont la continuation vivante et la reconnaissance en nous permet seule ici quelque chose de réellement fort, dans l'art, elle nous arrachera à l'authentique transformation de l'Idée en réalité présente, et même dans la science de la nature elle nous arrachera à la perception de la vie suprême dans les choses phénoménales. Et qu'obtiendrons-nous en échange de tout cela, à part une virtuosité inféconde et vaine de la pensée, et un orgueil qui, ainsi éveillé, pourrait bien nous inciter à nous prendre pour les lieutenants de cette essence qui sommeille à l'arrière-plan, | et pour ceux qui agencent l'univers à sa place. **147**

Je m'étais obligé à exprimer distinctement les raisons qui me font refuser une tendance à laquelle l'époque contemporaine semble avoir une propension remarquable. À cette fin, il me fallait montrer jusqu'où elle peut conduire, même si, dans le détail, elle entre en scène de telle manière que nous ne saurions lui refuser, en tant qu'elle est considérée en ses figures particulières, une grande attention et une grande considération.

CHAPITRE X

CONSÉQUENCES DIRECTES POUR LA VRAIE PHILOSOPHIE

La vraie philosophie, si l'on en juge d'après tout cela, ne devrait pas avoir de système particulier, c'est-à-dire pas de présupposition, elle ne devrait saisir qu'elle-même comme sa propre vie et sa propre présence, de même que la vraie religion. En effet, si l'essence éternelle ne peut être qu'Une, la religion également n'est qu'Une, et la philosophie n'est qu'Une(1). Mais l'être humain vit dans l'imperfection et dans la lutte contre l'imperfection, c'est pourquoi ses convictions quant aux objets

suprêmes revêtent elles aussi toujours une configuration déterminée. Il y a donc des époques où la philosophie ne peut se former autrement qu'en contradiction par rapport à des représentations matérielles (*materiale*), ce par quoi elle tombe d'elle-même dans un pur et simple système de
148 relations ; | et en d'autres circonstances, ce sont d'autres unilatéralités qui la menacent. Cependant, il y a des moments où une sorte de cycle de ces différentes formes particulières s'est achevé, et où elles s'unissent toutes de nouveau dans le point central, de telle sorte qu'il peut de nouveau se faire jour librement dans sa propre essence vivante. La philosophie ne peut alors que se réconcilier de nouveau avec la vie, et avec les faits suprêmes qui donnent à cette vie un contenu véritable, et n'être plus rien d'autre que la conscience distincte de ces faits essentiels.

En un tel moment, il faut assurément qu'elle ne reconnaisse aucune présupposition qu'elle-même ne pourrait à son tour percevoir comme pleine présence dans sa révélation. On peut donc bien dire, d'un côté, qu'elle se suffit alors à elle-même, qu'elle n'a besoin de rien hors de soi et qu'elle se clôt en elle-même. Mais cette formule ne suffit aucunement à décrire exhaustivement son état. Car il faut aussi que la philosophie se perde elle-même de nouveau entièrement et s'ouvre entièrement, se transforme entièrement en son contenu, qui est le contenu factuel suprême. Un léger malentendu peut ici de nouveau nuire à toute la conformation de la connaissance.

Car on peut, de fait, admettre l'unité intérieure de la connaissance comme matière essentielle de la philosophie, on peut aussi effectivement réclamer la présence de cette matière et le fait que la matière pénètre partout la spéculation de sa présence, et pourtant, par la méthode même,
149 dévier là encore de la vie proprement dite (1). | On ne se contente pas alors de présupposer la matière, comme dans la manière de voir qui a été décrite en dernier lieu ; la pensée est bien plutôt considérée comme la décomposition <de cette matière>, mais une décomposition par laquelle elle se réengendre en tout vrai point de connexion, en tant que matière vraie, essentielle et présente. Et pourtant, on peut ne considérer cette dernière comme telle que suivant ses rapports et relations dans la construction philosophique, ne lui accorder que la valeur qu'elle a pour cette construction, et perdre ainsi complètement le moment de la conscience vivante. Ici aussi, le fait véritable s'effondre tel un précipité sans vie, seule bouge encore la réflexion développant ses rapports. Or, même si l'on admet qu'en cette dernière aussi, l'essence même serait comprise dans sa propre pensée, l'essence n'apparaît cependant dans la réflexion que suivant les lois universelles de ses rapports de pensée, mais jamais elle ne se présente elle-

même, en son entière plénitude et présence, dans la conscience. De cette manière, elle ne peut nulle part s'épuiser elle-même, et pourtant elle n'est là dans son entière vitalité que lorsqu'elle y parvient. Et si la réflexion finit par se rassembler en soi-même et retourne en son point central, elle n'y peut trouver aucune conscience active vivante, qui seule pourtant peut être le vrai, mais seulement une annulation ou une égalisation des opposés réfléchis (1), qui présente un contenu entièrement dépourvu de vie, ou négatif.

La philosophie doit donc se suffire à elle-même, mais | cela doit être 150
compris en son sens vrai et complet. Il ne doit rien lui rester d'indissoluble, nul fondement mis à nu en sa simplicité. Elle ne doit donc jamais avoir affaire au seul universel, et c'est là la première erreur fondamentale à extirper à la racine, si l'on veut que le vrai tienne bon. L'universel n'est absolument rien d'essentiel tant qu'il est encore opposé au particulier ; car il n'est bel et bien défini que comme concept par cette opposition, et par la relation au particulier qui lui est liée. Mais le particulier, de fait, est tout aussi peu quelque chose : car il n'est que le morcèlement infini du concept ou de l'universel. Ce n'est que là où les deux ne font qu'Un qu'est la vérité et par conséquent aussi le siège de la philosophie. Mais la philosophie n'a pas le droit de présupposer cette unité comme fondement, ou comme essence inconnaissable (1), car elle n'est alors pas dans cette unité mais hors d'elle, dans ses relations. Elle n'a pas non plus le droit d'admettre cette unité comme un fait purement et simplement donné (2) : car il lui faut alors la transférer dans l'un ou l'autre côté de la connaissance, et n'en déduire tout le reste qu'à titre de conséquence, comme font l'idéalisme et le réalisme. Si donc elle n'a le droit de rien présupposer, elle doit se suffire à elle-même, ses relations et développements doivent être entièrement égaux à son contenu, elle ne doit pas avoir de point de départ qui ne s'ouvre complètement en son propre développement.

Mais l'orgueil que tire la philosophie du fait d'avoir en elle-même tout
ce dont elle a besoin est | entièrement racheté, du fait que ce privilège qui 151
est le sien ne lui vient que de la présence du fait éternel et essentiel lui-même. En effet, se contenter de réfléchir sur l'essence simple de ce fait, ou de reconnaître la présence de cette essence dans les rapports et points de connexion particuliers pour autant qu'ils sont cette présence, ne sert encore de rien. La philosophie doit en même temps s'annuler elle-même en s'immergeant dans le fait par lequel cette essence éternelle se révèle et se présente elle-même dans notre conscience en tant que fait absolu. On pourrait exprimer cela de la manière suivante : il faut que la philosophie finisse par s'anéantir elle-même, par se rendre superflue, en finissant

(*endige*) dans la perception ou l'expérience du divin. Cela à son tour serait choquant pour ceux qui voudraient assurer à la philosophie son rang suprême parmi les modes de connaissance. Mais les choses ne se passent pas effectivement comme on pourrait le croire à première vue. Car ce en quoi la philosophie doit se perdre et se dissoudre n'est rien qui lui soit étranger ; c'est bien plutôt ce qui constitue sa propre essence et son point de départ correct. L'unité vivante est, en tant que telle, déjà activité, et en tant que cette activité, déjà philosophie. Afin de comprendre entièrement ce point, il faut évidemment philosopher soi-même, et c'est précisément le philosopher suprême qui fait comprendre cela. Ce philosopher n'est pas qu'une pensée suivant des lois universelles, mais ces lois s'engendrent en même temps dans l'activité même par laquelle l'Éternel et Essentiel se
152 révèle. De même qu'un fait n'est compris que | lorsqu'il est résolu en lois universelles, et demeure pourtant en cela entièrement fait, de même le juste philosopher, c'est seulement celui qui développe les lois universelles de la pensée et de l'être-là à partir d'un fait suprême, reconnaît partout ce fait en elles et les y reconduit (1).

Il faut sur ce sujet partout écarter les malentendus, non parce que la chose même leur serait soumise, mais parce que l'éblouissement par l'existence empêche les hommes de voir la simple vérité. On nous objectera – cela ne fait aucun doute – que la philosophie ne saurait déduire une donnée singulière ou un phénomène naturel singulier, bref quelque chose d'individuel. C'est très vrai, rien de singulier qui puisse n'être connu que comme tel, car un tel singulier n'est en vérité pas du tout là, il n'est que dans le reflet du vrai dans l'existence. Son vrai être-là, il ne le reçoit que de la révélation de l'Idée éternelle, qui annule sa singularité en tant que relative. Cette révélation est le fait véritable, et certes en soi la même dans tout singulier, mais pourtant pas à cause d'une loi universelle à laquelle elle ne ferait que correspondre partout. C'est plutôt cette loi qui est seulement contenue dans le fait universel de la révélation, qui comme tel n'est qu'Un, mais devient un fait infiniment multiplié précisément parce qu'il annule le singulier. Et c'est aussi seulement par cette multiplicité qu'il devient loi, en revêtant différents caractères généraux aux différents degrés de l'existence.

153 | Or, bien que tout cela ne puisse parvenir complètement à la conscience, si ce n'est par la philosophie même, je vais pourtant, en vue d'un éclaircissement provisoire, jeter un regard rétrospectif sur les objets de la connaissance tels qu'ils se montraient dans l'état ordinaire de celle-ci, et indiquer brièvement comment ils doivent se configurer quand ils sont posés en leur signification exacte par la vraie philosophie.

CHAPITRE XI

COMMENT LA VRAIE PHILOSOPHIE DOIT COMPRENDRE LE VRAI, LA NATURE ET LE BIEN

L'organe de la philosophie est la *pensée*: car la philosophie naît, comme on l'a montré, de ce que l'essence et unité intérieure de notre connaissance est activité, et de ce que l'activité implique un passage d'une chose à une autre, et par conséquent une opposition ; or la connaissance des opposés dans leurs relations l'un avec l'autre, et leur annulation dans l'unité originaire, où ils deviennent en même temps des oppositions du connaître à soi-même, c'est la pensée.

Si maintenant l'unité vivante de cette activité est reléguée à l'arrière-plan, l'activité peut apparaître uniquement comme passage de quelque chose à quelque chose d'autre, et n'est saisie que comme une progression réelle. Or les matières, elles aussi, n'y sont que ce qu'elles deviennent par leur rapport à la progression. Dans cette mesure, elles sont infiniment
diverses ou particulières, | vu que la progression met en œuvre une sépa- **154**
ration et une différence afin de pouvoir être passage d'une chose à une autre ; et en même temps, elles sont infiniment semblables, ou universelles, vu que précisément cette progression consiste aussi de nouveau en leur liaison. Mais ces deux <points de vue> ne se laissent réunir que parce que l'activité elle-même se comporte de manière entièrement indifférente à l'égard des deux significations de la matière ; car sinon, ou bien elle serait pure et simple connexion, et par là excluerait toute diversité, ou bien c'est l'inverse qui adviendrait. C'est pourquoi l'activité peut aussi bien comparer (1) ce qui est divers que différencier ce qui est semblable – ce sur quoi repose tout le jeu de notre entendement ordinaire. Mais cet entendement et sa sphère ne sont précisément que l'existence extérieure de l'unité essentielle, où celle-ci devient entièrement étrangère à elle-même et paraît pour ainsi dire tirée hors de soi. La vérité n'est pas dans cette sphère, car elle ne peut résider dans des connaissances qui n'ont qu'une valeur relative ; elle ne peut entrer dans notre conscience que lorsque, dans ces connaissances relatives, l'unité originaire est perçue comme ce qui est en soi présent. Et ce n'est pas la pure et simple présupposition selon laquelle toutes ces relations ne seraient que l'unité étirée au dehors qui peut suffire ici : car, comme on l'a déjà aussi montré, elle ne donnerait jamais que la possibilité de la vérité, non la vérité elle-même.

Que l'unité elle-même entre réellement dans l'acte de connaissance, cela n'est pas seulement possible mais également nécessaire, précisément

155 parce que la connaissance ordinaire d'entendement | n'est pas seulement le caractère relatif des matières (1), mais tout autant le flottement indifférent entre elles (2). C'est grâce à cet <élément> indifférent que les matières sont à la fois prises comme faits donnés isolés, et mises en connexion dans la forme universelle. Tout cela réside comme une seule et même chose dans l'unité active originaire, et n'a sa vérité qu'en elle. Cette unité doit donc apparaître non pas uniquement comme activité étirée <entre ses éléments> et passant de l'un à l'autre, activité dans laquelle l'unité n'était contenue qu'à travers les relations des matières et la conscience indifférente qui leur était liée, mais aussi comme unité vivante; et c'est ce qu'elle fait en annulant cette indifférence (3) et ses oppositions, ou encore la forme indifférente et ses matières relatives, et en se posant soi-même à leur place dans cet acte d'annulation, en tant qu'unité véritable des matières. La vérité n'est donc là de fait pour nous que pour autant qu'elle dissipe en même temps la lueur de la connaissance imparfaite. En ce sens, elle est l'universel, ce qui est en soi essentiel dans cette connaissance, et que l'on peut considérer comme non affecté par l'imperfection des relations; c'est pourquoi elle est souvent saisie comme l'abstrait, l'absence de modifications du phénomène, le simple comme tel. Mais elle ne s'y réduit jamais : car, comme on l'a vu, elle doit annuler factuellement ce reflet par un se-faire-jour de l'Idée en une connexion réelle de l'entendement, et par là, devenir donc elle-même un fait présent particulier. Sans cela, elle-même à
156 son tour ne serait que forme indifférente. | Il devient clair de soi-même à partir de là que la vérité ne peut jamais être connue parce que nous nous contentons de mettre en évidence une loi, ou une unité universelle identique en tout (1), mais qu'elle doit toujours se configurer en même temps comme expérience réelle (2). Bien plus, pour autant que nous découvrons la vérité dans les connaissances particulières, c'est justement d'abord comme une telle expérience qu'elle vient à notre rencontre, et ce n'est que par la satisfaction que notre propre conscience trouve en elle que nous obtenons le sentiment de son universalité (3).

Or, si notre conscience s'attache à l'activité et au mouvement vivant de l'unité elle-même, par lesquels celle-ci se sépare de soi et se réunit à soi, sa pensée est un philosopher. Pour celui-ci non plus, dès lors, la vérité ne se réduit nullement à une forme ou à une loi universelle, mais elle est nécessairement en même temps objet d'expérience intérieure; car ce n'est que par cette activité que l'unité est là, et elle n'est rien en dehors de cette activité. Certes, pour autant qu'elle s'unit à l'alternance infinie de la connaissance relative, alternance sans laquelle l'activité simple elle-même ne serait pas connaissable, l'unité peut bien évidemment être représentée

comme la loi universelle sous laquelle des connaissances relatives contiennent de la vérité. Cependant ce n'est encore là qu'un point de vue dérivé et réfléchi (*reflektiert*); car ce n'est que lorsque cette loi s'épuise dans le moment de la connexion relative que celle-ci a de la vérité. Mais considérée comme unité pour soi, l'unité est le fait par excellence ; car elle ne serait pas là en tant qu'unité si elle ne s'unissait à soi-même, | donc ne se 157
faisait jour en tant qu'activité. Mais elle ne peut être connue comme ce fait par excellence que lorsqu'elle unit non pas une opposition dans laquelle sont à lier des éléments purement et simplement relatifs et déterminés, auxquels on ne ferait qu'appliquer la forme indifférente, mais bien l'opposition relative en et pour soi telle qu'elle coïncide avec la forme en général. Cela se produit dans notre conscience, dans laquelle le relatif est contenu comme possibilité universelle et donc comme un avec sa forme. Mais c'est un tel se-faire-jour de l'unité, par lequel la conscience tout entière reçoit pour la première fois vérité et contenu, qui a créé en nous, d'après ce qui a été dit plus haut, le mode de connaissance qui fait pour la première fois de nous quelque chose d'essentiel – la *foi*.

Or, si la foi est l'expérience intérieure suprême, le fait absolu dans le connaître, par lequel seul il y a en général de la vérité, et une vérité présente et immédiate ; si, de plus, le philosopher est la pensée dans laquelle l'unité qui se fait jour dans la foi se décompose elle-même en ses oppositions, et les réunit par des relations parfaites, il en résulte clairement *que la foi et la philosophie ont un seul et même contenu* et, en même temps, que dans la connaissance suprême et dans la vérité, le fait ou l'immédiat est absolument indissociable de la pensée des lois ou relations (1). Ce n'est que par la pensée philosophique que la foi devient consciente d'elle-même ; car cette pensée décompose le fait suprême | et le met en relation avec lui- 158
même, et ce n'est que dans une telle réunion à soi-même de ce qui est un et le même que naît la conscience. Sans cela, la foi devient étrangère à elle-même, son fait devient un fait ordinaire, et dès lors la forme vide les dépasse infiniment, elle et son imperfection, et la foi devient la risée de l'entendement formel. Donc si la foi doit être une vraie foi, il lui faut en même temps avoir foi dans la vraie pensée ou le philosopher, car elle n'est quelque chose de réel que grâce à cette pensée qui porte sur son contenu suprême. Quant à la pensée, il lui faut se clore et s'achever, tant par l'unité suprême de la conscience dans la foi, que par l'apparition phénoménale de l'Idée dans les points relatifs de connexion de la connaissance ordinaire, et il faut que toutes deux, foi et connaissance ordinaire, se fondent l'une dans l'autre par cette pensée. Si la pensée est tenue pour la loi universelle de toute vérité dans la connaissance relative, elle n'y demeure alors jamais

qu'une forme, et on la confond avec la forme vide de l'entendement ordinaire ; seules les expressions particulières de l'Idée dans les connexions d'entendement singulières contiennent alors la vérité immédiate, mais celle-ci est précisément alors brouillée par cette particularité. La pensée, en tant qu'elle est cette loi universelle, doit donc être nécessairement en même temps présence immédiate de la foi. Sans cela, elle ne serait même pas une vraie pensée philosophique et ne contiendrait aucune vérité présente.

159 De là sera donc devenue suffisamment nette | la façon dont il faut saisir la vérité dans la partie de la philosophie authentique qui s'occupe plus particulièrement d'elle en tant que conclusion de la pensée, c'est-à-dire dans la vraie dialectique. La vérité doit en effet toujours être entièrement présente en tant que fait de l'intuition intérieure, elle doit être là (*vorhanden*) à la fois médiatement par la relation, et immédiatement par la foi. Celui qui voudrait nous demander à quoi pourrait bien être utile l'une de ces deux figures de la connaissance pour peu que nous ayons l'autre, c'est qu'il n'aurait pas compris ce qui vient d'être dit ; car on a montré que chacune, sans l'autre, ne peut que dégénérer, se transformer en quelque chose d'un tout autre genre. Ce n'est qu'à partir de ce point central que la philosophie peut se mouvoir en sécurité selon ses deux directions nécessaires, qu'il nous faut à présent examiner de plus près (1).

Pour être plus bref, je dis d'emblée que ces directions sont définies par le monde des objets extérieurs, qui nous apparaissent comme contingents – on l'a vu tout au début (2) –, et par notre propre conscience de soi active dans le particulier, conscience dont la simplicité et l'indifférence par rapport à ses matières ont été reconnues comme <étant> l'arbitre.

Qu'est-ce qui fait qu'il y a pour nous en général un monde extérieur, si ce n'est cela même qui rend nos connaissances contingentes ? Comme le deuxième chapitre nous l'a montré, il nous faut appréhender le divers
160 phénoménal sous certaines unités de substance etc. (3) ; et | c'est cette coïncidence du divers avec une simplicité intérieure qui n'est pas déterminée par notre conscience mais lui est donnée immédiatement, qui constitue la contingence des choses extérieures, et précisément par là aussi leur être-là subsistant séparément. Elles sont là sans notre concours, d'une manière et en une conformation que nous n'avons pas déterminées ; car *elles ne sont rien d'autre que le fait infini du passage même entre le simple et le divers*. C'est pourquoi même notre conscience ordinaire ne peut s'attacher à elles autrement que par la perception et la pensée ; elle remarque en elles les multiples particularités et les compare avec ce qui est semblable, elle cherche donc à reconduire la coïncidence des deux

aspects (1), qui apparaît comme contingente, à la pure et simple forme de la connexion et à sa règle vide. Cela donne la physique (*Naturlehre*) ordinaire, qui s'occupe uniquement de découvrir des lois formelles universelles et de les mettre en évidence dans le phénomène contingent.

Mais au moyen d'un tel procédé, ce n'est jamais la vérité de la nature que nous trouvons mais seulement son phénomène, tel qu'il se forme en une image dans le miroir de la connaissance ordinaire ; ce n'est que la manière d'être relative des choses qui se communique ainsi à nous. L'Idée ne s'y fait jour pour nous que lorsque nous connaissons cette loi non plus seulement comme la forme vide de la relation, mais comme l'efficacité vivante de l'unité parfaite. Ce qui est contingent ne doit pas se transformer pour nous seulement en légalité, mais | en nécessité, car celle-ci renferme 161
déjà une activité vivante. Mais cette activité, elle non plus, ne doit pas être uniquement présupposée comme quelque chose de nécessaire, et n'être alors mise en évidence que dans ses effets particuliers : il faut au contraire reconnaître dans ces effets le fondement intérieur qui constitue la nécessité, en tant qu'il est un fait immédiat. L'unité avec soi-même qui s'y montre active n'est alors rien d'autre que la conscience suprême, la vie divine elle-même ; seulement, cette vie se manifeste ici à nous telle qu'elle se scinde en oppositions, se sépare de soi-même par sa propre activité et son passage vers soi-même, et ainsi développe tout ce qui reposait caché en son unité en un être-là dans l'extériorité (1).

Il n'y a donc pas ici (2) de séparation entre l'expérience, comme perception des phénomènes particuliers advenant dans la nature, et la partie rationnelle ou mathématique de la physique qui s'occupe des formes universelles de l'être-là des êtres vivants : toutes deux coïncident tout à fait, elles ne font qu'une et chacune devient précisément pour cette raison quelque chose de tout autre. La forme universelle est ici une pensée vivante et immédiatement efficace, créatrice, de la conscience divine, et donc en même temps un fait réel ; et chaque phénomène particulier est la pleine présence de la loi, qui y annule précisément la contingence et en fait la révélation de cette activité divine. Ainsi, nous connaissons la nature comme une pensée divine qui | met en œuvre elle-même partout son propre contenu 162
et s'exprime exhaustivement en lui. Nous n'arrivons donc ni purement et simplement à une collection d'expériences singulières, ni à une législation universelle de la nature en général à laquelle les phénomènes de la nature présente devraient être subordonnés seulement à titre d'exemples ; au contraire, c'est cette nature déterminée, en tant que fait réel, que nous connaissons comme son propre concept et sa propre loi. Mais s'il en va ainsi, il en résulte clairement que c'est par la philosophie que nous

connaissons la nature pour autant qu'elle est révélation, au sens le plus élevé du terme. Et comment pourrait-il en être autrement ? Ce sont bel et bien cette révélation, et la foi engendrée par elle, qui constituent toute la teneur intérieure de notre pensée. Une physique qui ne serait qu'universelle resterait toujours quelque chose de formel et sans vie, dont nous avons certes besoin dans notre connaissance ordinaire afin de progresser d'un de ses moments à l'autre en nous aidant de distinctions et de comparaisons, mais à partir de laquelle nous posséderions aussi peu de contenu vrai et essentiel que nous n'en possédons à partir de la pure et simple expérience extérieure. Et que les Idées se fassent jour dans les points de connexion particuliers de cette connaissance ordinaire, cela non plus ne nous suffirait pas : c'est que notre conscience ne s'y réunit à elle-même qu'en des matières déterminées, et que nous sentons bien qu'ici se manifeste une unité divine, essentielle, supérieure, dont nous ne prenons toutefois pas conscience en sa présence réelle. Cette prise de conscience ne se produit
163 que lorsque nous reconnaissons l'ensemble du monde extérieur | comme pensée réellement agissante et autocréatrice de la conscience divine, qui se révèle en tant qu'essence présente dans notre propre pensée.

Par conséquent, nous ne saurions nous contenter ici d'aucune présupposition – qu'elle consiste en matières donnés ou bien en règles et lois universelles –, ni trouver le repos avant que toute présupposition ne se soit transformée en un fait présent, immédiat. Sans nul doute, de telles exigences nous feront accuser d'avoir l'arrogance de vouloir pénétrer dans l'atelier de la création et prendre part aux décrets du Créateur. Mais à la place de cette accusation, c'est bien plutôt le compliment opposé que nous pouvons revendiquer. Car nous n'avons aucunement la prétention de savoir quelque chose de l'entendement divin, hors de sa révélation. Lorsque nous parlons d'une nature factuelle déterminée, nous ne voulons parler que de la nature en tant qu'elle est un fait réel de la révélation divine, mais pas en tant qu'elle est matière de la connaissance ordinaire et ainsi toujours comprise dans une existence (*Daseyn*) relative. C'est cette confusion, difficile à ôter d'un esprit non exercé, qui pousse le plus fréquemment à l'erreur quand on se représente la philosophie et sa destination. Parlons-nous d'un fait, d'une expression déterminée de l'essence ? Alors l'entendement, qui reste attaché à la connaissance relative, ne peut rien penser d'autre sous ce terme que quelque chose de particulier, issu de la diversité infinie, et qu'il faut ranger sous un concept universel. Mais le
164 fait | dont nous parlons est tel que le concept et la particularité y sont entièrement passés l'un dans l'autre et n'y font qu'un. C'est pourquoi aussi ce fait n'est présent (*vorhanden*) pour nous qu'Une seule fois dans le monde,

et il est donc en même temps sa propre loi, unité qui constitue précisément le caractère de la nature (1). Mais dans la mesure où ce fait, en même temps, annule ce qui est relatif dans la connaissance du monde extérieur qui nous vient de l'expérience et de l'entendement, il entre tout autant dans le monde, où possibilité et réalité sont séparées, et il peut alors aussi être considéré sous cet aspect. C'est pourquoi la recherche empirique sur la nature s'oppose dès lors à la philosophie, dans la mesure où cette dernière tend à résoudre les oppositions du phénomène ordinaire dans l'unité des oppositions essentielles.

Dans la nature, la conscience éternelle s'est pour ainsi dire détachée de soi-même pour se transformer en une pensée des oppositions : en les équilibrant, précisément dans sa limitation par soi-même, elle fait du monde des objets un fait essentiel. C'est l'inverse qui a lieu dans le monde moral. Ici, nous avons déjà un fait entièrement indépendant et qui se détermine soi-même, dans l'expression de l'arbitre, qui n'est conditionné par aucun concept ni aucune loi en dehors de lui-même. La contingence des choses extérieures consistait en ce que le simple et le divers se rencontrent et se limitent mutuellement toujours en elles d'une manière déterminée – ce par quoi la chose reçoit une fois pour toutes sa conformation déterminée. Mais dans | l'arbitre, c'est exactement le contraire que nous rencontrons : une 165
annulation de cette limitation – ce par quoi le simple dans notre conscience se détermine entièrement par la chose extérieure particulière, et s'attache en retour avec toute sa simplicité à cette chose singulière ; car ce n'est qu'ainsi que notre conscience peut vouloir la chose, la désirer, agir sur elle. Cette faculté est précisément ce que nous appelons l'arbitre. De même que les matières particulières et phénomènes particuliers de la nature ne reçoivent de signification pour l'entendement ordinaire que parce qu'il les rapporte à des formes et des lois universelles, de même, l'arbitre n'existe pour l'entendement que par ses expressions particulières, dans le désir pour des matières (1) singulières et dans des actions singulières. De là vient que l'entendement ordinaire tient l'arbitre pour la faculté de choisir entre différentes matières, faculté qui ne peut pourtant être qu'une conséquence du vrai concept de l'arbitre (2). L'entendement ordinaire veut-il donner des lois à la moralité ? Alors ou bien il détermine les matières que l'arbitre a pour devoir de choisir, ou bien il lui impose de se détacher de toute détermination par des matières singulières, et de ne faire que se servir d'elles pour y exprimer sa propre force et activité (3). Cette dernière manière de voir la morale ne provient pas tant du zèle à présenter un concept universel ou une pure et simple forme dans les actions humaines (telle est pourtant bien la compréhension erronée qu'elle a d'elle-même), que du souhait de rendre

vraiment indépendant l'individu en sa particularité réelle, de lui garantir
166 l'arbitre en toute son ampleur (4). | En effet, la prétendue autodétermination pure, le vouloir pour le vouloir, est en soi quelque chose de purement impossible. L'indifférence à l'égard de la matière est absolument indispensable au vouloir : sans elle, il ne serait que tendance naturelle, qui comme telle ne peut jamais être entièrement maîtrisée par l'être conscient de soi. Mais il est tout aussi nécessaire au vouloir de se tourner vers une matière particulière : sans cela, il ne pourrait pas du tout être un vouloir libre ou pourvu d'arbitre, puisque c'est bien aussi cette matière même qu'il choisit. Donc, ce que l'on aime à appeler indépendance par rapport à la matière, ou vouloir pur, est tout autant arbitre que ce que l'on appelle passion et convoitise ; et que l'on pose la moralité dans le vouloir pur ou dans le vouloir de matières particulières déterminées, par là on ne sort jamais du cercle de l'arbitre (1).

Mais par sa contradiction, l'arbitre s'anéantit soi-même et anéantit la vraie conscience de soi. En effet, l'indifférence de l'arbitre ne peut jamais en venir à un vouloir déterminé ; et pourtant, l'arbitre est continuellement compris dans un tel vouloir. L'arbitre en lui-même n'est donc rien, il est en son essence quelque chose d'autocontradictoire, et son existence est une pure et simple apparence. S'il doit y avoir quelque chose d'essentiel dans notre nature morale, il faut que dans notre vouloir et dans notre agir s'exprime une unité qui ne soit pas pure indifférence à l'égard des matières, mais unité avec soi-même, et donc aussi unité véritable de son contenu. Celle-ci ne peut être que l'unité et la conscience de l'essence divine ; il en
167 résulte incontestablement | que nulle moralité n'est possible sans la présupposition d'une conscience divine. Mais cette présupposition ne suffit pas, car elle ne ferait jamais que devenir la forme universelle vide dont l'arbitre lui-même serait l'expression ; il faut au contraire que la conscience divine elle-même soit active aussi dans notre agir, qu'elle se révéle en lui. Car, puisque toute action singulière n'est jamais qu'une expression contingente particulière de l'arbitre, mais que ce dernier, justement parce qu'il doit être entièrement contenu en toute action, est à son tour en lui-même nul, il ne peut y avoir dans l'action quelque chose de vrai et d'essentiel que pour autant que la conscience s'y joint entièrement à elle-même – ce qui n'est possible que grâce à l'unité véritable de la conscience divine (1).

Seule la révélation de Dieu en tant que conscience présente vivante dans notre vouloir et notre agir est le bien, et rien d'autre ne mérite ce nom. La vraie philosophie ne saurait donc considérer le bien comme une règle universelle de l'agir, ni comme un idéal, un but infiniment éloigné, quel que soit le nom que nous lui donnions (2). Elle le connaît bien plutôt

comme révélation perceptible dans le présent, évidemment pas au moyen de la connaissance ordinaire relative, mais dans la conscience de soi la plus haute. Pour elle le bien, en tant que fait de Dieu (*Thatsache aus Gott*), est le seul existant véritable ; et par conséquent elle tient tout notre monde moral réel, pour autant qu'il est véritablement, pour le bien lui-même et pour rien d'autre que la révélation présente de Dieu. | Être bon, cela signifie 168
seulement être véritablement, ou encore être en Dieu ; quant au mal, c'est l'arbitre qui est existence sans être en Dieu, c'est-à-dire qui est et veut être une pure et simple apparence, un néant existant (1).

Il ne fait pas de doute pour moi qu'ici, ces vérités n'ont pas encore été complètement fondées en raison, donc aussi que ce qui précède ne suffira pas à les faire admettre à mes lecteurs. Une telle fondation toutefois ne saurait encore aucunement être exigée, mais seulement réservée à l'exposé scientifique lui-même. Il n'est question ici que de ce qui résulte du vrai concept de la philosophie que j'ai posé, et de la manière dont une telle philosophie doit comprendre le vrai, l'étant et le bien. Je serai déjà satisfait, si seulement le point suivant a été éclairci : c'est une seule et même révélation que nous rencontrons dans la nature et dans le monde moral, mais en des significations qui s'opposent et se complètent. Dans la nature, la conscience divine crée son propre être-là extérieur au moyen de la pensée des oppositions qui résident en elle et qui, précisément au moyen de cette pensée et de la limitation et détermination réciproque qu'elle fait naître, deviennent le fait essentiel. Si la conscience divine est de cette manière sortie d'elle-même, dans l'activité morale cependant elle réunit les oppositions jusqu'à ce qu'elles redeviennent sa propre unité, les annule précisément par là en tant qu'elles ne sont qu'existence, et se révèle comme essence par cet anéantissement de l'apparence. On ne peut donc pas parler d'un principe naturel et d'un principe divin des choses (2). Il n'y a qu'un seul principe, | la divinité ; et ce que nous connaissons en tant que couple 169
d'opposés n'est que sa révélation, différenciée et par là même complète pour nous. À cette révélation – et seulement à elle, non à la conscience divine elle-même, unie en soi – est opposé son propre néant, la pure et simple existence, qui dans la nature s'étire hors de soi comme phénomène, dans l'agir ou la conscience de soi se ressaisit comme néant, et par l'auto-illusion et le mensonge fait de soi une apparence, en tant qu'arbitre ou mal. Mais parce que cette révélation n'est pour nous que comme une double révélation, notre pensée ne peut l'appréhender qu'au moyen d'oppositions et de connexions : c'est ainsi qu'elle devient le vrai pour la pensée, et cette pensée est la philosophie.

Mais afin que le vrai sens de la révélation et son rapport complet à la philosophie soient appréhendés de manière aussi précise que possible, je veux encore ajouter là-dessus une observation qui, au moins provisoirement, doit prévenir une compréhension unilatérale et les malentendus qui en découlent si facilement.

CHAPITRE XII

L'UNITÉ DE LA RÉVÉLATION ET DE LA VRAIE PHILOSOPHIE

La thèse selon laquelle la révélation et la vraie philosophie ont le même contenu, aucune des deux ne pouvant subsister pour nous sans l'autre, est la
170 thèse sur laquelle repose toute la manière de voir la science humaine, | à laquelle le présent écrit doit introduire, et dont il doit esquisser de manière générale l'orientation. En effet, on le comprend aisément, rien ne peut ici être prouvé ni devenir pleinement convaincant. Toute philosophie dont les enseignements se retirent loin de la vraie présence de notre vie, dans l'universel et l'inefficace, nous rend étrangers à notre vocation et nous plonge dans des pensées relatives à des possibilités, des lois et des exigences dont on ne saurait trouver nulle part l'accomplissement ni la réalité. Mais il en va exactement de même avec toute manière de voir la révélation qui ne veut y connaître que le fait relatif et qui veut même interdire que l'on y *pense* l'essentiel. Elle dégénérera bientôt en rationalisme ou en superstition, le premier si elle se voit contrainte d'adjoindre au fait ainsi connu une signification entièrement abstraite, la deuxième si, par faiblesse ou à cause d'un dessein borné, elle se plonge entièrement dans le phénomène temporel et cherche son salut dans la cohésion temporelle avec lui (1).

Le vrai sens de la révélation ne peut pas être que quelque chose naisse qui n'a pas été là auparavant, car c'est l'Éternel qui se révèle ; pas non plus que quelque chose provienne d'autre chose, car ce qui se révèle doit nécessairement provenir de soi-même, sinon il serait révélé par un autre. Mais pour nous, rien n'est là en général que par la révélation, tandis que l'Éternel
171 en et pour soi n'est connaissable que par lui-même. | C'est pourquoi nous appelons la révélation une *création à partir du néant*, si on la considère du côté de l'existence, parce que tout ce que nous connaissons est né pour nous par la révélation de l'Éternel (1). Pour nous, l'essentiel dans la nature, lui aussi, ne doit donc être connaissable que dans la nature et par elle, parce qu'il n'est là pour nous que pour autant qu'il s'est révélé par elle.

Cet essentiel ne peut donc pas consister en lois universelles qui, si elles étaient quelque chose en elles-mêmes et non pas uniquement un reflet de la forme de la pensée, iraient au-delà de la réalité de la révélation. Mais cet essentiel ne peut pas non plus consister en des faits purement et simplement singuliers de l'expérience ordinaire, qui contiendraient, de nouveau, une réalité dont nous ne connaîtrions pas l'essence. Par conséquent, la nature tout entière, en tant qu'elle est révélée, ne saurait être pour nous qu'un fait conforme à une loi et accomplissant entièrement sa loi ; et ce n'est qu'en cet accomplissement de la loi et du fait l'un à travers l'autre que la nature nous donne une image (*Abbild*) vivante de l'Éternel. Mais dans cette image l'Éternel est aussi contenu pour nous de manière complète, étant donné qu'en et pour lui-même il est inatteignable à notre connaissance. Donc, si cette dernière n'était que prisonnière de la révélation de l'Éternel dans la nature, alors ce dernier ne serait lui-même pour nous que le néant à partir duquel la nature est devenue ; mais alors celle-ci ne serait plus non plus révélation, puisque nous ne saurions rien de l'Éternel qui s'y révèle. Il faut donc que l'Éternel se révèle non pas uniquement dans son être-là, comme nature, mais également dans son essence, comme esprit divin. Cela, il ne le peut | pas en sortant de son essence et en se transformant en être-là, ce qui ne 172
serait précisément rien d'autre que la nature elle-même ; il ne le peut qu'en devenant réel et en entrant dans l'existence, en tant qu'essence. Mais comme seul est en vérité ce qui a une essence, l'existence en et pour soi n'est que ce que l'essence *n'*est *pas*, le *néant de l'essence*, de même que tout à l'heure l'essence était le néant dont l'existence était issue. Par conséquent, l'essence se révèle en tant que telle, ou encore devient essence réelle, seulement *en annulant ou anéantissant ce néant*. Pour nous, elle n'est là que dans cette opposition complète au néant. Ce n'est que de cette manière que le bien, ou ce qui est réellement essentiel, est pour nous – lui qui ne peut donc être connu ni par un concept, une règle universelle qui dirait comment le monde doit être, ni par une expérience du monde tel qu'il existe, mais seulement par la loi qui s'est accomplie elle-même à travers son propre fait. Dans cet accomplissement de la loi, c'est l'existence en sa totalité qui, comme telle, a été offerte en sacrifice à l'Éternel (1) ; elle est anéantie, afin d'être véritablement dans l'essence de l'Éternel.

La révélation de Dieu dans la nature et sa révélation en son esprit se tiennent donc en parfaite opposition, par la création et l'anéantissement. Le même Verbe par lequel le monde fut créé est celui par lequel il fait retour dans l'essence devenue réelle (2). Ce passage des opposés l'un dans l'autre, parce qu'il est complet, est en soi inconnaissable pour nous, pour autant qu'il | advient en Dieu. Mais ce passage est en même temps aussi, dans 173 l'existence, notre conscience, qui consiste précisément en ce que quelque chose d'opposé à soi-même se lie à soi-même par son connaître (1). Cette conscience existe uniquement du fait que les oppositions de la nature, aussi bien que sa propre unité active, apparaissent en elle comme relatives ; voilà ce qui seul la fait s'avancer hors du fondement abyssal de l'Éternel. La conscience n'existe donc également elle-même que comme phénomène dans ces déterminations relatives où elle est toujours contenue de manière partielle et conditionnée. Sa propre vérité, elle ne la saisit qu'en se résolvant dans la révélation, à la fois dans les oppositions parfaites de la nature auxquelles elle rapporte ses connaissances particulières, et dans l'unité intérieure de l'essence divine, en laquelle elle immerge son agir relatif en tant qu'il s'annule lui-même et relève du néant. Mais comme, ce faisant, la conscience se trouve alors toujours dans son état relatif, la révélation entre aussi dans cet état, et ce qu'elle est pour la conscience, elle l'est toujours pour ce moment donné de l'existence. Ce n'est que parce qu'il en va ainsi que nous sommes à même de nous représenter (*uns denken*) la révélation comme quelque chose de réel ; ce n'est qu'ainsi que nous y prenons part et qu'elle devient pour nous quelque chose de factuel.

Mais cette révélation factuelle ne serait rien à son tour si le passage des opposés n'était pas parfait, de telle sorte que l'un anéantisse entièrement l'autre en tant que son néant. Il doit donc nécessairement y avoir dans cette
174 conscience une capacité à | se représenter en même temps les deux, ce qui est essentiel et ce qui est nul, ce qui n'est possible que si elle se comporte indifféremment à l'égard des deux, ou encore si elle les *pense* dans leur rapport de passage. Cette indifférence n'est pas celle de la pure et simple forme, car cette dernière consiste à pouvoir s'attacher à des matières infiniment différentes ; elle réside au contraire dans l'unité parfaite des matières les unes avec les autres ; par conséquent, une telle pensée détermine immédiatement toute la matière. Il est donc clair que cette pensée, qui est le philosopher, ne fait entièrement qu'un avec la connaissance par révélation, sauf qu'elle est considérée sous un autre aspect.

Il est évidemment impossible de déduire ou de fonder à l'aide de la philosophie un fait singulier, particulier (1), pour autant qu'il est relatif, c'est-à-dire pour autant qu'il a des déterminations contingentes qui ne résultent que de son être-conditionné par l'infiniment divers ou par le concept abstrait. En ce sens, vouloir déduire l'histoire, par exemple, ou encore un phénomène naturel singulier quel qu'il soit, serait en effet de la folie ; et assurément ceux qui, en un effort par ailleurs louable, cherchent dans la philosophie un contenu réel (*real*), n'en arrivent que trop souvent à cette folie ; mais c'est encore plus souvent le cas de ceux qui, ne s'occupant

que de l'expérience, voudraient bien s'y donner un vernis philosophique. Or penser que la philosophie ne s'occupe que de formes vides et stériles, c'est partir de ce point de vue erroné. Elle doit bien plutôt montrer
| comment, en toutes connaissances, le relatif est annulé et, dans ce relatif 175
même, l'essentiel connu comme présent. Mais pour cela, la connaissance d'une forme universelle, à elle seule, ne suffit pas, il faut bien plutôt que cette forme soit en même temps tout entière le fait du devenir-réel : sinon, on ne saurait comprendre comment l'essentiel peut être présent dans l'existence relative. C'est pourquoi le fait que la philosophie expose n'est pas le fait relatif, mais le fait absolu, qui cependant existe toujours en même temps pour nous sous une figure relative. Mais ce fait absolu, pour autant qu'il n'est pas seulement pensé mais en même temps réellement expérimenté, est précisément celui de la révélation, qui annule l'état entièrement relatif en tant qu'existence immédiate, et précisément par là devient lui-même existence immédiate.

Que personne donc ne m'accuse de vouloir attacher de l'extérieur à la révélation – qui ne peut produire qu'en tant que fait son véritable effet sur notre vie réelle – une signification générale abstraite, de vouloir en faire la pure et simple image d'une théorie quelle qu'elle soit. Cet effort qui manque son but, je le connais fort bien, et je connais aussi les raisons pour lesquelles de nos jours, tous ceux qui parlent de révélation, c'est-à-dire d'une vérité réelle et pas seulement imaginée, voient peser si facilement sur eux ce soupçon. Puissent ceux qui le nourrissent se garder de prendre eux-mêmes la révélation pour un fait purement et simplement ordinaire et relatif, et d'être à cause de cela d'autant plus contraints de se réfugier en des
abstractions vides pour la comprendre. | Ma philosophie ne revendique pas 176
une théorie qui ne serait pas intelligence, compréhension, conscience du fait lui-même ; une telle théorie lui répugne bien plutôt. La pensée <à l'œuvre dans ma philosophie> n'est que l'éclairage que la révélation jette sur elle-même et qui nous est indispensable pour avoir conscience d'elle. Toute philosophie qui s'éloigne de la révélation est contrainte de la présupposer quand même, ou bien à titre de fait ordinaire, ou bien à titre de fondement inconnu, mais dans les deux cas cette philosophie ne pourra que devenir insatisfaisante en elle-même. Seule la philosophie qui est une compréhension et une conscience de la foi peut atteindre sa fin la plus haute, et c'est cette philosophie seule que je revendique.

Que l'on n'aille pas croire non plus que quelque autre fait naturel ou historique quel qu'il soit puisse, davantage que la révélation, être compris par la connaissance ordinaire à elle seule, sans philosophie ni conscience supérieure. De tout temps, mais avec une fréquence accrue ces derniers

temps, nous avons entendu reprocher à la philosophie de fausser les recherches sur la nature, ainsi que l'histoire, en perturbant par ses relations universelles la stricte saisie des faits purs. J'ai déjà essayé de convaincre mes lecteurs de ce que cela signifie, « saisir purement les faits », et que cela n'est pas du tout possible sans connaissance supérieure ; et aussi que la philosophie ne consiste absolument pas en relations universelles. En ce qui concerne l'histoire, de cette disposition provient l'hypercritique (*Über-*
177 *kritik*) qui, n'étant dirigée que | vers des faits relatifs, non seulement n'en aura jamais fini avec sa matière, mais en outre ne tient pas compte de ce qui seul est susceptible de lui conférer pour nous une valeur. Un peuple, un genre humain qui ne reconnaît jamais dans l'histoire la présence de l'Éternel, ni la cohérence que celle-ci y introduit, n'a nul fondement ni sol duquel tirer sa force vitale. Cette présence devient pour lui une apparition phénoménale voletant de manière indéterminée, et comme il a tout de même besoin de se rappeler l'essentiel, il cherchera à le remplacer par des théories inventées pour l'instant et en vue de chaque fin particulière. Ce sont les manières de voir, comme on dit, dont nous n'avons que trop expérimenté le règne pesant et les cruels effets. Nul n'y croit, et chacun feint d'y croire pour lui-même comme devant les autres. Elles tournent à demi-conscientes autour de la vérité et sont ainsi les appâts auxquels, sous l'apparence de ce qui est noble et vrai, l'esprit de mensonge attrape des générations entières. Pour ce qui est de la science de la nature, cette disposition incite à tenir la cohérence formelle des lois naturelles dans lesquelles les expériences peuvent être résolues pour le vrai, et pour ce que l'on peut connaître de plus haut. Concernant cette cohérence, on accomplit les progrès les plus fulgurants et les plus admirables d'autant plus aisément que l'on s'est détaché de la pensée présente de la révélation. Mais l'élément le plus haut auquel on parvient alors, ce n'est que la présupposition de l'essence en tant que fondement intérieur ; c'est principalement à sa domi-
178 nation en philosophie que nous | devons la propension prédominante à ce type de recherches sur la nature. Il serait certes très facile de déformer mes propos relatifs aux recherches en histoire et en sciences naturelles pour faire comme si mon discours était tourné contre la science. Ce n'est même pas la peine de s'attaquer à ce malentendu ; car qui veut voir, verra bien qu'il en va ici de l'essence intérieure, et que tout type de connaissance (*Kenntniß*) et de recherche qui est rejeté ici ne l'est que pour autant qu'il n'est pas ennobli et justifié par la conscience de la présence de l'essence suprême.

Pour finir, il me faut encore rappeler qu'il est question de cette unité de la philosophie et de la révélation de manière sérieuse, et qu'il ne s'agit pas, une fois de plus, de formules toutes faites ou de manières de voir. La révélation est tout ; mais elle est d'un côté expérimentée, de l'autre pensée et comprise, c'est-à-dire portée à l'intelligence et à la conscience. Pour que la philosophie soit vraiment vivante et efficace, il ne lui suffit donc aucunement de déduire la possibilité générale ou la nécessité d'une révélation ; cela ne ferait en effet que nous amener à penser une telle révélation, non à en faire l'expérience en nous, et nous ne considérerions alors jamais la révélation réelle que comme une image ou un signe de cette révélation universelle, tout en la considérant cependant en elle-même comme un fait purement et simplement relatif, ce qui en soi est une absurdité. Il faut bien plutôt que la philosophie trouve devant soi cette révélation en tant que révélation réelle, et que par la conscience elle nous plonge en elle comme en une révélation réelle, pour autant qu'elle le peut, évidemment, en étant elle-même seulement du côté de la pensée. Elle doit donc | se rattacher entiè- 179
rement à des matières réelles, qui sont également entièrement présentes pour la connaissance relative, et elle ne doit pas se contenter de les considérer comme des exemples qui illustreraient ses enseignements – auquel cas ces derniers seraient seulement universels –, mais comme leur accomplissement réellement présent grâce à l'unique contenu vivant. Sans cela, la philosophie n'a ni vie, ni force efficiente. C'est elle-même qu'elle retrouvera donc partout dans la réalité la plus immédiate, et ce n'est qu'arrivée à ce point, ou, du moins, ce n'est que pour autant qu'elle y aspire de fait qu'elle est vraie philosophie.

Je le répète : la connaissance pleine, vivante, par laquelle nous sommes à la fois quelque chose d'existant et quelque chose d'essentiel, c'est la foi, en laquelle Dieu se révèle par nous, pour nous et en nous. Son contenu, nous en faisons l'expérience comme d'un fait grâce à la révélation en sa réalité, nous le pensons lorsque nous comprenons la révélation en notre conscience, ou par la philosophie.

CHAPITRE XIII

DE LA VOCATION DE LA PHILOSOPHIE À NOTRE ÉPOQUE

S'il est vrai que la philosophie est absolument indispensable à l'homme, il sera facile de réfuter le délire de ceux qui s'imaginent que notre époque a pour ainsi dire dépassé l'âge de philosopher. Ils ne veulent rien savoir de la philosophie, parce qu'elle nous éloignerait de la vie pratique et du salut qui, pour nous, ne pourrait résider qu'en cette dernière, | parce qu'elle nous aurait – surtout ces derniers temps – empêtrés dans des ruminations stériles, nous dérobant ainsi le sentiment vivant de la présence, l'enthousiasme et la force d'agir spontanés. C'est pourquoi nous devrions revenir sur le terrain de l'histoire, nous enthousiasmer de nouveau, intervenir partout dans la vie réelle – et autres formules toutes faites qui, dépourvues de fondement plus profond, ne trahissent rien d'autre que l'envie de s'épargner l'inconfort de penser. En ce qui concerne les accusations portées contre les philosophies les plus récentes (1), la grande question est encore de savoir si ce sont ces dernières qui ont provoqué dans notre vie la désintégration de toute cohésion politique, éthique et religieuse, ou bien si, ressentant profondément cette désintégration, elles ne se sont pas plutôt développées à partir de la belle et bonne tendance visant à ménager, dans les fondements les plus intimes de la conscience humaine, un nouveau point central et un point d'appui solide pour la vie tout entière. Si cela n'a pas réussi jusqu'ici, si la contrainte de servir cette époque délabrée a été, pour la philosophie, plus forte que la possibilité d'en faire quelque chose de meilleur, cela tient au cours du destin universel, que nul effort singulier ne peut entraver ; à tout le moins, il n'est pas encore dit que la philosophie ne puisse quand même rafraîchir de nouveau la vie pratique et, dans une compénétration avec elle qui n'est peut-être possible que maintenant, provoquer un nouvel élan.

Le monde, même maintenant, ne saurait se passer du philosopher, et il ne diffame que le philosopher juste, approfondi et cohérent – on le voit à toute son | attitude présente, tournée contre lui. En effet, si l'on regarde plus
181 précisément en quoi consiste le goût pour ce qui est historique, populaire, pratique, on est étonné du manque d'un vrai sentiment de l'immédiat et du vivant, un manque qui règne presque sans partage. Pour cette génération gâtée, le sérieux dans la vie pratique est tout aussi importun que la philosophie. Pas de fait historique, pas de sainteté de l'État et de la religion

qui ne soient contraints de perdre leur spécificité sous une couche de bavardage sophistique sans aucune tenue (1) – on a envie de dire : qui ne doive être déformé jusqu'au mensonge, jusqu'à pouvoir se recommander de ce fallacieux brillant nouvellement acquis. Et ainsi cette polémique presque universelle contre la philosophie tourne en quelque chose de complètement opposé. Qui donc s'en tient fidèlement, avec la foi et elle seule, à quelque chose qu'il n'aurait pas commencé par transformer en une allégorie de propositions générales ? Un abandon intime à la vérité vivante est bel et bien en contradiction avec l'orgueil tenace qui pousse tout individu à s'ériger en juge suprême sur tout et à tout vouloir embrasser de son intelligence. Or c'est précisément aussi cet orgueil qui, lié à la paresse intellectuelle qui lui est naturelle, fait fi d'une pensée approfondie et cohérente qui requiert l'abandon, le dessaisissement de sa personnalité, tout comme les requiert l'enthousiasme authentique et ardent pour les faits véritables. Ce n'est donc pas le philosopher que l'on fuit et que l'on
dédaigne, mais | seulement le philosopher sérieux, sincère, celui qui exige 182
le sacrifice d'une personnalité limitée. Tout un chacun veut avoir sa propre philosophie et pouvoir se la fabriquer soi-même, tout comme il se fabrique soi-même ses faits afin de pouvoir s'enthousiasmer artificiellement pour eux. Car, comme je l'ai montré, la vraie tendance <qui pousse> à la philosophie est toujours liée de la manière la plus étroite au vrai besoin d'une foi inébranlable (1).

Si maintenant l'on considère notre époque de ce point de vue, on devrait alors croire qu'elle ne peut être que très défavorable à ce que nous appelons la vraie philosophie – à supposer que le bien pût se réengendrer directement à partir du pire délabrement. Or, j'en suis fermement convaincu, l'une des erreurs les plus dangereuses consiste à penser que quelque chose de bon en soi-même puisse naître à partir de ce qui est mauvais. En revanche, il est facile de comprendre qu'une époque où toutes les convictions immédiates et traditionnelles ont été quasiment déracinées ne peut être sauvée qu'au moyen de l'intelligence et de la conscience. Mais cela même ne suffit pas. Car si la philosophie ne devait servir que de substitut à ce qui est immédiatement présent et vivant, si elle ne pouvait faire autrement, alors, dans cette séparation d'avec la vie, séparation dans laquelle la philosophie ne peut subsister, elle repasserait à quelque chose d'abstrait et de dévitalisé. Donc, si la philosophie doit prospérer, si elle doit devenir féconde pour la vie elle-même, il faut aussi qu'elle ait déjà son germe vivant dans le présent.

Qu'il en aille réellement ainsi, | voilà ce que l'on doit croire, si l'on veut 183
gagner le moindre courage, la moindre force afin d'œuvrer pour le bien. Il faut en être convaincu : la présence de Dieu ne peut quitter ce monde, et

tous les bouleversements et transformations ne sont que passage à une nouvelle vie – ne dussent-ils à première vue nous apparaître que comme mort et délabrement. Il y a bien eu des époques où un délire aveugle a, sous l'apparence de la foi, corrompu le monde, puis les choses se sont de nouveau améliorées ; pourquoi une pensée plus noble ne se développerait-elle pas de nouveau à partir de l'aspiration à la conscience et à l'intelligence – si grand que puisse être l'égarement de cette aspiration, en son violent développement terrestre –, une pensée qui pourrait de nouveau s'attacher solidement à son contenu propre, celui de la foi ? L'ensauvagement actuel n'est peut-être que le symptôme extérieur de la lutte de l'esprit qui veut revenir à son vrai point central (1).

Un autre égarement, qui a de toute évidence proliféré dans la philosophie elle-même, me semble relever de ce type de symptôme. En effet, il est impossible de ne pas reconnaître que la philosophie elle-même, lasse de tourner en rond dans les généralités et le formalisme, se sent poussée à rechercher un sol ferme dans des faits. De là provient, tout d'abord, la pseudo-mystique à l'aide de laquelle elle s'efforce de transférer les lois et efficacités de la nature au <domaine> spirituel et moral, et ainsi de fonder pour ainsi dire la doctrine morale par la physique (2). Cette illusion extrêmement dangereuse, qui incite seulement à une aspiration à la
184 magie | et qui fausse la science de la nature tout comme la religion en <les réduisant à des> moyens d'un tel délire (1), est un mauvais signe des temps, et elle n'a pu, dans la figure superficielle sous laquelle elle apparaît, être tenue par beaucoup de gens pour quelque chose de profond et d'intérieurement fort, qu'étant donné l'état de dissolution dont nous parlions. La vraie mystique consiste dans la connaissance du divin, tel qu'il est immédiatement présent comme essence dans l'existence ; seule la vraie unité de la spéculation et de la révélation que j'ai décrite y conduit donc (2). C'est en ce point central que l'on doit pouvoir, de fait, déceler aussi les forces morales dans la nature, et de même la vie physique dans la moralité – et cela, plus profondément et plus parfaitement que dans n'importe quelle direction particulière. Il est d'autant plus aberrant de vouloir, hors de ce point central, maîtriser les puissances de la nature par l'entêtement personnel, ou encore déduire ce qui est le plus haut dans notre conscience à partir de ces puissances, comme le résultat de leur évolution. Aussi ce penchant n'a-t-il, on peut en être sûr, pas d'autre fondement que l'instabilité des concepts moraux tant que l'on ne sait les penser que sous des formules vides ; ainsi que l'hypothèse confuse, qu'évidemment on ne s'avoue pas à soi-même, selon laquelle l'étant en soi ne serait en fin de compte bel et bien que le naturel et ainsi ce qui est immédiatement donné à

la perception. Il y aurait néanmoins davantage à dire à propos de cette direction, quant à la manière dont elle s'est présentée en des temps plus anciens, si nous n'étions contraints de nous borner ici à une fin très précise. Ensuite, l'aspiration générale à produire, à titre d'attestation de la philosophie, une histoire universelle | mythique que l'on voudrait faire se déve- 185
lopper à partir d'un système posé au préalable, provient de la même cause (1). On peut voir très clairement ici, à partir de l'expérience même, combien tout est vain là où le fait n'est pas révélation entièrement présente, et où sa connaissance n'est pas vraie spéculation. Car tantôt l'on veut trouver le système dans les faits relatifs qui ne relèvent que du phénomène, et ce système finit par se ratatiner en quelques maigres abstractions que l'on trouve bien sûr facilement confirmées partout, vu que pour des formules aussi vides il y a partout des exemples à portée de main ; tantôt l'on veut voir un système préalablement formé représenté dans un déroulement systématique de l'histoire, ce qui nuit autant à l'histoire, qui doit s'en accommoder, qu'à la philosophie, qui se transforme alors en un devenir temporel au lieu d'être saisie en un unique moment de la conscience présente. Tels sont les résultats, là où la complète compénétration de la révélation et de la pensée n'est pas d'emblée présente ; car ce n'est qu'à partir d'elle que la présence mystique de Dieu dans l'histoire se laisse comprendre (2). Mais ces efforts prouvent, comme je le disais, le besoin inextinguible d'une telle compénétration, même si la foi ne peut être fondée par la physique, ni la spéculation par l'histoire mythique universelle.

Dans tous ces signes des temps, le très grand besoin <de trouver> un appui solide dans la | révélation peut difficilement être méconnu. Il se 186
manifeste d'abord, à vrai dire, comme pur et simple besoin, comme sentiment pressant de manque et de vide qui, précisément parce qu'il est dépourvu de vrai contenu, cherche à faire miroiter sa propre indigence comme si c'était une richesse. De là viennent les volte-face inquiètes de différents côtés, que je viens de décrire, de là vient même le délire selon lequel la conscience du besoin religieux serait déjà sa satisfaction. En revanche, là où il s'agit sérieusement d'appréhender la présence de l'essence, et de la penser aussi comme présente dans notre réalité, notre époque se détourne avec réticence. Néanmoins, elle sera violemment poussée à accepter la vérité, à s'abîmer en elle et à y croire : car elle confesse partout, consciemment ou inconsciemment, que cela lui manque. Et malgré ses tentatives pour gommer toujours davantage ce qui est immédiatement vivant – dans la religion par un nivèlement dans l'expression (1), dans l'État par des concepts universels (2) –, elle devra nécessairement par

là-même rechercher l'intelligence de la vie qui est la même en tout ; et si seulement cette intelligence s'est fait jour avec sérieux, alors elle s'attachera d'elle-même le plus étroitement à sa vraie matière, la révélation historique vivante. Alors le monde croira avec intelligence, et ainsi se libérera peut-être un nouveau principe de développement vivant.

C'est le devoir et la vocation de la philosophie que de suivre rigoureusement et honnêtement la voie que lui prescrit la conscience de son
187 époque, conscience qui est en même temps la sienne propre. | Il faut qu'elle abandonne tout arbitraire, tous souhaits infondés, toute inquiétude qui naît du sentiment d'un besoin non encore satisfait, sans se soucier du délire qui tient la pensée en général pour quelque chose d'arbitraire et d'artificiel, de même qu'elle ne peut cultiver secrètement sa propre foi que comme quelque chose de ce genre, à titre de moyen choisi en vue de quelque chose de mieux. Il serait absurde et même sacrilège de feindre un prétendu retour à la prétendue innocence et véracité inconsciente des temps passés. C'est pourquoi il faut que la philosophie commence par montrer précisément que sa pensée contient le fait éternel et en même temps présent pour nous, qu'à toute époque ce fait peut être retrouvé par l'intelligence sincère et vraie de sa nature, et qu'en toutes circonstances il peut redevenir la présence parfaite et l'élément qui donne à notre vie sa force originaire. Car ciel et terre passent, mais le Verbe de vérité ne passe pas (1), si diversement soit-il annoncé selon les différentes époques et aux différentes consciences.

Aucun doute là-dessus ne subsistera pour qui s'est convaincu que le contenu de la vraie philosophie et celui de la révélation ne font qu'un. Il est inévitable que l'homme s'attache, au cours des temps, tantôt à l'expérience particulière de la présence de l'essence divine, tantôt davantage à l'intelligence de cette expérience au moyen de la pensée vivante en lui, qui n'est
188 pas moins divine. | C'est que Dieu ne nous a pas donné ce que l'on appelle habituellement raison uniquement comme un instrument extérieur, que nous pourrions utiliser de la manière et pour le but que nous voulons : au contraire la pensée vraie est, tout autant que la foi, l'efficace de Dieu nécessaire pour nous. Sans Dieu, sans son influence et notre abandon à celle-ci, l'expérience de sa révélation devient une superstition, et la pensée une sophistique. C'est pourquoi ceux qui sont initialement partis de l'expérience du divin ont, eux aussi, philosophé, car ils le devaient nécessairement. Jean et Paul déjà l'ont fait ; les Pères de l'Église ne s'en sont jamais dispensés, et lorsque la foi se perdit de plus en plus dans le fait empirique, la philosophie elle aussi devint une scolastique exerçant une réflexion ergoteuse. Sans philosophie, Luther ne serait jamais revenu à la vraie signification de la foi en sa force originaire (1). Mais plus la masse et l'étendue

externe des connaissances ordinaires augmentent, plus la pensée devient nécessaire, plus le besoin devient pressant de configurer la forme de la pensée, à même son contenu essentiel, en une activité présente de manière vivante. Cette extension croissante de la connaissance qui traque et recueille le phénomène a eu l'effet suivant : la philosophie a cherché à faire de la forme une expression de l'essence, mais d'abord seulement en présupposant de manière partiale tel ou tel point central d'une intuition forte et vivante. On pourrait certainement prouver qu'il en va ainsi depuis ce que l'on appelle la Renaissance des sciences en ordre systématique. | Si **189**
l'époque affirme être rassasiée et fatiguée de la philosophie à force de tant de configurations de cette dernière, cela peut aussi s'expliquer, justement, à partir du sentiment qu'un certain cycle a été parcouru (1). Mais c'est exactement la raison pour laquelle l'époque doit désormais ou bien pénétrer dans le point central, ou bien abandonner, avec la pensée, également la foi, la vérité et son propre salut.

Si nous avons ainsi reconnu le véritable état des choses, ainsi que la vraie vocation de la philosophie résidant en lui, il ne s'agit pas pour autant de se demander si nos forces suffisent à accomplir cette vocation. Que chacun agisse comme il l'entend, après un examen intègre et honnête. Celui qui l'a poussé à une aspiration pure vers le vrai, Celui-là imposera glorieusement la cause du vrai. Et quant à celui qui tombe dès le début du combat, après un effort faible mais louable, la voie pour vaincre et sauver le tout n'en passe pas moins par lui. Cette observation doit consoler l'individu qui souvent serait près de se décourager, s'étant chargé d'une œuvre bien trop ample et ardue.

CHAPITRE XIV

DE LA FORME DE LA PHILOSOPHIE

Il ne reste plus qu'à dire quelque chose de la forme sous laquelle la philosophie peut, à mon avis, satisfaire au mieux à sa signification et à sa destination telles qu'elles ont été établies.

| Je me suis déjà servi de la forme dialoguée dans quelques écrits, et cela **190**
m'a valu d'expérimenter toutes sortes de contestations – ce qui est aussi la raison la plus immédiate de m'exprimer ici sur ce sujet. En effet, vu que le présent écrit est essentiellement destiné à faire progresser mon entente avec le public et à dire très simplement ce que je veux, pour que ce soit ensuite d'autant plus facile de le reconnaître et de le comprendre réellement

dans mes écrits philosophiques, sur ce point également une explication sera donc ici à sa place (1).

On reproche à la forme du dialogue, telle que je l'ai utilisée, de rendre la compréhension difficile sans que cela ne soit nécessaire, d'envelopper une opinion simple dans trop de complications, bref – pour dire les choses telles qu'elles sont – de donner trop de mal au lecteur. Ce serait, dit-on, méconnaître l'esprit de notre époque et ses exigences, que de vouloir lui offrir un tissu artistement élaboré, auquel il devrait se mettre sans savoir s'il trouvera par la suite la récompense adéquate au temps passé et à l'effort fourni, et auquel il n'aurait pas le loisir de s'attarder, étant donné les fins élevées qu'il lui faut poursuivre avec diligence et sans interruption.

Ce que l'esprit de notre époque exige, pour autant qu'il est gâté et gauchi (et avec de tels jugements on ne fait à vrai dire que le flatter), je le sais fort bien moi aussi. Il exige des déclamations semi-philosophiques, des sophismes politiques et, sous couvert de vérité scientifique, des appli-
191 cations à | l'état des partis à un instant donné. Je ne m'entendrai jamais à lui donner telle pâture, et je n'ai pas besoin de m'étendre à expliquer pourquoi. Quant à la forme doctrinale systématique, elle aussi il la trouve encore bien à son goût. On travaille à fond un système rédigé en paragraphes, bientôt on arrive à lui donner son nom générique technique, on émet une sentence à son propos, et enfin on le met de côté pour l'éternité. Il ne réapparaît que dans le charabia technique des panthéisme, fatalisme, déterminisme, dualisme, rationalisme, idéalisme, réalisme etc., qui ne touche le cœur d'aucun homme (1). Je ne méprise pas la forme dogmatique en elle-même, ni son usage plus noble, tout aussi peu que l'application de la philosophie à tout besoin pratique de l'instant ; mais je redoute, de cette application et de cet usage, l'interprétation pervertie, dépourvue d'esprit. Je voudrais bien développer et communiquer la philosophie en tant que vrai bien de la vie, source de la pleine conscience présente, force agissant de manière vivante, et je crois que le meilleur moyen pour ce faire est le dialogue, et que ce moyen est excellent lorsqu'il faut commencer par contraindre de nouveau tout un chacun à reconnaître pour lui-même le besoin d'une conviction essentielle et immédiate.

Mais avoir conscience de ce besoin est toujours le premier pas, et acquérir un tel point central de conviction est la bonne voie, pour se
192 dégager des confusions dans lesquelles | nous voyons présentement la plupart des gens plongés ; je dirais même que ces deux aspects sont de manière générale indispensables à notre dignité intellectuelle. De quelle utilité est à l'homme toute la masse des expériences singulières, tout l'enthousiasme pour des objets, formes et configurations de la science pris

un par un, s'il lui manque un centre intérieur (*ein Innerstes*) où tout se réunisse et où il trouve son vrai fond, sa vraie source de vie? Sans ce fondement et cette illumination par l'essentiel, par la présence et la conscience pure de l'Éternel en nous, même les formes sous lesquelles l'esprit se répand à travers les matières de la connaissance deviennent des apparitions fantasmagoriques qui invitent à un demi-délire. De ce résultat, nous ne pourrions fournir que trop d'exemples issus de notre expérience actuelle. On aime à exhiber à partir de toutes les sciences des aspects singuliers, des révélations partielles et à en faire une parure pour l'impulsion, faible et obscure à elle-même, qui tend vers la vision spirituelle – impulsion qui, comme nous l'avons montré, ne naît en réalité que parce que fait défaut la capacité de cette vision. Un jeu d'allers et retours de la fantaisie autour des profondeurs de la conscience humaine, aussi bien suivant la direction de la nature que suivant la direction morale-religieuse, un jeu qui ne fait jamais résonner que des notes isolées et les arrache délicatement de l'harmonie complète du tout (1) – ce jeu tisse autour des cœurs des rêves dans lesquels l'être véritable (*das wahre Wesen*) se métamorphose en mille fantômes, sa splendeur en faste creux, et la consolation que sa connaissance devrait apporter, en | effroi voluptueux. Les légendes 193
autour de la quête magique et délirante pour laquelle ce qui est le plus profond et le plus essentiel dans l'esprit humain était devenu une jouissance temporelle se confirment devant nos yeux. On arrache de régions de notre intériorité, prises une par une, l'enveloppe qui les relie au tout, on montre les organes palpitants, et le sens émoussé, inaccoutumé à la vraie contemplation, croit percevoir dans leurs mouvements maladivement frémissants le souffle de la vie suprême. Ainsi, même les moins initiés se voient ouvrir un aperçu troublant sur les secrets saints de la nature, comme la frontière entre le délire et la conscience, ou les états de magnétisme animal et assimilés (1), secrets qui excitent, enthousiasment de manière partiale (2) et attirent d'autant plus à eux les esprits, pour ainsi dire par un vertige intellectuel, qu'ils sont moins compris. C'est de la même manière que nos mythologues jouent avec des concepts unilatéraux qu'ils arrachent du tout formé par la vie religieuse pleine et entière de l'humanité, et qu'ils peuvent ensuite facilement mettre en avant; et de même nos réformateurs de l'État, avec des formules politiques qui souvent ne reçoivent leur sens véritable que de leur contraire, qui annule leur partialité, et qui de ce fait conduisent immanquablement ceux-là aussi qui les prennent pour bannière à un anéantissement par ces contraires. Et tous ces sophismes obtiennent naturellement les applaudissements exaltés de la foule parce que, dans leur funeste isolement, ils ne sont que trop faciles à appréhender et rendent

194 l'effort de penser non seulement inutile, mais presque | impossible. Car cet effort semble être ce que cette génération craint le plus. Le penchant éveillé de cette manière se plaît donc aussi à la forme en vogue de la déclamation décousue, impétueuse, qui n'est compréhensible que pour celui qui ne veut ou ne peut penser plus long qu'une page, mais qui fait tourner la tête à qui a besoin d'une plus grande cohérence et devient pour lui la manière d'écrire la plus compliquée, qu'il peut le moins entendre, parce qu'elle est, précisément, dépourvue d'entendement. Je vais l'avouer très franchement : si cette manière venait à s'étendre encore, je n'y reconnaîtrais rien d'autre que le rapide déclin vers une barbarie abrutissante.

Cette dégénérescence précoce est d'autant plus frappante qu'il y a encore fort peu de temps, tout était plein d'art et d'élaboration et d'agencement artistiques de toutes sortes de sciences, particulièrement de la philosophie. C'est précisément la forme du dialogue philosophique, tenue aujourd'hui pour un détour inutile et ennuyeux, qui était alors le but suprême auquel pouvaient aspirer ceux qui s'occupaient de ces choses ; et rien que le fait de se porter candidat à ce prix passait pour un mérite éminent (1). L'imitation la plus ratée, la plus dépourvue de vie de la manière platonicienne était tenue en grand honneur, et l'on témoignait à tout le moins par là de ce que l'on reconnaissait – fût-ce sans la comprendre – la valeur de cette forme pour la philosophie. Ou bien tout cela n'aurait-il duré qu'aussi longtemps que dure l'imitation ou l'affectation ? S'est-il montré là encore, ce faible des Allemands pour toute appropriation
195 distinguée | d'une mode venue de l'étranger (1), un faible qui les a toujours induit à mépriser ce qui était né de manière naturelle chez eux-mêmes, ce dont l'intention était sincère et sérieuse ?

Quoi qu'il en soit, la forme du dialogue restera toujours la forme la plus vivante, la forme authentique d'une philosophie vivante. Là où tout dépend de ce que la connaissance ne soit pas seulement énoncée, reçue et conservée, mais de ce qu'elle devienne notre propriété parfaite et la matière de notre expérience intime, la forme la meilleure doit nécessairement être celle qui fait surgir en nous cette connaissance de manière vivante devant l'œil de notre esprit, et la fait croître dans la vie phénoménale. Notre conscience en tant que foi pure, par laquelle notre intériorité se saisit elle-même et fait l'expérience de sa transformation en révélation de l'Éternel, c'est la religion. Elle ne peut être ni exposée ni communiquée autrement que par des moyens et des formes qui agissent de manière indivise sur cette intériorité et la résolvent entièrement dans l'expérience du Très-Haut ; bien plus, elle n'est, en fait, pas du tout communiquée, mais lorsque la présence de ses effets nous pénètre entièrement, nous nous sentons ne faire

immédiatement qu'Un avec les autres, comme passés dans un élément commun. L'art se tourne dans la direction opposée. Lui aussi n'a affaire qu'à l'essentiel et à l'éternel dans notre nature, mais il ne l'appréhende pas tel que ce en quoi notre conscience tout entière disparaît, mais tel qu'il se configure, au moyen de notre conscience, en une vie phénoménale et présente pleine et entière. | Notre cœur s'abandonne ici complètement à ses 196
objets, et se transforme entièrement en eux, parce qu'il ne fait que contempler comment le divin lui-même est devenu phénomène, pénètre entièrement le phénomène, et précisément pour cette raison se dissout, en alternance avec lui, en un être-là véritable, dont ne peuvent plus être séparés ni l'Éternel en tant qu'essence seulement pensée, ni le phénomène en tant que pure et simple existence, et qui est le fondement et le sol de l'art (1). C'est entre les deux, religion et art, que prend place l'exposition de la philosophie. Si elle appréhende l'essentiel en tant qu'être-là présent, celui-ci ne peut qu'être tel que l'essence y soit entièrement passée, et c'est dans cette mesure que l'exposition de la philosophie est art. Mais l'essence doit en même temps être reconnue comme telle et distinctement pensée, par conséquent elle ne doit pas purement et simplement se perdre dans l'être-là ; mais il ne faut pas non plus l'en séparer, car dans ce cas elle devient une abstraction vide. Son être-là doit donc devenir en même temps l'état de notre propre conscience dans lequel seul peuvent être appréhendées à la fois la transformation des deux aspects de la connaissance l'un en l'autre, et leur séparation. Or tout cela n'advient qu'à travers le dialogue, dans lequel l'homme devient sa propre œuvre d'art, et n'en est reconduit que plus profondément à la conscience la plus simple, la plus immédiate et la plus secrète de son essence intime ainsi que de la présence de l'Éternel en lui.

Pour ce faire, il ne suffit en aucun cas que des opinions théoriques déterminées soient réparties sur quelques noms inventés de personnages,
| et soient, sous cette figure, tressées en preuves et réfutations qui, vu 197
qu'elles n'ont affaire qu'à des concepts, pourraient évidemment être exposées bien plus facilement et commodément sans cette vaine décoration. Tout aussi peu suffit-il que ces personnages soient façonnés plus individuellement par l'imagination, et qu'au développement des opinions soit également corrélée une conséquence dramatique sur le cœur des interlocuteurs. Ce ne serait là qu'une incursion fallacieuse et insuffisante dans le domaine de l'art, qui précisément pour cette raison serait d'autant moins en liaison véritable avec la fin la plus haute. Les personnages doivent se tenir là et agir, bien vivants et pour ainsi dire rondement achevés (1), et il faut que leur répartition en différentes opinions soit en même temps une décomposition de ce qui se rencontre en tout cœur humain comme <étant>

en son fond une seule et même chose, de sorte que le lecteur, avec les personnages, fasse en même temps l'expérience du développement de ces oppositions à partir d'un point central qui est le même en chacun, et qui, dans la conscience la plus propre au lecteur, contient le germe de ces oppositions en même temps que leur essence simple et éternelle. Il faut que le lecteur voie devant lui ce qui constitue la vie de sa propre intériorité, scindé dans la réalité, aux oppositions de laquelle son être (*Wesen*) prend également part ; et il faut que, par l'annulation ou la médiation de ces oppositions, il soit replongé dans la perception de lui-même et de la présence
198 divine qui constitue, en lui comme en tout, l'essence vraie. Il faut donc | que cette forme, qui, en tant qu'art, présente les Idées dans leur réalité, les rassemble en même temps en son point central et nous plonge dans la conscience religieuse de la présence de l'essence.

Il n'est besoin que de reconnaître cette vraie nature propre à la forme dialogique, pour se convaincre que ce n'est qu'à travers elle que la philosophie pourra être rendue réellement vivante. Mais il en résulte aussi, en même temps, que seul celui pour qui elle est un vrai besoin vital peut revendiquer de la comprendre et d'en jouir sous cette forme. Autrement, elle devient en fin de compte une ratiocination sèche et débile, ou bien un jeu infâme. Je ne veux prendre part à aucun des deux ; et si ma philosophie devait ne pas être ressentie et expérimentée de manière vivante, si elle devait ne pas pénétrer elle-même dans la vie ni être vie, alors je préfère qu'elle disparaisse sans laisser de trace dans l'indifférence de mes contemporains, plutôt que l'on en abuse ainsi, avec une froide vanité. La forme artistique, dissuasive, empêchera précisément cet abus, tout autant qu'elle favorisera le bon usage ; pourquoi donc n'en ferais-je pas l'essai ?

Je ne nie pas toutefois qu'il y ait quelques cas où l'on puisse faire usage de la forme dogmatique, et peut-être où l'on ne puisse utiliser qu'elle, ou tout au moins dans lesquels le mieux est de l'utiliser. Là où la philosophie doit se tourner vers la matière particulière de certaines sciences historiques ou physiques, il faut, de fait, qu'elle se configure systématiquement, car
199 autrement elle ne pourrait | apporter aucune cohérence organique à la masse des singularités. Ce motif tient cependant davantage au monde de la matière particulière ou de l'expérience, qu'à la philosophie elle-même. Elle est, en outre, soumise à l'exigence de s'énoncer en doctrines lorsqu'elle doit pour la première fois éveiller dans l'homme le sens de la vérité, et évoquer à la conscience de ce dernier sa situation, son essence et son rapport à Dieu et au monde, en fonction de relations générales. Dans ce cas, c'est par des sentences brèves mais incisives que la philosophie

donnera au mieux vie à ces connaissances. Je ne suis pas fermé à l'une et l'autre méthodes, là où les buts posés les exigent.

Puisse l'explication brève et, je l'espère, intelligible que je me suis astreint à donner dans cet écrit ne pas manquer son but ! Puisse-t-il m'être accordé de contribuer à ce que la philosophie regagne sa dignité, son efficacité et sa vraie figure ! Et si, pour l'instant, je ne devais pas avoir réussi en cela aux yeux de la foule, puisse Dieu me conserver le peu d'amis qui comprennent ce que je fais ; puisse, grâce à leur efficacité, justice être néanmoins rendue au juste, lorsque le temps sera venu !

DIALOGUES PHILOSOPHIQUES SUR L'ÊTRE, LE NON-ÊTRE ET LE CONNAÎTRE

PRÉSENTATION

Datation

Lors de la composition des *Écrits posthumes et correspondance* par les amis de Solger après sa mort, ce dialogue a été placé après *Sur la vraie signification et destination de la philosophie* (écrit quant à lui en 1818-1819), sans doute sur une suggestion de Hegel (1), selon qui *Sur l'être, le non-être et le connaître* fait partie des derniers textes rédigés par Solger. Cette datation est à comprendre en corrélation avec le jugement hégélien sur le contenu de ce dialogue, dans lequel Solger, parvenu à la maturité de sa pensée conçoit (comme Hegel lui-même) « l'unité de l'être et du non-être », ou encore « l'immanence de la contradiction » : « comme le titre nous le fait déjà clairement voir, la carrière philosophique de Solger s'y achève (*vollendet*) en s'élevant à la contemplation d'objets purs spéculatifs » (2). La perfection philosophique par laquelle Solger approche le penser spéculatif dans sa pureté ne pourrait se situer qu'à la fin de sa vie. Dans sa biographie de Solger, Hermann Fricke date le dialogue de 1818 (3).

Cette datation tardive a été mise en cause par Wolfhart Henckmann qui, dans son article de 1993 sur ce dialogue, argumente en faveur d'une rédaction précoce, plutôt vers 1808-09 voire cinq ou six ans auparavant (4), c'est-à-dire largement avant que Solger ne soit en possession de sa propre philosophie. Mais il est également possible de souligner la compatibilité du concept de révélation, développé dans les dernières œuvres, avec le contenu de *Sur l'être, le non-être et le connaître*, comme l'ont fait chacun de leur côté Giovanna Pinna et Dirk Potz, qui reviennent de ce fait à l'hypothèse d'une rédaction tardive (5). En ce qui nous concerne, nous ne sommes pas convaincue par les arguments de W. Henckmann. Peut-on vraiment, par exemple, s'appuyer sur l'absence du concept de révélation dans ce dialogue (6) ou sur l'absence d'une critique aboutie de Schelling (7), alors même que ce dialogue de Solger est manifestement inachevé ? L'insistance du dialogue sur l'existence singulière, sur le *Daseyn* des choses individuelles, est parfaitement cohérente avec la perspective d'*Erwin* ; cette cohérence appuierait plutôt une datation au moins contemporaine d'*Erwin*, voire ultérieure. Bien plus, comme nos commentaires le montreront en suivant une direction ouverte par G. Pinna, il est possible de reconnaître au fil du dialogue plusieurs thèses qui sont bien celles du Solger d'après 1815. Ces différents éléments parlent plutôt en faveur de la datation en 1818-19.

Objet et enjeux

L'objet de ce dialogue est, comme l'indique son titre, la compréhension des rapports entre l'être, le non-être et le connaître ; plus précisément, il s'agit en fait de comprendre la relation entre l'être et le connaître, le concept de non-être (*Nichtsein*) permettant de préciser cette relation au fil de l'argumentation. Avec cette recherche sur la connexion de l'ontologie et de la théorie de la connaissance, qui se veut source d'un système de la philosophie, Solger se place sur le terrain même où Fichte et Schelling avaient, différemment et conflictuellement, voulu élaborer une *philosophia prima* ; et plusieurs moments du dialogue font en effet écho à leur confrontation après 1801.

L'originalité de Solger, toutefois, apparaît non seulement dans la forme dialogique, dont le caractère crucial est théorisé dans les premières pages, mais aussi dans la mise en perspective initiale de la recherche ontologico-gnoséologique à partir du problème de l'individuation, plus exactement : à partir de l'expérience de l'existence des choses individuelles. Ce n'est donc pas à partir de la position d'un premier principe que le système de la philosophie doit ici s'édifier, mais *in medias res*, à partir de l'inéluctable présence des choses. L'ensemble du texte apparaît en effet comme le travail dialogique progressif sur la thèse d'abord énoncée par le personnage « C », « empiriste critique » (8) qui soutient une position nominaliste, mais qui exprime aussi l'affirmation spontanée de la conscience naïve : ce qui *est* tout d'abord pour nous, ce sont les choses individuelles, dans leur infinie diversité et dans leur positivité à chaque fois singulière. Comme la *Phénoménologie de l'esprit*, le dialogue *Sur l'être, le non-être et le connaître* commence avec la conscience *avant* la connaissance, avant la philosophie, dans son rapport sensible immédiat à ce qui est là. Le point de départ n'est pas l'absolu, n'est pas l'être en sa pure universalité et abstraction (9), mais cela qui est là, à chaque fois singulièrement; Giovanna Pinna remarque ainsi que Solger déplace le questionnement idéaliste du couple sujet/objet vers le couple absolu/individu (10). Ici se place sans doute l'un des points de jointure à partir desquels certains phénoménologues se sont senti une certaine parenté intellectuelle avec l'auteur d'*Erwin* (11).

Or d'emblée, l'expérience immédiate des choses individuelles se complique, l'intuition de l'existence singulière se mêle à la comparaison de caractères communs et différents, et c'est cette complication que le dialogue – reprenant, à partir de l'expérience finie des phénomènes et de l'exigence postkantienne de son élucidation systématique, la question platonicienne de « l'entrelacement » du non-étant avec l'étant (12) – va devoir démêler : « Toute chose est ce qu'elle est, et pourtant aussi, en même temps, n'est pas ce qu'elle est, mais est identique à une autre et différente d'elle. Cette contradiction que donne l'intuition immédiate des choses est précisément ce que toute notre enquête philosophique doit résoudre. » (13).

Comment comprendre la relation entre le fait irrécusable de l'existence, et celui, non moins donné, de la connaissance ? Avec cette question, traitée au fil du dialogue comme *question quant à l'être de l'individu*, c'est aussi, comme dans les deux autres textes ici traduits, Jacobi et son différend avec l'idéalisme allemand qui se profile, comme le suggèrent l'insistance sur l'individualité du réel, sur le caractère factice, secondaire et négatif du concept, sur l'importance du sentiment et du pressentiment comme accès au *Dasein*. Le sentiment « violent » (14) de la primauté de l'existence individuelle, du « là » singulier de l'être, est le fil conducteur dont le personnage C (qui rappelle par plusieurs traits l'Erwin du dialogue éponyme) ne veut pas démordre, et dont les tentatives d'élucidation donnent dès lors différentes figures possibles d'une *philosophia prima*.

Les possibilités ainsi parcourues ne coïncident pas tant avec des doctrines prises en bloc dans l'histoire de la philosophie, qu'elles ne s'articulent à partir de certaines propositions fondamentales qui sont rediscutées à chaque fois pied à pied. La forme du dialogue permet ce philosopher en acte dans lequel le rapport à l'histoire de la philosophie est bel et bien présent, mais sur un mode non-historique, en une réappropriation elle-même singulière. Ce ne sont pas tant Platon, Spinoza, Fichte ou Schelling qui sont discutés comme un *corpus* figé, que certaines de leurs positions qui doivent nécessairement être envisagées par une conscience qui questionne quant à l'être de l'individualité et quant à l'unité de l'être.

Toutefois, la confrontation à Schelling est ici particulièrement serrée, et manifestement fondée sur une connaissance précise des textes de la *Naturphilosophie* et de la philosophie dite de l'identité, que nous avons autant que possible restituée dans les notes ; en particulier, les dernières pages du dialogue glosent l'*Exposition de mon système de la philosophie* publiée par Schelling en 1801, et l'on trouve aussi des allusions au *Bruno* (1802). La fin du dialogue met notamment en tension les deux faces de l'absolu posées comme identiques par Schelling en 1801, l'identité ou unité absolue, et la totalité ou identité comme univers ; on y atteint finalement, au travers d'une lecture attentive de l'*Exposition*, le point même à partir duquel se conçoit la disjonction entre le projet schellingien, qui exige de maintenir l'identité de ces deux aspects (jusqu'au point de non-retour assimilant, en 1806, l'absoluité même à l'*ek-sistere*), et celui de Solger, qui maintient la transcendance de l'Un pur, tout en désignant sa pleine et paradoxale présence dans la révélation, pensée comme la négation du néant qu'est l'existence.

Synopsis

Ce synopsis n'est pas un résumé exhaustif, il vise à restituer et éclairer la trame de l'argumentation qui se déploie dans le dialogue. Les numéros de pages indiqués renvoient au texte allemand des NSB II.

(p. 199-203) *Prologue* sur le sens du dialogue philosophique.

I. (p. 203-220) *Exposé de la conviction de C : L'être est absolument singulier ; le non-être est universel ; le non-être coïncide avec notre connaître.*

I.1. (203-209) Premier exposé de cette conviction : l'être réside dans la singularité irréductible de chaque chose.

Cette singularité s'impose à nous comme la limite de notre pensée. Position nominaliste : les noms et concepts naissent des rapprochements que nous opérons entre les choses et n'atteignent donc pas le noyau à chaque fois singulier de l'être. La connaissance par concepts ne nous donne que le non-être des choses.

I.2. (210-216) Approfondissement. Le « subsister à part soi » de chaque chose est posé comme le principe premier et inconditionné. L'entière détermination d'une chose n'atteint pas son être propre, la « chose même » ou son « noyau intérieur indéterminable », inconnaissable. Toutefois la chose n'est pas seulement cet obscur « être à part soi », mais aussi un « quelque chose », déterminé par une infinité d'autres choses. Cet être-déterminé, c'est-à-dire sa connaissabilité, est son non-être.

I.3. (216-220) Comment comprendre alors la relation entre l'être absolument singulier et inconnaissable de la chose, et son non-être (le fait qu'elle soit objet de notre connaissance) ? C'est là « ce que toute notre enquête philosophique doit résoudre ».

Force est de constater qu'il n'y a pas d'être qui ne soit lié à un non-être, sinon nous ne pourrions pas en parler. Tout être est connaissant à quelque degré. Sa connaissance est le non-être de toutes les autres choses (=leur connaissabilité). Il y a donc un lien entre l'être d'une chose et le non-être de toutes les autres choses. Je n'ai pas une connaissance directe, ni de l'être (à part soi) des choses, ni de mon propre être, mais seulement indirecte, à travers le non-être des choses.

I.4. (220) Récapitulation :

1) chaque chose a un être absolument singulier subsistant à part soi ; 2) chaque chose a en outre un lien au non-être de toutes les autres ; ce lien est la connaissance qu'elle a des autres choses ; 3) le non-être de chaque chose est son devenir-connu ou sa connaissabilité.

II. (220-230) *Première modification de la thèse de C: parce qu'on admet un non-être universel, il va falloir admettre un être universel, et la thèse de l'être comme pure singularité inconnaissable n'est plus tenable.*

II.1. (220-224) Le non-être est-il à chaque fois singulier, propre à chaque chose, ou bien est-il universel ?

Le non-être nie l'être et celui-ci est particulier. Ou bien, donc, le non-être lui aussi est particulier ; ou bien, s'il est universel, l'être qu'il nie doit lui aussi être universel.

C ne peut donc plus tenir simultanément les deux propositions qui composaient sa thèse initiale et qui maintenant se contredisent : ainsi ou bien l'être est absolument singulier, ou bien le non-être est universel.

II.2. (224-225) Le non-être est universel :

Il nie l'être en général (comme le zéro nie le nombre en général), et non pas chaque être particulier (comme -1 nie 1). Puisqu'il y a un non-être universel, il faut dès lors admettre un être universel, dont le non-être universel est la négation.

II.3. (225-227) Retour de B, et bref intermède sur le dialogue.

II.4. (227-230) Face à B qui soutient que les choses singulières ne sont que les divers phénomènes connaissables d'un unique être universel, C réaffirme l'existence singulière des choses comme limite de la pensée, même s'il ne voit plus comment s'opposer à la thèse d'un être Un.

III. (230-250) *Redéfinition de l'individualité comme unité de l'être et du non-être*

III.1. (230-238) L'individualité comme degré de développement de l'être

Est introduite une distinction entre l'être en soi, parfaitement Un, immuable et inconnaissable, et l'être en tant qu'il constitue la réalité. L'être en soi s'oppose à soi-même le non-être qui l' « entrave » en chaque point de son devenir-réel ; cette extension infinie réside dans sa « nature » et non dans son « essence ». Le non-être n'a pas de consistance propre, il n'est que le choc que l'être s'oppose à soi-même. En chaque point de ce devenir infini, l'être se donne ainsi un « là » en une chose singulière. La thèse initiale de C reparaît, transformée : chaque chose est absolument unique, toutefois cette essence unique ne se résorbe pas dans l'être en général, elle est ce degré déterminé-ci de synthèse de l'être et du non-être.

III.2. (238-247) Objections et approfondissements

a. (238-239) Mais le « degré » d'être, ou l'individuation, coïncide alors avec la détermination de chaque chose dans sa relation avec tous les autres degrés ; l'être, support de ces degrés, reste en soi le même dans toute la série. C ne peut sauver son « être particulier ». La « chose en général » est toujours la même (= être universel) et la détermination particulière est purement phénoménale.

b. (240-241) Intermède sur le statut du « pressentiment ».

c. (242-247) Retour sur le rapport de l'être et du non-être en chaque point de la réalité :

Le non-être n'est pas un principe indépendant de l'être, mais une entrave que l'être se donne à soi-même. Le non-être ne peut donc pas jouer le rôle de principe d'individuation. Il est le choc général qui permet à l'être de se particulariser.

Si nous prenons une chose singulière A, son non-être a alors deux sens : d'une part, son non-être, l'ensemble des choses particulières qu'il n'est pas (i.e. l'ensemble des autres degrés du développement) ; d'autre part son non-être au sens universel (ou connaissabilité). Il y a donc aussi deux dimensions du connaître (ou deux manières de considérer la limitation de A) : le connaître de l'être, qui est particulier (c'est l'intuition) et le connaître en tant que tel, universel (le concept).

Mais la particularité de l'être n'est liée qu'au fait que nous avons analysé le point de vue d'une conscience particulière ; en soi, l'être est un et universel.

III.3. (247-251) Exposé du « système » atteint :

La nouvelle formulation de la thèse modifiée de C est la suivante. Il faut distinguer l'être en soi, pur, et l'être de chaque chose particulière, qui est l'unité de l'être en soi, et du non-être que l'être en soi s'oppose dans son devenir-réel. Pour une conscience donnée A, l'être est toujours donné dans l'existence comme être limité et déterminé ; le connaître de A contient à la fois les images de cet être particularisé, et le non-être universel.

A peut-il se connaître soi-même ? Pas directement : le connaître de A est le non-être de A, il porte sur ce que A n'est pas et ne peut donc prendre A pour objet. Mais en tant que non-être des autres choses particulières, il dessine négativement l'être particulier de A.

De même, la loi morale, qui commande de faire régner le pur être en nous, ne peut être réalisée directement mais seulement à travers la connaissance de ce qui n'est pas nous, c'est-à-dire de la nature.

IV. (251-255) *Critique et élargissement de ce système : équivalence du point de départ dans l'être ou dans le non-être/connaître* (15)

IV.1. (251-252) Objection : nous sommes partis d'un pur être, mais nous n'en avons pas de connaissance ;

nous ne pouvons que le supposer pour expliquer les limites de notre connaissance. Nous ne sortons pas du connaître ou encore des limites de la conscience.

IV.2. (252-255) Réponse : ce point de vue correspond à celui de la conscience ordinaire, qui se heurte simplement à la limite ;

mais le philosophe comprend la limite de la conscience A comme le point précis où s'unissent de manière déterminée l'être et le connaître, il la comprend donc autant comme une limitation de l'être que comme une limitation du connaître. Il est donc équivalent, pour la construction d'un système de la philosophie, de partir du point de vue de l'être, ou du point de vue du connaître.

On a en fin de compte à la fois un couple être originaire/être réel, et un couple non-être pur (limite en général)/ « non-être étant ». Mais on peut remplacer à chaque fois « être » par « connaître » ; être originaire et connaître originaire ne font qu'un.

V. (255-262) *L'individualité comme puissance (Potenz) et détermination* (16)

V. 1. (255-258) Retour de B : puisque les deux points de départ sont équivalents, il faut s'élever à ce qu'ils ont de commun, « l'identique dans les deux, ni l'un ni l'autre et pourtant chacun des deux ». Le point de départ est alors l'identité absolue et originaire de l'être et du connaître. La diversité des choses est engendrée non par l'essence (*Wesen*) de l'identité originaire, mais par la forme (*Form*) de son autoconnaissance i.e. de son opposition à soi.

V. 2. (258-260) Quel est alors le lien de cette identité absolue à la chose particulière ?

L'identité absolue est l'en-soi de chaque chose singulière. La chose singulière est essentielle pour autant qu'elle exprime, selon sa puissance propre, l'identité absolue. Prise comme déterminité, elle n'est rien au regard du tout. Mais en sa puissance elle est une totalité autosuffisante. [Le principe de l'individuation est l'absolu lui-même.]

V. 3. (260-262) Objection :

L'identité absolue, originaire de l'être et du connaître est en même temps leur op-position parfaite. Mais une telle op-position n'engendre nulle différence ou diversité, elle est plutôt un abîme où toute différence s'éteint. On ne peut tenir la thèse selon laquelle l'identité absolue est en même temps toujours déjà totalité absolue des particularités, car l'engendrement du particulier est un mouvement infini. Dès lors, ou bien l'identité est absolue et donc stérile, ou bien elle engendre la différence mais s'y perd, ne pouvant jamais revenir à soi (17).

DIALOGUES PHILOSOPHIQUES
SUR L'ÊTRE, LE NON-ÊTRE ET LE CONNAÎTRE

| B. Tu nous arrives à l'heure la plus heureuse, A., pour m'aider à NSB II,
amender un adversaire buté. Ta présence, espérons-le, rallumera la dispute 200-262
qui était presque entièrement éteinte, puisque chacun a déjà déclaré la mauvaise volonté de ne plus consentir à quoi que ce soit.

A. Ainsi, je trouve apprêtée pour moi, de façon inespérée, une fête que je ne pouvais souhaiter meilleure. Sans nul doute, vous avez disputé de hauts et dignes objets et, comme je m'y attends de votre part, de digne façon.

B. Cela dépend de ce que tu appelles une digne façon. Il y avait davantage besoin de nous séparer l'un de l'autre que de nous dresser l'un contre l'autre.

A. J'appelle digne uniquement la sorte de dialogue où vous ne voulez pas parler vous-mêmes, mais où vous vous contentez de laisser parler votre
opinion entre vous (1). Car une opinion, | si seulement elle en est réellement 201
une, est en son essence de telle noblesse, que l'on peut tranquillement lui confier la protection des mœurs ; et cela, non en raison d'une retenue pusillanime : au contraire elle est, en outre, courageuse et préfère le corps à corps du combat, sans embuscade ni retranchement.

B. Crois-moi, personne ne hait plus que moi les gens qui polissent tout à l'identique à l'aide d'un vernis odieux qu'ils appellent « humanité » ; et je suis bien près de détester encore plus ces autres qui, d'une retraite distinguée, comme du haut d'un nuage de théâtre, font – lorsqu'ils sont habiles – luire une lointaine lumière du saint des saints ; quand ils ne le sont pas, ils se taisent avec profondeur, comme si bien évidemment ils pouvaient encore tout dire, si seulement ils le voulaient bien. Bien sûr, j'aspire comme toi au plaisir du dialogue, mais je pourrais presque désespérer qu'il pût être atteint. Car je n'ai pas encore vu d'exemple de quelqu'un qui aurait été convaincu par un dialogue. On peut enseigner, oui ; et aussi persuader, confondre ou séduire tout auditeur ; mais je n'ai encore vu personne revenir sur l'opinion qui est réellement la sienne, ni se convaincre du contraire. Ils se découvrent seulement toujours plus les uns aux autres leur for intérieur entièrement et originairement différent, et je me demande s'il n'est pas bel et bien sacrilège et interdit pour nous de porter atteinte à ce tout Autre (1).

A. Je me réjouis que tu reconnaisses non pas uniquement l'égarement de ceux qui croient de nos jours s'y entendre au commerce des hommes,
202 mais aussi | l'autre (1). Mais je suis d'autant plus affligé que tu incrimines si durement le dialogue lui-même. Évidemment, celui qui s'imagine qu'il va transformer et retourner les hommes de fond en comble, ou bien celui qui veut fermement subjuguer les images souvent instables de sa propre fantaisie et se bat avec entêtement afin de ne sauver qu'elles, celui-là ne subit que l'illusion qu'il mérite. Le dialogue, cher ami, est œuvrer commun au bien commun de l'humanité. Que celui qui parle veuille y faire, de son bien personnel très cher, un bien commun, mais cela non sans preuve que ce soit réellement un bien ; et ce qu'il reconnaît pour tel, qu'il le défende au sacrifice de toute sa force et surtout de toute vaine renommée. Quant à son adversaire, que celui qui parle ne le laisse pas profiter en hôte de son propre bien, et qu'il ne le laisse pas non plus lui enlever ce qu'il possède en propre – et dont la nature a bel et bien pourvu tout un chacun – pour l'échanger contre ce qui n'est pas à lui ; qu'il œuvre au contraire de sorte que, chez l'adversaire aussi, ce qui lui est propre ne fasse plus qu'un avec ce qui est commun. Or que tiens-tu pour plus grand, plus noble, et même plus nécessaire que ce but, que tiens-tu pour plus parfaite école de toutes les vertus humaines que l'effort vers ce but, même s'il n'était pas lui-même entièrement atteint ? Car le courage, chacun l'exerce dans la défense de sa propriété ; la bienveillance, l'amour et la justice, il les exerce dans la reconnaissance et la protection de la propriété d'autrui ; le sacrifice enfin et le véritable esprit de citoyenneté dans l'État de l'humanité, il les exerce dans l'aspiration pure vers ce qui est commun, vers ce qui est bon et beau en
203 soi (2). Et dans le vrai dialogue, tout cela se compénètre parfaitement | et ne fait qu'un. Il devient ainsi la fleur du commerce des hommes les uns avec les autres, et une œuvre d'art qui n'est pas comme d'autres une pure et simple image (*Abbild*), mais qui est elle-même ce qu'elle présente (2). Nous ne pouvons donc jamais nous fatiguer dans un tel effort. Mais savoir si nous trois, nous serons en état d'achever tout à l'heure cette œuvre d'art en sa vraie beauté, voilà une autre question. Toutefois, il est certain que nous devons y aspirer ; l'exercice nous y aidera, et la bonne volonté (2)

finira dans tous les cas par nous mener à une lueur de vérité, fût-elle lointaine, qui sera toujours assez magnifique pour nous récompenser.

B. Chasse donc ton ressentiment, C., et suis une fois encore un si noble appel. Avoue seulement que tu t'es laissé emporter par un peu de passion, et que tu n'as pas remarqué toi-même que tu te contredisais. En effet, comment le connaître des hommes peut-il présenter de telles complètes différences si, d'après ton système, le connaître en général n'est que l'élément commun dans lequel les traits propres des choses individuelles se fondent en un universel ?

C. Non seulement tu as bien répété ce que je pense, B. ; mais si telle était mon opinion, alors d'après ce système – comme tu affectes de l'appeler – c'est aussi chaque homme qui est pour soi à son tour un homme singulier, donc différent, en ce qu'il a de plus intérieur, de tout autre.

| B. C'est précisément ici, A., que nous aurions besoin de ton aide. Car 204
de même, hélas, que c'est ce qui est le plus simple et le plus naturel que l'esprit (*Sinn*) humain a le plus coutume de fuir, de même cet homme-là ne veut pas non plus voir que toutes choses sont Une (1). Au contraire, telles les choses sont posées devant lui par la perception sensible, confuses, déficientes et singulières, telles il les prend pour ce qui est vraiment essentiel, et selon lui ce ne sont que leurs images affaiblies, arrachées du réel qui, dans la connaissance, se fondent de similitudes en similitudes en un quelque chose de général. Ces apparences confuses, qui ne sont jamais ce qu'elles doivent représenter, et même dont nous ne saurions à aucun instant dire qu'elles sont ce qu'elles sont, si elles n'étaient pas en même temps la forme nécessaire de l'être de l'unique essence (2), <ce sont elles>, dans leur limitation de tous côtés, qu'il prend pour l'essence elle-même ; quant à la connaissance, qui est une image de l'unité intérieure et essentielle, il la tient pour leur forme commune, mais en soi vide de contenu. Hâte-toi de venir à mon secours là-contre, et libère avec moi cet homme d'un tel flot qui frappe çà et là, ne se fixant jamais, et dans lequel il ne saurait à nul instant se sentir bien. Tu es encore frais, cela fait longtemps déjà que je me m'évertue en vain contre cela.

A. Je veux t'assister de toutes mes forces. Mais laisse-moi d'abord enquêter sur son état à partir de lui-même. Peut-être est-il encore assez sensé pour répondre docilement et précisément, tel le malade au médecin, à toutes les questions que je lui poserai.

| C. En vérité, tu ne me parais pas t'annoncer seulement comme un 205
médecin, mais aussi – dans l'opinion que nous deux, avant les douleurs et l'angoisse, nous n'avons pas encore attendu ma naissance elle-même – comme un accoucheur. Mais si tu es assez téméraire pour mettre le Socrate

de Platon sur le métier, prends garde de ne pas trouver, au lieu d'un être qui n'est pas encore né (1), un enfant assez grandi déjà et bien vigoureux.

A. Il faut que je te punisse sévèrement, C., de te montrer d'ores et déjà si rétif et injuste. N'y aurait-il donc pas eu d'hommes depuis Socrate pour discuter sur le vrai avec une ardeur pure et selon un ordre réfléchi ? Et n'avons-nous pas le droit d'observer, jusqu'à l'apparence de l'imitation, une loi presque seule capable de garantir le succès à notre enquête, juste parce qu'elle fut déjà appliquée jadis – certes avec une perfection que nous ne pouvons espérer atteindre ? Ce que nous avons reconnu pour juste et profitable, laisse-nous nous y tenir courageusement, cher ami, et laisse-nous nous convaincre au mieux qu'en suivant sans souci notre propre chemin, nous aspirons à atteindre un but qui est le nôtre et non un but étranger.

C. Je veux bien tenter ainsi encore un dernier essai, et m'abandonner sereinement à ton traitement ; mais pas avant que tu ne m'aies écouté, puisqu'il semble que mon adversaire t'ait déjà conquis.

A. Dis donc ce que bon t'en semble.

206 | C. Jamais je n'ai pu me laisser aller à imaginer que cette multiplicité et diversité infinie des choses qui nous entoure fût la pure et simple forme du phénomène d'un Unique ; ni que par les actions les plus profondes de notre pensée – d'autant plus générales qu'elles sont plus profondes – nous fussions jamais en état de pénétrer dans l'intérieur, dans l'entièrement particulier qui font précisément de chaque chose singulière ce qu'elle est. C'est qu'en toute chose, et même en toute influence des choses sur nous, il reste quelque chose d'intérieur, d'isolé, qui lui est entièrement propre, qui me détermine à intuitionner chacune pour elle-même comme quelque chose de bien particulier et d'Un pour soi.

A. Permets moi de t'interrompre afin de clarifier pour moi-même dans quel sens tu vas. Il y a bien des choses qui sont un tout en et pour soi (1) et qui, chacune pour soi, ont à leur tour des parties, qui sont des parties précisément du fait qu'elles sont différentes les unes des autres et que chacune d'elles est elle-même quelque chose de particulier et de singulier ?

C. Sans aucun doute.

A. Mais si chacune de ces parties est une chose pour soi, elle ne peut être une partie d'un tout : car le propre d'une chose ne peut revenir à aucune autre qu'elle-même : il ne peut donc y avoir de tout (2). Mais si chaque tout est une chose pour soi, alors il ne peut pas avoir de parties et être en même temps un multiple : car son propre ne saurait revenir à plusieurs choses en même temps ; il ne peut donc pas y avoir de parties (3).

C. Et non seulement cela ; mais il en va de | manière tout à fait analogue 207
aussi en ce qui concerne les choses qui ont une action réciproque l'une sur l'autre et se déterminent manifestement l'une l'autre. Ici au moins, tu ne me fais donc pas d'objection que je ne me sois déjà faite à moi-même. En effet, pour autant qu'elles se déterminent l'une l'autre, elles ont quelque chose de commun l'une avec l'autre, qui revient à chacune, mais ne peut pourtant être son propre. Et cette action a lieu aussi bien pour autant que les choses singulières comme telles entrent en contact réciproque, que pour autant qu'elles tombent ensemble sous des concepts universels et constituent des genres des choses.

A. Et comment te libères-tu de tels doutes ?

C. Ils m'ont tourmenté bien assez souvent ; mais l'évidence violente et presque inéluctablement contraignante de ma première hypothèse ne m'a pas permis de m'y abandonner. Car finalement, qu'est ce qui peut bien être fondamentalement vrai, si ce n'est ce qui nous saisit avec une violence toute particulière et ne nous lâche plus, ce que nous ne saurions éluder ni fuir par quelque échappatoire ? Et ce qui nous contraint à percevoir hors de nous des choses innombrables, singulières, déterminées, qui n'existent que par elles-mêmes, à même lesquelles toute notre pensée trouve sa limite et que nous ne pouvons par elle ni anéantir, ni modifier dans leur existence propre (1) – cela me semble être de cet ordre (2). Car tout d'abord, nos connaissances sur ce que nous appelons bien et mal, juste et injuste et
désignons par des | noms similaires, ne mènent manifestement à rien qui 208
soit subsistant en soi, rien d'étant. En effet ces propriétés ne sont attachées qu'aux choses, ou bien à notre action sur elles ; et si on les considère comme quelque chose en soi, ces noms sont vacillants et ont souvent une signification exactement opposée chez différents peuples et à différentes époques. Quant aux propriétés des choses corporelles, elles ne sont qu'abstraites de ces dernières, et il n'y a pas de rouge sans quelque chose de rouge, pas de dureté sans quelque chose de dur, pas de courbure ou de droiture sans quelque chose de courbe ou de droit. Il n'en va pas autrement avec les noms par lesquels nous désignons les genres des choses. Personne n'a jamais vu le chêne en général ni le cheval en général, mais toujours seulement ce chêne déterminé, ce cheval déterminé. Ainsi c'est de ressemblances en ressemblances que nous formons les concepts génériques, et c'est en considérant pour elles-mêmes ces ressemblances auxquelles les choses ont part, et en les détachant des choses, que nous formons les concepts des propriétés ; c'est pourquoi aussi nous pouvons tout à fait laisser de côté telle ou telle détermination générale plus précise des choses, et nous diriger en toute liberté par la pensée uniquement vers

celle-ci ou bien cette autre, tout à fait séparément. Il n'y a que les choses elles-mêmes que nous ne puissions écarter en pensée ou entre lesquelles nous ne puissions choisir. Ce sont elles-mêmes qui existent, et par leur existence elles nous contraignent à les penser. Ou encore – si l'on veut faire ressortir encore plus exactement le concept de la pensée – nous ne pouvons plus les penser en soi, au contraire, par leur existence même, ce sont elles
209 qui limitent notre pensée, | et du fait de cette limitation, ce ne sont pas elles que nous percevons, mais notre propre dépendance par rapport à elles.

A. Mais d'où viennent donc dans ce cas ces concepts universels, s'il n'y a rien d'autre que les choses elles-mêmes ?

C. Mon ami ! c'est une entreprise bien périlleuse que de vouloir déterminer quelque chose quant à cette question ; et pourtant, notre enquête elle-même nous y pousse, dès lors que nous nous y sommes embarqués, comme si, dévalant une pente, nous ne pouvions nous arrêter devant nul abîme. Je me risque donc à exprimer la seule opinion que je puis avoir quant à cette question. Ce pourrait bien être uniquement le non-être des choses qui apparaît dans notre connaissance.

A. Voilà une opinion bien étrange, selon laquelle nous connaîtrions dans les choses précisément ce qu'elles ne sont pas.

C. Bien étrange, oui ; mais comme je le disais, c'est là que mène la voie escarpée que nous avons prise. Et si nous avons commencé à l'emprunter, nous ne pouvons nous attendre qu'à quelque chose de ce genre. Toutefois, je n'attends pas de toi que tu restes coi devant les abîmes, mais bien que tu me conduises à travers eux en sécurité, moi qui ne m'y risque qu'avec hésitation.

A. Tu me rappelles à l'ordre à juste titre. Qui cherche la vérité doit aussi calmement faire face à ce qui lui semble être le plus terrible. Prenons courage et considérons soigneusement où ton hypothèse nous mènera.

C. Je suis prêt à entreprendre cette œuvre en commun, avec toi.

210 | A. Ne voulons-nous pas d'abord examiner l'hypothèse elle-même encore une fois bien précisément, afin de nous mettre bien clairement devant les yeux le fondement et la signification qui lui appartiennent en propre ?

C. Ce sera même nécessaire. Car je ne suis pas encore certain que tu m'aies parfaitement compris.

A. Tu dis donc tout d'abord que toute chose subsiste pour soi et qu'elle est quelque chose pour soi ; et cela, tu le tiens pour la vérité qui s'impose immédiatement, donc pour la vérité nécessaire, qui n'est susceptible d'aucune preuve et n'a besoin d'aucune preuve ?

C. C'est cela. Et cette vérité, nous pouvons donc la considérer comme principe (*Grundsatz*) premier et inconditionné.

A. Bien. On ne peut prouver ce principe, mais on peut l'expliquer. Avec lui, tu ne veux pas dire ceci : toute chose serait différente de toute autre et à cause de cela serait quelque chose pour soi, par exemple l'une serait grande, l'autre petite, l'une rouge, l'autre noire etc. Or vu que beaucoup de choses peuvent être dites grandes et beaucoup rouges, aucune ne serait exactement aussi grande que celle-ci, ni exactement de la même couleur rouge ? Bien plus, chaque chose serait faite de certaines matières universelles, mais nulle chose ne contiendrait exactement les mêmes matières qu'une autre, ou encore, nulle ne les contiendrait à tout le moins dans les mêmes proportions ? Bref, tu ne penses donc pas que les choses subsistent chacune pour soi parce que l'on peut différencier chacune de toute autre en fonction de certains signes distinctifs déterminés ?

| C. En aucun cas je ne pense cela. Car si je l'admettais comme 211
fondement de ce que j'affirme, vous me prouveriez sans tarder que toutes ces différences se laissent rapporter à des identités et que celles-ci se laissent finalement rapporter à une unité universelle. Au contraire, je veux dire précisément que chaque chose est quelque chose pour soi parce qu'elle ne se laisse différencier de nulle autre de la façon que tu as supposée – bien plus, parce qu'elle ne se laisse absolument pas comparer avec une autre.

A. Donc, ce que tu penses, c'est que, si nous laissions toutes ces différences s'annuler mutuellement, il resterait bien une parfaite identité, mais qui ne serait rien en soi, parce qu'en elle précisément plus rien de déterminé, de présent ni d'existant ne serait contenu ; au contraire, c'est précisément cette identité en laquelle toutes les différences se dissolvent qui serait le vrai néant (1).

C. Parfaitement juste.

A. *Mais au contraire, si nous enlevons d'une chose quelconque toutes ces différences, ou toutes les caractéristiques par lesquelles ces différences et leurs rapports sont engendrés, ce n'est pas un pur et simple néant qui reste, mais un noyau intérieur indéterminable, sans caractéristiques ni propriétés, et ce reste qui demeure serait à proprement parler la chose même, ou son vrai être propre* (2).

C. Tu me comprends tout à fait.

A. Chaque chose serait donc proprement et en soi et | pour soi ce que ses 212
caractéristiques et propriétés ne sont pas. On ne peut donc aussi plus rien en exprimer ni en penser, puisqu'elle n'a ni caractéristiques ni propriétés. Elle n'est en relation ou en rapport avec rien d'autre et ne se laisse comparer à rien. Elle n'est donc ni la même que quelque chose d'autre, ni différente.

Et pourtant, justement parce qu'elle n'est que soi-même, elle est autre que tout autre, et donc quelque chose pour soi. Et il en va ainsi de toute chose.

C. C'est là mon opinion vraie.

A. Mais l'expérience t'apprendra tout de même que si nous ôtons d'une chose tous ses signes distinctifs et ses caractéristiques, de fait il ne reste rien, et que tout ce qui constitue une chose peut être rapporté à des signes distinctifs et exprimé comme tel. Bien sûr, il est peut-être impossible de les épuiser effectivement. Si tu prenais par exemple une chose dans ta main et que tu voulais me décrire et me dénombrer ses grandeur, figure, couleur, les différentes matières dont elle est faite et leurs rapports en elle, peut-être n'arriverais-tu jamais complètement au bout de ces déterminations infinies, et voudrais-tu faire passer auprès de moi l'indéterminable qui demeurerait encore de reste pour la chose même.

C. Je ne le voudrais pas. Car après ce que tu as dit comme si cela venait de mon âme, cela n'importe plus. Même s'il était effectivement impossible
213 d'épuiser ces caractéristiques, il nous faut | supposer ici que c'est possible, puisque nous devons les laisser entièrement hors jeu.

A. Excellent. Et pourtant, mon ami, cette impossibilité pourrait bien avoir sa signification elle aussi. Mais j'accepte volontiers ce que tu accordes, et je te loue de maintenir ainsi l'enquête sur son véritable terrain. Continuons à y rester, et l'on peut espérer atteindre quelque chose.

C. Ne me loue pas, attaque moi.

A. Ne t'en fais pas pour cela. L'attaque est déjà prête. Tu admets donc qu'il est possible d'épuiser entièrement la chose qui est dans ta main en ses signes distinctifs et caractéristiques. Retire-les de la chose et montre moi alors ce qui reste comme la chose même.

C. Je ne pourrai pas te le montrer, et de plus ce serait mauvais pour moi si je le pouvais. Car dans ce cas, cela serait connaissable, et tu sais que je tiens précisément ce qui est connaissable pour le non-être des choses. *Mais cela, c'est l'être véritable (*das wahre Seyn*) de la chose, qui ne peut donc pas du tout se trouver dans ce qui est connaissable*. C'est ce qui tient intérieurement ensemble tous les signes distinctifs en une chose Une (1). *Les signes distinctifs, qui seuls peuvent être connus, sont en revanche ce qu'elle a de commun avec d'autres choses, ce qui donc est le non-être de cette chose en tant qu'elle est cette chose déterminée.*

A. Pour autant donc que nous percevons cette chose et toutes ses
214 propriétés et caractéristiques par comparaison | avec ce qui est connu par ailleurs, il reste encore quelque chose d'inconnaissable, qui nous contraint à considérer cette chose non pas seulement comme un certain degré ou un certain mélange de ce qui est connu en général, *mais comme quelque chose*

d'entièrement subsistant pour soi, ou bien plutôt comme ce qui donne en général un but à notre connaissance, et nous impose le sentiment qu'ici réside un être (Wesen) *obscur, simple et dépourvu de propriétés, qui n'a rien de commun ni de différent par rapport à quoi que ce soit d'autre, qui pour cette raison ne saurait être connu, et qui est donc l'être véritable de la chose.*

C. C'est cela. Et de telles choses en soi sont de par leur nature infiniment nombreuses. Car là où, dans la masse infinie de ce qui est connaissable en général, une rencontre déterminée de mode et de rapport apparaît comme une chose, il doit aussi y avoir un tel être (*Wesen*). Or le particulier d'une chose, ce qui fait d'elle une chose unique subsistant pour soi, ne peut pas reposer dans le mode et le rapport : car ceux-ci sont généraux et éternellement changeants et mouvants ; il faut donc que ce particulier réside dans cet être pur. C'est donc par cela que la chose est ce qu'elle est pour soi et en soi ; et vu que les mélanges de modes et de rapports se configurent à l'infini en choses, il faut bien aussi que chacune de ces choses infiniment nombreuses ait son être pour soi toute seule, comme un être tout à fait unique. Il ne peut donc y avoir qu'une infinité de ces êtres.

| A. Quant à tout cela, nous nous entendons ; seule la nature du non-être **215**
me cause encore de l'inquiétude. *Si toute chose n'est identique que pour soi et à soi-même, comment peut-elle en même temps ne pas être ? Bien plus : comment ce qui n'est pas peut-il être connu de nous ? C'est précisément ce qui est qui devrait être ce que nous connaissons.*

C. *Le non-être n'est pas tant ce qui est connu que, bien plutôt, l'être-connu* (1) *lui-même.* En plus d'être en soi et pour soi, toute chose est encore aussi quelque chose, c'est-à-dire qu'elle a un contenu bien déterminé qui ne revient qu'à elle. En effet si elle ne l'avait pas, son être pour soi-même serait entièrement dépourvu de signification, ce ne serait qu'un nom vide. Mais précisément parce qu'elle est ce quelque chose entièrement déterminé, il y a encore hors d'elle une infinité de choses dont chacune aussi est quelque chose, mais quelque chose d'autre, parce que chacune précisément doit être pour soi, donc ne peut être une autre chose que celle qu'elle est. Mais, précisément parce que chaque chose est quelque chose de déterminé, elle est aussi déterminée par les autres choses, qui sont aussi quelque chose de déterminé, c'est-à-dire qu'elle est à la fois différente d'elles et identique à elles. Et c'est cet être-déterminé par chaque autre chose qui est son non-être : car selon son être, elle n'est ni identique à quelque chose, ni différente de quelque chose, puisque selon son être elle n'est pas quelque chose, mais seulement ce qu'elle est en elle-même.

216 A. Et ce non-être, par lequel la chose n'est pas elle-même, | mais est identique à et différente de toute autre chose, ce serait son être-connu.

C. Exact.

A. Dans ce non-être, les choses en viennent pour ainsi dire à ne plus faire qu'une seule masse, étant donné que leurs propriétés y entrent en tant qu'opposées les unes aux autres, et ainsi s'annulent en tant que particulières dans des égalités.

C. C'est cela.

A. Mais deux importantes questions me restent encore sans réponse. La première : *d'où vient, à une chose qui n'existe qu'en et pour soi, en même temps le non-être ? Une fois qu'elle est, elle ne peut pas en même temps ne pas être.*

C. C'est là précisément ce qu'il y a de plus important à connaître. Et cela ne peut pas du tout être prouvé, c'est l'intuition immédiate des choses qui nous l'impose immédiatement. Toute chose est ce qu'elle est, et pourtant aussi, en même temps, n'est pas ce qu'elle est, mais est identique à une autre et différente d'elle. Cette contradiction que donne l'intuition immédiate des choses est précisément ce que toute notre enquête philosophique doit résoudre. En d'autres termes, cela signifie seulement qu'il n'y a pas d'être sans un non-être. S'il n'y avait qu'un être pur, il ne serait rien de plus que ce qu'il est. On ne pourrait pas le connaître ; et vu que nous ne pouvons parler qu'à partir de notre connaître, nous ne pourrions rien affirmer ni nier de lui, bref, il ne serait rien du tout pour nous.

217 | A. Rien à objecter à cela. Venons-en à la deuxième question : par le non-être, nous n'avons que l'être-connu des choses ; d'où nous vient notre propre connaître actif de ces choses ?

C. Qu'est-ce que ce connaître, si ce n'est l'être-connu des choses elles-mêmes ? Sauf que le non-être de toutes les autres choses est en connexion avec notre propre être (1). Car nulle part, mon ami, on ne peut trouver un être auquel ne soit pas nécessairement lié le non-être d'autres choses, à partir du moment où il doit y avoir en même temps un être et un non-être.

A. Ainsi chaque chose, du fait qu'elle est, serait en même temps connaissante. Le bois aussi et la pierre, et toutes les autres masses mortes auraient une connaissance.

C. Sans aucun doute. Seulement, en ce qui les concerne, nous ne l'appelons pas connaissance, parce que ce n'est pas notre mode de connaissance (2). Mais pour bien concevoir cela, il nous faut commencer par nous rendre entièrement indépendants de notre manière humaine de considérer les choses, puisque nous ne pouvons nous abstenir de les ranger sous des genres bien définis. Il faut que les concepts génériques disparaissent ici

entièrement pour nous. Car il ne sont que l'œuvre de notre connaître, comme je l'ai déjà montré. Or ce connaître, nous ne devons pas le présupposer, puisqu'il est précisément ce que nous devons expliquer. Nous n'avons donc le droit de présupposer aucun concept générique. Car ceux-ci n'ont de validité que pour notre point de vue du connaître. Seul a pour nous
une validité inconditionnée ce fait qu'il | y a des choses qui existent abso- 218
lument pour elles-mêmes, sur lesquelles notre connaître vient pour ainsi dire partout se briser, et que le connaître n'est absolument rien d'autre que le non-être de ces choses. Cela seul nous est donné, il n'y a qu'à partir de là que nous avons le droit d'aller plus loin.

A. Je ne peux que louer de plus en plus ta démarche. Tu vois, je m'abandonne docilement à toi ; continue d'exposer le connaître des choses.

C. Nous n'avons donc pour l'instant pas du tout le droit non plus de nous retourner pour regarder à quel genre appartient telle ou telle chose, mais nous devons contempler chaque chose seulement comme elle-même, ou comme cette chose Une. Or puisqu'il n'y a qu'être et non-être, et tous deux nécessairement, il faut bien qu'avec l'être de toute chose se tienne en connexion nécessaire un non-être. Mais ce non-être ne lui est pas propre, sinon la chose s'annulerait elle-même et ne serait absolument rien ; ce non-être est le non-être de toutes les autres choses. Et ce n'est que ce non-être de toutes les autres choses qui est lui-même le connaître de la chose en question. On peut reconnaître cela en mainte chose, également de notre point de vue. Car ne crois-tu pas que l'aimant, qui par exemple s'oriente selon que le fer est à sa proximité ou non, a une connaissance des choses hors de lui (1) ?

A. Moi aussi, j'ai toujours attribué ce comportement qui est le sien à une telle cause. Mais toutes choses devraient avoir un connaître parfaitement
identique, si, | avec l'être de chacune, doit être en connexion le non-être de 219
toutes les autres.

C. Mais l'être de la chose est bien aussi l'être d'un quelque chose déterminé, qui est différent de toutes les autres choses, et ce quelque chose est précisément le degré de connaissance, qui va du plus faible au plus parfait. Le « comment » du connaître des autres choses, nous ne pouvons en faire l'expérience, puisque c'est là précisément notre non-être. Mais notre propre connaître est le non-être de toutes les autres choses <qui est> nécessairement en connexion avec notre être. De ce non-être relève non seulement la manière dont elles s'annulent globalement dans l'unité de notre être, mais aussi la manière dont elles s'annulent entre elles par leurs identités et différences – ce à partir de quoi naissent précisément les concepts généraux.

A. Mais comment veux-tu donc connaître leur être indépendant, si ton connaître n'est que leur non-être ?

C. Je ne connais précisément pas cet être, mais il est la limite de mon connaître, ou bien plutôt sa négation (1). De ce fait, il ne tombe pas dans la conscience ordinaire, qui n'a jamais affaire qu'au néant (2) – mais bien dans la conscience philosophique, qui perçoit, par le connaître qu'elle a d'elle-même, les limites de sa connaissance.

A. Mais comment veux-tu te connaître toi-même, vu que ton être ne peut jamais devenir lui-même un non-être, c'est-à-dire ne peut jamais tomber dans le connaître ?

220 C. Mon être est le non-être de toutes les autres choses. | Et cela, c'est précisément mon connaître. Or, puisque mon propre être ne saurait venir dans le connaître, mais est lui-même ce connaître, c'est donc moi-même que je connais dans toutes les autres choses, ou dans leur non-être.

A. Afin que je ne perde pas une idée pendant que j'en tiens une autre, résumons encore une fois et prenons une vue d'ensemble de ce dont nous avons convenu jusqu'à présent. Premier point : chaque chose est quelque chose de complètement particulier et propre, n'est identique à rien d'autre ni ne saurait être rapportée à une autre chose ; elle a donc son être absolument nécessaire, qui subsiste tout à fait à part soi.

C. Nous nous sommes mis d'accord là-dessus.

A. Deuxième point : puisqu'en dehors de cette chose, il y a encore toutes les autres, avec son être est nécessairement en connexion le non-être de toutes les autres choses ; c'est là son connaître.

C. Parfaitement exact.

A. Troisième point : l'être d'une chose, c'est ce qu'elle est toute seule, pour elle-même ; son non-être, donc, c'est ce qu'elle a de commun avec d'autres choses, donc son être-connu ou sa connaissabilité.

C. Nous sommes à présent bien d'accord.

A. Ne voulons-nous pas continuer, et considérer tout ce que ces propositions contiennent ?

C. Je voulais justement t'y inviter.

A. Qu'en est-il du non-être ? N'y a-t-il à chaque fois pour chaque chose particulière qu'un non-être particulier, qui nie (*leugnet*) pour nous l'être de
221 cette chose bien déterminée ? | Ou bien y a-t-il un non-être en général, qui est la négation de (*verneint*) l'être de toutes les choses prises ensemble (1) ?

C. Comment entends-tu cela ? Jusqu'à maintenant il me semble, en effet, que cela revient tout à fait au même. Le non-être est pure et simple négation, donc, pour autant qu'il nie chaque chose singulière, il nie aussi les choses toutes ensemble.

A. Cela ne me semble pas vraiment revenir au même. Regardons un peu ce qu'il y a là. Le non-être doit avoir exactement le même contenu que l'être, pas vrai ? Car il est la négation de tout l'être d'une chose. Le non-être en effet reposait bien sur les caractéristiques et les propriétés d'une chose qui entrent dans la connaissance, et nous nous sommes bel et bien entendus sur le fait que la chose doit pouvoir entièrement s'épuiser en de telles caractéristiques.

C. Évidemment, vu que ces caractéristiques épuisent la chose tout entière, il faut bien aussi que le non-être ait parfaitement le même contenu que l'être.

A. Mais s'il a entièrement le même contenu, alors il ne peut aussi nier (*leugnen*) que l'être de cette chose déterminée ; car cet être n'est précisément propre qu'à cette chose, ou, bien plutôt, il est cette chose même.

C. Il semble donc que chaque chose soit niée en son être par son propre non-être.

A. Or, vu que chaque chose a son propre être, alors chacune a aussi son propre non-être ; le non-être de chaque chose a donc exactement aussi peu en commun avec | le non-être des autres choses, que son être a en commun **222**
avec l'être des autres.

C. Mais il ne saurait en être ainsi. Car le non-être est précisément ce qui s'oppose (*entgegensteht*) à l'être. Si donc l'être est ce que toute chose est à part soi, alors nécessairement le non-être doit être précisément ce en quoi elles ne sont pas à part soi, mais ce qu'elles ont en commun.

A. D'après cela, il faudrait donc qu'il y ait un non-être en général, qui nie absolument tout l'être.

C. C'est bien ainsi qu'il nous faut le définir. Car si le non-être nie absolument tout l'être, alors par là il annule aussi tout être particulier.

A. Cette question reste ouverte. Ne regardons donc pas les conséquences, mais revenons à nos fondements et, à partir de là, déterminons la réponse à cette question. L'état des choses est-il bien le suivant ? Puisque l'être de chaque chose est annulé par son non-être, il nous est apparu que tout être devait nécessairement aussi avoir un non-être qui lui soit tout aussi propre, et qui n'ait rien de commun avec l'autre non-être d'une autre chose. Mais cela, nous ne pouvions le concéder, parce que le non-être devait précisément être ce que les choses ont en commun les unes avec les autres (1). Tout dépend donc ici de ce qui a pour nous une vérité plus certaine : est-ce <la proposition selon laquelle> chaque chose a un être à part soi ? ou bien celle selon laquelle le non-être est ce qu'il y a de commun entre les choses ? Car maintenant, les deux sont en contradiction.

223 | C. Et pourtant, toutes deux nous ont paru être aussi certaines, bien plus : ne partager qu'une seule et même certitude.

A. Nous allons voir. Quant à l'être des choses, nous ne le connaissons pas immédiatement, au contraire, il est justement la limite de notre connaître, ou sa négation. Mais le non-être, dans lequel réside ce qui est commun aux choses, est en fait notre connaître lui-même.

C. Cela est sûr.

A. Il me semble donc que seul ce qui est commun aux choses est immédiatement donné avec notre connaître, et que la particularité des choses singulières n'apparaît qu'au moyen d'un raisonnement. Nous concluons en effet à cette particularité à partir du sentiment inéluctable que ce qui est universel dans le connaître se heurte à certaines bornes.

C. Dire que c'est un pur et simple raisonnement, c'est manifestement trop affirmer. Car ce sentiment même d'une borne nous est donné, originairement déjà, par l'existence des choses particulières, et celles-ci existent donc en même temps que le connaître lui-même. Elles existent comme le particulier, alors que le connaître existe comme l'universel ; on ne peut pas en dire davantage.

A. Donc, vu que le connaître est absolument borné par le particulier, le particulier n'est dans le connaître que pour autant qu'il s'annule en lui pour devenir universel.

C. C'est juste.

A. Le connaître n'est donc en soi jamais particulier, et il n'y pas non
224 plus en lui de particulier en soi, | mais seulement toujours une apparence de particulier. Mais le connaître ne contient rien d'autre que le non-être des choses. Le non-être ne peut donc aussi être qu'un universel dans lequel il n'y a nul vrai particulier.

C. Évidemment, à ce qu'il semble ; et ce non-être universel nie en même temps tout être particulier.

A. Pas si vite ! Le zéro est bien la négation du nombre, donc le non-nombre (*die Nichtzahl*) ?

C. Pour sûr.

A. Mais est-ce que le zéro est la négation du deux ou du trois – je veux dire, de ce par quoi ils sont, précisément, le deux et le trois ? Ou bien est-ce que le zéro est la négation de l'ensemble de tous les nombres en même temps, donc de cela en eux par quoi ils sont en général des nombres ?

C. Dernière solution.

A. Donc le zéro est, en tant qu'opposé, équivalent non pas au deux ou au trois, mais au nombre en général. C'est le non-nombre. Mais vu que, dans le nombre, il y a tous les nombres singuliers, il faut bien que tous les nombres soient aussi dans le non-nombre. Dans le nombre, ils ne sont que comme étant, mais dans le non-nombre, ils sont comme non-étants.

C. On ne peut le nier.

A. En revanche, chaque nombre singulier n'est nié que par sa négation singulière, le un par le non-un, ce que nous appelons -1, le deux par le non-deux, ce que nous appelons -2, etc. Et le non-un ne nie jamais un autre nombre que, précisément, le un, le non-deux aucun autre que, précisément, le deux. Car même lorsque nous disons, par exemple, 2-1, par là ce n'est
pas le deux, ou | précisément ce qui fait de lui le deux, qui est nié, mais **225**
seulement l'un des « un » qui réside en lui. Cette expression ne veut pas dire que le deux n'est plus deux, mais seulement que dans ce deux, un « un » est, assurément, mais que l'autre n'est pas.

C. Cela aussi semble avoir sa justesse.

A. Or il faut bien que le rapport du non-être à l'être soit le même que celui du non-nombre au nombre. Le non-être ne peut donc aucunement nier (*leugnen*) un être particulier déterminé, ou encore ce par quoi il est précisément cet être particulier, mais seulement l'être en général. Dans le non-être sont donc nécessairement contenues toutes les particularités, mais comme non-étantes. Mais il faut que soit contenu, dans les particularités, un être universel et unique, qui est nié précisément par le non-être universel.

C. De fait, là tout de suite, je ne sais comment échapper à cet être universel.

A. Au moins, tu vois donc bien qu'il y a un être universel, absolument Un, dans lequel se tiennent toutes les particularités.

B. C'est avec plaisir que je me suis tenu devant le champ de bataille et que je vous ai regardés lutter. Tu mérites une couronne, cher A. Certes, je ne crois pas encore que vous soyiez parfaitement arrivés là où je le souhaitais. Cependant, l'espoir d'une amélioration existe. Au début, tu as adopté si exactement les positions de C que j'ai réellement cru que tu
voulais te laisser endoctriner par lui : | mais j'ai bientôt remarqué que cette **226**
indulgence n'était qu'une feinte destinée à l'attraper d'autant plus sûrement.

C. Ainsi, tu ne m'aurais pas guidé au-dessus de l'abîme mais, sous les apparences d'une promenade en commun, tu m'y aurais plutôt jeté en me poussant par derrière.

A. L'un comme l'autre, vous semblez mal me connaître. Je suis conscient d'avoir montré au début cette indulgence par respect pour ton opinion. Croyez-vous vraiment, par exemple, qu'ils détiennent la véritable manière de décider de questions difficiles, ceux qui, dès que l'on oppose à leur manière de voir habituelle une vue contraire, répliquent aussitôt: « Non, ce n'est pas cela, mais ceci ! » ? Par là ils ne s'améliorent pas eux-mêmes, et l'adversaire ne se trouve pas non plus convaincu de son erreur, au contraire, il s'y trouve conforté et s'exaspère.

C. Très vrai. Et puis il y a encore une autre manière: celle où les interlocuteurs, afin de paraître vraiment certains de leur fait, présupposent dès le départ un accord parfait quant aux choses principales, celles sur lesquelles, justement, la plus grande obscurité et la plus grande confusion règnent habituellement ; et par cet accord ils barrent entièrement la voie, à eux et aux autres, vers la recherche de la vérité.

A. C'est pourquoi je suis d'avis que tout dialogue doit commencer comme si absolument rien n'était convenu ni connu. C'est que le dialogue n'existe que pour que la vérité devienne un bien commun, et tant qu'elle
227 | ne l'est pas, elle doit être considérée comme n'existant pas du tout pour les interlocuteurs.

C. Je te pardonne donc bien volontiers ta manière de faire. Si seulement je savais comment me débarrasser sur-le-champ de cet être universel ! Car je sais bien qu'à la longue je m'en déferai.

B. J'aurais pensé qu'il devrait t'être bien facile, C., en partant de cette dispersion et de cet éclatement universels, de te rapprocher d'une unité solide.

C. C'est exactement l'inverse. Sous la pression d'une unique violence sévère et uniforme, je dois de toutes choses sacrifier la vie jaillissante, infiniment animée en chaque point. Toute la nature qui m'entoure, et qui avait commerce avec moi, en ses êtres innombrables, vivants et liés d'amitié avec moi, il me faut la tuer, et en accrocher la masse morte, comme un pur et simple vêtement, autour de cette unité pure.

B. Cela pourrait aussi être un beau commerce – un peu comme celui qu'entretiennent des gens qui parlent des langues différentes – si les choses n'étaient vivantes qu'en leur être, mais que toi tu n'étais en relation avec elles que par l'intermédiaire de leur non-être.

C. Ce dont tu parles, c'est justement le commerce du non-philosophe avec la nature. Il croit percevoir les choses, les manipuler selon ses fins et se les soumettre entièrement, alors même qu'il n'a en main que leur pur et simple reflet vide dans le non-être. J'ai déjà suffisamment montré comment le philosophe, en revanche, devient conscient de son propre non-
228 être, et précisément par là en même temps de l'être des choses (1). | Évidemment, il ne connaît pas les choses en leur être en tant qu'objets, mais il prend conscience d'elles – tout comme nul ne peut pénétrer dans la

conscience d'un autre homme, mais prend pourtant conscience qu'il y a là aussi une telle conscience subsistant à part soi (1).

B. Mais tu vois bien maintenant que ce n'était qu'une illusion. Ce que tu tenais pour des choses qui ne sont rien d'autre que réelles et singulières, ce ne sont plus désormais que les diverses configurations de l'être commun, et celui-ci ne fait qu'un avec le connaître simple lui-même. Cet universel réside au fondement de toute chose, est essentiellement le même en chacune, et ce n'est qu'ainsi que ces choses s'animent véritablement à tes yeux, pour autant que chacune est, en tant que chose singulière, un pur et simple phénomène, mais est en soi l'être universel lui-même (2).

C. Plus je considère ce résultat, et moins je puis me réconcilier avec. C'est justement cette animation de la chose par l'âme universelle qui pour moi la tue (3). Dès lors, en effet, elle n'est plus rien en tant que cette chose déterminée ; bien plus, si on l'examinait de manière vraiment rigoureuse, il se pourrait bien que comme telle, elle ne soit qu'une forme de notre propre connaissance.

B. Alors continue. Car tu t'approches excellemment du vrai.

C. Vois donc, je me retrouve alors de nouveau seul et solitaire, et tout autour de moi est forme vide. Par bonheur, le fait que je m'abandonne à cette unité vide ne va pas jusqu'à nuire à l'être véritable et vigoureux des choses. Je | le redis : toute notre pensée ne saurait les contraindre. Elles 229
existent pour elles-mêmes, vivantes, et ne se laissent pas escamoter par la pensée. Chaque chose, comme telle, est animée par l'essence qui lui est propre. Je la reconnais comme quelque chose de vivant près de moi, je l'aime et la révère. Et je sais qu'elle aussi me reconnaît : car avec son être, mon non-être est en connexion. Ainsi je vis en amitié avec toutes choses, et, loin de la prétention de vouloir les modeler et les diriger à ma guise, je vois chacune venir vers moi dans la vie qui lui est propre et conserver son propre être comme quelque chose de sacré, d'intangible pour moi. Face à elles, je suis moi aussi en entière possession de mon être ; et, dominant sans bornes le non-être de toutes choses (puisqu'il a tout à fait le même contenu que l'être), je ne suis entravé par rien, je suis au contraire pur et libre, et rien de ce qui peut advenir dans mon connaître ne me tiendra sous sa sujétion.

A. Quelle nouvelle rechute, B. ! Nous ne saurions l'abandonner à celle-là.

B. On n'apprend à apprécier ce qu'on a qu'une fois qu'on l'a perdu. Nous tenons donc un bon signe. Puisque toi, A., tu l'avais conduit si loin, je te laisse donc le soin de le mener encore plus loin, et je ne m'en mêle plus jusqu'au moment où je considérerai que la situation est sans danger ; car il a décidément bien un préjugé contre moi.

A. Du moins n'as-tu pas le droit, C., de rechigner à ce dont nous avons
230 convenu. En échange, je veux | bien concéder que nous sommes très loin d'en avoir fini avec notre être universel ; au contraire, il nous faut tout d'abord nous interroger précisément sur ce que nous tenons là.

C. Bien sûr que c'est ce que nous devons faire. Car j'espère qu'il va se décomposer à nouveau de lui-même, tout comme il est apparu.

A. Nous avons donc un être universel, qui est annulé en son entier par un non-être universel. En chacun des deux, réside pour nous l'ensemble de ce qui est particulier. Dès lors donc que cet être surgit pour nous, il passe aussi de nouveau, avec le particulier, dans le non-être, et plus rien ne nous reste. Voilà qui semble devoir être fatal à toute ta théorie de l'être et du non-être.

C. Plutôt seulement ton être universel, à ce qu'il me semble. Cependant, je comprends bien qu'il m'est impossible de revenir à mon être particulier, tel qu'il était tout d'abord. C'est donc que quelque chose d'autre ici doit encore nous être caché. Et il me semble déjà aussi voir l'issue luire à travers le brouillard.

A. Si tu l'as trouvée, montre-la moi, à moi aussi.

C. Il y a certes un être et un non-être, qui tous deux sont universels. Mais s'ils doivent subsister l'un à côté de l'autre, il faut bien qu'ils soient en relation l'un avec l'autre ou pour ainsi dire mélangés l'un avec l'autre, de sorte que l'un des deux, dans son rapport à l'autre, devienne le particulier.

A. Autant que je comprenne jusqu'à maintenant, ce serait là davantage une comparaison qu'une véritable résolution. Mais fais-moi entendre tes propositions.

231 | C. Voici ce que je veux dire. Pour que l'être et le non-être ne s'annulent pas, ne s'anéantissent pas complètement l'un l'autre, il faut que l'être devienne pour une part seulement être, pour une autre part non-être, de sorte qu'au point où tous deux se séparent ou se touchent, subsiste à la fois de l'être et du non-être.

A. Je ne vois pas encore comment l'être peut bien être divisé par le non-être.

C. En soi, l'être est évidemment parfaitement identique à lui-même, c'est précisément la raison pour laquelle il est impénétrable pour le connaître.

A. Mais le connaître n'est-il pas tout autant identique à lui-même ?

C. Nullement.

A. Comment prouves-tu cela ?

C. C'est encore – mais sous une autre figure – cette même chose qui ne saurait être prouvée, mais dont la conscience fait elle-même l'expérience.

Qu'est-ce que la conscience, sinon l'activité par laquelle l'on se connaît soi-même comme soi-même ? Or si tu te connaissais entièrement toi-même comme identique à toi-même d'un seul coup, ce serait pour ainsi dire un unique moment ; ou plutôt ce ne serait rien. Par là, en effet, tu annulerais ton autoconnaissance tout entière, ce qui connaît en toi et le connu en toi ne faisant qu'un, une autoconnaissance à proprement parler ne se produisant donc pas du tout. Tu ne peux donc jamais te connaître toi-même, pour partie, que comme un autre, savoir, comme un être incorporé à ce qui connaît (*als ein dem Erkennenden beigemischtes Seyn*). Il n'y a qu'ainsi
que tu peux te | saisir toi-même en tant que quelque chose de connu et 232
arriver à la vraie conscience (1).

A. Mais n'y aurait-il pas, de cette manière aussi, un connaître qui serait incorporé à l'être, de même que l'être l'était au connaître ?

C. Pas de cette manière, le connaître n'est pas incorporé à l'être en soi ; ce qui est incorporé à l'être, ce n'est jamais qu'un non-être, par lequel est annulé l'être en son unité originaire avec soi-même ; mais manifestement le connaître, comme la conscience nous l'apprend bien, ne consiste lui-même que dans cette scission et dans ce mélange. Le connaître est connaître uniquement du fait que lui est toujours opposé, en lui-même, un connu. Mais l'être est en soi parfaitement Un, et précisément pour cette raison il ne peut jamais être connu en son essence, parce qu'il ne laisse pour ainsi dire au connaître nulle brèche ou fente par laquelle ce dernier pourrait pénétrer jusqu'à lui. C'est pourquoi nous l'appelons un être obscur. Il est immuable et inconnaissable, et n'a rien à partir de quoi il pourrait renvoyer sa propre image (2).

A. Et comment va-t-on maintenant diviser cet être simple ?

C. À vrai dire, il n'est pas divisé, mais seulement limité par le non-être. Car cet être inconditionné qui est le germe de toutes choses, doit, pour devenir ces choses mêmes, s'étendre réellement à l'infini, et il ne le peut que si, dans cette extension, il est simultanément entravé en des points infiniment nombreux par son contraire, le non-être ; en effet, s'il n'y avait pas
ces entraves, il ne serait | pas non plus susceptible d'extension, puisqu'il ne 233
serait jamais que ce qu'il était en son germe simple. Mais ainsi, par ces entraves, l'extension infinie est continuellement emplie par l'être, et en chaque point il y a en même temps l'être et le non-être (1).

A. Voilà qui résonne pour moi comme la langue d'antiques philosophes qui faisaient eux aussi du monde un mélange de quelque chose et de rien (2). Selon toi, le non-être est donc le pur et simple choc (*Anstoß*) qui entrave l'être dans son progrès. Mais qu'est-il donc pour lui-même ?

C. Pour lui-même, il ne peut rien être du tout ; car il n'est quelque chose que pour l'être. Et même, il faut que ce soit l'être qui le crée tout d'abord pour lui-même ; car il ne saurait y avoir de pur et simple non-être pour soi. Oui, si j'examine cela bien attentivement, je découvre aussi comment l'être le crée réellement, savoir par son progrès dans l'extension elle-même.

A. Pense que ce progrès lui-même n'a été rendu possible que par le non-être.

C. Il n'est donc possible qu'en étant lui-même une création continuelle du non-être.

A. Et s'il doit être une création continuelle du non-être, c'est parce qu'il n'arrête pas d'être entravé ?

C. Ce serait évidemment de nouveau la même chose.

A. Est-ce que tout cela ne pourrait pas être unifié, disons, de la manière suivante ? L'être est, en soi ou selon son essence, un et le même que soi-même, sans que lui soit incorporé un non-être ou quoi que ce soit d'autre.
234 Mais il lui est nécessaire, | et cela relève non pas certes de son essence, mais de sa nature, de s'étendre à l'infini afin de tout remplir (1). Pour autant qu'il fait cela et pour le faire, il faut qu'il se crée en chaque point son non-être, par lequel il est lui-même partout entravé, et ainsi emplit tout. Et cela il le faut, afin que lui, qui certes en son germe était un et identique à soi-même, s'achève lui-même également dans la réalité. Car son essence est cette identité avec soi-même, et il veut l'atteindre de nouveau, mais cette fois aussi dans son existence réelle, afin de devenir alors seulement parfaitement lui-même et ce qu'il doit être. C'est pourquoi il crée du non-être à l'infini, et ne cesse d'engloutir précisément ce non-être par un être continuant à durer, pour finir par engloutir tout le non-être et par se rendre lui-même de nouveau identique à soi-même.

C. Excellent. Seulement j'ai encore quelques doutes. Pourquoi donc une telle extension réside-t-elle dans sa nature ?

A. Parce qu'il ne peut faire autrement que de se rendre lui-même identique à lui-même.

C. Oui, mais avant, il était déjà identique à lui-même.

A. Oui, comme essence, mais pas comme quelque chose de réel. Il n'avait pas encore surmonté le non-être. L'identique à soi avait encore toujours hors de soi ce qui est absolument non identique à soi-même, ce qui n'est jamais soi-même, et qui donc n'est rien, le non-être. C'est cela qu'il lui faut tout d'abord surmonter.

235 C. Certes, je crois moi-même qu'il ne peut y avoir d'être | sans un non-être. Mais je ne vois pas encore pourquoi ce qui est identique à soi-même doit encore avoir quelque chose hors de soi.

A. Je vais te le montrer. Tu vois bien que de ce qui est identique à soi-même, l'on ne peut rien dire d'autre que : « il est identique à soi-même ».

C. Comment en irait-il donc autrement ?

A. Maintenant, s'il était entièrement ce qu'il est ainsi, et cependant pas identique à lui-même, mais seulement cet Un, alors on ne pourrait absolument rien en dire.

C. Est-ce qu'on ne pourrait pas dire de lui qu'il est l'Un pour soi seul ?

A. Non. Car pour dire cela, il faudrait déjà que tu le compares de nouveau avec lui-même, ce qui te permettrait de trouver qu'il est cet Un lui-même. Mais si tu le compares et que tu trouves qu'il est lui-même, alors il est aussi identique à lui-même.

C. Je crois que je vois.

A. Si donc l'on doit dire de lui ce qui ne peut être dit que de lui, savoir qu'il est identique à soi-même, alors on est obligé de le considérer comme quelque chose de double : comme ce qui est comparé, et comme ce avec quoi l'on compare.

C. On est bien obligé de le considérer ainsi.

A. Nous avons donc désormais, au lieu de l'Un, Deux qui sont comparés l'un avec l'autre. Mais ils doivent être des opposés (*Entgegengesetzte*), car c'est sur cela que repose toute comparaison.

C. Évidemment.

| A. Or l'Un doit cependant être tout à fait le même que ce qu'est **236**
l'Autre ; ils doivent donc n'avoir entièrement qu'un seul et même contenu. Si donc ils sont opposés l'un à l'autre, ils le sont aussi par tout leur contenu. Ils sont donc en tout point opposés l'un à l'autre.

C. Il faut qu'il en soit ainsi.

A. Or l'Un est l'être dans son ensemble, ou l'être en général. Le contenu de l'Autre doit être entièrement le même, donc aussi l'être dans son ensemble. Or l'Autre doit être, dans l'ensemble de son contenu, opposé au premier. Il faut donc qu'il ait pour contenu un être tel qu'en tout point il ne soit pas le premier être – donc, le non-être.

C. À ce qu'il me semble, tout a bien été déduit correctement ; pourtant la chose même me reste encore obscure.

A. Ne te laisse pas ébranler par cela. Comme tu le sais bien, nous ne devons pas regarder ce qui est à venir, mais seulement toujours nous demander si ce qui est passé est exact. Maintenant, pour devenir entièrement soi-même, l'être doit nécessairement aussi faire revenir ce non-être à lui (1), et c'est ce qu'il fait dans cette extension infinie.

C. Mais ne peut-il donc pas le faire d'un seul coup, vu qu'il est tout de même aussi identique à lui-même ?

A. Nullement. En effet, sitôt qu'il est identique à soi-même, il est aussi de nouveau opposé à soi-même, et nous revoilà avec l'ancien état de choses. Il ne peut donc, pour parler de manière imagée, réunir à soi le non-
237 être que peu à peu (2). | Il faut donc qu'il le produise à chaque instant, non pas en tant que lui-même mais toujours en tant que quelque chose d'autre, qu'il fait derechef revenir à lui-même sitôt qu'il est produit.

C. Mais il n'en aura jamais fini avec cela. Car étant donné que le non-être a le même contenu que l'être, qui est tout, aussi longtemps qu'un être peut progresser, il y aura aussi toujours un non-être de reste.

A. C'est bien cela. C'est pourquoi l'être devient de cette manière un infini dans la réalité, puisque selon son essence, il est Tout.

C. Et par là, finalement, c'est aussi ma doctrine du subsister-à-part-soi des choses singulières qui est sauvée.

A. Comment donc ?

C. Certes, l'être, en et pour soi, est un être universel, et n'est identique qu'à lui-même. Mais, comme tel, il n'est absolument rien de réel, ou plutôt, comme tel il ne dure qu'un seul instant, et s'annule aussi lui-même de nouveau à travers le non-être qui lui est opposé de manière tout aussi universelle. Il ne subsiste donc, comme être, que dans ce développement infini, et celui-ci appartient de manière pareillement nécessaire à son essence. Car ce développement est son existence réelle, et celle-ci doit appartenir à son essence ; sinon, l'être ne serait absolument pas nécessaire, il serait quelque chose de contingent. Car nous appelons bien « nécessaire » ce dont l'existence appartient à l'essence ?

238 | A. C'est tout à fait juste.

C. L'être est donc nécessairement dans ce développement, et celui-ci appartient à son essence. Mais en chaque point de ce développement où l'être est entravé par le non-être, il est un autre, précisément parce qu'il est un autre point du développement. En chacun de ces points, il est donc un être entièrement subsistant à part soi, ou une chose singulière, dont l'essence n'est donc pas, contrairement à ce qu'affirmait B., l'être universel en général, mais justement ce degré déterminé du développement de l'être.

A. Je ne puis pas encore me satisfaire de cela. Car avant toute chose, tout dépend de ce que l'on définisse encore plus précisément le degré de développement. S'il n'y avait qu'un unique degré de développement, il ne serait pas du tout un degré, pas vrai ? En effet, d'où saurions-nous donc qu'il est un degré, si nous n'avions nul autre degré auquel le comparer, et nulle mesure universelle à laquelle le rapporter ?

C. Je le concède.

A. Il ne peut donc être un degré du développement que du fait qu'il y a plusieurs autres degrés de cette sorte, et qu'ils sont, avec lui, rapportés à un <élément> commun. Ainsi ils sont en même temps identiques les uns aux autres et et différents les uns des autres, et cela à l'infini, puisque le développement va nécessairement à l'infini. Mais ce qui est à la fois un-et-même et différent, est-ce que ce ne sont pas bel et bien les choses singulières ?

C. Tu veux dire que ce développement ne leur donne donc pas ce par
quoi chacune est elle-même, mais justement ce | en quoi elles sont iden- 239
tiques les unes aux autres et différentes les unes des autres. Et cela qui leur est essentiel, elles ne l'ont, toutes, que dans l'être universel.

A. Il en va évidemment ainsi.

C. Mais je ne puis pas encore me satisfaire de ce que la chose doive avoir son essence uniquement en tant que chose en général, et non pas aussi en tant que cette chose déterminée.

A. Cela ne peut avoir qu'une conséquence : elle n'est, en soi, rien d'autre que la chose en général, et cette déterminité qu'elle présente dans son rapport avec toutes les autres choses déterminées ne donne que son phénomène.

C. Ce serait donc en fait toujours à nouveau la même chose, mais répétée sous une infinité de rapports.

A. Tu peux aussi l'exprimer de cette manière.

C. Mais considère donc ce point. L'être se développe à l'infini, entravé en chaque point par le non-être. Essaie donc de penser ce développement comme achevé, de telle sorte qu'il ne reste plus aucune matière à développer dans l'être, et aucune non plus dans le non-être. Je sais bien que cela n'est pas possible, parce que chacun des deux est tout. Mais nous pouvons tout de même nous le figurer (1).

A. Aussi je me contrains déjà à le penser.

C. Alors il ne reste plus du tout d'être en soi, puisque tout l'être est contenu dans le développement ; et par conséquent il faut que chaque point de ce développement ait son essence en soi-même.

A. Trop vite conclu. Qu'est-ce qui ferait donc de lui ce point
déterminé ? Le fait qu'il soit, absolument parlant, | ou bien le fait qu'il soit 240
déterminé par tous les autres du début à la fin de la série, et qu'il soit pour ainsi dire fixé à cette place déterminée par la pression de tous les autres, de tous côtés ? Manifestement la dernière solution.

C. Oui, évidemment.

A. Il réunit donc toujours en lui une double signification, celle de l'être en soi et celle du rapport qui est engendré par le degré de non-être qu'il a à combattre. Et l'être en soi demeure continuellement le même à travers toute la série, seul le rapport occasionné par le non-être se modifie.

C. Je veux donc bien concéder maintenant que je ne peux plus trouver d'issue pour mon être particulier.

A. Qui sait s'il n'en reste pas une à trouver ? Car je dois bien t'avouer que plus d'un doute puissant me reste, parmi tout ce dont nous avons convenu jusqu'ici.

C. Eh bien, écoutons ces doutes. Ils sont pour moi les bienvenus. Car pendant notre enquête, je ne pouvais faire autrement que de croire que nous progressions correctement, pas après pas ; mais en mon for intérieur, il m'est toujours resté un obscur pressentiment (1), qui semblait m'arrêter un peu partout, ou me prévenir.

A. Tu crois donc vraiment aux pressentiments ?

C. Je ne peux pas dire que j'y crois, au sens où on l'entend
241 habituellement. Mais ils me rappellent | toujours qu'il pourrait y avoir là quelque chose d'encore irrésolu, qui s'immisce de cette manière.

A. Avec cela, tu serais bien accueilli chez ceux qui ne se tournent que vers ce qu'ils connaissent et savent clairement.

C. Cela m'est bien égal. Je suis convaincu que le philosopher met en mouvement l'homme tout entier, et doit toucher ce qui lui est le plus intérieur ; et que précisément, ce qui se manifeste de façon si obscure est la vérité la plus intérieure à l'homme lui-même, qui lui lance un avertissement aussi longtemps qu'il ne fait que se traîner parmi de pures formes. Mais s'il pénètre jusqu'à cette vérité, le pressentiment ne se dissout pas, mais ne fait plus qu'un avec la claire intellection, et l'on ne peut plus dire s'il y a là pressentiment ou intellection.

A. Regarde donc si je rencontre ton pressentiment. Et pour aller plus sûrement, continuons à avancer sur notre chemin. Car je ne sais rien de plus nuisible que de recommencer à partir du début quelque chose que l'on a déjà commencé une fois.

C. Là, je suis d'accord avec toi. Si l'on reprend la chose comme si elle était nouvelle, les anciens résultats restent, sans avoir été travaillés jusqu'au bout, et s'immiscent en venant déranger au moment inopportun.

A. Je pense que nous n'avons pas encore suffisamment considéré le point où être et non-être se séparent, et comment la situation se présente en ce point. Or, aussi longtemps que nous laissons quelque chose échapper à
242 notre recherche, | c'est de là qu'il nous faut toujours aussi attendre le prochain secours. Voici ce que nous avons constaté : l'être ne peut devenir quelque chose de réel que si nous le pensons comme sortant de son essence et pour ainsi dire s'étendant, mais aussi comme recevant par là sa limite

de son contraire, en chaque point. Pour que nous nous comprenions vraiment bien : peut-être penses-tu ici à une extension dans l'espace, à partir d'un point central unique vers tous les côtés ?

C. Pas du tout. Toute cette extension n'est pour moi qu'une image, afin de réunir les deux opposés. Car le pur être originaire, et le non-être qui se tient nécessairement en face de lui, sont pour moi deux points qui, s'il n'y a pas entre eux une ligne droite, ou bien ne sont rien du tout, ou bien convergent de nouveau en Un.

A. Et c'est sous cette image de la ligne droite qu'il nous faut maintenant aussi nous le représenter. Car ne faut-il pas que la ligne provienne de chacun des deux points, jusqu'à ce que les directions se rencontrent ?

C. Ce n'est pas cela non plus que je me figure. Au contraire, vu que seul l'être est quelque chose, et que le non-être n'est que ce que l'être n'est pas, rien ne peut provenir du non-être, mais seulement de l'être. Donc, tandis que l'être se meut, surgit pour lui en chaque point le non-être, qui l'entrave partout, de telle sorte qu'il emplit la ligne d'être.

A. Chacun de ces points est donc parfaitement un-et-même que l'autre en cela, qu'en lui l'être et le non-être se tiennent en équilibre. Nous pouvons donc | considérer aussi chacun d'eux pour soi, et en lieu et place de 243
tous les autres.

C. Certainement.

A. Il nous faut donc voir comment, en ce point, être et non-être se rapportent l'un à l'autre. Est-il possible que dans ce point, tous deux aient quelque chose en commun, vu que l'un est le contraire de l'autre ?

C. Ils doivent en même temps avoir tout en commun ; car ils ne sont originairement qu'un seul et même, nous en avons précédemment convenu. Ce n'est que la relation entre eux qui devient possible par leur séparation et leur réunification progressive.

A. L'être est à chaque fois un nouveau point du progrès, et c'est dans cette mesure qu'il est en même temps différent de tous les autres points de la ligne. Mais est-ce que le non-être n'est pas également à chaque fois un nouveau point du progrès ?

C. Cela ne se peut pas. Car nous avions convenu qu'il n'est pas le contraire d'un être particulier, mais de l'être en général.

A. Et précisément à cause de cela, tu le vois, il fait de l'être un particulier. En chacun de ces points, l'être est donc un être complètement particulier, mais le non-être est un universel.

C. Très bien. Et cet universel est le connaître.

A. Il faut bien qu'il en soit ainsi. Car le non-être est lui-même l'être en tel point déterminé, pour autant que cet être n'est pas tout le reste, et tout ce

244 reste passe dans le non-être, qui de cette manière | entre en connexion avec l'être, ou, bien plutôt, n'est qu'un seul et même avec lui. Le connaître n'est donc à proprement parler que l'être lui-même, en tant qu'universel non-étant (*als nicht seyendes Allgemeines*), et il surgit pour l'être uniquement par le choc universel, et non particulier, que le non-être donne à l'être dans sa progression.

C. Tout cela a été découvert de manière excellente. Une seule chose reste obscure pour moi : comment l'être particulier peut-il bien se reforme-t-il en une image (1) dans ce non-être universel ? car dans le connaître il y a bien toujours une image de l'être.

A. Il n'a nul besoin de s'y reformer en une image ; car le connaître est parfaitement un avec l'être, sauf que l'un est ce que l'autre n'est pas (2). Pourtant il y a bien quelque chose qui peut se reformer en une image dans le connaître : c'est tout l'être qui reste.

C. Comment cela ?

A. Ce que nous avons nommé « tout l'être qui reste » est ici à la fois à l'extérieur de l'être particulier, A, dont nous sommes en train de parler, et en lui. Il est à l'extérieur de lui pour autant qu'il constitue toute la série dont notre être particulier est un membre, et le tient fixé en son point ; mais il est en lui, pour autant qu'il constitue l'ensemble de son non-être, ou de son connaître. Nous pouvons donc assurément dire que cet être restant en dehors de lui se reforme en lui en image, dans le connaître.

C. Et comment s'image-t-il, en tant qu'universel ou en tant que particulier ? C'est que j'ai là encore un pressentiment.

A. Tu vois bien que <cet être qui reste> se tient de nouveau à la frontière même où être et non-être se séparent. Car il est à la fois non-être – et comme
245 tel il est le connaître | de notre A particulier – et l'être de toutes les choses qui restent. Comme non-être, il est manifestement non-être en général, donc un universel, comme nous en avons convenu depuis longtemps ; mais comme être, il est l'être de toutes les choses particulières, qu'il faut ici nécessairement penser comme particulières, vu qu'elles constituent précisément la série dont A est un membre. Maintenant, crois-tu que ce dernier, en tant que connaître, soit quelque chose de purement universel ou de purement particulier ?

C. Les deux à la fois, me semble-t-il. Car l'être de toutes les choses particulières et leur non-être universel sont bien ici un seul et même, les deux ne sont rien d'autre que le connaître de A.

A. Je crois qu'il en résulte incontestablement qu'en tout connaître, il doit premièrement y avoir un universel, qu'il faut de préférence appeler le connaître en lui, ou connaître du connaître, et deuxièmement un <élément>

entièrement particulier que l'on peut appeler le connaître de l'être, car il consiste précisément en ce que le connaître est un non-être de l'être infiniment particulier. Mais il en résulte aussi, finalement, que cet universel et ce particulier sont de nouveau, nécessairement, parfaitement un, vu que précisément l'universel n'est rien d'autre que le non-être de l'ensemble de ce particulier (1).

C. Cette conséquence me semble, à moi aussi, parfaitement juste. De plus, j'ajoute que la proposition principale parmi mes affirmations précédentes se trouve ici confirmée. Car l'être consiste bien toujours ici dans la particularité de A | et de toutes les autres choses, et le connaître, en tant 246
qu'universel, n'est que son non-être.

A. Tu as à moitié raison, mais seulement à moitié. N'oublie pas par quelle voie nous sommes parvenus jusqu'ici ! Cette particularité de l'être à laquelle tu tiens tant ne trouve lieu que dans le connaître de l'être singulier A. Donc, seulement dans une conscience particulière. En son tout et originairement, l'être était bien un et universel.

C. En effet, c'était bien cela.

A. Il me semble donc que tu as commis la faute suivante : tu as pris la conscience d'un être singulier, telle qu'elle surgit dans la réalité, pour l'état essentiel qui est de manière générale celui des choses mêmes (1).

C. Je ne vais pas le nier. Mais, à l'inverse, tu dois aussi me concéder que mes propos ont été non pas tant réfutés qu'améliorés et complétés. Car si je considère la chose correctement, nous avons désormais, à ce que je crois, édifié un système complet et clos, qui doit parfaitement nous suffire pour tout.

B. Comme promis, je vous ai laissés vous précipiter dans l'erreur la plus profonde, sans rien dire. Mais je crois que vous êtes sur le point de trouver vous-mêmes votre salut. Établissez donc votre système. Le point où vous vous trompez en résultera alors bien de lui-même.

A. Tu exiges une œuvre infinie en quelques instants.

| C. Nous pourrions bien en donner les contours généraux. 247

A. Vas-y, toi. Je me charge de surveiller que tu ne quittes pas la consécution vraie, et de te soutenir si besoin.

C. Je préfère me dispenser d'invoquer en un dithyrambe les muses ou autres divinités, car çà et là elles n'ont pas eu bonne presse, ces derniers temps. Je dirai plutôt très sobrement ce que je pense de la chose. Il est incontestablement certain, et cela est donné par un fait inconditionné de notre conscience, que cette conscience, précisément, repose sur un pur être, et qu'elle ne surgit comme conscience que pour autant que cet être est, dans son développement infini, entravé en tout point par son propre non-être.

Ce non-être lui est nécessaire, parce que l'être doit commencer par être opposé à lui-même pour devenir identique à soi dans la réalité. C'est par ce développement continuellement entravé que surgit la série du singulier et du réel, et qu'en chaque point de cette série est la limite entre être et non-être ; par ces deux-là, nécessairement, l'être est en ce point limité et bien déterminé, mais le non-être est un universel et un illimité, qui devient toutefois réel du fait qu'il limite lui-même l'être. Par ce devenir-réel, le non-être devient aussi immédiatement un non-être de toutes les autres choses limitées hors de la chose A, chose que précisément il limite. Il est le
248 connaître | de A, et contient donc comme tel en même temps le contraire universel de l'être, et les images de tout l'être singulier et particulier. Et voilà le tout brièvement résumé.

A. Ne voudrais-tu pas aller plus loin et indiquer tout aussi brièvement ce qui s'ensuit pour le connaître ou savoir de soi, ainsi que pour la volonté ? Car de telles conséquences sont en général les plus propres à satisfaire ceux qui ne s'accordent pas vraiment aux premiers principes.

C. Il va être difficile de le faire aussi brièvement, ne serait-ce que parce que ce n'est pas encore vraiment préparé à ce point.

A. Si les fondations sont bien posées, cela doit bien en résulter aisément. Comment A peut-il se connaître lui-même, si en soi il est être pur et que le connaître n'est que le non-être qui est en connexion avec lui (1) ?

C. La vraie existence de A est précisément au point où être et non-être se touchent. Car il n'est pas un pur être, mais un être entravé par un non-être. Être et non-être doivent donc se tenir mutuellement en équilibre en ce point. Or l'être est ici quelque chose de parfaitement particulier, mais le non-être est l'universel, ou la limite en général ; par conséquent, ils ne peuvent pas du tout être rapportés l'un à l'autre. A ne peut donc pas encore se rapporter à soi-même. Mais dans l'universel dont le non-être est la négation, toutes les choses autres que A doivent être comprises, et ce sont des choses particulières, puisqu'elles forment avec A, <chose> parti-
249 culière, une série ; ces choses doivent donc | apparaître dans le non-être comme des particularités. De cette manière, ces choses sont en A en tant que particulières ; nous disons que A les connaît comme telles. Mais sous cette figure du non-être des autres choses, c'est en même temps son propre être qui apparaît à A, être qui est bien en même temps ce non-être lui-même. Son être se reflète donc dans le non-être, par l'intermédiaire du non-être des autres choses, et ainsi ce n'est pas A lui-même qui est connu, mais seulement sa réverbération (*Abglanz*) par les autres choses (1).

A. Mais cet être qui lui est propre n'est pas seulement sa propre particularité, mais en même temps l'être universel en général.

C. Comment cela ?

A. Souviens-toi donc qu'en chaque point du développement, l'être universel qui résidait au fondement de toute la série devait lui aussi être contenu.

C. C'est juste. L'être qui lui est propre est donc en même temps connu comme être universel, et ainsi l'être atteint la réunification à soi-même déjà en chaque point du non-être, mais toujours seulement par l'intermédiaire du particulier (2).

A. Maintenant, si quelqu'un disait : partant de l'être, il nous faut tout tenir pour parfait tel qu'il est ; car l'être n'est bien évidemment pas autrement qu'il n'est, et ainsi nous annulons toute loi de l'agir : que lui répondrions-nous ?

C. À peu près ceci. Ce qui est, lui dirais-je, est, de fait, tel qu'il doit être.
Mais | le non-être ou connaître est la source de toute illusion, lorsque nous 250
nous laissons égarer à le tenir pour l'être. La loi de notre action, elle, ne peut être que la suivante : rendre le pur être libre et régnant en nous, et le suivre lui, et non les illusions du non-être. Et puisque nous ne pouvons nous-mêmes arriver à la connaissance de cet être pur qu'à travers le non-être des autres choses, il nous faut suivre cet être avec conscience. Ainsi, la connaissance du vrai et l'exercice du bien coïncident pleinement pour nous – n'est-ce pas là un signe de ce que nous sommes parvenus à ce qu'il y a de plus haut ? N'est vrai que ce qui est entièrement adéquat à sa nécessité interne, et il n'y a que le pur être qui le soit ; le bien aussi c'est cela, mais avec conscience, c'est-à-dire en ayant surmonté le non-être. La nature est toujours vraie, elle suit ses lois éternelles sans en dévier, tant dans les mouvements harmonieux des corps célestes que dans la production des plantes, dans l'alternance annuelle des saisons, et dans les bêtes, animées de l'infaillibilité et de l'assurance divines des instincts ; et même nous, elle nous dirige de cette manière, sauf que nous ne la reconnaissons pas derrière l'apparence que nous présente le non-être et que seule nous sommes à même de connaître. Or, réunir cette apparence à l'être, et ainsi revenir, à travers la conscience de nous-mêmes, à cette infaillibilité de l'instinct naturel, voilà ce que nous pouvons atteindre de plus haut. Et cela advient
| pour autant que nous nous abandonnons tout à fait purement et sans malice 251
à notre être véritable.

A. Si donc nous voulons exprimer notre loi suprême d'une manière compréhensible par tous, cela donnerait : « Vis consciemment en adéquation avec la nature ».

C. Cette expression doit être la plus exacte.

A. Je ne prévois plus qu'une objection que l'on pourrait faire à notre premier principe.

C. Et quelle serait-elle ?

A. Il est clair que nous ne pouvons parler de rien, que de ce que nous connaissons, et que nous ne pouvons jamais quitter notre connaître (1). La première [chose] dont nous sommes partis, c'est un pur être, que nous ne saurions pénétrer par la conscience, puisque nous sommes allés jusqu'à l'appeler un être obscur (2). Nous ne pouvons donc regarder immédiatement à l'intérieur de cet être, au contraire nous ne faisons que le percevoir en ressentant la limitation de notre propre connaissance, et en y trouvant une sorte d'ajout (*Beimischung*) qui nous est étranger. Et si nous pensons notre connaître comme une pure activité – et il ne peut être que cela, s'il doit être borné de cette manière – alors cette activité est entravée par la limite ; et vu qu'elle doit tout de même rester une activité, elle est rejetée en arrière et c'est cette activité rejetée en arrière qui nous renvoie l'être. De cette manière, nous n'atteignons cependant jamais l'être, mais toujours seulement le connaître de notre propre connaître, et l'être n'est jamais quelque chose de réellement connu, mais seulement un expédient pour expliquer la limite.

252 | C. Je vois bien à quelle doctrine tu veux en venir.

A. Mais moi, je te prie de ne pas parler de doctrines ni de systèmes, et de ne pas utiliser de termes techniques (1). Car, premièrement, une doctrine se modifie à chaque figure qu'elle revêt et devient quelque chose de tout autre ; et, deuxièmement, interviendrait ici précisément ce que nous voulions éviter tout à l'heure : savoir, considérer comme clos nos résultats passés et ne plus y toucher, dès lors que nous aurions donné une fois pour toutes un nom à un système, quel qu'il soit, au lieu de vouloir avancer à notre manière, si embarrassée et néophyte qu'elle pût sembler.

C. Dans ce cas, je dis donc que l'objection dont tu parlais n'a, précisément, pas grand sens. En effet, nous n'en venons au fait que le connaître soit entièrement borné qu'en considérant la conscience ordinaire, dans laquelle l'universel et le particulier sont encore séparés. Mais au point de vue philosophique, la conscience elle-même est pour nous précisément au point où être et connaître ne font qu'un (2), et elle peut donc tout aussi bien être tenue pour une limitation de l'être. Elle doit même nécessairement être tenue pour telle. Car c'est bien l'être qui se développe à l'infini, qui est donc activité. En soi, l'être est substance pure, mais dans la réalité il est activité infinie ; car en tant que substance, il est entièrement annulé par la scission qui le sépare du non-être, dont nous parlions tout à

l'heure. Et comme | activité, il est partout annulé par le non-être, il *devient* 253
donc en chaque point substance, mais ne l'*est* jamais.

A. Alors l'opposition du sujet et de l'objet (*Object*), qui dans la conscience habituelle semble résider dans le connaître, devrait ici avoir lieu, en même temps que leur unité, dans l'être.

C. Et il en va bien ainsi. La série entière est pur être ; car en chaque point d'entrave, le non-être est réuni à l'être.

A. Et en chacune de ces réunions, il cesse d'être pure limite, et n'est à nouveau plus qu'un et le même avec l'être.

C. Tout à fait exact.

A. Mais l'être ne cesse de se mouvoir, et trouve toujours à nouveau la limite devant soi. Nous avons donc deux non-êtres différents, l'un en tant que limite annulée et devenue une seule et même avec l'être, l'autre en tant que limite constamment pérenne. Le premier est passé dans l'être, il est donc un non-être étant (*ein seyendes Nichtseyn*), et seul ce non-être étant est le connaître.

C. Oui. De même que seul l'être qui se meut dans la réalité est l'être objectif. Car nous avons bel et bien aussi un être double, l'un qui se meut dans la réalité et l'autre, originaire.

A. De ces deux-là, l'être originaire se rapportera de la même manière à l'être réel, que le non-être en tant que pure et simple limite se rapporte au non-être étant.

C. Il n'en va pas autrement.

| A. L'être originaire *est* donc en ce sens tout aussi peu que le non-être. 254
Car tous deux ne sont réellement étant qu'au point de la limitation. L'être n'*est* qu'en tant qu'être limité, le non-être qu'en tant que limitant.

C. Mais de là semble également résulter que le non-être en soi, abstraction faite de la limitation réciproque, devrait être tout aussi essentiel que l'être (1).

A. Cette conséquence pourrait bien être inévitable.

C. Ce qui m'étonne, c'est que nous ne l'ayons pas remarquée plus tôt.

A. Il y a déjà eu une fois où tu aurais dû t'étonner de quelque chose de semblable. En effet, lorsque je t'ai démontré l'être universel, nous n'avons pas tout de suite pensé que ce dernier, précisément, ne pouvait qu'être de nouveau aussitôt annulé par le non-être universel. Mais dans ce cas, comme dans le cas présent, cela tenait uniquement au fait qu'initialement nous étions partis de l'être.

C. Nous pourrions donc tout aussi bien partir du non-être.

A. Appelons-le connaître et partons de lui : alors toute la configuration s'inversera. Ce connaître est alors également identique à lui-même, et, précisément pour cette raison, complètement opposé à lui-même. Il y a en face de lui un non-connaître, qu'il doit réunir à lui.

255 C. Il me semble toujours que le connaître ne devient | jamais identique à lui-même qu'après qu'il a surmonté la scission induite par la limite.

A. Parce que tu continues à rester collé au fait que nous étions partis de l'être. Mais dans le développement réel, comme tu l'as vu, ce sont les deux qui sont compris dans une telle scission, le connaître aussi bien que l'être; en revanche en tant qu'essence, le connaître doit tout autant être identique à soi-même et se suffire à soi-même. Mais ce connaître originaire, qui ne se développe qu'à l'infini, n'est qu'un seul et même avec l'être originaire; c'est que tous deux sont précisément ce qui est identique à soi-même et opposé à soi-même.

C. Le connaître est donc ici entravé à l'infini par un choc étranger, qui n'est rien d'autre pour lui que son contraire, et il le surmontera continuellement. De là naîtront des points d'entrave à l'infini, qui n'auront que l'apparence de la particularité, mais qui en soi ne seront rien d'autre que l'unique connaître, se réunissant à soi-même.

B. Eh bien maintenant, vous avez suffisamment compris que les deux <approches> se contredisent et s'annulent mutuellement, si l'on pose comme fondement et que l'on considère comme premier et originaire une fois l'être, l'autre fois le connaître. Et pourtant l'une et l'autre sont tout aussi légitimes(1).

C. S'il en est ainsi, que nous reste-t-il ?

256 B. Ce qui n'est ni connaître ni être, | mais entre les deux, l'identique dans les deux, ni l'un ni l'autre et pourtant chacun des deux (1).

C. Et qu'est ce que c'est ?

B. Rien d'autre que ce que c'est, la pure unité et identité à soi-même. Cela seul est en soi ; car cela seul est identique à soi-même et ne repose que sur soi-même. Aucune autre <chose> dont nous disons qu'elle est, n'est identique à soi-même ni ne repose sur soi-même: au contraire, elle ne remplit jamais pleinement son concept, et elle a sa cause en autre chose. Elle n'est donc *pas en soi*, elle n'est donc qu'en tant que phénomène vide. Seule cette pure mêmeté (2) est en soi (3).

C. Cette dernière n'est-elle donc pas, elle aussi, par autre chose qu'elle-même, puisqu'elle est la mêmeté du connaître et de l'être, qui doivent donc bien avoir existé afin de former cette unité.

B. Mais ils n'ont existé auparavant que parce que vous vous en êtes tout d'abord emparés, et parce qu'il semble que maintenant nous ne puissions plus que nous élever à partir d'eux jusqu'à l'unité. Mais tu vois bien toi-même comment nous nous élevons à partir d'eux. Car ils ne forment pas cette pure unité du fait qu'ils existent, mais du fait qu'ils n'existent pas, du fait qu'ils s'annulent et s'anéantissent mutuellement. Ils ne constituent donc aucunement le fondement de cette unité, au contraire celle-ci n'est que son propre fondement.

A. Donc, si ces deux membres s'annulent eux-mêmes parfaitement dans cette unité, alors il n'existe plus aucune | multiplicité ; il ne peut pas y 257
avoir plusieurs choses, mais seulement cet absolument Un.

B. Ce n'est aussi que dans cet Un et par cet Un qu'il y a plusieurs choses, et toute chose, pour autant qu'elle est quelque chose *en soi*, ne peut rien être d'autre que cet Un (1). Mais cet Un est à la fois connaître et à la fois être, et ainsi il est opposé à soi-même à l'infini et crée de cette manière la diversité infinie des choses (2).

A. Je me réjouis que notre chemin nous ait conduit à cette doctrine (3). L'esprit (*Sinn*) libre et vif, le regard qui embrasse tout, l'intuition constamment présente en elle nous gagne facilement, et nous incite irrésistiblement à nous livrer aux profondeurs d'où proviennent ces expressions. Mais il est également d'autant plus important de ne pas nous contenter de ces expressions, mais de faire une enquête la plus approfondie possible sur leur sens, surtout que, comme nous le voyons, l'on ne s'adonne que trop facilement et trop souvent, avec elles, à un jeu irresponsable. Tu ne comprends tout de même pas cela dans le sens où cet Un, cet originaire, se scinderait en deux moitiés opposées à l'instar d'une chose réelle, et se disperserait ainsi à l'infini en suivant des directions différentes ?

B. Point du tout. Cela me réjouit de ne pas avoir à réfuter chez toi cette manière de voir. Cet Un est bien absolument et en soi originairement Un.

A. Mais si c'est bien cela, d'où peut lui venir l'opposition à soi-même (4) ?

| B. Précisément de sa propre identité avec soi-même. Notre connais- 258
sance la plus intime n'est rien d'autre qu'une connaissance de cette pure unité, c'est une connaissance de l'être-identique-à-soi-même. Or cette connaissance doit nécessairement être attribuée à l'absolu lui-même, vu qu'il est tout. Il doit donc se connaître lui-même, par conséquent se connaître lui-même en tant que pure identité avec soi-même. Or cette connaissance est la forme de son être (1). En effet, son essence n'est pas opposition, mais unité pure et sans trouble. Mais sous cette forme, il est réel. Pour se connaître soi-même, il doit donc dans cette forme être infiniment son propre sujet et objet (*Object*).

A. De cette manière surgit donc pour nous une différence infinie (1), qui en et pour soi n'est pourtant rien d'autre que l'unité originaire elle-même.

B. Et pas uniquement de sorte que cette différence infinie soit, dans le Tout, cette unité : cette dernière est aussi toujours la même en chaque point singulier, elle est en lui l'unique Essentiel et en soi. La différence infinie est ici l'écart infini qui sépare le sujet et l'objet (*Object*) (2). Comme elle est infinie, le milieu entre les deux, ou bien ce en quoi sujet et objet sont un, ne peut être nulle part à l'intérieur d'elle. Mais pour autant qu'elle est cette différence, elle n'est aussi bien que forme ; selon l'essence, elle ne peut être que tout entière unité et identité même ; en chaque point de cette différence, l'en-soi unique est donc cette unité elle-même, tout entière. Il y a donc ici,
259 dans le tout, une différence, une prépondérance de l'un | ou de l'autre (1), mais dans le singulier (2) chaque point est à part soi de nouveau essentiellement l'unité tout entière elle-même. Chacun de ces points est donc une chose singulière, différente de toutes les autres, mais en tant que tel il n'est rien en soi, <il n'est> qu'en tant que l'unité universelle elle-même, qui est contenue en lui aussi bien qu'elle l'est dans le tout.

A. Chacun de ces points ne serait donc un essentiel que du fait qu'il est compris dans l'unité universelle et, pour nous exprimer ainsi, qu'il l'expose (3). Il ne serait donc jamais essentiel que pour autant qu'il n'est pas ce point déterminé, mais pour autant qu'il l'est, il serait inessentiel (4).

B. Il est bel et bien tout à fait essentiel aussi en tant que ce point déterminé (5). Car il n'est rien d'autre que ce point. Mais, bien sûr, il n'est essentiel que pour autant qu'il exprime, en tant que ce point déterminé lui-même, en même temps l'unité originaire tout entière, c'est-à-dire pour autant qu'il l'expose selon son point de vue déterminé, ou selon sa puissance (*Potenz*) déterminée (6). Car nulle chose réelle, en son unicité, ne pourrait être quelque chose d'essentiel, quelque chose qui repose sur soi, nulle ne pourrait donc même exister hors de son pur et simple phénomène, si elle ne portait en soi cette unité également pour sa propre particularité. Pour elle-même ou selon sa puissance déterminée, elle est donc parfaite, embrassant tout et autosuffisante, et toutefois, par rapport au tout, elle est un quelque chose de différent, donc de soumis à la phénoménalité (7).

A. Cette chose n'est donc bien quelque chose d'essentiel que du fait
260 qu'elle expose l'identité originaire, fût-ce | pour sa puissance déterminée. Et non du fait qu'elle expose cette puissance, car, en tant que telle, elle n'est que phénomène. Mais est-ce qu'elle est cette chose déterminée du fait qu'elle est l'unité universelle, ou bien du fait qu'elle est cette puissance déterminée ?

B. Les deux. Car l'unité universelle ne peut s'exposer que sous des puissances déterminées, et est elle-même à travers elles et en elles. La chose est donc réellement cette unité elle-même, pour sa puissance.

A. Pourtant tu dis toi-même qu'il y a une unité originaire qui est en et pour soi unité parfaite de l'Un et de l'Autre ; ce n'est donc pas une puissance, elle n'est donc pas soumise, d'aucune manière pensable, à toute la différence des puissances (1). En effet, outre que cette unité est originairement l'Un sans trouble, elle est également en même temps la mêmeté parfaite du connaître et de l'être ; donc, en elle, déjà en tant qu'elle est en et pour soi, la possibilité de la différence ou de la puissance est annulée dès l'origine. Elle doit donc être tout autre chose qu'une différence, quelle qu'elle soit.

B. Par contre, souviens-toi seulement que précisément cette unité, comme étante, ne saurait être pensée autrement que comme l'opposition parfaite elle-même. En effet, son existence réelle réside précisément en ce qu'elle se rend identique à elle-même, et qu'en même temps elle l'est aussi déjà. Elle ne peut donc pas du tout être posée comme étant, si ce n'est sous la figure de son opposition à soi-même.

A. Mais cette opposition est bien aussi de nouveau | opposition parfaite, 261
elle ne peut donc pas être différence ; au contraire, le parfaitement opposé à soi-même ne peut qu'être également parfaitement identique à soi-même (1).

B. Mais pour être réelle, il faut bien aussi qu'elle soit réellement opposée à elle-même. En entrant dans l'opposition, elle doit donc aussi bel et bien devenir opposition infinie.

A. Mais si elle est opposition infinie, alors elle n'est plus parfaite mêmeté, et elle ne peut pas non plus le redevenir, parce que l'infini ne peut plus s'accomplir. Ainsi donc, même si je concède que cette unité originaire réside au fondement de toutes les différences, et que celles-ci ne seraient rien du tout sans celle-là, il y a tout de même une distinction essentielle entre ces différences et cette unité.

B. Oui, bien sûr, entre l'unité et chaque différence singulière. Dans le singulier, cela qui est la différence n'est jamais, face au Tout, qu'un mode du phénomène. Cependant, non seulement chaque différence a dans soi-même toute l'unité originaire elle-même, mais de plus toutes les différences reforment cette unité. L'unité originaire est réellement dans l'existence sous la forme de toutes les différences (2).

A. Mais, je te le demande, y a-t-il donc <quelque chose comme> toutes les différences (3) ? Je pense que la différence en général ne surgit que parce que l'originairement Un tombe dans une opposition infinie à soi-même. Et cette opposition peut-elle donc jamais être achevée, comme il faudrait pourtant qu'elle le fût | si elle devait enfermer en soi toute diffé- 262
rence ? Dans ce cas, l'opposition ne serait plus infinie, mais parfaitement

limitée en un point quelconque, donc déterminée de manière finie. Ou bien elle serait limitée parce que les deux membres n'en feraient qu'un selon l'essence ; mais alors nulle diversité ne serait pensable à l'intérieur de cette opposition.

B. Et pourquoi pas ? Une différence infinie ne peut-elle, ne doit-elle pas résider entre ces deux membres qui s'opposent parfaitement ?

A. En aucune manière. Il ne peut rien résider entre eux, qu'une pure unité, une unité qui ne se limite elle-même que par elle-même, ce qu'est précisément l'opposition parfaite. Tu peux jeter pour ainsi dire une différence infinie dans cet abîme de l'opposition parfaite, mais elle s'y éteint et se trouve réduite à néant sitôt qu'elle entre en son domaine. Chaque particularité ne doit-elle donc pas pouvoir être distinguée des autres par un moment singulier déterminé ?

B. Elle le doit, à ce qu'il me semble.

A. C'est que sans cela elle ne serait rien de singulier, ce ne serait plus une particularité. Mais parviendras-tu donc jamais au but en accumulant ces moments singuliers les uns sur les autres, si l'infinité appartient à l'essence de cette différence ?

B. Ça non. Par contre, cette infinité est elle aussi le pur et simple phénomène de l'Un et Tout (1).

NOTES DU TRADUCTEUR

Présentation des *Lettres concernant les malentendus sur la philosophie et son rapport à la religion*

(1) Nous traduisons « *Mißverständnisse* » par « malentendus » et non par « erreurs », parce que Solger veut non pas purement et simplement réfuter des conceptions adverses, mais bel et bien mettre au jour de manière critique ce qu'il y a de vrai en chacune. Le titre sera désormais abrégé en *Lettres sur la philosophie et la religion.*

(2) *Lettres sur la philosophie et la religion*, p. [2].

(3) *Lettres sur la philosophie et la religion*, p. [25].

(4) *Lettres sur la philosophie et la religion*, p. [33]-[34].

(5) *Lettres sur la philosophie et la religion*, p. [2].

(6) W. Henckmann, « Einheit von Offenbarung und Philosophie », p. 222.

(7) *Cf.* respectivement la lettre de Tieck à Solger du 1.4.1816 (NSB I, p. 391 ; *Tieck and Solger*, p. 204) et la réponse de Solger à Tieck du 7.4.1816 (NSB I, p. 401 ; *Tieck and Solger*, p. 218) ; la lettre de Solger que Tieck évoque dans cet échange est peut-être celle du 19.11.1815. Dans sa lettre à Abeken du 19.5.1816, Solger mentionne un projet de « série de dialogues sur la religion » (NSB I, p. 416).

(8) Voir ci-dessous la p. [46] avec le commentaire.

(9) Lettre de Tieck à Solger, 18.12.1817, NSB I, p. 586, *Tieck and Solger*, p. 403.

(10) Lettre de Solger à Tieck, 4.1.1818, NSB I, p. 593, *Tieck and Solger*, p. 409.

(11) « J'ai commencé pour [le journal projeté avec Tieck, M.G.-S.] une série de lettres sur la religion, la philosophie et l'histoire, que j'ai déjà bien avancées, et dans lesquelles je développe de manière populaire et polémique les vrais rapports de ces trois types de connaissance, contre les malentendus dont elles sont aujourd'hui victimes. » (Lettre de Solger à Abeken, 23.1.1818, NSB I, p. 598).

(12) *Cf.* V. Pinto, *Filosofia e religione in K. W. F. Solger*, Napoli, Morano editore, 1995, p. 173. Tieck demande à Solger fin 1818 s'il « continue ses Lettres » (lettre de Tieck à Solger, 17.12.1818, NSB I, p. 693, *Tieck and Solger*, p. 491).

(13) *Cf.* K. Aner, *Die Theologie der Lessingzeit*, Hildesheim, Olms, 1964 (spéc. p. 3-4 et p. 357-361), p. 359. Vers 1816, Solger a étudié de près les problématiques théologiques des XVIIe et XVIIIe siècles (V. Pinto, *Filosofia e religione*, p. 172).

(14) G. Hobeika, *Lessing. De la révélation à l'âge adulte de la raison*, Paris, Cerf, 1997, p. 139.

(15) Les principaux néologues sont le prédicateur de cour berlinois August Friedrich Wilhelm Sack (1703-1786) ; Johann Friedrich Wilhelm Jerusalem (1709-1789), prédicateur de cour à Braunschweig entre 1742 et 1752 ; Johann Joachim Spalding (1714-1804) qui est actif à Berlin à partir de 1764.

(16) *Cf.* par ex. p. [37] sur la nécessité de penser une historicité de la révélation.

(17) *Cf.* W. Jaeschke, « "Um 1800" – Religionsphilosophische Sattelzeit der Moderne », dans G. Essen, C. Danz (Hg.), *Philosophisch-theologische Streitsachen. Pantheismusstreit – Atheismusstreit – Theismusstreit*, Darmstadt, Wissenschaftliche Buchgesellschaft, 2012, p. 7-92, ici p. 28-29. Walter Jaeschke met en évidence la manière dont l'idée d'une philosophie spéculative de la religion se constitue historiquement.

(18) *Cf.* W. Jaeschke, « "Um 1800"… », p. 22-23.

(19) *Lettres sur la philosophie et la religion*, p. [44].

(20) J. F. Kleuker, *Neue Prüfung und Erklärung der vorzüglichsten Beweise für die Wahrheit und den göttlichen Ursprung des Christenthums, wie der Offenbarung überhaupt. Zweiter Theil, welcher eine Kritik der neuesten Philosophie der Religion enthält*, Riga, Hartnoch, 1789 (cité par W. Jaeschke, « "Um 1800"… », p. 27).

(21) Lettre de Solger à Tieck, 7.4.1816, NSB I, p. 405 ; *Tieck and Solger*, p. 221.

(22) *Sur la vraie signification*, p. [104].

(23) Lettre de Solger à Tieck, 17.7.1814, NSB I, p. 314, *Tieck and Solger*, p. 137 ; *L'Art et la tragédie du beau*, p. 109. Solger précise qu'il ne vise pas une école philosophique précise, mais une tendance contemporaine répandue. *Cf.* dans notre texte la dénonciation des « faux prophètes » (p. [27]).

(24) Pour Tieck, Solger a réussi à élucider rationnellement le contenu de l'« enthousiasme » mystique, ce à quoi ne sont pas parvenus les théosophes : « car je ne peux pas vraiment compter avec Franz Ba[a]der et ses improvisations, les rhapsodies magnifiques d'un Haman[n] résonnent à travers le monde comme des sons isolés, Saint-Martin est trop sentimental et polémique contre la corruption (…) » (Lettre de Tieck à Solger, 1.4.1816, NSB I, p. 392, *Tieck and Solger*, p. 205). Solger ne répond pas précisément à cette énumération, mais dans une lettre ultérieure à Keßler, il notera que « ce que l'on appelle aujourd'hui mystique (comme dans Baader et dans certaines sectes apparues récemment) est encore plus aphoristique et dénué de fondement que ne l'était la mystique antérieure, et ne fait que témoigner de l'impotence de notre époque. » (Lettre de Solger à Keßler, 23.5.1818, NSB I, p. 633 ; *L'Esthétique de Solger*, p. 222). W. Henckmann note à propos de cette phrase : « Avec cette critique, Solger ne se démarque pas seulement de la "prétendue mystique" et du mouvement du Réveil, qui était issu de Saint-Martin, Baader, Jung-Stilling, Lavater, M. Claudius et d'autres, mais il critique

l'impuissance spirituelle de toute son époque – cette humeur sombre a pesé sur ses dernières années. » (« Einheit von Offenbarung und Philosophie », p. 248).

(25) *Sur la vraie signification*, p. [114] et notre commentaire ; p. [184]. *Cf.* aussi dans les *Leçons d'esthétique* : la vraie mystique est la « connaissance de ce que toute notre existence n'est quelque chose que du fait qu'elle est en Dieu » (*Vorlesungen*, p. 137).

(26) *Lettres sur la philosophie et la religion*, p. [17].

(27) J. Wallmann, *Der Pietismus*, Göttingen, Vandenhoeck & Ruprecht, 1990, coll. « Die Kirche in ihrer Geschichte », Bd.4 Lief.O1, p. 7.

(28) Solger évoque l'« attente de l'illumination divine » (*Lettres sur la philosophie et la religion*, p. [19]).

(29) Voir l'évocation de ce point p. [24] – mais la contestation de l'inutilité d'une réflexion philosophique sur la révélation sous-tend toutes les *Lettres*, à partir de la troisième.

(30) Solger fait allusion à cet anti-institutionnalisme (*Lettres sur la philosophie et la religion*, p. [24]).

(31) Solger insiste sur le rôle de la grâce (*Lettres sur la philosophie et la religion*, p. [18]).

(32) *Lettres sur la philosophie et la religion*, p. [38].

(33)Ainsi l'historien et auteur de chants patriotiques Ernst Moritz Arndt évoquait l'enthousiasme des *Befreiungskriege* victorieuses avec cette formule : « Ce n'est pas nous qui l'avons fait, ce n'était pas nous, c'est Dieu qui l'a fait...C'est Dieu qui voulait, il nous fallait vouloir ! » (cité dans : M. Brecht *et al.* (Hg.), *Geschichte des Pietismus*, Bd. 3, Göttingen, Vandenhoeck & Ruprecht, 2000, p. 157).

(34) Voir G. A. Benrath, « Die Erweckung innerhalb der deutschen Landeskirchen 1815-1888. Ein Überblick », dans M. Brecht *et al.* (Hg.), *Geschichte des Pietismus*, p. 150-271. La date de 1815 correspond à la réorganisation des États du *Deutscher Bund* par le Congrès de Vienne, et corrélativement à la réorganisation des Églises régionales. C'est aussi l'année de la proclamation de la Sainte-Alliance (26.9.1815), inspirée par les principes du « Réveil » (G. Benrath, « Die Erweckung... », p. 150).

(35) Cf. *Handbuch der Kirchengeschichte, Bd. 5 : Die Kirche im Zeitalter des Absolutismus und der Aufklärung*, W. Müller *et al.* (Hg.), Freibourg/Basel/Wien, Herder, 1970, p. 585.

(36) Cf. *Geschichte des Pietismus*, Bd. 3, p. 179-180.

(37) Thèse 9 (*cf.* www.lutheranwiki.org/The_95_Theses_of_Claus_Harms, consulté le 3.8.2012).

(38) Cf. *Geschichte des Pietismus*, Bd. 3, p. 177, 179-180.

(39) Voir M. Galland-Szymkowiak, « État, Église et individu. Deux idéalismes face à la question de l'Union des Églises protestantes (Hegel et Solger) », *Revue Germanique internationale*, 2008 (8), p. 9-31.

(40) *Cf.* p. [18], mais aussi l'idée récurrente que nous recevons le fait de la révélation (par ex. p. [39]).

(41) Voir p. [22], p. [40].

(42) Lettre de Solger à Keßler, 16.5.1818, NSB I, p. 634; *L'Esthétique de Solger*, p. 222.

(43) Philippe Büttgen a montré comment la haine de Luther envers la philosophie, dans ses multiples manifestations, est un élément constitutif du sens de la Réforme (*Luther et la philosophie. Études d'histoire*, Paris, Éditions de l'EHESS/Vrin, 2011).

(44) Dans la lettre à Tieck du 7.4.1816, la voie « de l'intelligence et de la conviction spéculative » est présentée comme probablement le meilleur moyen de « restaurer la mentalité religieuse » (NSB I, p. 402; *Tieck and Solger*, p. 218). Voir aussi, sur le luthéranisme philosophique de Solger, sa déclaration: « "Cherchez d'abord le royaume de Dieu" ! Voilà la maxime vraie dont doit partir toute vraie éthique, toute vraie politique. Si nous n'avons pas saisi notre rapport absolu et éternel à Dieu, tout le reste n'est pas seulement vain, mais nuisible. Sur ce point, qui est l'essentiel, je suis le luthérien le plus strict. » (Lettre de Solger à Abeken, 23.1.1818, NSB I, p. 603).

(45) Lettre de Solger à Abeken, 19.5.1816, NSB I, p. 416.

(46) Lettre de Solger à Tieck, 19.11.1815, NSB I, p. 378, *Tieck and Solger*, p. 193.

(47) *Lettres sur la philosophie et la religion*, p. [48].

(48) En ce sens, la philosophie de Solger a pu être interprétée tout entière comme une « *Religionsphilosophie* », et même être vue comme précurseur des « théismes philosophiques » de Immanuel Hermann Fichte et Christian Hermann Weiße. Cette interprétation nous semble toutefois réductrice (voir l'Introduction).

(49) Lettre de Solger à Raumer, 2.11.1816, NSB I, p. 461.

(50) Jacobi, *Lettre à Fichte*, dans *Werke* 2.1, p. 193; trad. fr. Ives Radrizzani dans Jacobi, *Lettre sur le nihilisme et autres textes*, Paris, GF, 2009, p. 45.

(51) Jacobi, *Lettre à Fichte*, *Werke* 2.1, p. 208; trad. fr. p. 63. À travers la notion de pressentiment (*Ahndung*), Jacobi veut souligner la finitude de la raison humaine, à qui n'est pas donnée la capacité d'une science du vrai mais seulement « le sentiment et la conscience de son ignorance du vrai »; l'essence de la raison réside selon lui dans ce « renvoi (*Weisung*) » au vrai. Solger admet lui aussi une *Ahndung*, une appréhension indistincte, semi-consciente du vrai (de l'« essence divine »), mais il y voit une matière qui va devoir être travaillée discursivement, élucidée par la philosophie (voir *Être, non-être et connaître*, p. [240]-[241]); il souligne en outre que le mode propre d'appréhension de la révélation n'est pas ce pressentiment mais bien la foi, qui est une claire certitude. Avec son usage du terme, Solger souligne donc que notre savoir du divin s'enracine certes toujours dans l'existence finie, mais aussi que pour autant il s'agit bien d'un savoir, et même d'un savoir qui n'a à déplorer aucune incomplétude.

(52) *Cf.* Jacobi, *Lettre à Fichte*, *Werke* 2.1, p. 208; trad. fr. p. 63. « Le commencement de notre connaissance est mystique, entièrement mystérieux, comme l'est le présupposé incompréhensible d'un Être originaire (...). La *faculté*

qui formule ce présupposé, nous l'appelons *raison.* » (Jacobi, *Des Choses divines et de leur révélation*, *Werke* 3, p. 124 ; trad. fr. P. Cerutti, Paris, Vrin, 2008, p. 129).

(53) « En tout être fini ou sensible (tout être fini est nécessairement un être sensible) la raison n'est rien d'autre que le sens du suprasensible. Le sens physique est absolument positif et ne fait que révéler ; il en va de même du sens spirituel, la raison. » (Jacobi, *Choses divines*, Appendice A, *Werke* 3, p. 123 ; trad. fr. p. 128).

(54) « Si la science devait jamais devenir parfaite, si elle devenait un système déduit d'un principe unique, achevé en soi, embrassant tout le connaissable, le naturalisme devrait en même temps qu'elle atteindre sa perfection ; on devrait trouver le Tout comme n'étant qu'*Un* et l'on devrait alors pouvoir tout concevoir et tout comprendre à partir de cet Un. Par conséquent, c'est l'intérêt de la *science* qu'il n'y ait pas de Dieu, pas de supranaturel, extérieur au monde et supramondain. C'est à cette seule condition – que la nature soit, qu'elle soit autonome, tout en tout – que la science peut parvenir à son but, à sa perfection et qu'elle peut se flatter d'égaler son objet et d'être *tout en tout.* » (Jacobi, *Choses divines*, *Werke* 3, p. 95-96 ; trad. fr. p. 105-106).

(55) Jacobi, *Choses divines*, *Werke* 3, note p. 26-27 (note supprimée par Jacobi en 1816) ; trad. fr. n. 1 p. 50. Nous soulignons.

(56) *Cf.* la lettre de Solger à Tieck, 19.11.1815, NSB I, p. 376 ; *Tieck and Solger*, p. 191.

(57) Ainsi l'un des personnages des *Dialogues philosophiques* de Solger, après avoir passé en revue les conceptions de Dieu dans les philosophies de Platon, Spinoza, Kant, Fichte et Schelling, mentionne Jacobi comme « celui qui, peut-être, comprend de la manière la plus vivante à quel point le pouvoir de la raison et de l'entendement est restreint, là où tout ne dépend que de la foi vivante » (*Philosophische Gespräche*, p. 253-254).

(58) Cf. *Sur la vraie signification*, p. [141].

(59) *Cf.* par ex. *Erwin*, p. 8, p. 104.

(60) Pour Schelling en 1803, la philosophie « a conquis de nouveau, avec le point de vue véritablement spéculatif, la position même de la religion » (Schelling, *Vorlesungen über die Methode des akademischen Studiums*, SW V, p. 305 ; *Leçons sur la méthode des études académiques*, trad. fr. J.-F. Courtine et J. Rivelaygue, dans L. Ferry, J.-P. Pesron, A. Renaut (éd.), *Philosophies de l'Université : l'idéalisme allemand et la question de l'université*, Paris, Payot, 1979, p. 122). Pour Hegel, la philosophie se présente comme l'élévation au concept de la représentation chrétienne de Dieu comme esprit (Hegel, *Enzyklopädie der philosophischen Wissenschaften III*, § 384, HW 10, p. 29-30 ; *Encyclopédie des sciences philosophiques. Philosophie de l'esprit*, trad. fr. B. Bourgeois, Paris, Vrin, 1988, p. 179). Fichte quant à lui affirme, dans la sixième leçon de l'*Initiation à la vie bienheureuse*, l'accord complet entre sa métaphysique et l'Évangile de Jean.

(61) En ce sens, la position de Solger (qui sur *ce* point précis est à l'opposé du hégélianisme) est analogue à celle que Jacobi revendique face à Fichte : selon Jacobi, lui-même et Fichte veulent tous deux « que la science du savoir (...) parvienne à la perfection, à la seule différence que vous le voulez pour que le

fondement de toute vérité apparaisse comme résidant dans la science du savoir, moi pour qu'il devienne manifeste que ce fondement, le vrai lui-même, est nécessairement présent (*vorhanden*) *hors* d'elle » (Jacobi, *Lettre à Fichte*, *Werke* 2.1, p. 199 ; trad. fr. p. 53).

(62) Voir les *Lettres sur la religion et la philosophie*, p. [52].

(63) Voir D. Thouard, *Schleiermacher. Communauté, individualité, communication*, Paris, Vrin, 2007, p. 85-107.

(64) F.D.E. Schleiermacher, *Lettre à Jacobi*, mars 1818, dans W. Jaeschke (Hg.), *Der Streit um die Göttlichen Dinge (1799-1812)*, Quellenband, Hamburg, Meiner, 1999, p. 394-398.

(65) Sur le rapport de Solger à Schleiermacher, voir *Sur la vraie signification*, chap. IX, et nos commentaires.

(66) *Cf.* Fichte, *Initiation*, GA I/9, p. 112, trad. fr. p. 122. Schelling, *Philosophie und Religion*, SW VI, p. 19-20 (sens « inauthentique » de la religion), p. 75-80 (sens authentique) ; *Philosophie et religion*, trad. fr. B. Gilson dans Schelling, *La Liberté humaine et controverses avec Eschenmayer*, Paris, Vrin, 1988, p. 101 et p. 136-139 ; également *System der gesammten Philosophie und der Naturphilosophie insbesondere*, SW VI, p. 558. Hegel, *Enzyklopädie der philosophischen Wissenschaften im Grundrisse*, 1817 (la version que Solger connaissait), H. Glockner (Hg.), Stuttgart, Frommann-Holzboog, 1927-1930, vol. 6, p. 305-307 ; *Encyclopédie. Philosophie de l'esprit*, p. 168-171.

(67) Solger, *Philosophische Gespräche*, p. 240.

(68) *Cf.* la lettre de Solger à Keßler du 16.5.1818, où Solger réfute clairement toute compréhension du « fait de la révélation » comme d'un événement extérieur et objectif (NSB I, p. 632 ; *L'Esthétique de Solger*, p. 221) – une acception qui, du point de vue protestant, relève d'une approche catholique, comme le fait remarquer Abeken.

(69) Nous renvoyons à l'analyse de Louis Guillermit : « On voit donc comment Jacobi a pu détourner le terme *positif* de son sens usuel qui l'oppose, en matière religieuse, au rationalisme ou au matérialisme, pour en conserver l'indication d'une révélation du supra-naturel qui, loin de résulter de la connaissance, de la réflexion et de leurs médiations, leur demeure inassimilable. » (Jacobi, *David Hume et la croyance. Idéalisme et réalisme*, trad. fr. L. Guillermit, Paris, Vrin, 2000, p. 264-265).

(70) *Lettres sur la philosophie et la religion*, p. [53].

(71) Wolfhart Henckmann note que la conception solgérienne de la révélation vise à installer la philosophie « sur le sol de quelque chose d'absolument positif » ; ainsi « la philosophie de Solger peut tout à fait être comprise comme une forme de "philosophie positive" » (« Einheit von Offenbarung und Philosophie », p. 242), en précisant que Solger utilise les expressions de « philosophie positive » et de « philosophie de la révélation » en un sens distinct de celui que Schelling leur donnera.

(72) « À partir de ce que je viens de dire, tu verras au moins autant, mon cher Abeken, que la religion, et en particulier la religion chrétienne, est pour moi de la

plus haute signification, ou, bien plutôt, est Tout pour moi. » (Lettre de Solger à Abeken, 23.1.1818, NSB I, p. 602).

(73) La formule est de Wilhelm G. Jacobs, dans le titre d'un article sur la dispute des « Choses divines » entre Schelling et Jacobi : « Von der Offenbarung göttlicher Dinge oder von dem Interesse der Vernunft an der Faktizität », dans W. Jaeschke (Hg.), *Der Streit um die göttlichen Dingen (1799-1812)*, Hambourg, Meiner, 1999, p. 142-154.

(74) Si Schelling, dans le *Système de l'idéalisme transcendantal,* appelle l'art la « clef de voûte (*Schlußstein*) » du système entier de la philosophie (SW III, p. 349, trad. fr. p. 16), dans les *Lettres* cette expression est utilisée par Solger pour désigner la religion, « nécessaire clef de voûte de toutes nos pensées et connaissances » (p. [49]) ; la vraie philosophie ne trouve sa « clef de voûte » que dans la vérité révélée (p. [53]). Même expression dans la lettre de Solger à Abeken, 23.1.1818, NSB I, p. 599 ; *L'Esthétique de Solger*, p. 212.

(75) De fait, comme le suggère le Père Tilliette lorsqu'il qualifie Solger de « Schelling prolongé et même quelque peu monté en graine » (« Schelling, l'art et les artistes », p. XLI), il n'est pas rare que Solger pousse jusqu'à leurs dernières conséquences, éventuellement paradoxales, des idées schellingiennes. Schelling n'a jamais, autant qu'on sache à l'heure actuelle, mentionné Solger. « Peut-être lui tenait-il rigueur d'être un disciple dissident, presque un transfuge » (*ibid.*).

(76) « On redoute toujours une philosophie qui aboutit à la foi, et l'on n'aimerait guère l'appeler philosophie, parce que l'on s'en tient plus ou moins au fait qu'elle ne puisse subsister que sous la forme de pensées ; et la religiosité redoute le clair discernement, parce qu'elle croit qu'il lui fait perdre de sa vitalité. Et pourtant, il est certain qu'il ne peut y avoir deux types de conscience comme ceux-ci, qui soient différents et totalement séparés, et si la science veut parvenir à sa perfection, elle doit nécessairement atteindre le point où l'un et l'autre s'accordent. » (Solger, lettre à Raumer du 23.1.1818, NSB I, p. 605 ; *L'Esthétique de Solger*, p. 216).

Lettres concernant les malentendus sur la philosophie et son rapport à la religion

P. [1]

(1) La forme épistolaire se comprend donc ici comme un substitut au *dialogue*, que Solger tient pour l'unique forme adéquate de la philosophie (voir *Sur la vraie signification et destination de la philosophie*, chap. XIV). La réception d'*Erwin*, le grand dialogue sur l'art et le beau paru en 1815, avait été insatisfaisante – le contexte historique des « guerres de libération » n'était pas le plus favorable aux préoccupations esthétiques (*cf.* Solger, lettre à Abeken du 19.5.1816, NSB I, p. 415 ; et A. Baillot, Introduction à *L'Art et la tragédie du beau*, p. 20). Entre indifférence et mécompréhension, le public et même les amis de Solger n'avaient pas réussi à s'approprier l'ouvrage, dont les quatre cents pages d'échanges entre quatre personnages s'éclairent pour le lecteur lorsqu'il arrive à la fin et constate alors qu'il

lui faudrait relire l'ensemble pour saisir parfaitement les positions en présence (y compris celle de l'auteur). Entre 1815 et 1819, Solger tire les leçons de cet échec et, tout en maintenant sa théorie du dialogue (*Philosophische Gespräche*, 1817), cherche à atteindre le public en adoptant d'autres formes d'écriture, pour les textes destinés à paraître dans la revue dont il a le projet avec Tieck à partir de l'été 1816 (A. Baillot, *ibid.*, p. 22), c'est-à-dire les *Lettres* et le « Manifeste ».

P. [2]

(1) A la fin de la première leçon de l'*Initiation à la vie bienheureuse,* qui traite comme les présentes *Lettres* de la relation entre religion et philosophie dans une perspective exotérique, Fichte déplore cette même accusation diffuse de l'époque (*Initiation*, GA I/9, p. 64-65, trad. fr. p. 49-50).

P. [3]

(1) Cette description rappelle la vision hégélienne et schellingienne de la coïncidence de l'individu et du Tout dans la belle totalité grecque. Voir dans la *Phénoménologie de l'esprit* l'analyse du « monde éthique », « l'*unité* spirituelle absolue de l'essence des individus au sein même de leur *effectivité* autonome d'individus » : ils sont conscients « d'être cette essence autonome singulière par le fait qu' [ils] sacrifient leur singularité et que cette substance universelle est leur âme et leur essence. De même que cet universel est à son tour leur activité en tant qu' [ils] sont singuli[ers], ou l'œuvre produite par [eux] » (*Phénoménologie de l'esprit*, HW 3, p. 264-265 ; trad. fr. p. 248-249). Schelling, dans ses cours sur la *Philosophie de l'art* tenus en 1802-3 à Iéna et 1804-5 à Wurzbourg et dont des copies d'étudiants circulaient, présente le monde grec comme monde de l'inséparation du fini et de l'infini, de l'individu et du tout : dans le monde antique « l'universel est le particulier, l'espèce est l'individu » (*Philosophie de l'art*, SW V, p. 444 ; trad. fr. p. 133). Schelling comme Hegel notent l'irréversibilité du processus (lié à la position moderne de l'individualité comme valeur) qui nous a fait sortir de cette belle totalité.

(2) Solger reformule ici une idée majeure des conférences de Fichte sur le *Caractère de l'époque actuelle* : la vie supérieure, la vie conforme à la raison consiste en ce que l'individu « sacrifie sa vie personnelle à la vie de l'espèce » (Fichte, *Le Caractère de l'époque actuelle*, GA I/8, p. 244, trad. fr. I. Radrizzani, Paris, Vrin, 1990, p. 79 ; voir les leçons 3 et 4).

P. [4]

(1) Cette peinture du philosophe « en contradiction avec son environnement » fait écho aux nombreuses plaintes exprimées par Solger dans sa correspondance à l'égard d'une époque jugée superficielle. Pour prendre un seul exemple : « Je voudrais faire passer de nouveau la pensée tout entière dans la vie, exprimer et présenter comme présent ce qui n'est créé par nulle construction ou démonstration, et qui ne peut au contraire qu'être purifié et développé. (...) Maintenant j'en viens presque à croire que j'ai entrepris quelque chose que l'époque ne veut pas, n'aime pas. On ne veut pas vivre, mais bavarder à propos de la vie ; on ne veut pas regarder,

mais affecter la sagesse, et se contempler et s'admirer soi-même pièce par pièce.» (Lettre de Solger à Tieck, 26.4.1818, NSB I, p. 620; *Tieck and Solger*, p. 423-424). *Cf.* Hegel, *Solger-Rez.*, p. 263-266; trad. fr. J. Reid, *L'ironie romantique*, p. 129-132.

(2) Voir la lettre à Keßler du 8.11.1817 (NSB I, p. 567-571). Le fait que l'on trouve dans cette lettre, sous forme ramassée, la même succession de pensées que dans la première des présentes *Lettres*, puis la mention de l'originalité de la voie philosophique solgérienne, qui ressort aussi de la dernière des *Lettres*, est un élément de plus renforçant l'hypothèse d'une rédaction finale des *Lettres* après fin octobre 1817.

(3) Solger est l'auteur d'un écrit *Sur le sérieux dans la vision et l'étude de l'art* (*Über den Ernst in der Ansicht und dem Studium der Kunst*, NSB II, p. 424-444) ; il s'agit d'un discours prononcé le 3 août 1810 à la fête de l'Université en l'honneur de l'anniversaire du roi Frédéric-Guillaume III.

(4) Voir aussi la lettre de Solger à Keßler du 23.5.1818: « Dans le domaine de l'art, on s'amuse ici. La stupidité croît de jour en jour. Les gens n'avaient pas encore eu leur ration d'histoires criminelles et de crises de conscience à la Müllner. Aujourd'hui c'est *L'Aïeule* de Grillparzer qui rallie tous les suffrages de ce cher public. Fantômes effrayants, brigands terrifiants, et autres variantes sans une once de dignité servent d'armement pour forcer la grande grenouille à trembler et à se faire toute petite. Mais elle doit déjà être tombée bien bas pour pouvoir en trembler comme elle le fait ! Cette pièce, si tu ne la connais pas encore, est ce qu'en des temps meilleurs on appelait de la camelote : bête et insipide, vide de toute idée dramatique, sans un regard pour la vie, ne témoignant d'aucune sensibilité, sans plan, sans image poétique, sans langage, sans vers. Des fantômes par lesquels certaines personnes ici ont été terrorisées au-delà de l'entendement, je n'ai pu m'empêcher de rire.» (NSB I, p. 636; *L'Esthétique de Solger*, p. 223-224). Adolf Müllner (1774-1829) fut l'un des représentants majeurs de la mode théâtrale du drame fataliste (*Schicksalsdrama* ou *Schicksalstragödie*) ; sa pièce à sensation *La Faute* (*Die Schuld*), jouée à partir de 1816, resta sur scène plus d'une dizaine d'années. *L'Aïeule* (*Die Ahnfrau*), du dramaturge autrichien Franz Grillparzer (1791-1872), avait été représentée pour la première fois à Vienne en 1817.

P. [5]

(1) La bataille de Leipzig (*Völkerschlacht*) les 16-19 octobre 1813, et plus généralement les guerres de libération (*Befreiungskriege*) de 1813-1815, avaient vu apparaître quantité de chants populaires patriotiques, composés notamment pour les corps francs et souvent conservés ensuite dans le répertoire des corporations étudiantes. On peut penser à ceux composés par l'écrivain Ernst Moritz Arndt (1769-1860), qui avait publié un recueil en 1813.

(2) Cette critique est en cohérence avec la conception solgérienne de l'art comme symbole ; voir l'Introduction (partie 3).

P. [6]

(1) On pense à Fichte: « Agir, agir, voilà pourquoi nous sommes là! » (*Conférences sur la destination du savant*, trad. fr. J.-L. Vieillard-Baron, Paris, Vrin, 1994, p. 90). Dans *Erwin*, Solger critique la conception fichtéenne qui voit dans l'art une propédeutique à la morale. Ici, toutefois, la critique est sans doute plus largement dirigée vers l'esprit de l'époque; elle pourrait aussi viser par exemple Schleiermacher, dont la philosophie a une orientation pratique : voir *Sur la vraie signification*, p. [139]-[140].

P. [8]

(1) *Cf.* Jacobi : « Nous nous approprions l'univers en le mettant en pièces et en créant un monde d'images, d'idées et de mots, approprié à nos facultés mais complètement dissemblable au monde réel. Ce que nous créons de cette façon, nous le comprenons parfaitement dans la mesure où c'est notre création. Ce qui ne se laisse pas créer de cette façon, nous ne le comprenons pas. Notre entendement philosophique ne porte pas au-delà de sa propre production » (Annexe I à la *Lettre à Fichte*, *Werke* 2.1, p. 229 ; trad. fr. p. 81).

P. [9]

(1) Dans l'écrit sur les *Choses divines et leur révélation*, Jacobi, après avoir noté que « le fondement de la démonstration est toujours et nécessairement *au-dessus* de ce qu'elle doit démontrer », remarque que si l'on voulait démontrer « *l'existence réelle* », il faudrait trouver quelque chose hors d'elle qui, en même temps, ne fît qu'un avec elle. Et il ajoute : « De même, si l'existence d'un Dieu vivant devait pouvoir être démontrée, il faudrait que Dieu lui-même pût être démontré, déduit, développé comme depuis son principe à partir de quelque chose que nous pourrions concevoir comme son fondement et qui serait avant et au-dessus de lui. » (*Choses divines*, *Werke* 3, p. 87 ; trad. fr. p. 98).

(2) Même idée dans les *Philosophische Gespräche :* « tu as certainement entendu les plaintes qui résonnent maintenant de partout : la philosophie désormais serait tombée dans la désunion complète, une complète anarchie y règnerait, il n'y aurait malheureusement plus de système dominant auquel l'on pourrait se tenir, et ici comme ailleurs, il serait absolument nécessaire de poser un fondement général entièrement neuf. » (*Philosophische Gespräche*, p. 245). Rappelons la situation vers 1817 : Fichte est mort en janvier 1814 et ses derniers cours n'ont pas été publiés ; Schelling a cessé de publier après les *Recherches sur l'essence de la liberté humaine* de 1809 ; Hegel publie la première version de son *Encyclopédie* en 1817 (après la *Science de la Logique* en 1812-1816), et ne fera une entrée en scène, d'abord « silencieuse », à Berlin qu'en 1818 (K. Rosenkranz, *Vie de Hegel*, p. 493). Plus généralement, W. Henckmann note que « depuis les annonces prophétiques d'une nouvelle époque faites par la philosophie allemande », annonces qui à la victoire de Napoléon en 1806 apparurent comme de simples rêves, le public avait perdu foi en la philosophie ; « l'époque entre 1806 et 1818 (...) est marquée par un déclin prononcé de l'esprit philosophique, ce qui la plupart du temps n'est pas vu

dans les présentations de l'histoire de la philosophie idéaliste données par l'histoire des idées » (W. Henckmann, *Vorwort* aux *Philosophische Gespräche*, p. XVI).

P. [12]

(1) *Aufheben*. Voir la note explicative dans le glossaire.

(2) Ce « reproche fait à la philosophie » est émis par Jacobi, selon qui l'être de Dieu est nécessairement insondable pour l'homme, « sans quoi il devrait résider en l'homme un pouvoir supra-divin, Dieu devrait pouvoir être inventé par l'homme. Dieu ne serait alors qu'une pensée du fini, un être imaginaire, et nullement l'être suprême, subsistant en soi seul, libre auteur de tous les autres êtres, le début et la fin » (Jacobi, *Lettre à Fichte*, *Werke* 2.1, p. 220 ; trad. fr. p. 75).

P. [13]

(1) Il s'agit de la conscience. Solger reprend et transforme ici la métaphore de la conscience (réflexive) comme réfraction de l'Un, présente chez Fichte et critiquée par Jacobi. Fichte : « Seule la réflexion, que tu es pareillement toi-même et dont tu ne peux pour cette raison jamais te séparer, – diffracte pour toi [l'Être unique] en rayons et figures infinis. Sache néanmoins que ce n'est pas en soi, mais seulement dans cette réflexion qui est la tienne en tant qu'elle est ton œil spirituel, par lequel seul tu peux voir, et en action réciproque avec cette réflexion, qu'il se trouve diffracté et figuré, et figuré comme un multiple ; (...) élève-toi au-dessus de cette apparence jusqu'au penser » (Fichte, *Initiation*, GA I/9, p. 100-101 ; trad. fr. p. 104-105). Jacobi : « Il n'y a pas de plus grande vérité que le fait que *Dieu vive*, ni qu'il y ait un Dieu dans le ciel, ce qui signifie un Dieu indépendant, extérieur et supérieur à la nature, qui en est le libre créateur et le souverain plein de sagesse et de bonté, un père de tous les êtres, doué d'un sens et d'un cœur paternels. Si ce Dieu vivant devenait pour l'homme un simple arc-en-ciel qui se déploie à travers les nuées de l'âme humaine par une *réfraction* et une *conjonction* des rayons lumineux, ce dernier apprendrait à le regarder seulement comme une illusion psychologique semblable à cette illusion d'optique : toute sa connaissance a déjà précisément pris cette voie » (Jacobi, *Choses divines*, *Werke* 3, p. 9-10 ; trad. fr. p. 35-36). Chez Solger, l'image du miroir pourrait également provenir de Saint Paul, avec l'idée du passage d'une connaissance imparfaite à une connaissance supérieure : voir 1 Cor 13, 12, mais aussi 2 Cor 3, 18.

(2) Sur l'idée de la révélation comme *Einwirkung* divine, voir *Sur la vraie signification*, p. [88], et la n. (1).

(3) Là encore, allusion à la critique jacobienne : « L'esprit humain, dès lors que son entendement philosophique ne porte en aucune façon au-delà de sa propre production, doit nécessairement, pour pénétrer le règne des êtres, pour le conquérir par la pensée, devenir créateur du monde et – devenir son propre créateur » (Jacobi, *Lettre à Fichte*, *Werke* 2.1, p. 202 ; trad. fr. p. 56). « Je le répète : ou bien Dieu est, et il est hors de moi, un être vivant, subsistant pour soi, ou bien JE suis Dieu. Il n'y a pas de troisième possibilité. » (p. 220, trad. fr. p. 75).

P. [14]

(1) Sont sans doute visées les tendances apparues en réaction aux Lumières : dans la deuxième moitié du XVIIIe siècle, « la tradition hermétique devient la bannière d'une croisade contre les idées antireligieuses, comme on le voit chez Gottfried Plouquet » (A. Faivre, *L'Illuminisme au XVIIIe siècle*, Hildesheim/New York, Olms, 1976, p. 231) – « antireligieuses », c'est-à-dire rationalistes. On pourrait penser aussi à l'ésotérisme des *Illuminati* ou encore à celui des Rose-Croix d'Or (les écrits de Johann Valentin Andreae, c'est-à-dire les premiers manifestes rosicruciens, sont réédités en 1781).

(2) Solger suggère ici une ambiguïté de certains *Aufklärer* qui n'auraient pas exclu une manipulation du peuple en vue de son « éclairement » (voir J. Mondot (éd.), *Qu'est-ce que les Lumières ?*, Bordeaux, Presses Universitaires de Bordeaux, 2003, « Préface », p. 21-22). Plus précisément, le profil décrit ici par Solger (l'alliance d'une approche ésotérique de la religion avec le culte théorique de la rationalité et le culte pratique d'une liberté licencieuse) peut faire penser à la figure sulfureuse de Karl Friedrich Bahrdt (1741-1792), théologien aussi assidu à élucider de manière purement rationnelle tout le contenu de la révélation biblique que délié dans sa vie privée de toute règle morale ou sociale, ce qui lui valut plusieurs renvois de postes académiques et une vie plus ou moins errante. Bahrdt, qui dénonçait la tromperie des prêtres, avait aussi fondé en 1787 la société secrète de l' « Union Allemande (*Deutsche Union*) » inspirée des *Illuminati* (voir l'article de G. Frank dans l'*Allgemeine Deutsche Biographie*, Leipzig, Duncker & Humblot 1875, t. I, p. 772-774).

P. [16]

(1) Jeu de mots : « *Diesen ist Nichts recht ; Nichts ist ihnen groß und herrlich genug* » : rien ne leur convient, ou : seul « le Rien », le néant, les satisfait.

P. [17]

(1) Sur ces « vrais pieux », voir aussi Solger, *Philosophische Gespräche*, p. 215-219.

P. [20]

(1) *Wirklich. Wirklich* et *Wirklichkeit* sont traduits par « réel » et « réalité ». Chez Solger en effet, la *Wirklichkeit* n'a pas le sens d'une actualisation de l'Idée, mais celui, courant, de la réalité qui s'impose à nous dans l'existence, du réel opposé à la simple possibilité (donc aussi de la réalité finie). Étant donné, en outre, que Solger refuse tout jargon philosophique, il aurait été contraire à l'esprit des textes ici traduits de rendre, comme chez Hegel, *Wirklichkeit* par « effectivité » ou même « réalité effective », bien plus lourds en français que le terme allemand. Nous avons préféré le respect du sens et de l'esprit de ces textes, ainsi que du niveau de langue employé, au maintien forcé d'un lien visible avec *wirken*, *wirksam*, *Wirksamkeit* etc. Du fait de la rareté de *real* et *Realität* dans l'ensemble des textes ici traduits (Cf. *Sur la vraie signification*, p. [84], [139], [143], [174], et une fois dans une lettre à Tieck), nous nous autorisons à traduire ces deux termes, eux aussi,

par « réel » et « réalité », en les signalant entre parenthèses pour permettre au lecteur de les repérer. L'adverbe *wirklich* est traduit selon les cas par « réellement » ou par « effectivement », au sens courant que ce mot a en français.

P. [21]

(1) La vie authentiquement religieuse, selon Solger, n'est pas la fusion mystique, l'absorption en Dieu. Bien plus, il n'y a pas de religion possible si l'homme n'est pas séparé de Dieu, ne possède pas une sphère d'autonomie, d'action libre. La conversion intérieure prônée par les piétistes requiert elle-même une valeur propre de l'existence humaine, hors de la dimension religieuse. Solger s'appuie ici sur une idée développée par Schelling (sur un plan non pas religieux ou pratique comme ici, mais ontologique) dans ses *Recherches sur l'essence de la liberté humaine* (1809) : « De quelque manière que l'on se représente le mode de consécution des êtres à partir de Dieu, celle-ci ne saurait être une consécution mécanique, une simple effectuation ou une production dans laquelle l'effet produit ne serait rien pour soi-même ; pas davantage une émanation où ce qui émane demeurerait identique à la source dont il émane, sans être par conséquent rien de propre et d'autonome. La consécution des choses à partir de Dieu est une autorévélation de Dieu. Or Dieu ne peut se révéler à soi-même que dans ce qui lui ressemble, dans des êtres agissant par eux-mêmes (...) » (SW VII, p. 346-347 ; trad. fr. J.-F. Courtine et E. Martineau, dans Schelling, *Œuvres métaphysiques 1805-1821*, Paris, Gallimard NRF, 1980, p. 134).

P. [22]

(1) Cf. *Philosophische Gespräche*, p. 238-239.

P. [24]

(1) Ou bien la pure rationalité d'entendement rejetant la révélation, ou bien le mysticisme mal compris rejetant l'élucidation rationnelle.

(2) *Verkehrtheit*, l'inversion ou per-version, le retournement qui change le bien en mal, ou le vrai en faux.

(3) Position mystique ou illuministe : avant la révélation dans l'histoire, dans le monde naturel ou par la parole divine, on place une révélation immédiate, une expérience intérieure de la divinité, qui se passe d'intermédiaires.

P. [25]

(1) Dans son écrit *Des Conciles et des Eglises* (1539), par exemple, Luther affirme à plusieurs reprises qu'en matière théologique l'Écriture doit être la seule source, et non les conciles ou les Pères : l'Écriture « doit rester souveraine et juge » (*D. Martin Luthers Werke. Kritische Gesamtausgabe*, Bd. 50, Weimar, Hermann Böhlaus Nachfolger, 1914, p. 520 ; voir p. 547, p. 618) ; « au sujet des choses divines, il ne faut rien enseigner qui ne se trouve dans l'Écriture » (p. 572 ; Luther renvoie à Saint Hilaire). Mais dans ce contexte Luther souligne aussi qu'il est possible, même en reprenant des mots de l'Écriture, d'en pervertir le sens. Solger, qui se fait ici l'avocat de ses adversaires, défend plus loin l'idée que Luther a bel et

bien philosophé sur la révélation (p. [33], et dans *Sur la vraie signification*, p. [188]).

(2) Allusion aux trois querelles sur les choses divines (au sens large) : le *Pantheismusstreit* déclenché par les *Lettres à Moses Mendelssohn sur la doctrine de Spinoza* publiées par Jacobi en 1785, l'*Atheismusstreit* autour de l'écrit de Fichte *Sur le fondement de la croyance en une divine providence* (1798), et enfin la querelle proprement dite des « choses divines » : en 1811 Jacobi publie son écrit *Des Choses divines et de leur révélation*, auquel Schelling répond un an plus tard avec son *Monument de l'écrit sur les choses divines*. Dans ces trois polémiques, qui s'étendent bien au-delà de leurs protagonistes principaux, l'enjeu essentiel auquel Solger fait allusion ici, réside d'une part dans la *possibilité* d'une connaissance philosophique, « scientifique » de Dieu, et d'autre part dans la détermination du *contenu* d'une telle pensée de Dieu.

Pour une reconstitution détaillée des polémiques et de leurs enjeux, voir G. Essen, C. Danz (Hg.), *Philosophisch-theologische Streitsachen. Pantheismusstreit – Atheismusstreit – Theismusstreit*, Darmstadt, Wissenschaftliche Buchgesellschaft, 2012. Le volume édité par Walter Jaeschke, *Der Streit um die Göttlichen Dinge (1799-1812)*, Hamburg, Meiner 1999 (11994) reste évidemment primordial. En français, sur le *Pantheismusstreit* : P.-H. Tavoillot, *Le Crépuscule des Lumières. Les documents de la querelle du panthéisme*, Paris, Cerf, 1995.

P. [27]

(1) *Cf.* la lettre de Solger à Tieck du 17.7.1814, NSB I, p. 314, *Tieck and Solger* p. 137 ; *L'Art et la tragédie du beau*, p. 109.

P. [28]

(1) *vernommen*, en écho à *annehmen* (admettre).

P. [29]

(1) *Cf.* la fin de la troisième *Lettre*, p. [24].

(2) Solger reprend la parenté mise en valeur par Jacobi entre *vernehmen* et *Vernunft* (voir Jacobi, *Lettre à Fichte*, p. 55, 63). La foi est la « vraie raison » (*Vernunft*) parce qu'elle reçoit (*vernimmt*) la révélation. Toutefois, dès la fin de la phrase est annoncée également la différence entre la conception solgérienne et la conception jacobienne (et schlegelienne) de la raison : selon Solger « la raison est, dans la foi, tout autant active que passive » (W. Henckmann, « Einheit von Offenbarung und Philosophie », p. 244).

P. [31]

(1) *Erlöst*, qui renvoie à *auflösen* un peu plus haut dans le texte (« résoudre cette apparence en son néant »).

(2) *Cf.* Jean 14, 6.

P. [35]

(1) Il s'agit de la fin de la troisième des présentes *Lettres* (p. [24]).

(2) Voir Col. 3, 11 ; I Co 15, 28 ; Ep. 4, 6.

P. [36]

(1) Le concept de révélation qui doit être mis au centre de la philosophie n'est donc pas directement donné par l'Écriture, ni par le dogme ; le « contenu éternel et immuable » de la révélation doit être construit philosophiquement à partir de ses manifestations historiques. Il poura alors être repéré dans d'autres religions ; c'est ce que fait Solger dans ses études sur la mythologie.

P. [38]

(1) « la réduction de Dieu à une simple magistrature morale » : allusion à l'écrit de Fichte *Sur le fondement de notre foi en un gouvernement divin du monde* (*Ueber den Grund unsers Glaubens an eine göttliche Weltregierung*, 1798, GA I/5, p. 319-357) qui, identifiant la pensée de Dieu à l'idée d'un ordre moral du monde et refusant la conception d'un Dieu personnel (théisme), avait fini par valoir à son auteur une accusation d'athéisme et le renvoi de l'université d'Iéna. Pourquoi rapprocher de cette position fichtéenne la position traditionnelle (« orthodoxe ») d'une théologie positive de la révélation ? Comme Solger le dit dans la *Lettre* précédente : si l'on affirme que croire en la révélation, c'est simplement accepter un certain nombre de faits de même que nous admettons des faits empiriques, on refuse à l'homme tout autre type de connaissance que celle de l'entendement ordinaire, ce qui n'est pas incompatible avec la réduction rationaliste de Dieu à un ordre moral du monde.

(2) C'est-à-dire le luthérien orthodoxe.

P. [40]

(1) Il y a sans doute ici une critique de Rousseau ; le *Discours sur les sciences et les arts* avait été traduit en allemand deux ans après sa parution française, donc en 1752.

P. [41]

(1) *Idealisch*. C'est le même adjectif que Kant emploie quand il veut parler de la raison qui croit pouvoir connaître sans s'appuyer sur l'expérience, comme l'indique le dictionnaire des frères Grimm.

(2) Nous rendons par cette périphrase l'expression *sein Lebensberuf*, où *Beruf* a le double sens de vocation et de métier.

P. [44]

(1) Dans son opposition à une religion purement rationnelle, cette phrase peut être lue en contrepoint à la remarque de Kant : « Quand le culte de Dieu est mis au premier plan et qu'on lui subordonne la vertu, son objet est une *idole* (...) ; la religion devient alors de l'idôlatrie » (*La Religion dans les limites de la simple raison*, AK VI, p. 285 ; trad. fr. M. Naar, Paris, Vrin, 1983, p. 200).

(2) *Cf.* Kant, *Die Religion innerhalb der Grenzen der blossen Vernunft* (Königsberg, bei F. Nicolovius, 1793).

P. [45]

(1) Même idée dans la lettre de Solger à Tieck du 7.4.1816 (NSB I, p. 401-402 ; *Tieck and Solger*, p. 218) ; *Sur la vraie signification*, p. [186]. La critique porte contre le rationalisme juridique et politique, peut-être de Kant, mais surtout de Fichte, qui refuse tout historicisme juridique et, dans le *Fondement du droit naturel* de 1796-1797, veut mettre en évidence les conditions de réalisation du concept de droit. Une philosophie du droit et de l'État doit selon Solger pouvoir rendre compte à la fois de leur positivité (ou réalité historique) et de leur rationalité : telle est également la perspective selon laquelle Hegel entend construire une « philosophie du droit » (*cf.* J.-F. Kervégan, Introduction aux *Principes de la philosophie du droit* de Hegel, Paris, PUF, 2003, p. 30-39) ; sous cet angle, on comprend que Hegel, dans sa recension des *Écrits posthumes et correspondance* de Solger, se soit déclaré fondamentalement en accord avec la philosophie politique solgérienne.

P. [46]

(1) Allusion à Fichte.

(2) Allusion à la *Naturphilosophie* schellingienne.

(3) Allusion à Hegel.

(4) *Systemsucht*. Le mot, attesté par le dictionnaire des frères Grimm dès 1779 (et opposé, dans le premier exemple qu'il donne, à la recherche de la vérité), n'est pas rarissime ; il est utilisé par Schleiermacher dans le deuxième des *Discours sur la religion* (1799), que Solger a lus en 1803. Dans ses *Dialogues philosophiques* parus en 1817, Solger fait dire à l'un des personnages qu' « il y a dix ans l'on déplorait la manie des systèmes (*Systemsucht*) et la soif de domination des chefs de parti » (*Philosophische Gespräche*, p. 246). La date de 1806/1807 correspond, de fait, à une phase aigüe de l'opposition entre Fichte et Schelling, avec la publication par ce dernier, fin 1806, de la *Darlegung des wahren Verhältnisses der Naturphilosophie zu der verbesserten Fichteschen Lehre* (*Exposition du vrai rapport de la philosophie de la nature à la doctrine fichtéenne corrigée*), vite connue comme l'*Anti-Fichte*, qui constituait une réplique cinglante aux trois écrits exotériques de Fichte parus cette même année, l'*Initiation à la vie bienheureuse*, le *Caractère de l'époque actuelle* (qui s'en prenait notamment aux *Naturphilosophen*) et les *Leçons sur l'essence du savant*.

(5) « (...) *mit Schattenrissen oder flachen Ausschnitten aus dem runden Ganzen* ». L'homme plein d'esprit est Ludwig Tieck. Dans sa lettre à Solger du 24 mars 1817, le poète retrace son autobiographie intellectuelle ; après avoir décrit la forte influence exercée sur lui par les écrits du « mystique » Jakob Böhme, en comparaison duquel toute philosophie s'est réduite pour lui à un simple phénomène historique, Tieck écrit : « depuis mon pays des merveilles, je lisais Fichte et Schelling et je les trouvais légers, pas assez profonds et pour ainsi dire semblables à de simples silhouettes ou tranches découpées dans cette sphère infinie pleine de merveilles (*nur als Silhouetten oder Scheiben aus jener unendlichen Kugel voll Wunder*) » (NSB I, p. 539 ; *Tieck and Solger*, p. 362 ; *L'Esthétique de Solger*, p. 207). Ce passage est cité et critiqué par Hegel dans sa recension des *Écrits posthumes et correspondance* de Solger (*Solger-Rez.*, p. 227 ; trad. fr. p. 89). Étant

donné que cette lettre ne rapporte pas une conversation que les deux hommes auraient eue auparavant, mais donne une « confession (*Selbstgeständniß*) » de Tieck (NSB I, p. 542), l'élucidation de l'allusion permet de dater les *Lettres sur les malentendus*, au plus tôt, d'avril 1817 (voir notre présentation des *Lettres*).

P. [48]

(1) Voir le passage de l'importante lettre à Keßler du 16.5.1818 cité dans notre Introduction (p. 29), qui précise le statut du « fait éternel et universel » de la révélation.

(2) *Die Denkgesetzen*, au sens de règles ou principes logiques (par exemple le principe d'identité) ordonnant toute pensée.

P. [49]

(1) À comparer avec Fichte : « La religion n'est pas un simple rêve dévot (...) : la religion n'est absolument pas une affaire existant pour elle-même, à laquelle on pourrait se consacrer à part des autres affaires, par exemple certains jours à certaines heures ; elle est au contraire l'esprit intérieur qui pénètre, anime et absorbe en elle tout notre penser et tout notre agir, qui, quant à eux, vont leur chemin sans s'interrompre. » (*Initiation*, GA I/9, p. 113 ; trad. fr. p. 124).

P. [50]

(1) L'individu existant qui cherche à valoir pour lui-même, indépendamment de tout lien à la révélation, est la source du mal. Prise en tant que telle, l'existence est le néant ; lorsqu'elle veut être quelque chose hors de son lien avec Dieu, elle devient « un néant positif (*ein positives Nichts*) », c'est-à-dire le mal. « Celui-ci n'est en aucune façon une simple négation, un manque ou une imperfection, c'est le néant existant, positif ou réel (*das existirende, positive oder reale Nichts*) » (Lettre de Solger à Tieck, 19.11.1815, NSB I, p. 378 ; *Tieck and Solger*, p. 192). L'idée est proche de la conception développée par Schelling dans les *Recherches* de 1809 : celui-ci, s'interrogeant sur la positivité du mal (c'est-à-dire sur le mal non comme défaut mais en tant qu'il résulte d'un choix libre), en trouve une condition de possibilité dans le fait que l'homme puisse poser sa propre ipséité *contre* le principe même (l'absolu) dont elle est issue (Schelling, SW VII, p. 364-366 ; trad. fr. p. 150-152). Mais Schelling va plus loin, en mettant en évidence un ancrage de cette tendance à l'isolement (à l'individuation) dans l'absolu lui-même, ou plus exactement dans ce qui « en Dieu n'est pas Dieu ». Cela dit, dans les *Dialogues philosophiques* publiés par Solger en 1817, on trouve l'idée que chaque individu ne se détache du Tout que parce que la force originelle du Tout veut vivre en lui (*Philosophische Gespräche*, p. 236).

Par ailleurs, la conception schellingienne du mal comme « insurrection de la volonté propre » (SW VII, p. 365) s'inspire de J. Böhme (*cf.* D. König, « L'autonomie du fini en question. Une analyse des convergences entre Schelling et Jakob Böhme dans la *Freiheitsschrift* », dans M. Galland-Szymkowiak (éd.), *Le Problème de la finitude dans la philosophie de Schelling*, Berlin/Münster, LIT-Verlag, 2011, p. 205-226). Solger connaît Böhme par l'intermédiaire de Tieck.

P. [51]

(1) Les philosophes n'ont pas à *inventer* de nouveaux systèmes. Contre cette prétention à l'autonomie vide, qui selon Solger est la véritable source du mal (*Sur la vraie signification*, p. [168] ; *PhiRS*, NSB II, p. 279-280), l'auteur d'*Erwin* rappelle que nous ne créons rien, et que la création n'appartient au sens strict qu'à Dieu (*Lettres sur la philosophie et la religion,* p. [31] et [32]).

P. [52]

(1) Solger fait dire à Erwin, l'un des personnages des *Dialogues philosophiques*, que la foi, certitude de la présence divine, et l'intelligence qui élucide discursivement cette présence, se *rejoignent* au « centre » du savoir (on a là un point de rupture avec Jacobi) : le philosophe « ne connaît le vrai que lorsqu'il intuitionne ce qui est le plus universel en tant que vraie réalité et présence ; mais une fois qu'il est parvenu aussi loin, alors ce n'est plus simplement l'objet de la religion qui est pour lui immédiatement donné et vivant, (...) mais il voit partout la vie et l'existence pleine et entière, et en tout ce qui lui apparaît, il perçoit avec un contentement bienheureux l'essence éternelle et parfaite se transformant en réalité ». Il arrive ainsi « au centre de la connaissance, là où l'essence se change en réalité ; alors, à ses yeux, la foi en ce qui se manifeste immédiatement à l'intuition, et la claire intelligence qui observe cette transformation, ne se fuient plus mutuellement jusqu'à devenir irréconciliables. » (*Philosophische Gespräche*, p. 257). Sur la complémentarité entre foi et pensée philosophique, voir *Sur la vraie signification*, p. [157]-[158].

P. [53]

(1) Dans une lettre à Abeken, Solger décrit de la manière suivante le contenu essentiel des *Lettres concernant les malentendus sur la philosophie et son rapport à la religion* : « J'y propose en particulier des variations de la thèse qui constitue un pivot de ma philosophie : il n'y a qu'Une vraie religion, et de même qu'Une philosophie, qui ne fait entièrement qu'un avec elle, sauf qu'elle est la conscience suprême ou bien plutôt la claire intelligence de ce qui s'exprime en tant que vie présente dans la révélation. Il s'ensuit naturellement que la philosophie ne peut créer ni rendre bienheureux, tout aussi peu que la connaissance de l'histoire produit des événements, mais que la philosophie peut en revanche bel et bien procurer une intelligence de ce qu'est, dans notre vie, le vrai, l'éternel, la vraie vie et la présence de Dieu, afin que nous ne confondions point cela avec la réalité ordinaire. Depuis presque toujours, les philosophes ont confondu l'un et l'autre, et ils ont ou bien considéré la religion comme une limite extérieure de la philosophie, ou bien voulu la remplacer par cette dernière – deux options aussi aberrantes l'une que l'autre. Je peux démontrer – et c'est ce que je vais faire – par une construction rigoureusement scientifique, que toute connaissance humaine trouve son unique clef de voûte dans la foi, et comment elle l'y trouve, et aussi que tout ce qui est véritablement ne serait rien, s'il n'était la présence et l'efficace de Dieu. » (Lettre de Solger à Abeken, 23.1.1818, NSB I, p. 598-599 ; *L'Esthétique de Solger*, p. 211-212). Voir aussi *Sur la vraie signification et destination de la philosophie*, p. [120].

Présentation de *Sur la vraie signification et destination de la philosophie, en particulier à notre époque*

(1) Lettre de Solger à Tieck, 4.1.1818, NSB I, p. 593 ; *Tieck and Solger*, p. 409. Un peu plus bas dans la même lettre, Solger évoque un projet qui, dit-il, lui tient à cœur, mais dont il doit repousser l'exécution jusqu'à ce que le public se soit familiarisé avec sa philosophie. « C'est le projet d'écrire, à partir de ma philosophie, un cours populaire sur la religion, l'État, l'art et les situations morales les plus universelles, de sorte que les non-érudits, les femmes et les jeunes adultes puissent s'en instruire. » (*ibid.* ; *Tieck and Solger*, p. 409-410). Ce projet ne sera finalement pas réalisé.

(2) Voir la lettre de Solger à Tieck, 26.4.1818, NSB I, p. 621 ; *Tieck and Solger*, p. 424.

(3) Lettre de Tieck à Solger, 5.5.1818, NSB I, p. 625-626 ; *Tieck and Solger*, p. 433.

(4) Lettre de Solger à Tieck, 22.11.1818, NSB I, p. 688 ; *Tieck and Solger*, p. 485 ; *L'Esthétique de Solger*, p. 227.

(5) Lettre de Solger à Tieck, 17.12.1818, NSB I, p. 697 ; *Tieck and Solger*, p. 501.

(6) Lettre de Solger à Tieck, 1.1.1819, NSB I, p. 703, *Tieck and Solger*, p. 508 ; *L'Art et la tragédie du beau*, p. 173. Voici cet exposé : « Avant tout, je veux me mettre au printemps à expliquer aussi précisément que possible ce que j'entends par philosophie, et quelle est ma position par rapport aux tendances actuelles. Le monde oscille entre le rationalisme et la divinisation du factuel. Plus on les lie étroitement l'un à l'autre, l'art de penser et l'expérience supérieure, et plus la vérité s'épanouit de manière vivante dans le genre humain ; plus proche de ce dernier est alors en effet l'agir divin, dans lequel les fondements suprêmes de l'un et de l'autre ne font qu'Un. Désagréger ces deux directions produit d'un côté la superstition, pour laquelle les lois de la pensée ne valent rien, de l'autre l'insipide incroyance qui n'accorde de valeur à tous les faits que pour autant qu'ils sont des nombres concrets avec lesquels elle peut faire ses calculs. Cette incroyance rationaliste est le veau d'or de notre philosophie moderne depuis Descartes, <veau d'or> dans l'idolâtrie duquel le peuple de Dieu ne cesse de retomber, en dépit de toutes les prophéties et de tous les châtiments. De nos jours, ce culte idolâtre regagne une force particulière, même si maint phénomène extérieur semble attester le contraire ; je serais même tenté de dire que ce culte a été remis en vigueur de manière très déterminée et avec une reconnaissance plénière, depuis que l'on reparle de foi, d'Église et de ce qui y est lié. Comme j'aimerais saisir sur-le-champ ce mauvais esprit et le noyer dans l'abîme du mysticisme – le vrai, l'authentique ! Car, dans la pensée, la vraie mystique consiste en ce que l'on perçoit, en tout acte de pensée, la révélation d'une puissance agissante, factuelle, sans laquelle cet acte ne produit qu'une coquille vide au lieu du fruit vivant de la conviction, qui ne fait qu'un avec la foi. La vraie philosophie ne doit pas expliquer, mais voir (*einsehen*), ne doit pas mettre à part les phénomènes, mais bien plutôt prendre conscience d'eux comme de révélations.

Ce n'est qu'alors que se sépare d'eux ce qui doit vraiment être mis à part, c'est-à-dire l'apparence, qui certes est le fondement de notre existence actuelle mais, en soi et pour Dieu, n'est rien, et cependant est pour nous le principe du mal. Cela et bien d'autres choses du même genre, je vous l'ai déjà répété, peut-être trop souvent, et pourtant c'est toujours de là qu'il faut partir lorsqu'on veut parler de la connaissance.

L'un des obstacles majeurs à la vérité, dont je parlerai le plus précisément possible, c'est l'opinion mal comprise selon laquelle il n'y aurait qu'un seul genre de connaissance, et non deux genres différents, l'un inférieur et l'autre supérieur. Je dis qu'elle est mal comprise car, d'un certain point de vue, elle est vraie. Mais si on la prend au sens où toute vérité ne différerait que par degré de la manière de considérer les choses adoptée par l'entendement ordinaire, elle est le véritable soutien de ce rationalisme vide. C'est sous cette signification qu'elle est aujourd'hui bel et bien dominante. Parce que l'on nie qu'il puisse y avoir une perception par illumination individuelle, contingente, une révélation arbitraire, faisant irruption dans le cours ordinaire de la vie, une activité miraculeuse s'exerçant sur des parties singulières d'un monde phénoménal censé produire plus de tours de magie que de miracles – toutes choses dont la superstitition en revanche, désespérant de la connaissance, tend à ne pas démordre –, l'on niera aussi qu'il y ait dans la connaissance, de manière générale, une différence entre ce qui est révélation et ce qui est purement et simplement apparence d'existence. Cette façon de penser appartient aussi, je vous le dis en confidence, à l'école de S[chleiermacher], qui ne fait que mettre en exercice des Lumières plus cohérentes et plus pertinentes que les dernières en date. En revanche, c'est dans une autre erreur que tombent les philosophes plus rigoureux, au nombre desquels je compte en particulier H[egel], si haute que soit par ailleurs l'estime que je ne puis faire autrement que lui accorder, en raison de l'étendue de ses connaissances et de sa claire intellection des différentes métamorphoses scientifiques de la faculté de penser. En effet, ces philosophes reconnaissent bien que la pensée spéculative supérieure est d'un tout autre type que la pensée ordinaire, mais la tiennent, en sa légalité et son universalité, pour la seule vraie pensée, et ils tiennent tout le reste, y compris la connaissance tirée de l'expérience – pour autant qu'elle ne se laisse pas entièrement réduire à ces lois –, pour un morcellement de la connaissance supérieure, morcellement illusoire et à tous égards nul. Or, au premier abord, il pourrait sembler que cela ne soit rien d'autre que mon opinion ; mais vous, j'espère bien que vous ne le prendrez pas ainsi. En effet, je ne nie aucunement qu'il y ait une connaissance non vraie, et un objet de celle-ci : l'une et l'autre n'existent que trop ; mais ils sont en tant que néant, ils sont, en un mot, le Mal. Et c'est ce qui fait que <la connaissance non vraie> devient aussi pour moi un fait, une réalité, une révélation, et non pas une pure et simple loi de la pensée et de sa nature qui serait organisée une fois pour toutes de sorte qu'elle soit le vrai et l'éternel. Au contraire : le vrai et éternel existe précisément en tant que ce qui est, en tant que Dieu, en tant que Bien. Pour nous donc, êtres jetés dans la réalité, les deux sont inséparables. Car il n'y aurait pas de Bien pour nous si celui-ci n'avait une apparence, qu'il tue, pour l'amour de laquelle il s'incarne, devient chair, parce qu'étant donné sa propre nature éternellement bonne, il ne peut que l'anéantir, et ainsi réconcilier l'existence avec soi. La manière supérieure d'exister, c'est de se révéler, et se révéler, cela signifie anéantir son néant, c'est-à-dire exister par soi-même : l'un et l'autre ne font qu'un. C'est ainsi que je peux affirmer qu'il n'y a qu'un seul genre de connaissance, mais qui doit être compris correctement : une connaissance dans laquelle réside le point de retournement entre, d'une part, le vrai et l'étant, d'autre part le néant, qui est aussi positif : car l'un et l'autre ne sont connus qu'en même temps. Et la connaissance ordinaire, qui n'est que relative, la connaissance de l'entendement ordinaire n'est quelque chose que pour autant qu'elle est continuellement dissoute en ces deux principes ; si elle est connaissance du phénomène, c'est parce que tous deux y prennent part et luttent en elle. » (Lettre de Solger à Tieck, 1.1.1819, NSB I, p. 700-703 ; *Tieck and Solger*, p. 505-508 ; *L'Art et la tragédie du beau*, p. 171-173).

(7) *Cf.* la lettre de Solger à Raumer, 12.6.1819, NSB I, p. 730.

(8) *Cf.* les lettres de Solger à Hagen, 19.9.1819, NSB I, p. 759 ; et à Tieck, 18.9.1819, NSB I, p. 774, *Tieck and Solger*, p. 564.

(9) Avant *Erwin* en 1815, outre sa traduction de Sophocle, Solger a publié : un article « Sur le rapport de l'idéal à l'imitation de la nature dans l'art » dans la revue *Pantheon* en 1810 (vol. 2, p. 395-415 ; voir l'article de W. Henckmann consacré à ce texte, « *Etwas über das Verhältnis...* ») ; une traduction des *Hymnes* de Pindare parue dans cette même revue en 1810 (vol. 1, p. 43-52 ; p. 241-250 ; vol. 3, p. 46-51) ; un texte *Sur l'explication de l'ellipse dans la langue grecque* paru en 1811 à Francfort-sur-l'Oder.

(10) Lettre de Solger à Raumer, 7.1.1812, NSB I, p. 221.

(11) Voir par ex. NSB I, p. 413, p. 415, p. 620.

Hegel est sensible, dans sa recension, aux nombreuses réflexions amères qui émaillent la correspondance de Solger quant au fait que l'époque n'est pas réceptive à ses dialogues. Il reproche à l'auteur d'*Erwin* ce souci de la réaction du public, et le dégoût qui l'accompagne (voir *Solger-Rez.* § 51 à 53). Pour Hegel, ce dégoût a bien un sens philosophique : causé en grande partie par « l'erreur (*Mißgriff*) » consistant à tenir le dialogue pour forme adéquate de la philosophie, il vient fondamentalement de ce que Solger « a méconnu la vitalité propre que la nature de l'Idée pensante contient *en elle-même* » (*Solger-Rez.*, p. 267 ; trad. fr. p. 133). Plus précisément : si le « caractère spéculatif du concept » imprègne bel et bien la philosophie de Solger, qui a eu « l'intelligence spéculative de savoir que l'Idée comprend essentiellement la contradiction » (*Solger-Rez.*, p. 271 ; trad. fr. p. 138), Solger a en revanche maintenu une séparation entre la connaissance philosophique en elle-même et l'expérience du divin, alors que Hegel reconnaît cette dernière comme « immanente au connaître philosophique » (*Solger-Rez.*, p. 261-262 ; trad. fr. p. 127). C'est bien l'approche de la philosophie propre à Solger qui, selon Hegel, a conduit l'auteur d'*Erwin* à se fixer sur la superficialité de son époque et de son milieu social, au lieu de discerner au-delà d'elle « le besoin plus profond » qui s'y exprime (*Solger-Rez.*, p. 265 ; trad. fr. p. 131), c'est-à-dire l'action de ce que Hegel théorise quant à lui comme esprit objectif.

(12) Lettre de Raumer à Solger, 29.5.1815, NSB I, p. 353.

(13) Lettre de Hagen à Solger, 9.9.1819, NS I, p. 741 (réponse de Solger, p. 758).

(14) Elle est réaffirmée au chap. XIV.

(15) Lettre de Solger à Raumer, 21.4.1819, NSB I, p. 726.

(16) Cf. *Sur la vraie signification*, p. [56] et [170].

(17) W. Henckmann, « Einheit von Offenbarung und Philosophie », p. 223-224 ; Henckmann fait également référence aux « introductions scientifiques » à la philosophie de K. C. F. Krause, I. H. Fichte et C. H. Weiße.

(18) *Cf.* ci-dessous *Sur la vraie signification*, p. [124]-[125].

(19) Tieck voit dans cette appropriation individuelle du vrai ce qui distingue la philosophie de Solger de celles de Fichte et de Schelling : « Tout autant que la poésie, la philosophie doit, en sa validité universelle, être en même temps l'expression de ce qu'il y a de plus individuel. C'est ainsi que vous et moi avons progressé dans la connaissance et la confiance mutuelles. D'autres amis, comme Fichte, finissent à mes yeux par se perdre dans l'universel. Après tout, la plupart des gens croient fermement que la vraie éducation, c'est cet universel, qui est pour moi ce qui est mort et indéterminé, et – je suis bien près de le craindre – Fichte et Schelling [ce dernier nom est censuré dans les NSB, M. G.-S.] ne sont pas demeurés indemnes de cette maladie. Chez nos poètes, il y a cette même aspiration à l'idéel. Nous sommes en ce sens d'accord, c'est certain, sur le fait que Dieu doit devenir en nous l'intuition la plus individuelle, si nous devons croire en lui et le connaître » (Lettre de Tieck à Solger, 15.2.1819, NSB I, p. 712-713 ; *Tieck and Solger*, p. 521-522).

(20) *Sur la vraie signification*, p. [62].

(21) P. [110].

(22) *Cf.* p. [114].

(23) P. [120].

(24) P. [118], [120].

(25) P. [132].

(26) P. [163].

(27) P. [175].

(28) P. [196].

Sur la vraie signification et destination de la philosophie, en particulier à notre époque

P. [54]

(1) Il s'agit du besoin de relier la pensée à la vie présente. Sous une première forme, évoquée ici, ce besoin s'exprime négativement et il est à la source du rejet de la philosophie, considérée comme trop abstraite et détachée de la vie (*cf.* ch. XIII, p. [179]-[180]). Mais, bien compris, ce besoin correspond à une exigence de la pensée elle-même, et c'est lui qui donne naissance – selon la généalogie esquissée par Solger – aux philosophies post-kantiennes mues par le désir de montrer, dans

l'élément de la pensée, le mouvement même d'engendrement du réel (ou encore de « donner à la philosophie un contenu positif entièrement déterminé », p. [135]). Solger, avec son exigence de saisir la « présence » de l'Idée dans l'existence, s'inscrit lui aussi dans cette tendance.

P. [55]

(1) Sur le renoncement à la forme dialoguée comme implication de cette stratégie d'apprivoisement du public, voir notre « Présentation » du texte.

(2) Voir le début de *Être, non-être et connaître*, exposant la conception du vrai dialogue comme sacrifice de la particularité de chacun à l'Idée développée en commun (p. [200]-[203]). De manière cohérente, Solger, dans ses écrits, ne développe jamais de polémique contre des personnes, mais cherche à mettre au jour l'erreur comme compréhension seulement partielle du vrai. Les positions « fausses » sont comprises et exposées comme unilatéralités, comme des tentatives pour traduire discursivement le contenu de la « révélation » qui ont, à un certain point, décroché de son intuition centrale. L'éclectisme solgérien en matière d'histoire de la philosophie s'appuie sur cette conception.

(3) Allusion à des critiques dirigées contre l'idéalisme transcendantal.

P. [56]

(1) Allusion à la critique de la philosophie développée notamment par Jacobi (voir aussi l'Introduction, et les notes aux *Lettres sur la philosophie et la religion*).

(2) *sans jargon d'école* : même si le présent traité n'est pas un dialogue, il répond à une exigence de clarté et de non technicité de la langue philosophique qui, pour Solger, est profondément liée à l'exercice critique de la conscience individuelle dans le genre dialogique : « Enfin il reste encore un genre [=le dialogue, M.G.-S.] que je voudrais porter au compte de l'élargissement du langage pour la philosophie. Lorsque je dis par exemple : "les espèces tout entières", ou "étant là" etc., je ne peux que faire remarquer par là que le philosophe doit avoir un champ de configuration du langage, tout comme le poète ; et de nos jours, c'est même la seule manière qui puisse nous permettre d'éviter l'affligeante terminologie latinisante et grécisante que Kant a poussée presque à l'extrême et a tant étendue. Dieu merci, la langue allemande, lorsqu'un usage un peu libre nous en est permis, nous met en position de pouvoir peu à peu nous débarrasser de nouveau des aperceptions, réceptivités, amphibolies de la réflexion, antinomies de la raison, anticipations de l'imagination, abstractions transcendantales, impératifs catégoriques etc. etc. ! Avec <ces termes>, il serait tout bonnement impossible de mener à bien un dialogue philosophique ; pour autant, on doit bien sûr pouvoir exprimer ce que l'on veut dire précisément, et plus finement que l'entendement commun ne le peut et ne l'autorise. » (Lettre de Solger à Tieck, 4.8.1816, NSB I, p. 434 ; *Tieck and Solger*, p. 269).

(3) « Tertio, in physicis et illud affirmo, parum philosophiae naturalis, et in ea progressum liminarem ad atheismum opiniones inclinare : contra, multum philosophiae naturalis, et progressum in ea penetrantem, ad religionem animos

circumferre. » (Francis Bacon, *Meditationes Sacrae* (1597), « De Atheismo », dans *The Works of Francis Bacon*, vol. 10, London, Rivington, 1826, p. 307).

(4) Cette thèse va être démontrée dans la suite du chapitre (p. [60]-[64]).

P. [57]

(1) Voir aussi, sur cette tendance pragmatique de l'époque, la première des *Lettres sur la philosophie et la religion.*

(2) C'est-à-dire, comme le montre la suite du paragraphe : exclure la philosophie soit parce qu'elle met en cause l'autorité garantissant les fondements du savoir et de la vie commune, soit parce qu'elle est détachée de la vie pratique, de la particularité réelle. Ce qui revient à méconnaître, dans le premier cas, que seul *fait autorité* ce à quoi nous reconnaissons intérieurement et consciemment une valeur, et dans le second cas, que la « vie » ne saurait être insufflée à la philosophie par les exigences pratiques du besoin.

P. [58]

(1) Solger pense ici probablement entre autres à Giordano Bruno (1548-1600), dont il dit en 1811 avoir pu consulter un volume contenant « quelques écrits importants » et la « rhétorique » (sans doute l'*Artificium perorandi* de 1612). Il ajoute qu'il a beaucoup appris de cette lecture et qu'il en tire des enseignements pour son propre mode de présentation de la philosophie (Lettre de Solger à Krause, 13.1.1811, NSB I, p. 208-209). On a également une preuve qu'il eut en sa possession le dialogue *De gli eroici furori*, alors très peu connu en Allemagne (voir G. Pinna, *L'Ironia metafisica*, qui fait le point sur la connaissance que Solger avait de Bruno dans la n. 58, p. 53-54).

(2) Solger reprend et subvertit la métaphore baconienne et kantienne de la navigation (sur cette métaphore, voir en première approche : A. Marquant, « Métaphore et inconnu. La métaphore du voyage dans la philosophie du XVIIe au XIXe siècle », *Signes, Discours et Sociétés* [en ligne], 7. *Représentations métaphoriques de l'univers environnant*, 15.7.2011 <http://www.revue-signes.info/document.php?id=2311>, état au 11.12.2012).

P. [60]

(1) « (...) sans une parfaite dissolution [des oppositions de la connaissance ordinaire], il ne peut y avoir de conscience de soi complète ; mais il doit y avoir une telle conscience de soi, parce que sinon, notre raison ne serait pas une, mais plusieurs. » (*Philosophische Gespräche*, p. 209).

(2) La partie de la *Philosophie du droit et de l'État* intitulée « Concepts métaphysiques fondamentaux » présente plusieurs passages proches : « La légalité de l'organisme est l'expression suprême de la nécessité naturelle. Car ici, l'identité est devenue *individualité*. (...) Les êtres *organiques* subsistent chacun pour soi et diffèrent les uns des autres à l'infini. Mais pour autant que chacun est identique à soi-même, il a son *principe dans l'espèce entière* et n'est que *l'expression de l'espèce.* » (*PhiRS*, NSB II, p. 265). « C'est sur le point de la représentation que l'homme se sépare de l'animal. L'homme oppose ses représentations à lui-même

en tant que l'Un. Dans l'animal, l'identique est simplement ce qui se transforme dans les différentes représentations, par modification, de même que les autres choses se modifient. » (*PhiRS*, NSB II, p. 267). Par l'« abstraction universelle », « le moi se sépare lui-même de tout ce qui est hors de lui, et se saisit comme se déterminant soi-même. » (*PhiRS*, NSB II, p. 287-288).

(3) Le point de départ de Solger est la notion kantienne d'aperception pure, ou unité transcendantale de la conscience de soi : mes représentations sont miennes parce qu'elles « *peuvent* se réunir dans une conscience générale de soi, étant donné que, sinon, elles ne m'appartiendraient pas complètement. » (Kant, *Critique de la raison pure*, B 132-133, AK III, p. 109 ; trad. fr. A. Renaut, Paris, Aubier, 1997, p. 199). Mais pour Solger, l'unité de la conscience de soi « ne réside pas seulement au fondement de toutes les connexions comme leur possibilité, mais s'engendre également de nouveau en chacune, puisque sans cela elle ne serait pas connexion, fusion réelle des contraires » (*Sur la vraie signification*, p. [76]). Le moi de l'aperception, comme unité d'une diversité à laquelle en même temps il s'oppose, est lui-même particulier, et ainsi opposé au concept d'un Moi absolument simple (ou, comme le dit parfois Solger, à la « conscience universelle »).

P. [61]

(1) Solger reprend et déplace le modèle fichtéen du « flottement (*Schweben*) » de l'imagination, pour qualifier ici la situation épistémologique et ontologique du Je individuel, qui oscille entre pure diversité et unité absolue, et les relie dans la connaissance et l'existence. Le rôle dialectique donné par Solger au *Schweben* en général (unité se faisant dans la dualité conservée), pour penser les conditions de possibilité de la révélation dans la conscience individuelle (également dans la philosophie de l'art et la philosophie politique) serait à étudier par comparaison avec le réinvestissement romantique du « flottement de l'imagination » qui a été analysé par Lore Hühn, « Das Schweben der Einbildungskraft. Zur frühromantischen Überbietung Fichtes », *Deutsche Vierteljahresschrift für Literaturwissenschaft und Geistesgeschichte*, 1996 (70), p. 569-599 ; et par C. Asmuth, « "Das Schweben ist der Quell aller Realität". Platner, Fichte, Schlegel und Novalis über die productive Einbildungskraft », e-journal *Philosophie der Psychologie*, juin 2005, <http://www.jp.philo.at/texte/AsmuthC1.pdf>.

P. [62]

(1) Sur la traduction de *Daseyn* et *Existenz* dans ce texte, voir la note du glossaire.

(2) « L'homme peut donc bien aussi être né comme individu, au milieu du temps, et au milieu de l'intrication infinie de situations particulières : ce qui n'est pas né, et ne meurt pas non plus vit pourtant au plus intime de sa particularité propre, la divinité se révélant en lui, qui demeure la même en chaque instant singulier de sa vie, et en chaque position où la réalité le place. » (*Erwin*, p. 205).

P. [64]

(1) Les deux ennemis principaux de la philosophie telle que la comprend Solger disjoignent irrémédiablement la raison ordinaire du savoir de la révélation : ou bien parce qu'ils s'en tiennent à la connaissance d'entendement, comme le rationaliste des Lumières dont il est question aussi dans les *Lettres sur la philosophie et la religion* (p. [26]), oscillant entre athéisme et déisme ; ou bien parce qu'ils admettent une connaissance supérieure du divin, mais l'opposent principiellement au savoir rationnel, comme les « prêtres et défenseurs de la révélation » invoqués dans les *Lettres* (p. [28]-[29]) ; peut-être l'allusion vise-t-elle aussi Jacobi.

P. [65]

(1) C'est la position de « C » dans *Être, non-être et connaître* (p. [206]-[209]).

P. [66]

(1) *Darum heißt es, wir sollen die Gegenstände rein auffassen wie sie sind. Auffassen* désigne non pas encore la compréhension mais la saisie, l'appréhension perceptive de choses singulières.

P. [67]

(1) Sur la contingence : « Nous appelons contingent (*zufällig*) le phénomène qui ne peut absolument pas être complètement reconduit à une raison réelle. Mais précisément par là, il est également soumis à la relation infinie au particulier, donc à la nullité en laquelle se dissout nécessairement cette relation qui se déroule continuellement et ne trouve rien sur quoi elle pourrait se reposer. Dans l'observation des choses phénoménales ordinaires, nous nous arrêtons bien évidemment à une raison plus ou moins proche, à un genre auquel nous les subordonnons, ou à une cause dont nous les déduisons » (*Erwin*, p. 374). Mais cette connaissance ordinaire reste relative, vouée à la mauvaise infinité du réseau des causes et des effets. Or le contingent est précisément ce à même quoi s'atteste la nullité de cette connaissance ordinaire ; et pour Solger, c'est dans la conscience même de cette nullité qu'est vécue la présence de l'Idée (ou révélation). La contingence est le mode sur lequel les choses singulières s'imposent à nous dans leur présence phénoménale irrécusable, nous « contraignent par leur existence à les penser » (*Être, non-être et connaître*, p. [208]), sans toutefois que nous ayons jamais le sentiment d'atteindre, par la connaissance ordinaire, cela même qui fait leur contingence, cette « coïncidence du divers avec une simplicité intérieure qui n'est pas déterminée par notre conscience mais lui est donnée immédiatement » (*Sur la vraie signification*, p. [160]). La connaissance supérieure (ou révélation), en revanche, nous fait voir dans le singulier même la présence de la loi. C'est bien le fait même que le contingent ne soit, pour la pensée ordinaire, « déterminé par rien » (*PhiRS*, NSB II, p. 269), qui nous permet, dans l'expérience artistique, d'y voir la nécessité supérieure de l'Idée. L'inexplicabilité de la chose individuelle, et, de même, celle de la décision singulière (cf. *PhiRS*, NSB II, p. 300), deviennent ainsi lieux de la révélation.

P. [71]

(1) *Abschluß*, qui clôt le *Schluß* (syllogisme).

P. [73]

(1) Cf. *Être, non-être et connaître*, p. [231].

P. [74]

(1) Voir plus loin p. [165]-[167].

P. [75]

(1) *Stoffe* : Solger emploie ici pour la première fois *Stoffe* au sens des « matières de la connaissance ». C'est un peu plus loin seulement qu'il rend compte explicitement du déplacement qu'il fait subir au terme (*cf.* p. [88]-[91]), qui désigne chez lui non seulement ce que Kant avait appelé « matière de la connaissance », c'est-à-dire le divers sensible, mais bien aussi ce que Kant rangeait sous le concept de « forme » – l'unité *a priori* qui subsume le divers. La « forme » désigne en revanche, dans la théorie solgérienne de la connaissance, l'activité de la conscience qui établit le lien entre le divers et l'unité, elle relie les « matières » que sont le divers de l'intuition et le concept (p. [69]-[70]). *Stoff* a le plus souvent ce sens et sera toujours traduit par « matière » (*Materie/material*, exceptionnels, seront signalés entre parenthèses).

P. [79]

(1) Sur la notion de *Ahndung*, que Solger trouve chez Jacobi (*Lettre à Fichte*, 1799) et sans doute aussi chez J. F. Fries (*Wissen, Glaube, Ahndung*, Iéna, J. C. G. Göpferdt, 1805 ; *Neue Kritik der Vernunft*, Heidelberg, Mohr und Zimmer, 1807), voir nos commentaires dans la n. (51) de la Présentation des *Lettres sur la philosophie et la religion*, et la n. (1) *ad* p. [240].

P. [81]

(1) Solger restreint l'*Einbildungskraft* à la connaissance ordinaire, en réservant le rôle esthétique (et spéculatif) central à la *Phantasie* : voir sur ce point l'article de M. Koßler, « Phantasie und Einbildungskraft. Zur Rolle der Einbildungskraft bei Fichte und Solger ».

P. [82]

(1) Voir ci-dessus le chap. I.

P. [85]

(1) L'intention de « saisir par la pensée l'unité intérieure véritable des relations ».

P. [86]

(1) La distinction entre faculté supérieure et faculté inférieure, et l'évocation de « l'indistinction et [de] la confusion de notre connaissance perceptive » renvoient à l'école de Christian Wolff. La conception de Dieu et de l'univers évoquée au début du paragraphe suivant dans le cadre de ce « formalisme » fait plus précisément penser à Leibniz. Toutefois, Solger ne se donne pas pour but la réfutation des

systèmes antérieurs sous leur figure historique, mais les envisage plutôt comme des possibilités de pensée.

P. [87]

(1) La critique adressée par Solger aux « matérialismes » s'inspire de Kant : nous n'avons jamais affaire à une pure matière, mais toujours déjà à des phénomènes organisés en fonction d'une certaine forme. Le matérialisme ne peut tenir jusqu'au bout la primauté de l'intuition sensible. Ainsi, les épicuriens n'ont pu se contenter des seuls atomes, mais ont dû leur adjoindre le *clinamen*.

P. [88]

(1) *...der Macht höherer Einwirkungen*. Le dictionnaire des frères Grimm donne, pour équivalents de *Einwirkung*, *efficientia* et *vis*. Solger caractérise à plusieurs reprises la révélation comme une *Einwirkung* de Dieu dans notre conscience. Cette « influence » (qui n'a pas le sens d'une action à distance, mais bien d'une présence) n'est pas à comprendre comme l'action d'une chose sur un organe de perception neutre, mais comme une *Mitwirkung* de la foi à l'égard de ce qui se révèle ; la conscience, dans la foi, devient elle-même l'acte de la révélation qu'elle accueille (*cf.* W. Henckmann, « Einheit von Offenbarung und Philosophie », p. 243).

P. [89]

(1) *Cf.* ci-dessus n. (1) *ad* p. [75].

P. [90]

(1) Hegel remarque dans la *Science de la Logique* : « Si, dans la représentation superficielle de ce qu'est le concept, toute diversité se tient *hors du concept*, et qu'à celui-ci ne revient que la forme de l'universalité abstraite ou de l'identité-de-réflexion vide, on peut déjà d'abord rappeler que, par ailleurs aussi, pour l'indication d'un concept ou la définition qui s'ajoute au genre, genre qui lui-même n'est déjà pas à proprement parler universalité purement abstraite, se trouve requise expressément aussi la *déterminité spécifique*. » (Hegel, *Wissenschaft der Logik. Zweiter Band : Die subjektive Logik* (1816), F. Hogemann, W. Jaeschke (Hg.), *Gesammelte Werke*, Bd. 12, Hamburg, Meiner, 1981, p. 22 ; *Science de la logique. Deuxième tome : La logique subjective ou logique du concept* (1816), trad. fr. P.-J. Labarrière et G. Jarczyk, Paris, Aubier, 1981, p. 51).

(2) *Cf.* ci-dessus *Sur la vraie signification*, p. [70], [75], [84-85].

P. [91]

(1) On lit dans les *Leçons d'esthétique* posthumes (1829) de Solger que « l'Idée est le point de vue de l'unité du concept et du particulier » (*Vorlesungen*, p. 55). L'Idée n'est pas ici un simple horizon unifiant pour notre connaissance, mais bien l'unité réelle de l'universel et du particulier, constitutive de toute connaissance – une unité qui, comme chez Schelling et Hegel, a un sens à la fois ontologique et épistémologique. La définition solgérienne de l'*Idee* implique l'opposition de cette dernière au simple *Begriff* – une opposition également présente dans le *Bruno* de

Schelling (1802), connu de Solger. Et comme le Schelling de la philosophie de l'identité, Solger affirme l'Idée connue dans une intuition qui caractérise un mode de connaissance supérieur. Il écrit ainsi dès 1811 : « l'intuition philosophique est le lieu dans la connaissance humaine où universel et particulier sont d'emblée en soi un seul et même. L'activité de la philosophie n'est donc ni l'intuition sensible, par laquelle l'expérience ordinaire est perçue, ni l'abstraction ou le penser par purs concepts universels, mais une activité tout à fait spécifique, dans laquelle l'universel lui-même est immédiatement intuitionné, et, dans l'intuition, pensé en même temps comme particulier. Ce point de vue est le point de vue des Idées, et la philosophie n'a à voir avec rien d'autre, ni concepts ni perceptions. » (Solger, *Über Theorie und Praxis*, NSB II, p. 383-384). L'unité de l'Idée doit être comprise comme l'*acte* éternel par lequel l'Idée se réunifie à soi-même, comme nature d'une part, volonté de l'autre. Cet acte a pu être compris comme une subjectivité de l'Idée (D. Potz, *Solgers Dialektik*, p. 155-156) ; Solger le désigne comme *vie* de l'Idée. « Cet acte de l'Idée apparaît comme le principe d'unité du système de Solger ; la participation de l'Idée à l'existence apparaît comme le principe de différenciation du fondement idéel de ce système » (W. Henckmann, « Einheit von Offenbarung und Philosophie », p. 232) ; sur cette différenciation de l'Idée en Idées, voir plus loin la n. (3) relative à la p. [92].

(2) *Das Abgeschlossene*, qui renvoie à la fois à l'idée de fermeture et à celle de conclusion ou de fin, directement opposées à l'ouverture in(dé)finie des relations de l'existence les unes dans les autres. Nous choisissons de traduire *Abschluß* par « clôture » (quelquefois « conclusion ») et *abschließen* par « clore » (ou « conclure ») ; « achever » aurait aussi pu convenir, mais est plus abstrait et appelle davantage l'idée de perfection que celle de conclusion (spatiale et temporelle), nous le réservons à *vollenden*.

(3) Solger s'est probablement inspiré de la manière dont Fichte, au début des *Principes de la doctrine de Dieu, de la morale et du droit* (un cours de début 1805 auquel l'auteur d'*Erwin* avait assisté) désignait l'absolu, ou « Ens a se, per se », comme « être absolument clos à l'intérieur de soi et achevé (*dieses Wesen durchaus in sich geschloßen, und vollendet*) » (Fichte, *Principien der Gottes-, Sitten- und Rechtslehre*, GA II, 7, p. 378 ; trad. fr. G. Lacaze, Fichte : *Principes de la doctrine de Dieu, de la morale et du droit*, Hildesheim/Zürich/NY, Olms, 2009, p. 59) ; voir aussi *Être, non-être et connaître*, p. [232]. Solger reprend en outre dans *Être, non-être et connaître* le terme d'*Einerleiheit*, par lequel Fichte qualifiait l'être comme identité absolue, pure mêmeté fermée sur elle-même (voir sur ce point notre n. (2) relative à la p. [256]). Ici cependant, les qualificatifs que Fichte appliquait à *l'être* sont employés par Solger à propos de *l'Idée*, qu'il faut donc à la fois penser comme en soi inconnaissable, et connue de nous dans sa révélation.

Pour une étude de ce que Solger a pu trouver chez le Fichte de 1804-1806 pour élaborer sa propre dialectique du fini et de l'infini, ainsi qu'une comparaison de leurs deux philosophies de la religion, *cf.* Luca Ghisleri, « Offenbarung und Leben. Fichtesche Motive in Solgers Religionsphilosophie », dans A. Baillot, M. Galland-

Szymkowiak (Hg.), *Grundzüge der Philosophie K. W. F. Solgers*, Berlin/Zürich, LIT Verlag, 2014, p. 183-206.

P. [92]

(1) Encore une fois, Solger met face à face les idéalismes postkantiens – ici spécialement la philosophie schellingienne de l'identité – et la critique qui leur est adressée par Jacobi. La fin de la phrase fait allusion, avec l'assimilation de la philosophie à une doctrine « du néant absolu », à l'ouvrage que Friedrich Köppen avait fait paraître en accord avec F. H. Jacobi : *La Doctrine de Schelling, ou le tout de la philosophie du néant absolu* (*Schellingslehre oder das Ganze der Philosophie des absoluten Nichts*, Hamburg, F. Perthes, 1803).

(2) *Hervortreten*. Voir la note explicative dans le glossaire.

(3) L'Idée une devient éternellement « système des Idées » (voir J. E. Heller, *Solgers Philosophie der ironischen Dialektik*, chap. IV) : l'unité de l'Idée est visible dans chaque idée particulière, toute Idée nous donne l'Idée (si l'on veut : l'Absolu) en sa totalité, ce qui rappelle la structure du *noûs* plotinien (*Erwin*, p. 110 ; Plotin, *Ennéades*, VI, VII, 13). Dans *Erwin*, quatre idées seulement étaient mentionnées, l'Idée du vrai, celle du beau, celle du bon et celle de la béatitude, définies comme quatre angles de vue sur l'Idée. Ici, la pluralité des Idées est pensée plus largement, à partir de la diffraction de l'Idée dans l'existence selon les deux grands pôles que sont la nature et la volonté (le monde et la conscience) : voir p. [115] où Solger transforme « béatitude » en « religion » et ajoute l'idée de la *vie*, pensée relativement à l'organisme ; voir aussi les *Vorlesungen*, p. 56-71. On peut voir dans cette évolution une fondation de plus en plus rigoureuse du système de la philosophie dans la révélation et son interaction avec la conscience (sur l'évolution de la doctrine des Idées, *cf.* W. Henckmann, « Einheit von Offenbarung und Philosophie », p. 230-238).

P. [95]

(1) Idée kantienne et fichtéenne. Dans sa correspondance, Solger rapporte à Fichte une idée très proche : « Je crois pouvoir atteindre ce qu'il y a de plus haut, et même si je ne le pouvais pas, il me faudrait tout de même, comme dit le noble Fichte, agir comme si je le pouvais. » (Lettre de Solger à Krause, juin 1810, NSB I, p. 196).

P. [96]

(1) *Blitze*. L'image de l'éclair ou de la fulguration, utilisée par Jakob Böhme (que Solger avait lu par l'intermédiaire de Tieck), ainsi que par Leibniz et Schelling, est employée par Solger dans sa philosophie de l'art pour décrire la nature de l'expérience esthétique, révélation et auto-annihilation de l'Idée dans l'existence sensible et singulière de l'œuvre d'art. Mais ce qui est dit ici, c'est que le *philosopher* quant à lui ne s'épuise justement pas en illuminations ponctuelles, mais consiste dans le tissage patient d'un discours ancré dans, et renvoyant à, l'intuition de la révélation comme nature *et* comme conscience de soi. Les illuminations fugaces de l'art, de la vie morale ou de la physique doivent être comprises et

élucidées discursivement à partir de la révélation de l'Idée comme constituant l'unité même de mon for intérieur, dans la foi. Elles doivent aussi – c'est ce qui ressort de la philosophie politique de Solger – se pérenniser réellement en devenant l'étoffe même du vivre-ensemble dans l'État.

P. [98]

(1) « Ainsi considérée, la subjectivité finie n'est pas une quelconque province de l'être, mais l'unique rapport fondamental à l'être infini, ce qui fait que *nous sommes*, non par rapport à l'objet, mais comme conscience de ce qui se révèle » (J. Colette, *Dialectique et phénoménologie. Études de philosophie allemande*, Bruxelles, Ousia, 2008, p. 95 ; auparavant dans « Art, mystique et négativité : K. W. F. Solger », *Études Philosophiques*, 1983 (2), p. 69-86, ici p. 73).

P. [99]

(1) L'unité de la conscience de soi a pour condition la révélation de l'Un en moi (voir aussi p. [83]-[84]). « C'est seulement grâce à l'idée de Dieu que la conscience s'unifie avec soi-même. En effet, c'est seulement grâce à elle que la conscience, dans son universalité même, devient en même temps individuelle. À tous les autres points de vue, elle se distingue toujours, comme universel, du particulier à l'extérieur d'elle et en elle » (*PhiRS*, NSB II, p. 284). Sur le fait que la conscience de soi, considérée en elle-même, ne peut *stricto sensu* se connaître comme pure identité à soi, voir *Être, non-être et connaître*, p. [231]-[232].

P. [100]

(1) Solger formule volontairement la teneur de ces deux positions de manière assez générale : elles ne sont pas empiriquement extraites de l'histoire de la philosophie et de la théologie, leur teneur (unilatérale) est définie à partir du point de vue (complet) de la philosophie solgérienne de la révélation. Par conséquent, chacune renvoie à plusieurs tendances de l'époque (voir notes suivantes). Solger part du point central qu'est l'Idée de la philosophie afin de déterminer sa diffraction, dont les rayons partiels traversent, chacun, plusieurs types de doctrines ou positions intellectuelles et religieuses existantes.

P. [102]

(1) Pour cette position 'moniste', il ne peut y avoir qu'un seul de type de savoir proprement dit, ou de connaissance vraie, mode *immanent* à la conscience humaine (rationalisme des Lumières) ou, dans le postkantisme, ancré dans la certitude de la conscience de soi (idéalisme transcendantal du premier Fichte). Certains traits de la description évoquent aussi la théologie des néologues qui, en même temps qu'une « approche rationnelle et analytique des textes bibliques », promeuvent « dans une perspective somme toute empirique une théologie pragmatique, d'application concrète, tournée vers le vécu quotidien, se voulant marquée au coin du bon sens. » (R. Kirscher, *Théologie et Lumières*, Villeneuve-d'Asq, Presses Universitaires du Septentrion, 2001, p. 8).

P. [104]

(1) La position 'dualiste', qui oppose une expérience directe du divin à la connaissance ordinaire (ou scientifique) par causes et effets, renvoie à Jacobi et à la foi centrée sur les miracles prônée par Johann Kaspar Lavater (1741-1801), mais également sans doute à la théosophie. À Lavater s'étaient opposés les théologiens néologues, dénonçant les dangers d'une exaltation qui voudrait supplanter la raison, et avançant que l'essentiel du message de Jésus ne tenait pas dans ses miracles, mais dans son enseignement.

(2) Le raccourci de Solger vise l'acception jacobienne de la « croyance (*Glaube*) » comme un *Fürwahrhalten* qui est en même temps une *Wahr-nehmung*, un tenir-pour-vrai qui est en même temps une perception – un certain poids de conviction attaché à des représentations, un sentiment non dépendant de notre volonté dans lequel s'atteste notre accès à une réalité. « Perception du réel et sentiment de la vérité, conscience et vie sont une seule et même chose. » (F. H. Jacobi, *David Hume et la croyance. Idéalisme et réalisme*, trad. fr. L. Guillermit, Paris, Vrin, 2000, p. 217 ; voir aussi p. 137, et surtout p. 236-237 qui assimilent la « faculté qui révèle » à une « faculté de percevoir en général »). Solger tranche ici une question (celle de l'univocité du *Glaube*, perception des choses existantes et/ou du divin) dont Louis Guillermit a bien montré l'équivocité dans le dialogue de Jacobi (*op. cit.*, p. 49-58, spécialement 53-54). Sur le rapport de Solger à Jacobi, voir notre Présentation des *Lettres sur la philosophie et la religion* (« Contexte philosophique »).

(3) Sont visées ici les tendances piétistes et théosophiques. Sur la distance dont témoigne Solger par rapport aux théosophes, et plus généralement à ce qu'il dénonce comme une *Scheinmystik*, voir notre présentation des *Lettres sur la philosophie et la religion* (p. 72). Sur le sens solgérien de la « mystique », cf. *infra*, n. (1) *ad* p. [114].

P. [105]

(1) L'approche "moniste" se heurte inéluctablement à la différence du réel et de l'absolu, finissant par nier ou bien la réalité de l'absolu (formalisme) ou bien la finitude du réel (panthéisme). Ici ce n'est plus seulement l'idéalisme transcendantal du premier Fichte qui est semble visé, mais également la philosophie schellingienne de l'identité, rapprochée, à travers l'évocation de l' « Un en Tout (*Eins in Allem*) », du spinozisme. Toutefois la critique reste ici assez vague et générale.

P. [107]

(1) Cf. *Vorlesungen*, p. 56. On trouve aussi chez Jacobi l'idée que la connaissance relative, le raisonnement, s'appuie sur la certitude originelle du *Glaube* et en tire sa force : « La conviction produite par des preuves est une certitude de seconde main, elle repose sur une comparaison et ne peut jamais être pleinement sûre et parfaite. Si tout *assentiment* qui ne provient pas de motifs rationnels est une croyance (*Glaube*), la conviction pour motifs rationnels doit nécessairement venir elle-même de la croyance et recevoir d'elle seule sa force. » (Jacobi, *Lettres à*

Moses Mendelssohn sur la doctrine de Spinoza, trad. fr. P.-H. Tavoillot, *Le Crépuscule des Lumières*, p. 113).

P. [108]

(1) « la foi au sens restreint », c'est-à-dire la foi religieuse. Le « point de vue de la religion » se caractérise par le fait qu' « en nous anéantissant en tant que réels, nous percevons en nous la présence de la vie suprême, de la vie universelle, et que nous percevons notre propre conscience comme un se-faire-jour de la conscience divine » (*Vorlesungen*, p. 68). La foi au sens large a été définie (p. [98]) comme l'état de notre conscience dans la connaissance supérieure (donc l'appréhension de toute Idée, pas seulement l'Idée de la félicité). Solger est coutumier de la différenciation de l'usage d'un concept au sens large et au sens restreint. Ainsi dans sa philosophie de l'art, le symbole « au sens large » est la totalité dialectique qui comprend le symbole au sens restreint (la présentation « positive », si l'on veut, la plénitude de présence de l'Idée dans l'œuvre d'art) et l'allégorie (qui dénote toujours en même temps l'absence ou l'altérité de l'Idée) (*Vorlesungen*, p. 122-125 ; *L'Art et la tragédie du beau*, p. 115-117) ; de même la phantaisie comprend la phantaisie au sens restreint et la sensibilité de la phantaisie (*Vorlesungen*, p. 187). Nous pensons que cette différenciation entre sens large et sens restreint n'est pas, contrairement à ce qui a été reproché à Solger, une imprécision terminologique, mais qu'elle témoigne de la tension propre à sa conception de la dialectique : le symbole au sens large ne se comprend que comme l'unité d'une dualité, il exige de tenir *en même temps* cette dualité ou opposition (marque de notre finitude) et cette unité, qui ne se « dépassent » pas en lui mais y *jouent* constamment.

P. [113]

(1) Ces deux derniers paragraphes renvoient donc dos à dos un fidéisme du miraculeux – comme celui de Lavater (s'inspirant de Jacobi) – et un rationalisme qui reste formel. À tous deux, manque l'élaboration dialectique de la relation entre l'expérience du « divin » et la connaissance : si le premier fait l'expérience mystique du divin, il laisse subsister l'existence finie dans sa pure empiricité et ne la relie pas intérieurement à cette expérience ; et si le second a bien l'idée de la substance Une qui fonde l'empiricité, il ne fonde pas la mise en relation de l'Un et de l'existence finie sur l'expérience intérieure personnelle de la « foi ». Solger attribue à Spinoza un tel rationalisme, qui, ayant construit philosophiquement le fondement de tout ce qui est dans l'Un (ici « la raison »), pense dès lors pouvoir se passer de la foi : « Il ne faut surtout pas confondre la compréhension de ces oppositions et de ces relations avec l'expérience immédiate du fait de cette révélation » (Lettre de Solger à Abeken, 23.12.1818, NSB I, p. 599 ; *L'Esthétique de Solger*, p. 212). Voir ci-dessous la n. (1) relative à la p. [114]. L'interprétation du « divin » ou de la substance chez Spinoza comme unité de la conscience avec elle-même avait déjà été posée par Fichte dans l'*Assise fondamentale de la Doctrine de la science* en 1794 (GA I/2, p. 280-281 ; OCPP, p. 37-38).

(2) Comme le relève Manfred Frank, même si cette définition rappelle – au pluriel d' « oppositions » près – la caractérisation hégélienne de l'Idée, ce n'est pas

l'Idée que Solger définit ainsi mais bien la « connaissance concrète », qui donc suppose « foi *et* réflexion, la première comme sa matière, la seconde comme la forme, celle-là comme unité, celle-ci comme opposition » (M. Frank, *Das Problem "Zeit"*, p. 115).

(3) *Thätigkeit*. Voir Solger, *PhiRS*, NSB II, p. 272 (§ 1), où la caractérisation du connaître comme activité limitée est explicitement rapportée à Fichte.

P. [114]

(1) Il faut revenir sur le sens solgérien de la *mystique*. « Dans la pensée », écrit Solger, « la vraie mystique consiste en ce que, dans tout acte de la pensée, on perçoit la révélation d'une force factuelle, agissante (*einwirkend*), sans laquelle la pensée ne donne qu'une cosse vide, au lieu du fruit vivant de la conviction, qui ne fait qu'un avec la foi. » (Lettre de Solger à Tieck, 1.1.1819, NSB I, p. 701 ; *Tieck and Solger*, p. 506 ; *L'Art et la tragédie du beau*, p. 171-172). L'emploi du terme est loin d'être fortuit ou approximatif : F. Decher a pu montrer que l'on retrouve, dans les descriptions solgériennes de la révélation du « divin » dans la conscience individuelle, les caractères essentiels de l'expérience mystique tels qu'ils ont été décrits dans les témoignages des mystiques à travers les âges et les cultures (F. Decher, « Unité de la révélation et de la spéculation », p. 57-58). Mais la mystique chez Solger, comme expérience de la révélation, ne prend son sens que dans le rapport de complémentarité qu'elle entretient, au sein de l'activité philosophique, avec la *réflexion* sur ce qui se donne en elle. Cette introduction du mysticisme en philosophie n'est pas un irrationalisme, mais la mise en évidence d'un soubassement non rationnel du rationnel, ce dernier ne perdant nullement ses droits (F. Decher, *op. cit.*, p. 63 ; et J. Colette, « Art, mystique et négativité : K. W. F. Solger », p. 86). La « mystique » est pour Solger un contrepoids nécessaire « au schématisme intellectuel hérité de Descartes, et qui continue de nos jours à dominer la philosophie » : c'est que « les quelques personnes qui ont voulu saisir la vie de manière immédiate étaient les mystiques » ; cependant, ceux-ci « ont de leur côté commis d'autres erreurs, car ils ont pour la plupart bel et bien laissé tomber la pensée conforme à des lois » (Lettre de Solger à Keßler, 23.5.1818, NSB I, p. 633 ; *L'Esthétique de Solger*, p. 222). La mystique ne prend son sens qu'élucidée par, et tissée dans, la spéculation. Citons aussi la lettre à Abeken où Solger précise corrélativement le sens de la mystique et sa critique du spinozisme : « Si [ma] philosophie devait être qualifiée de mystique, je n'aurais rien à y objecter, mais que l'on n'aille pas interpréter ce mot au sens insultant où on l'entend aujourd'hui. Il est certain cependant que beaucoup ne voudront pas l'appeler philosophie mais plutôt une œuvre de phantaisie, de foi, de poésie ou autre. Et c'est pourtant là assurément ce que toute philosophie doit chercher, et a cherché, et une pensée rigoureuse peut montrer qu'il faut qu'il en soit ainsi pour qu'existe une conscience complète. (…) On peut bien parler du panthéisme de Spinoza, qui, s'il affirmait bien que Dieu est dans tout, ne pouvait pourtant le penser que dans le concept de l'existence de chaque chose, ce qui fit de lui un fataliste et l'empêcha de voir la réalité de Dieu dans la conscience de soi personnelle. Cet intellectualisme (car la philosophie de Spinoza n'est rien d'autre) a dominé toute la philosophie moderne depuis Descartes et reparaît aujourd'hui

sous d'autres formes. On continue à redouter une philosophie qui aboutirait à la foi, et l'on préfèrerait ne pas l'appeler philosophie, parce que l'on s'en tient plus ou moins au fait qu'elle ne peut consister qu'en des formes de pensée ; et la religiosité, de son côté, craint la claire intellection, parce qu'elle pense que celle-ci lui fera perdre en vivacité. Et pourtant, il est certain qu'il ne peut y avoir deux types de conscience comme ceux-ci, qui soient différents et totalement séparés, et que si la science veut parvenir à sa perfection, il lui faut nécessairement arriver au point où l'un et l'autre s'accordent. » (Lettre de Solger à Abeken, 23.1.1818, NSB I, p. 604-605 ; *L'Esthétique de Solger*, p. 216).

P. [115]

(1) *...jener Lebensmoment der Offenbarung an und für sich.*

(2) *...als das, was er an sich ist* : le *er* pourrait renvoyer à « cette foi » (*diesen Glauben*). Toutefois, l'interpréter comme renvoyant à « ce moment vital (*jener Lebensmoment*) » est plus satisfaisant au regard des deux phrases suivantes : ce n'est pas la foi, mais bien le moment, l'instant de la révélation, qui doit apparaître comme un « fait présent ». L'usage solgérien des pronoms, assez libre, autorise cette interprétation.

P. [117]

(1) Cf. *Lettres sur la philosophie et la religion*, p. [42].

P. [120]

(1) Cf. *infra* p. [147]-[148].

P. [122]

(1) *Cf.* ci-dessus chap. III, p. [85]-[88].

P. [124]

(1) Le « fait absolu » n'est là (au sens plein) « que pour Dieu », et n'est présent pour nous qu'en tant que *révélé*. Sa présence coïncide alors pour nous avec la négation du néant que nous sommes. Nous ne pouvons accéder à cette unité par les seules et propres forces de notre esprit ou de notre volonté ; nous ne pouvons qu'en recevoir l'intuition, nécessairement fugace, et qu'il nous appartient de tisser ensuite dialectiquement en toutes ses implications, en une philosophie. Mais, symétriquement, cette intuition ne devient révélation pleine et entière pour nous *qu'une fois élucidée* par la philosophie.

(2) Cf. *supra* chap. III, p. [96]-[97]

(3) Allusion possible à la philosophie schellingienne de l'identité.

P. [125]

(1) *insofern aber diese Existenz in dem bestimmten Momente der Verknüpfung ihrer Gegensätze sowohl schafft als aufhebt, ...* L'emploi intransitif de *schafft* et *aufhebt* est inhabituel et l'on peut se demander si le « r » final de *ihrer* n'a pas été ajouté par erreur par les éditeurs des NSB ; dans ce cas la version rectifiée donnerait : « cependant, pour autant que cette existence, dans le moment déterminé de la connexion, annule ses opposés autant qu'elle les crée... ».

(2) Même idée dans les *Lettres sur la philosophie et la religion*, p. [52], fin.

P. [127]

(1) Zénon d'Élée (480-420 av. J.-C.) : disciple de Parménide et réfutateur de ses contradicteurs, célèbre pour ses paradoxes.

(2) David Hume, *Enquête sur l'entendement humain*, trad. fr. M. Malherbe, Paris, Vrin, 2008, section VII : De l'idée de liaison nécessaire, p. 173-215.

P. [128]

(1) Il faut mettre en parallèle avec cette critique générale de la philosophie kantienne l'examen de l'esthétique de Kant présenté dans *Erwin*. Solger y caractérise l'esthétique kantienne, au mépris de la chronologie, comme explication et résolution des difficultés rencontrées dans les conceptions du beau de Burke, Baumgarten et Fichte (*Erwin*, p. 67-74). Voir P. Matenko, *Tieck and Solger*, p. 126-128 ; et F. Decher, *Die Ästhetik K. W. F. Solgers*, p. 82-93.

(2) Sur le sens du « positif » chez Solger, *cf.* la fin de notre Présentation aux *Lettres sur la philosophie et la religion*. Est « positif » pour Solger ce qui a trait au « fait absolu ». Il s'agit des systèmes qui partent non pas de l'universel comme tel, ou de la simple forme de l'unité, mais bien du *Faktum* (ou de la *Thatsache*, pas de distinction conceptuelle ici entre ces deux termes, contrairement à ce qui se passe chez Fichte) dans lequel l'unité absolue de l'Idée s'atteste comme existante. Ces systèmes restent unilatéraux, selon Solger, parce qu'ils ne voient ce *Faktum* que sous un certain angle : l'unité intérieure du Moi absolu chez le premier Fichte, la raison comme être de tout étant chez le Schelling de la philosophie de l'identité.

(3) Solger vise l'idéalisme transcendantal du premier Fichte et l'acte d'auto-position absolu du Moi, qu'il évoque en le reformulant en des termes visant à le situer par rapport à sa propre philosophie (« Idée », « raison »). La critique de Fichte est détaillée au chapitre suivant.

(4) Schelling écrit au début de l'*Exposition de mon système de la philosophie* en 1801 : « J'appelle *raison* la raison absolue, ou la raison pensée comme indifférence totale du subjectif et de l'objectif » (SW IV, p. 114, trad. fr. E. Cattin, Paris, Vrin, 2000, p. 45). L'appellation de « nouveau réalisme », bien que pertinente pour désigner l'entreprise schellingienne en 1801 (*cf.* E. Cattin, *op. cit.*, p. 17), ne se trouve pas sous la plume de Schelling ; elle est en revanche utilisée par Friedrich Schlegel en 1800 dans son *Dialogue sur la poésie*, pour désigner une transformation – poétique plus que philosophique – de l'idéalisme qui reposerait sur l'harmonie de l'idéal et du réel (F. Schlegel, *Gespräch über die Poesie*, *Athenäum*, 1800 (3), p. 58-128 et 169-187, ici p. 99).

(5) Que Schelling ne puisse « décomposer » la raison absolue, c'est-à-dire déployer ou « construire » l'identité absolue en la totalité de l'étant, comme il veut le faire dans l'*Exposition*, uniquement à partir de la raison absolue elle-même, cela avait été souligné aussi par Fichte dans ses notes de lecture de l'*Exposition* en 1801 (notes alors non publiées) : il reprochait à Schelling d'adjoindre secrètement à la « raison indifférenciante » une « raison différenciante » permettant seule toute la

déduction (Fichte, *Sur l'exposition du système de l'identité de Schelling*, trad. fr. E. Cattin dans Schelling, *Exposition*, p. 173).

P. [129]

(1) La « tendance intellectualiste (*intellectualistisches Bestreben*) » pourrait désigner en particulier (mais pas seulement) la philosophie de Johann Friedrich Herbart (1776-1841) qui avait repris la chaire de Kant à Königsberg en 1809 : elle se revendique comme une philosophie d'entendement, comprend la connaissance philosophique comme connaissance à partir de concepts mais se veut en même temps « réalisme rigoureux » (ce qui semble rejoindre la tension pointée par Solger). Solger cite dans sa correspondance la philosophie de Herbart, à côté de celles de Jakob Friedrich Fries (1773-1843) et de Wilhelm Traugott Krug (1770-1842), comme un exemple d'utilisation de « constructions et de formules scientifiques » qui reste « entièrement en dehors de la philosophie, parce que fait défaut l'esprit vivant de la vérité, de la révélation et de l'enthousiasme » (Lettre de Solger à Tieck, 4.2.1817, *Tieck and Solger*, p. 343 ; les noms ont été censurés dans les NSB).

P. [130]

(1) Avec le terme d'*Unphilosophie*, Solger fait référence à la position de Jacobi, évoquée aux chap. V et VI. Dans la perspective solgérienne, cette philosophie n'en est pas une parce qu'elle refuse par principe l'aller-retour discursif entre l'expérience de la présence divine d'un côté, et la connaissance du monde de l'existence, de l'autre. Si les idéalistes n'ont que partiellement réalisé ce tissage, au moins l'ont-ils tenté, ils sont donc dans « la philosophie elle-même ». Solger reconstruit dans ce chapitre le premier idéalisme fichtéen, et la philosophie schellingienne de l'identité, comme des réalisations partielles de ce que vise sa propre philosophie (*cf.* introduction, partie 2).

(2) Ce paragraphe est consacré à la critique de l'idéalisme transcendental de Fichte ; Solger s'appuie essentiellement sur les *Principes de la doctrine de la science* de 1794-1795.

P. [131]

(1) Voir Fichte, *Principes de la doctrine de la science*, GA I/2, p. 258-259 ; OCPP p. 20-21. La formulation « *ein Punkt in der Erkenntniß, worin…* » se trouve à plusieurs reprises dans la « Déduction du principe » du *Système de l'idéalisme transcendantal*, que Solger connaissait (Schelling, SW III, p. 359-370, spécialement p. 359, 363 et 364 ; trad. fr. p. 25-34, spécialement p. 25, 27, 29).

(2) Le premier principe de la *Doctrine de la science*, le « Je suis » se donne dans l'intuition intellectuelle, intuition de l'acte absolu d'auto-position du Moi (*Thathandlung*) (Fichte, *Principes de la doctrine de la science*, GA I/2, p. 258-259 ; OCPP, p. 20).

(3) Le Moi absolu devient, pour le moi réfléchissant sa propre activité, une Idée « qui doit être mise nécessairement au fondement de son exigence pratique infinie. Cette Idée ne peut être atteinte par notre conscience et elle ne peut jamais survenir

immédiatement en celle-ci » (Fichte, *Principes de la doctrine de la science*, GA I/2, p. 409 ; OCPP, p. 143).

P. [132]

(1) La pure activité d'autoposition du Moi, vers laquelle « fait signe la réflexion du moi sur lui-même qui accompagne tout acte particulier de l'esprit », est « à proprement parler impensable, définit le fond inconscient, cryptique de toute conscience empirique, son présupposé indéfinissable » (J.-C. Goddard dans Fichte, *Assise fondamentale de la doctrine de la science* (1794), Paris, Ellipses, 1999, p. 37).

(2) *Cf.* Fichte, *Principes de la doctrine de la science*, GA I/2, p. 354-355, puis p. 369-370 ; OCPP p. 97, puis p. 108-109.

(3) L'*Anstoß*, mais aussi le Moi absolu en tant qu'il est inconnaissable. Ce que Solger dénonce comme incompatible avec une philosophie de la révélation de l'Idée dans l'existence, c'est le fait qu'il reste un hiatus entre le Moi absolu et le moi du philosophe (c'est la dualité série réelle/série idéelle) : d'abord le Moi absolu est comme tel impensable ; en outre, il n'in-forme l'existence finie que de manière incomplète, puisque a) sa réunification à soi dans la pratique est repoussée à l'infini (ou encore : il manque une philosophie de la nature) et b) avec l'*Anstoß*, il reste un réel inexplicable, qui semble disjoint de l'unité de la conscience de soi. Sur ce dernier point, voir la lettre de Solger à Tieck du 7.4.1816 (NSB I, p. 404, *Tieck and Solger*, p. 220).

(4) Début de la critique de Schelling. « ...dans les objets » semble renvoyer plutôt à la *Naturphilosophie*, « comme un être fondé en soi (*ein in sich begründetes Seyn*) » plutôt à la philosophie de l'identité.

(5) « l'unité du subjectif et de l'objectif » : *cf.* Schelling, *Exposition*, § 1, SW IV, p. 114, trad. fr. p. 45. L'unité « de l'universel et du particulier » et celle du « fini et de l'infini » : *cf.* Schelling, *Bruno*, SW IV, p. 242, trad. fr. J. Rivelaygue, Paris, L'Herne, 1987, p. 69.

(6) « L'identité absolue est selon l'essence la même dans chaque partie de l'univers » (Schelling, *Exposition*, SW IV, p. 130, fr. p. 64).

(7) *Cf.* l'explication relative aux « puissances » dans l'*Exposition* schellingienne de 1801, à partir du § 42 éclaircissement 2, puis spécialement aux § 45 et 46. Tout ce qui est, est en tant qu'identité de la subjectivité et de l'objectivité, mais le divers s'explique comme prépondérance relative, dans cette identité, du subjectif ou de l'objectif. Dans l'*Exposition*, Schelling déduit à partir de cette idée – présentée en une « ligne » (SW IV, p. 137 ; trad. fr. p. 71) ou un « schéma » indiquant les deux directions de « prépondérance » sous lesquelles se déploie l'identité – le système de la philosophie de la nature (matière, forces, pesanteur et lumières, procès dynamique, chimique, organique).

P. [133]

(1) *Cf.* Schelling, *Exposition*, § 25 et 31. Également : « dans l'absolu comme tel (...) il n'y a aucune puissance » (Schelling, *Philosophie de l'art*, SW V, p. 366 ; trad. fr. p. 57).

(2) Si Schelling montre bien comment l'unité originaire s'est toujours déjà différenciée pour constituer l'être de toutes choses, selon Solger il ne pense pas *l'acte* éternel d'autocréation de l'unité, acte qui, lorsqu'il se révèle intérieurement à la conscience, rend seul possible l'action morale (la synthèse de la liberté et de la détermination). De fait, en 1801 dans l'*Exposition*, le système de Schelling reste inachevé, car seule la philosophie de la nature est déduite, non la philosophie pratique (ou idéale). La remarque de Solger touche juste, dans la mesure où l'élaboration d'une philosophie de la liberté, en 1804 puis en 1809, n'ira pas sans un remaniement du système. Mais Solger ne tient pas compte de l'insistance progressive de Schelling, entre 1802 et 1809, sur la dynamique interne de l'absolu.

P. [135]

(1) La différence entre cette manière de voir et les précédentes (Fichte et Schelling) tient au statut de la *Wirklichkeit*. Alors que ces derniers partent d'un fait de la conscience qui est en même temps un fait absolu, les approches envisagées dans ce chapitre se situent au contraire d'emblée au cœur de la réalité existante et veulent penser en elle, *de manière immanente*, l'unité absolue, comme constituant la vérité de cette réalité. Elles conçoivent donc bien que « la connaissance est unité de l'unité et de ses oppositions » (p. [113]), mais elles n'affirment pas un savoir de l'unité comme telle (dans son opposition aux oppositions).

Il s'agit selon nous du spinozisme (p. [136]-[138]), et ensuite (p. [139]) de la philosophie de Schleiermacher (1768-1839), collègue de Solger à l'Université de Berlin. Si tous deux – à l'opposé de Jacobi – veulent bel et bien penser la réalité de la substance *dans* la diversité des relations de l'existence, Spinoza part de la substance en son autosuffisance, alors que Schleiermacher se situe d'emblée, à l'inverse, dans la relativité de son déploiement effectif. Solger voit la commune limite de ces deux positions dans le fait qu'elles ne conçoivent pas la substance comme présente *en tant que telle* pour la conscience individuelle existante : l'unité de l'Idée ne devient pas l'objet de mon expérience actuelle (en ce sens, elle est seulement « présupposée »).

(2) Fichte.

(3) Schelling.

(4) *Cf.* ci-dessus p. [128].

P. [137]

(1) Par la caractérisation générale qui occupe ce début de paragraphe, Solger entend définir une base commune aux deux positions qu'il va examiner. On retrouve des éléments de la définition de la substance selon Spinoza (voir *Éthique*, spécialement I, définitions 3 et 6).

(2) Ce qui a lieu dans les idéalismes postkantiens de Fichte, Schelling, Solger et Hegel.

(3) Il s'agit de la philosophie de Spinoza (détaillée ensuite p. [137]-[138]). On sait par la correspondance que Solger a étudié en détail Spinoza en 1806 et 1807, puis de nouveau en 1809. C'est l'un des très rares philosophes dont la personne même suscite chez Solger de la sympathie et de l'admiration (ce n'est pas le cas de

Fichte, par exemple) (voir W. Henckmann, « Nachwort » à *Erwin*, p. 473, et p. 568 pour la chronologie ; et NSB I, p. 175). Il est intéressant en outre de noter que selon Solger, Spinoza, « au regard des premiers principes », qu'il a « puisés dans les tréfonds originaires de la conscience philosophique », ne doit pas être vu trop vite comme un dogmatique, ce qui contraste avec une vue courante à l'époque (lettre de Solger à Raumer, 4.2.1807, NSB I, p. 146). Pour Solger, Spinoza a eu le mérite, à une époque de philosophie d'entendement, de comprendre et d'établir que la connaissance et l'existence ordinaire ne sont rien indépendamment de la présence de l'Idée en elles ; mais cette intuition vraie est en même temps ce qui l'a empêché de voir « la réalité de Dieu dans la conscience personnelle » (voir *supra*, n. (1) *ad* p. [114]). Ce que Solger critique chez Spinoza, c'est une sorte de saturation de la connaissance philosophique par le *plein* de l'intuition ; or si la réalité est bien à saisir comme manifestation du divin, elle ne l'est pas purement et simplement comme présence, mais bien aussi *comme annihilation du néant* – comme double négation, et pas comme pure et simple affirmation de soi de l'absolu. Dans « l'intuition indécomposable [de Spinoza], notre conscience s'éteindrait » (lettre de Solger à Tieck, 7.12.1817, NSB I, p. 581 ; *Tieck and Solger*, p. 396-397) ; pour penser la révélation dans les contradictions et la négativité de l'existence, il faut comprendre d'emblée la positivité du divin comme négation de la négativité du fini. « [Spinoza] parvient par l'intuition à l'intelligence de ce que la substance en soi est parfaitement identique et adéquate à son attribut, et après qu'il a arrangé cela, il peut désormais par démonstration mathématique transformer toute la réalité en cet être, qu'il appelle Dieu » (lettre de Solger à Tieck, 7.4.1816, NSB I, p. 404-405 ; *Tieck and Solger*, p. 220). Se contenter de cette intelligence, c'est pour Solger penser que la philosophie peut remplacer la foi ; or la *compréhension* de la présence de l'Idée, et *l'expérience* de cette présence dans la conscience individuelle, sont distinctes et complémentaires. L'étude la plus approfondie du rapport de Solger à Spinoza se trouve dans la thèse de Ulrich Dannenhauer (*Heilsgewissheit und Resignation*), qui interprète de manière stimulante la position philosophique de Solger comme une tentative de médiation entre le principe luthérien de la grâce (induisant une « résignation » du pécheur qui ne dispose pas lui-même de son salut) et la pensée spinoziste de la participation (donnant une « certitude du salut »).

(4) Voir plus loin p. [139], il s'agit, comme nous le verrons, de la philosophie de Schleiermacher.

(5) *Cf.* Spinoza, *Éthique*, I, définition V : « Par mode, j'entends les affections d'une substance, autrement dit, ce qui est en autre chose, et se conçoit aussi par cette autre chose. » (trad. fr. B. Pautrat, Paris, Seuil, 1988, p. 15). Voir aussi I, 25, corollaire.

(6) « Tout ce qui est est en Dieu, et rien ne peut sans Dieu ni être ni se concevoir » (Spinoza, *Éthique* I, 15, trad. fr. p. 37) ; « Dieu est de toutes choses cause immanente, non transitoire » (I, 18, trad. fr. p. 51).

P. [138]

(1) *Cf.* Spinoza, *Éthique*, IV, 28 (le souverain Bien de l'esprit est la connaissance de Dieu), et II, 49 scolie, mais surtout l'ensemble de la partie V.

(2) On peut penser aux propositions V, 29 et 30 de l'*Éthique* sur la connaissance du troisième genre par laquelle notre esprit sait, *sub specie aeternitatis* (d'où le reproche d'abstraction émis par Solger), qu'il est en Dieu.

(3) Voir NSB I, p. 145-146.

P. [139]

(1) *Cf.* p. [137] : la philosophie « peut aussi se transposer dans l'activité de connexion et de séparation de l'entendement, et la considérer comme une décomposition de l'unité originaire ».

(2) Solger fait allusion selon nous, dans ce paragraphe et le suivant, à la philosophie de Schleiermacher, comme le confirme le résumé du « Manifeste » présenté dans la lettre à Tieck du 1.1.1819 (voir n. (6) à notre Présentation de *Sur la vraie signification*). Pour Schleiermacher en effet, le savoir atteint par la philosophie, en tant que dialectique, « n'est pas l'unité pure, mais l'unité dans sa structure », c'est-à-dire « comme réseau de relations qui rendent compte de la diversité et permettent de comprendre l'individuel » (C. Berner, *La Philosophie de Schleiermacher. « Herméneutique », « Dialectique », « Éthique »*, Paris, Cerf, 1995, p. 133) ; ce qui revient à dire que la dialectique et l'herméneutique sont interdépendantes (p. 174). Voir plus généralement ce passage de Schleiermacher : « Il y a quelque chose qui est au fondement de toute pensée effective et de tout être effectif (...), mais nous ne pouvons pas trouver de formule dans la pensée pour exprimer adéquatement le fondement originel » (*Friedrich Schleiermachers Dialektik*, R. Odebrecht (Hg.), Leipzig 1942, rééd. Darmstadt, Wissenschaftliche Buchgesellschaft, 1988, p. 267 ; cité par C. Berner, *op. cit.*, p. 210).

Remarquons que l'on pourrait presque, dans un premier temps, penser que Solger fait ici allusion à Hegel, qui affirme lui aussi que la *Wirklichkeit* est le développement de l'absolu en relations. Toutefois Hegel (qui sera en fait évoqué au chapitre suivant) affirme un savoir absolu de l'absolu, alors que la philosophie critiquée ici par Solger ne traite que de l'Idée « décomposée » en relations et récuse l'idée d'un savoir de l'absolu comme tel, ce qui correspond bien à l'approche de Schleiermacher (sur la convergence et la divergence entre l'approche hégélienne et celle de Schleiermacher, *cf.* C. Berner, *La Philosophie de Schleiermacher*, p. 223-229).

Friedrich Schleiermacher (1768-1834) fut entre 1810 et 1834 professeur ordinaire de philosophie et de théologie à l'Université de Berlin, où Solger était professeur de philosophie et de mythologie entre 1811 et 1819. Schleiermacher fut en outre le premier Doyen de la faculté de théologie et occupa ce poste à plusieurs reprises pendant la période (Solger étant Doyen de la faculté de philosophie en 1813-1814 et 1818-1819) ; il assuma également la charge de Recteur de l'Université de Berlin en 1815-1816 (Solger l'avait été l'année précédente). Sur le plan de la politique universitaire, la correspondance de Solger contient des allusions à certains désaccords (par ex. lettre de Solger à Tieck, 22.11.1818, *Tieck and Solger*, p. 484, censuré dans NSB ; *L'Esthétique de Solger*, p. 225-226), ainsi qu'un certain écœurement à l'encontre de plusieurs polémiques dans lesquelles Schleiermacher est engagé. Solger est également critique à l'égard de la manière dont est réalisée l'Union des Églises protestantes soutenue par Schleiermacher (voir la lettre de Solger à Tieck, 13.11.1817, *Tieck and Solger*, p. 388, passage censuré dans les NSB ; et la lettre de Solger à Tieck, 4.1.1818, NSB I, p. 594 [quelques mots censurés], *Tieck and Solger*, p. 410). C'est Schleiermacher qui fut chargé de tenir la *Grabrede* de Solger le 28 octobre 1819.

Sur le plan philosophique, le jeune Solger avait été conquis par les *Discours sur la religion* (1799) dans lesquels il louait en 1803 « l'unique vraie manière de voir la religion », et dont il admirait également le style (NSB I, p. 115-116). Il connaissait de manière précise la traduction de Platon procurée par Schleiermacher (*cf.* lettre de Solger à Tieck, 16.10.1816, NSB I, p. 456-457 ; *Tieck and Solger*, p. 292). Mais à l'époque de la rédaction du « Manifeste », il accuse l'école de Schleiermacher de représenter, en niant qu'il puisse y avoir une connaissance fondée sur la révélation de l'absolu, un simple avatar des Lumières (*cf.* n. (6) de notre Présentation de *Sur la vraie signification*). Dans la perspective de Solger, la scission posée par Schleiermacher entre l'expérience du divin dans le *Gefühl* d'un côté, et de l'autre un savoir philosophique dont la rationalité reste de part en part finie, résorbe la connaissance spéculative dans la connaissance ordinaire, et rend impossible l'unité de la conscience individuelle. Il est clair toutefois que le rapport entre la philosophie de Solger et celle de Schleiermacher ne saurait se limiter à cette critique, car Solger est souvent très proche de Schleiermacher, dont il partage la double quête de systématicité philosophique et de fidélité à l'existence finie, ainsi que la thèse selon laquelle philosophie et religion ont un même objet qu'elles saisissent différemment, tout en affirmant contre lui la possibilité de fonder réellement et entièrement la philosophie sur la certitude de l'Un éprouvée dans la foi. Le rapport entre leurs deux philosophies reste à explorer. Signalons : P. Schulte, *Solgers Schönheitslehre im Zusammenhang des Deutschen Idealismus: Kant, Schiller, W. v. Humboldt, Schelling, Solger, Schleiermacher, Hegel*, Kassel, Kassel Uni. Press, 2001 (mais les philosophies de Solger et Schleiermacher y sont juxtaposées) ; V. Pinto, « Autocoscienza e rivelazione. Solger e Schleiermacher di fronte alla storia », dans G. Cacciatore *et al.* (a cura di), *Lo storicismo e la sua storia. Temi, problemi, prospettive*, Milano, Guerini, 1997, p. 182-196.

(3) Schleiermacher établit un « système des concepts » qui, « partant de la multiplicité infinie du perceptible » comme limite inférieure, en assure une classification hiérarchisée, la limite supérieure étant l'idée de l'être absolument un ; les concepts sont, dans cette hiérarchie, définis dans leurs relations (C. Berner, *La Philosophie de Schleiermacher*, p. 133-135).

(4) *Cf.* n. (4) *ad* p. [140] sur la « finitude de la raison » chez Schleiermacher.

P. [140]

(1) L'éthique de Schleiermacher, à partir d'une critique des morales de Kant et Fichte, examine comment l'esprit se découvre à lui-même historiquement dans l'effectivité.

(2) Chez Schleiermacher l'herméneutique, et la dialectique dont elle est complémentaire, ont une finalité éthique et induisent une pratique, une *phronèsis*

(C. Berner, *La Philosophie de Schleiermacher*, p. 257, p. 267-268) ; elles ne nous donnent pas une connaissance de l'absolu comme tel.

(3) Cette remarque semble s'appliquer plutôt à Schleiermacher, qui comprend la dialectique et l'herméneutique comme *Kunstlehre*, technique ou méthode pour parvenir au savoir (*cf.* C. Berner, *op. cit.*, p. 92-93).

(4) « Pour Schleiermacher le savoir absolu est inaccessible. Sa philosophie est une philosophie du sujet fini (...). L'infini n'est accessible que dans la foi religieuse (...) [S]i la démarche philosophique et le sentiment religieux ont le même objet, à savoir l'absolu, le statut de ce dernier et les méthodes pour l'atteindre sont distinctes : en philosophie il est le terme inaccessible d'une visée objective, alors qu'il est dans le sentiment religieux une présence subjective. » Cette « finitude de la raison est le noyau de sa philosophie » (C. Berner, *op. cit.*, p. 227-228). On voit que Solger partage avec Schleiermacher l'idée d'une raison qui ne quitte jamais la finitude ; toutefois Solger affirme *aussi* la révélation de l'infini, se niant lui-même, *dans* cette raison finie, révélation donnée dans la « foi » mais devenant également, dans la philosophie, objet de connaissance.

P. [142]

(1) De manière intéressante, dans tout ce début de paragraphe, Solger oppose à la conception de Schleiermacher, pour penser la relation de la connaissance à son fondement absolu, un rapport qui rappelle celui conçu par Schelling dans les *Recherches philosophiques sur l'essence de la liberté humaine* de 1809 entre l'absolu comme *Grund* et l'absolu comme *Existenz*. Schleiermacher pense le fondement transcendant comme visée nécessaire du savoir, mais refuse la thèse d'un savoir actuel de ce fondement – tout savoir étant un penser, et consistant à ce titre à déterminer une place dans le réseau de relations des concepts et jugements. Solger lui oppose l'idée que nous connaissons bel et bien l'unité dans les relations de la connaissance ordinaire (relations auxquelles elle est cependant hétérogène), et que cela rend nécessaire de penser l'unité absolue à la fois comme transcendante et comme réellement présente dans tout acte constitutif d'un savoir vrai : en ce sens, l'Un préexiste à sa propre révélation, il est là pour nous à la fois comme le révélé, comme l'existence en sa vérité, et comme cela qui se révèle (donc pré-existe à sa révélation).

(2) Nous interprétons le terme *Folie* au sens de *Spiegelfolie*. Comme le tain permet de voir des objets dans le miroir, mais reste lui-même invisible, ainsi la foi est alors cette toile de fond invisible qui conditionne la réalité de toutes nos connaissances, ou encore qui permet à la connaissance d'entendement de ne pas s'évanouir en fumée dans les oppositions et relations.

P. [143]

(1) Nous n'avons pu identifier cette allusion. Les italiques sont de Solger.
(2) *Cf.* p. [85]-[88].

P. [144]

(1) Nous n'avons pu identifier cette allusion.

P. [147]

(1) Voir *Lettres sur la philosophie et la religion*, p.[52]-[53] et notre commentaire de la p. [53], n. (1).

P. [148]

(1) S'esquisse dans ce paragraphe une critique sans nul doute dirigée contre la philosophie hégélienne. Hegel évite bien, selon Solger, ce que ce dernier voit comme l'erreur de Schleiermacher : tenir pour nécessaire un fondement absolu de la pensée, sans toutefois en montrer réellement l'immanence à toute connaissance vraie et à toute existence bonne. En effet, Hegel montre bel et bien, dans l'*Encyclopédie des sciences philosophiques en abrégé* dont Solger avait pu prendre connaissance à sa parution en 1817, l'immanence de l'Idée à l'ensemble de nos représentations, la structuration de la *Wirklichkeit* par le développement de l'Idée. Hegel évite, de plus, ce que Solger reproche aux idéalismes du premier Fichte et du Schelling de la philosophie de l'identité : avoir bel et bien pris pour point de départ l'unité du réel et de l'idéal, mais n'en avoir suivi que partiellement le développement, ou bien du côté de la conscience, ou bien du côté de l'objectivité ou nature. Dans la philosophie de Hegel, le point de départ (le début de la *Logique*) n'est pas le principe, le principe est seulement la vie même de l'Idée qui engendre dialectiquement le monde logique, naturel et humain ; de cette manière est évité l'arbitraire du choix d'un *Grundsatz*, et le point de départ « s'ouvre complètement en son propre développement » (p. [150]). C'est là exactement aussi la visée de la philosophie solgérienne, visée hautement systématique au sens où, selon elle, il ne doit pas rester de présupposé initial dont le système lui-même ne saurait finalement rendre compte (Moi absolu, raison absolue). En ce sens, on comprend que Solger puisse écrire : « Je tiens Hegel en grand honneur, et suis d'accord avec lui sur de nombreux points, de la manière la plus remarquable. En ce qui concerne la dialectique, nous avons tous deux, indépendamment l'un de l'autre, pris presque la même voie, ou tout au moins, nous avons attaqué la chose tout à fait par le même côté, côté certes bien neuf » (Lettre de Solger à Tieck, 26.4.1818, NSB I, p. 620 ; *Tieck and Solger*, p. 423).

Toutefois le rapport des deux auteurs à la systématicité diffère (M. Galland-Szymkowiak, « La critique hégélienne du dialogue solgérien », p. 162-167). Ce que Hegel appelle « vie » de l'Idée, c'est la dynamique interne de son développement logique et historique ; ce que Solger appelle « vie » de la philosophie, c'est bien plutôt l'actualité pour une existence individuelle, la présence *hic et nunc* à la conscience – le pôle de l'existence qui tout à la fois nie et révèle l'Idée, ou plutôt ne la révèle qu'en la niant (voir l'importante lettre à Tieck du 1.1.1819, citée dans la n. (6) de notre présentation de *Sur la vraie signification*). Suivant la perspective solgérienne, la « vie » est évacuée du système hégélien, parce que celui-ci, en son autosuffisance et complétude absolue, rend superflu le pôle de la conscience individuelle, et prétend trouver la vie de l'Idée dans les seules « lois universelles de la pensée ». L'Idée alors, souligne Solger, se développe sans moi, dans une sorte d'automatisme spéculatif (ou de réflexion supérieure) qui n'a plus vraiment besoin de la subjectivité réelle. Si le vrai est seulement le Tout, il n'y a jamais *un moment* où le moi individuel du philosophe pourrait faire l'expérience intérieure du vrai comme tel. Pour Solger, le système n'est absolument complet qu'au moment où il comprend le fait de sa propre possibilité comme posé par et en un Autre ; l'achèvement systématique de la philosophie ne peut paradoxalement consister que dans la reconnaissance de ce que l'unité absolue de l'être et de la pensée n'est pas créée ou même découverte par la pensée, mais factuellement reçue par elle, comme acte d'autoposition de l'Un qui coïncide avec l'unification de ma propre conscience. Si la philosophie ignore ce fait, sa clôture, malgré une apparence de perfection, n'est qu'illusoire. Si au contraire elle le reconnaît comme sa propre condition de possibilité et comme son expérience fondatrice, elle s'achève vraiment en intégrant son présupposé fondateur, mais cet achèvement, qui pour Solger est bien réel et complet, est en même temps ouverture à son Autre.

Quant aux rapports personnels des deux philosophes durant leur année de collaboration universitaire (1818-1819), les informations convergent pour attester qu'ils furent cordiaux et même amicaux (K. Rosenkranz, *Vie de Hegel*, p. 499 ; O. Pöggeler, *Hegels Kritik der Romantik* [1956], München, Fink, 1999, p. 169). Solger avait soutenu la candidature de Hegel à Berlin en raison de l'estime qu'il portait à ses travaux, estime qui se reflète dans un mot à son nouveau collègue : « Je ne veux pas faire de longs discours préliminaires sur le profond respect que vos écrits m'ont toujours inspiré. J'ai tenté cette œuvre à ma façon et en suivant une autre voie, et je souhaiterais que cela ne vous déplût pas trop. Peut-être est-il possible que nous travaillions non seulement d'accord, mais aussi en bonne intelligence » (lettre de Solger à Hegel, mai 1818, dans Hegel, *Briefe II*, p. 189, trad. fr. p. 169). En octobre 1818, Solger écrit après avoir reçu la visite de Hegel : « Il me plaît fort, et j'espère et souhaite le connaître mieux » (lettre de Solger à Raumer, 22.10.1818, NSB I, p. 682 ; voir aussi la lettre à Tieck du 22.11.1818, NSB I, p. 686-687 ; *Tieck and Solger*, p. 484 ; *L'Esthétique de Solger*, p. 226).

P. [149]

(1) *nur eine Aufhebung oder Ausgleichung der reflectierten Gegensätze*. En doublant ici *Aufhebung* par *Ausgleichung*, Solger précise son interprétation de l'*Aufhebung* hégélienne et la différencie de la manière dont il utilise lui-même ce terme. Que l'Idée au sens de Solger « annule » les opposés de la connaissance relative ne signifie pas que leur opposition soit supprimée, éliminée, rendue non-existante, mais qu'elle est désormais désignée et comprise comme un rien. Elle n'est pas dépassée vers un troisième terme mais exhibée dans sa nullité même. Une *Ausgleichung* dit, au contraire, la compensation et l'équilibrage des opposés, un rendre-égal qui est en même temps un rendre-identique, donc une perte de la tension même de l'opposition, et par conséquent, si l'on suit Solger, de la vie dialectique.

P. [150]

(1) Il s'agit ici de l'erreur commise par Schleiermacher (le fondement) et par Jacobi (l'essence inconnaissable).

(2) Solger évoque les positions de Fichte et Schelling : *Thatsache* ne désigne évidemment pas un fait empirique, mais le « fait » intérieurement constaté de l'unité absolue du sujet et de l'objet, formant le principe de la philosophie (Moi absolu, raison absolue).

P. [152]

(1) Sur la coïncidence du fait et de la loi dans la révélation, voir aussi le passage de la lettre de Solger à Keßler du 16.5.1818 cité dans notre Introduction, p. 29.

P. [154]

(1) *vergleichen*, où résonne *gleich* : établir des rapprochements, des identités.

P. [155]

(1) Le caractère relatif des matières de la connaissance – perceptions et concepts – les unes par rapport aux autres.

(2) Voir ci-dessus p. [70], p. [76]-[78].

(3) *Indifferenz*. L'adjectif précédemment employé à plusieurs reprises dans ce paragraphe est *gleichgültig*. Solger, parce qu'il refuse explicitement tout jargon, emploie le moins possible de mots à radical latin (voir ci-dessus n. (2) *ad* p. [56]).

P. [156]

(1) Rappel de la critique des idéalismes de Fichte, Schelling et Hegel.

(2) Ce point permet de comprendre l'importance de la philosophie de l'art. C'est parce que la vérité n'est jamais seulement l'universel, mais toujours aussi un *fait* expérimenté dans la particularité de l'existence, que l'expérience artistique – présentation de l'Idée sous la figure d'un phénomène sensible singulier – joue un rôle privilégié pour la philosophie.

(3) *Universalität* : d'un emploi très rare chez Solger, qui lui préfère habituellement *Allgemeinheit* (voir n. (3) *ad* p. [155]).

P. [157]

(1) Ce paragraphe reprend la thèse de la complémentarité entre foi et philosophie, développée dans les *Lettres sur la philosophie et la religion*. Luca Ghisleri remarque toutefois à juste titre que si, dans le « Manifeste », Solger s'intéresse avant tout à la forme de la dialectique entre foi et philosophie (qui articule aussi entre eux les deux types de connaissance), dans les *Lettres* en revanche c'est plutôt la *visée* d'une telle dialectique qui prédominait, dans la mesure où il s'agissait de critiquer en particulier les « vrais pieux » c'est-à-dire ceux qui, méfiants à l'égard de la philosophie, veulent se contenter de la révélation expérimentée dans la foi (*L'Unità nella dualità*, p. 106).

P. [159]

(1) À l'esquisse d'un système de la philosophie donnée dans la suite de ce chapitre, on comparera celle qui figure en 1803 dans les notes personnelles du jeune Solger : « La vie est double. Ou bien elle consiste dans l'action efficace sur les choses finies qui nous environnent, et elle modifie l'état des environnements extérieurs de ce monde ; ou bien elle consiste dans l'efficacité portant sur les choses

intérieures, c'est-à-dire sur l'esprit lui-même, à des fins uniquement intérieures. / Cela à son tour est double : ou bien l'objet de l'esprit est tout simplement ce qui est donné par l'expérience, ou bien c'est ce qui dans les choses n'est pas donné par l'expérience ; et il se rapporte ou bien aux objets extérieurs, ou bien à l'esprit humain lui-même, et chacun de ces deux aspects consiste ou dans les lois établies de l'expérience, ou dans les cas donnés singuliers. / La physique s'occupe des lois établies de l'expérience relative aux objets de la nature ; des phénomènes singuliers de la nature s'occupent l'histoire naturelle, la physiologie, l'astronomie et toutes les autres sciences naturelles descriptives. Des règles établies relatives à l'esprit s'occupent la logique, la mathématique et la psychologie ; de ses phénomènes singuliers s'occupe l'histoire. / Ce qui n'est pas donné par l'expérience réside au fondement de toute l'expérience et de ses objets. Connaître cela, c'est la philosophie, le présenter, c'est l'art, le sentir, c'est la religion. La connaissance de ce qui réside au fondement de la nature, c'est la philosophie de la nature ; la connaissance de ce qui réside au fondement de l'esprit, c'est l'idéalisme. » (NSB I, p. 118-119). On note la reprise de l'opposition *Naturphilosophie* / idéalisme transcendantal rappelée par Schelling au début du *Système de l'idéalisme trancendantal* (1800), opposition que le système de la philosophie de l'identité reconduit à partir de 1801 au principe commun de l'identité absolue. Précisément, on constate qu'ici au contraire l'esquisse de système reste marquée par une structuration dualiste ; Solger ne repère pas encore le « point central » de la révélation comme un « fondement » unifiant l'ensemble du système.

(2) Cf. *Sur la vraie signification,* p. [67]-[68], ainsi que notre n. (1) relative à la p. [67], sur la contingence.

(3) Cf. *Sur la vraie signification*, p. [65]-[68].

P. [160]

(1) Le simple et le divers.

P. [161]

(1) *als außer einander befindliches Daseyn.*

(2) Dans la philosophie de la nature, par opposition à la *Naturlehre*. Comme Schelling, Solger distingue *Naturlehre* et *Naturphilosophie* et subordonne la première à la seconde. La nature est pour lui la révélation qui s'est toujours déjà déployée, mais doit encore être reconnue telle par la conscience. Un certain écho de la *Naturphilosophie* schellingienne est perceptible dans les « Concepts métaphysiques fondamentaux » de la *Philosophie du droit et de l'État.* Solger voit *a contrario* dans l'absence d'une vraie pensée de la nature (ou du « physique ») chez Fichte (*i.e.* une pensée qui la verrait autrement que comme une limite) une objection « décisive » contre ce dernier (Solger, *PhiRS*, NSB II, p. 269-270). Bien qu'il la considère comme une partie essentielle du système, puisque la nature « est toujours le membre intermédiaire entre l'universel et l'individuel » (*ibid*., p. 279), Solger lui-même n'a pas développé (n'a pas eu le temps de développer ?) de philosophie de la nature, ailleurs que dans ces « Concepts métaphysiques fondamentaux » (dans le but notamment de définir ensuite le droit comme « seconde nature »). Sur le thème

de la nature chez Solger, voir J. E. Heller, *Solgers Philosophie der ironischen Dialektik*, p. 100-105 ; R. Herzog, *Die Bewahrung der Vernunft*, p. 43-45 (qui oppose la conception solgérienne à la philosophie schellingienne de la nature, ce qui nous semble devoir être nuancé à partir des textes que nous venons de citer) ; V. Pinto, *Filosofia e religione*, p. 103-107 (sur le rapport nature/existence/monde éthique).

P. [164]

(1) Voir le passage essentiel de la lettre de Solger à Keßler du 16.5.1818 (cité dans notre Introduction, p. 29) dans lequel Solger pose l'identité des deux aspects de la révélation : incarnation (et mort et résurrection) du Christ d'un côté, création continue du monde (ou nature) de l'autre. Le fait éternel de la révélation, c'est d'abord cette identité intérieure entre le moment unique de l'existence temporelle du Christ, et la pérexistence, à tout moment, de Dieu dans la création. Que ce fait soit « présent une seule fois » renvoie aussi bien à son unicité (sens « historique » du fait éternel) qu'à sa pérexistence éternelle (portée ontologique et gnoséologique permanente de ce fait, au sens où il ne se termine jamais). L. Ghisleri évoque à propos du Christ « the occurring of a historical fact in its metahistorical opening » (« Absolute, Revelation and Nothing in the Thought of K. W. F. Solger », dans A. Bertinetto, C. Binkelmann (Hg.), *Nichts, Negation, Nihilismus. Die europäische Moderne als Erkenntnis und Erfahrung des Nichts*, Berlin/New York, Peter Lang, 2010, p. 107-117, ici p. 113 ; aussi en italien dans L. Ghisleri, *L'Unità nella dualità*, p. 116).

P. [165]

(1) Nous continuons à traduire *Stoff(e)* par « matière », bien qu'« objet » paraisse plus naturel ici, pour souligner l'unité du vocabulaire de la philosophie théorique (*Stoff*: la matière de la connaissance, c'est-à-dire aussi bien le concept que la perception) et de la philosophie pratique (*Stoff*: l'objet du désir et de la volonté), toutes deux reconstruites ici à partir de la révélation.

(2) Voir *PhiRS*, NSB II, p. 300, § 6.

(3) Solger renvoie donc ici dos à dos éthique du contenu et éthique de la forme.

(4) Étant donné que pour Solger, l'affirmation de la valeur de la particularité individuelle comme telle est la source du mal, la généalogie ici suggérée du formalisme de la conception kantienne de la morale revient en fait à nier qu'elle puisse conduire à la réalisation du bien.

P. [166]

(1) La critique de la philosophie morale de Kant qui se profile ici est très proche de celle exposée par Hegel dans les *Principes de la philosophie du droit* (*cf.* M. Galland-Szymkowiak, « Hegel, Solger und die Theorie des Willens als Grundlage der politischen Philosophie », dans A. Arndt, P. Cruysberghs, A. Przylebski (Hg.), *Hegel-Jahrbuch* 2009: *Hegels politische Philosophie* 2, Berlin, Akademie-Verlag, 2009, p. 160-166).

P. [167]

(1) Solger explique, dans la *Philosophie du droit et de l'État,* que l'agir ne peut avoir lieu qu'au moment où l'autodétermination n'est plus rien d'autre que la détermination par l'extérieur, et où cette dernière n'est elle-même plus rien d'autre qu'autodétermination (ou détermination par la loi morale) ; à cet instant, l'arbitre s'autoannihile dans sa contradiction, et cette autoannihilation devient le lieu même de l'Idée du bien (*PhiRS*, NSB II, p. 306, § 22). Il n'y a « pas d'agir si, dans ce moment de l'annulation » mutuelle de la loi morale et de la détermination par le particulier, « ne s'avance l'éclair de l'*Idée*, ou encore l'unité originaire de l'agir avec lui-même. » (*Ibid.*, p. 301, § 8). Dans le même moment, l'individualité du moi (cf. *PhiRS*, NSB II, p. 301-302) est à la fois supprimée (comme pure particularité) et magnifiée (comme venir-à-soi de l'unité de l'Idée).

(1) Claire opposition aux philosophies morales de Kant et de Fichte.

P. [168]

(1) Précisons ici la conception solgérienne du mal comme « néant existant », ou, selon d'autres formules employées par Solger, « néant positif », « néant réel » voire « néant absolu » (*cf.* la synthèse de L. Ghisleri, *L'Unità nella dualità*, p. 125-126). Solger récuse toute conception relative du mal comme simple privation ou négation (comme Schelling dans les *Recherches* de 1809, il estime qu'une telle conception ne tient pas compte de la réalité active du mal). Le mal « n'est pas, il est au contraire ce qui *n*'est *pas*. Et il n'est certes pas un néant relatif, mais un néant absolu, pas une négation ou une privation, comme chez Spinoza, mais lui-même un univers, mais l'univers du néant. Mais le fait que nous puissions être mauvais provient de ce que nous avons une apparence phénoménale, une existence ordinaire, qui en elle-même n'est ni bonne ni mauvaise, mais qui n'est précisément que l'ombre que l'essence projette sur elle-même en son être-là séparé, ombre sur laquelle – comme sur une fumée – nous pouvons projeter l'image du bien et du mal. » (Lettre de Solger à Tieck du 4.2.1817, NSB I, p. 512 ; *Tieck and Solger*, p. 345-346). L'opposition du mal et du bien ressortit purement à l'existence, le mal ne s'explique donc pas comme séparation par rapport à l'absolu. « C'est dans ce néant positif ou existant que je trouve le principe du mal, que la philosophie, en réalité, n'a encore jamais établi en sa pureté, mais qu'elle a toujours cherché tantôt dans une privation, tantôt dans une séparation par rapport au bien, vu qu'il est, en vérité, le contraire réel du bien, mais précisément pour cette raison, il n'est quelque chose que pour nous, alors que considéré du point de vue de Dieu il est le pur néant. C'est de cette opposition que part toute mon éthique. » (Lettre de Solger à Abeken du 23.1.1818, NSB I, p. 601 ; *L'Esthétique de Solger*, p. 213-214). Citons enfin ce passage de la *Philosophie du droit et de l'État* qui pose clairement la connexion entre révélation de l'Idée dans l'agir, et existence du mal : « L'Idée donc surgit dans l'agir (*Handeln*), ou plutôt elle se fait jour en lui et devient la réalité même. Le rapport qu'elle entretient donc alors avec lui n'est autre qu'un rapport d'identité, et non un rapport de causalité ou quelque autre rapport que ce soit. Ce n'est que par l'Idée que l'agir est quelque chose, pour soi il n'est rien (*nichts*), on peut même dire qu'il est le néant même (*das Nichts selbst*) ; car il présente l'Idée en tant que néant.

Si donc l'agir, en tant que pur et simple agir, se détache de l'Idée et pourtant se révèle dans la réalité et dans des actions singulières, alors il devient un *néant réel ou néant positif*, et c'est cela le *mal*. Mais en tant qu'il est l'Idée elle-même, il est le *bien*. / *Bien et mal* ont donc une origine commune, dans le moment où l'Idée devient réelle. Si l'agir nul, l'agir entièrement indifférent qui ne reçoit son contenu que du monde particulier, veut prendre la place et la dignité de l'Idée, c'est là le *mal*. Mais s'il présente l'Idée dans le monde réel, qui est partout un seul et même, c'est alors le *bien*. Le mal n'est que parce que le bien ne pourrait être réel sans le néant. Selon l'essence, ou dans l'Idée, le bien et le mal ne peuvent qu'être un. Mais dans le monde réel, il ne peuvent que se distinguer. » (*PhiRS*, NSB II, p. 306-307). Le mal se présente comme néant positif, c'est-à-dire qu'il est le néant (l'existence finie, purement relative) qui tend à *se poser lui-même* comme un être en soi, ayant une consistance autonome. Voir aussi *Erwin*, p. 234 (l. 1-14).

(2) Bien qu'il soit possible de voir ici une allusion au dialogue de Schelling intitulé *Bruno, ou du principe divin et naturel des choses* (1802), la formule de Solger a ici une portée plus générale, visant à réfuter tout dualisme en affirmant l'unité de la révélation, en dépit de son caractère « double » comme nature et comme conscience de soi ou moralité.

P. [170]

(1) À partir d'ici, Solger va reprendre la construction du système de la philosophie qui a été exposée au chapitre précédent (articulation dialectique/philosophie de la nature/philosophie morale), mais en ancrant cette fois positivement cette articulation systématique dans le mouvement de la révélation, élucidé ici en réinvestissant des schèmes ou des notions propres à la foi chrétienne : création *ex nihilo*, sacrifice, Verbe divin, etc. Le détail de sa démarche déploie donc *de facto* la thèse centrale de la nécessaire complémentarité entre foi (expérience de la révélation) et philosophie (élucidation discursive de la révélation). Seule l'expérience de la foi fournit à la philosophie le point de réalité qui lui permet de déployer systématiquement l'unité existante (et non simplement pensée) de l'Idée et de l'existence ; mais pour autant, la philosophie n'importe pas directement les certitudes de la foi, elle doit les articuler discursivement et ce faisant les réinterpréter (c'est-à-dire les *faire siennes*) de manière critique. Sur le thème solgérien central de l'unité de la révélation et de la spéculation, on pourra consulter dans la littérature récente : W. Henckmann, « Einheit von Offenbarung und Philosophie » ; F. Decher, « Unité de la révélation et de la spéculation » ; M. Ravera, « Necessità e unità della filosofia in Solger », *Annuario filosofico*, 1987 (3), p. 167-186.

P. [171]

(1) Solger rejette, comme le montre le tout début du paragraphe, l'idée chrétienne d'une création *ex nihilo*, et L. Ghisleri y voit une tendance forte du courant romantique et idéaliste, prenant son point de départ dans le dialogue *Dieu* de Herder (*Gott: Einige Gespräche*, Gotha, K. W. Ettinger, 1787) (cf. *L'Unità della dualità*, p. 117). Toutefois, Solger redonne immédiatement un sens à cette idée au sein de sa propre philosophie : vu de l'existence finie, rien n'*est* pour nous hors de la

révélation de l'Idée ; c'est-à-dire aussi que *cela même qui se révèle*, l'Un ou l'être pur, ne nous est pas connaissable et n'est rien pour nous. La révélation apparaît dès lors comme un surgissement à partir du néant. Solger rejoint ici (par ce qui n'est qu'une simple suggestion) une tendance, présente notamment chez Böhme et chez le dernier Schelling, qui traverse « toute l'histoire de l'interprétation de l'*ex nihilo* de la création divine, celle consistant à comprendre le néant en question non comme un néant extra-divin, mais comme identique à Dieu lui-même : *ex nihilo* signifierait alors *ex Deo.* » (Claude Romano, « Préface », dans J. Laurent, C. Romano (éd.), *Le Néant. Contribution à l'histoire du non-être dans la philosophie occidentale*, Paris, PUF, 2006, p. 24, n. 2). Ainsi la révélation pensée par Solger se situe entre deux néants : celui, radical, de sa source, inconnaissable en tant que purement une, et celui du milieu qu'elle se donne pour advenir : le « néant positif » de l'existence en sa relativité.

P. [172]

(1) Sur le sacrifice chez Solger, on pourra consulter : P. D. Bubbio, « Solger's Notion of Sacrifice as Double Negation », *The Heythrop Journal*, 2009 (50-2), p. 206-214. P. D. Bubbio voit dans la notion de sacrifice la meilleure caractérisation de la spécificité de la dialectique solgérienne.

(2) Allusion au Prologue de l'Évangile selon Jean (qui avait notamment été présenté par Fichte dans l'*Initiation à la vie bienheureuse* comme coïncidant avec le contenu de sa propre philosophie).

P. [173]

(1) Le passage de l'essence à l'existence *en Dieu* nous est inconnaissable. Ce que nous connaissons, c'est le passage de l'un au multiple qui s'opère, à travers notre conscience de soi, dans notre connaissance et notre action. Il faut alors comprendre « le fait de la révélation » comme fait de la coïncidence, s'imposant intérieurement à nous, du « passage » intradivin et du « passage » dans notre conscience : nous ne pouvons que constater l'identité de ces deux passages, dont le *type* nous est donné dans le Christ (V. Pinto dans Solger, *Scritti filosofici*, Introduzione, p. 12). Sur la différence entre passage en Dieu et passage pour nous, voir K. Nishimura, « Die Struktur des ästhetischen Bewusstsein bei K. W. F. Solger », p. 38-39.

P. [174]

(1) Voir ci-dessus p. [152].

P. [180]

(1) Allusion à des critiques visant les idéalismes postkantiens.

P. [181]

(1) Un bon exemple de quelqu'un considéré par Solger comme un sophiste dans le domaine de la réflexion politique est Adam Heinrich Müller (1779-1829), sans doute le représentant le plus connu du « romantisme politique » (voir C. Schmitt, *Politische Romantik*, München/Leipzig, Duncker & Humblot, 1919). Après avoir

lu les *Elemente der Staatskunst* de Müller, parus en 1809, Solger écrit à son ami l'historien Friedrich von Raumer: «Cette nouvelle sortie de l'homme rend nécessaire d'opposer une digue à ce flot de paroles rhétoriques et vraiment sophistiques. C'est un vrai sophiste moderne, et sa manière d'écrire relève vraiment de la *kolakeia* au sens attique.» (Lettre de Solger à Raumer, 2.12.1810, NSB I, p. 205).

P. [182]

(1) Voir les *Lettres sur la philosophie et la religion*, ainsi que *Sur la vraie signification*, p. [157]-[158] et [170].

P. [183]

(1) *...nur das äußere Symptom von dem Ringen des Geistes...* : jeu de mots, *ringen* signifiant lutter mais évoquant aussi *Ring* (anneau, cercle) et par là un mouvement circulaire autour du centre, *Mittelpunct*.

(2) Sur la critique solgérienne de la *Scheinmystik*, voir la Présentation des *Lettres sur la philosophie et la religion* (p. 72, et les notes).

Ici Solger, comme à son habitude, analyse le faux comme déformation ou orientation seulement partielle d'un mouvement en lui-même vrai. Le refus de réduire la philosophie à un formalisme de l'universel, refus légitime mais ici mal interprété, donne naissance à des associations entre lois et faits qui sont perverties (*verkehrt*), car non médiatisées par la conscience de la révélation. Solger critique d'abord la connexion romantique entre lois de la nature et vie du monde moral, puis une tendance dans les études mythologiques à vouloir déceler des philosophèmes dans l'histoire des mythes.

W. Henckmann voit dans le présent passage une allusion à Franz Baader cherchant à «transposer les lois de la nature à ce qui relève de l'esprit et de l'éthique» («Einheit von Offenbarung und Philosophie», p. 248-249). Il s'agit sans doute aussi plus largement d'une allusion à la conception et à la pratique de la science développée dans le premier romantisme allemand, spécialement chez F. Schlegel et Novalis (voir la probable allusion à son « idéalisme magique » dans la phrase suivante), sous l'influence, notamment, de Johann Wilhelm Ritter (1776-1810), qui avait soutenu dès 1796 la thèse de l'extension universelle du galvanisme comme « principe vital qui anim[e] tous les êtres et toutes les choses et qui perme[t] de penser le monde comme un immense réseau de forces» (L. Margantin, dans C. Le Blanc, L. Margantin, O. Schefer (éd.), *La Forme poétique du monde. Anthologie du romantisme allemand*, Paris, José Corti, 2003, p. 52 ; voir p. 52-57 et p. 380-386). Ritter postule une correspondance totale entre l'homme et la terre, correspondance sur laquelle la science romantique fait fond (*ibid.*, p. 327) ; il veut concilier la méthode scientifique (expérimentale) avec « un impératif d'ordre moral et religieux » (*ibid.*, p. 380). Sur Ritter, voir R. Ayrault, *La Genèse du romantisme allemand*, Paris, Aubier, vol. IV, 1976, p. 118-131. La pensée romantique de la nature comme «polarisation» infinie développée par Novalis s'enracine dans l'étude scientifique de la physique, mais s'oriente aussi vers des implications morales (*ibid.*, p. 53).

P. [184]

(1) On peut penser à Novalis, qui parle d'un « expérimenter en Dieu » et d'une « Bible scientifique », le livre romantique ultime qui unirait science, art et religion (L. Margantin dans *La Forme poétique du monde*, p. 330). Mais Solger reconnaît ailleurs à Novalis le mérite d'avoir « voulu produire quelque chose de vraiment vivant » (lettre de Solger à Tieck, 26.4.1818, NSB I, p. 620, *Tieck and Solger*, p. 424), et dans un écrit de jeunesse il se montre très élogieux sur *Heinrich von Ofterdingen* (NSB I, p. 95).

(2) Sur le sens de la « mystique » chez Solger, voir ci-dessus n. (1) *ad* p. [114].

P. [185]

(1) Solger critique ici les conceptions contemporaines de la mythologie qui veulent voir dans les mythes, tels qu'ils se sont développés historiquement, la réalisation de philosophèmes. Parmi ceux qui sont visés, si l'on se fie par ailleurs à la correspondance, on trouve d'un côté Friedrich Creuzer, vu comme philologue sérieux, et de l'autre les entreprises, jugées plus fantaisistes, de Johann Arnold Kanne (1773-1824 ; *Erste Urkunden der Geschichte oder allgemeine Mythologie*, Bayreuth, bei J. A. Lübecks Erben, 1808, [2]1815 et *System der indischen Mythe*, Leipzig, Weygand, 1813) ou de Josef Görres (1776-1848, *Mythengeschichte der asiatischen Welt*, Heidelberg, Mohr und Zimmer, 1810), mais aussi de Friedrich Schlegel (*Über die Sprache und Weisheit der Indier*, Heidelberg, Mohr und Zimmer, 1808). Friedrich von der Hagen, ami de jeunesse de Solger, professeur à Berlin et à Breslau, éditeur du chant des *Nibelungen* (*Der Nibelungen Lied*, Berlin, Unger, 1807, 1816) et auteur d'études sur les mythologies nordiques, n'échappe pas non plus à cette critique sévère (lettres de Solger à Hagen, 11 et 19.9.1819, NSB I, p. 741-760). Kanne et, malgré ses qualités reconnues par Solger, Creuzer sont notamment accusés d'enterrer le fil directeur (le *logos* du *mythos*) sous un amas de détails et d'idées fausses ; à Schlegel, Solger reproche en revanche d'exhiber ce fil directeur de manière « unilatéralement théorique et dogmatique » (lettre de Solger à Tieck, 1.1.1819, NSB I, p. 709, *Tieck and Solger*, p. 513 ; *L'Art et la tragédie du beau*, p. 176-177). Chez tous, Solger stigmatise la pauvreté des concepts du divin invoqués, le placage de ces concepts sur des réalités historiques et linguistiques qui ne sont pas suffisamment étudiées pour elles-mêmes, bref « l'incapacité absolue à comprendre la vraie nature » de « l'histoire des religions et de l'histoire mondiale qui lui est liée » (lettre de Solger à Hagen, 11.9.1819, NSB I, p. 745). Ce qui est en cause est donc non seulement la relation entre philosophie et mythologie, mais aussi la relation entre philosophie et histoire, qui ne peut être pensée qu'à partir de la dialectique de la révélation. Sur la critique des mythologues, voir W. Jaeschke, « Unsere heutigen Mythologen, oder über die Unbequemlichkeit des Denkens » (dans A. Baillot, M. Galland-Szymkowiak (Hg.), *Grundzüge der Philosophie K. W. F. Solgers*), qui d'un point de vue méthodique la rapproche de la critique du romantisme politique que l'on trouve chez Carl Schmitt.

(2) On ne peut soutenir que la conception solgérienne de la révélation élimine toute signification *historique* de la temporalité (comme le fait J. Reid, *L'Ironie romantique*, Introduction, p. 58), qu'à la condition de comprendre l'histoire en un

sens *progressif* – par exemple, hégélien. Mais ce n'est pas la seule conception possible de l'histoire. Comme le note en particulier V. Pinto, dans la conception solgérienne ce n'est pas le développement progressif mais le *moment* historique, ou l'époque singulière, qui expriment l'absolu (*Filosofia e religione*, p. 104-105, n. 91).

P. [186]

(1) Allusion aux débats sur l'Union des Églises protestantes décidée en Prusse par le roi Frédéric-Guillaume III, union dont la première manifestation concrète fut la tenue d'une célébration commune le jour du Jubilé de la Réforme (30 octobre 1817) dans la *Nicolaikirche* à Berlin, ce qui revenait à aplanir les différences dans l'*expression* du culte, en mettant en revanche de côté la question de l'adhésion *intérieure* à la doctrine. Sur le sens attribué à cette Union par Solger, *cf.* M. Galland-Szymkowiak, « Église, État et individu », p. 24-31.

(2) *Cf.* la n. (1) relative à la p. [45].

P. [187]

(1) Matthieu 24, 35 : « Le ciel et la terre passeront, mais mes paroles ne passeront point ». *Cf.* Isaïe, 60, 6.

P. [188]

(1) *Cf.* la quatrième des *Lettres sur la philosophie et la religion* (p. [25], [33]).

P. [189]

(1) *Cf.* ci-dessus p. [148].

P. [190]

(1) Solger suggère ici une distinction entre ses écrits introductifs non dialogiques (les *Lettres sur la philosophie et la religion*, et le présent « Manifeste »), et ses écrits « philosophiques » c'est-à-dire spéculatifs, qui ne peuvent être que des dialogues : *Erwin* (paru en 1815), les *Dialogues philosophiques* (1817), et *Être, non-être et connaître* (posthume).

Pour situer la théorie solgérienne du dialogue dans le contexte du premier romantisme allemand, voir W. Henckmann, « Lehren und Lernen der Philosophie ». Sur la critique hégélienne de la forme du dialogue chez Solger, voir J. Reid, préface à *L'Ironie romantique*, p. 60-61 ; M. Galland-Szymkowiak, « La critique hégélienne du dialogue chez Solger ». Sur la conception solgérienne du dialogue, son actualité et sur la critique de Hegel, voir C. Asmuth, « Zur Theorie des Dialogs bei Karl Wilhelm Ferdinand Solger », dans A. Baillot, M. Galland-Szymkowiak (Hg.), *Grundzüge der Philosophie Solgers*.

P. [191]

(1) Solger rejoint Schelling (cf. *Recherches*, SW VII, p. 338, trad. fr. p. 126), et plus encore Fichte (qui revendique l'esprit avant la lettre), mais aussi Hegel dans cette dénonciation d'une appréhension « scolaire », sans esprit et objectivante, du système, dénonciation qui trouve chez Solger son fondement dans la thèse de la conscience de soi existante comme lieu de la révélation. Solger veut essayer, par la

forme du dialogue, de rendre impossible ou tout au moins difficile une telle déformation mortifère, ce qui n'a sans doute pas facilité la réception de sa philosophie. Contre les dénominations philosophiques « techniques », cette fois à propos des études mythologiques, voir aussi la lettre de Solger à Tieck du 1.1.1819 (NSB I, p. 709, *Tieck and Solger*, p. 513 ; *L'Art et la tragédie du beau*, p. 177).

P. [192]

(1) Solger développe ailleurs en détail le thème de l'articulation de la conscience individuelle au Tout à l'aide de cette même métaphore musicale (*Philosophische Gespräche*, p. 236-239).

P. [193]

(1) C'est Franz Anton Mesmer (1734-1815), médecin viennois émigré à Paris entre 1778 et 1785, qui avait attiré l'attention sur le phénomène du sommeil hypnotique ou « magnétisme animal ». Dans son *Mémoire sur la découverte du magnétisme animal* (Paris, Didot, 1779), il pose l'existence d'un fluide universellement répandu, vecteur d'une influence mutuelle entre corps célestes, terre et corps organisés ; les propriétés de la matière sont organisées par un flux et reflux de ce fluide. Le magnétisme animal est la propriété du corps organisé qui le rend susceptible non seulement de l'action des corps qui l'environnent mais aussi de celle des corps célestes. Mesmer met en œuvre des cures magnétiques afin de guérir des maladies nerveuses en rétablissant l'harmonie du corps par action sur le fluide. Les idées de Mesmer se répandent en Allemagne; Schelling et Hegel, entre autres, s'y intéressent de près ; et Solger a pu observer les controverses autour de la nomination de David Ferdinand Koreff, médecin du chancelier Hardenberg et adepte du magnétisme animal, à une chaire de physiologie de l'Université de Berlin en 1817.

Il faut remarquer que Solger ne rejette pas, dans ce passage, le magnétisme animal, mais seulement les approches de ce phénomène qui le réduisent à un fait ordinaire, empirique. Solger lui-même avait suivi de près en 1812, à Berlin, le déroulement d'une « cure magnétique », en prenant toutes les garanties de sérieux possibles à ses yeux (lettre à Raumer, 28.6.1812, NSB I, p. 230-235), et il projetait alors d'écrire sur ce phénomène un traité qui réfuterait aussi bien « l'incrédulité qui provient d'un pur et simple préjugé », que « le délire qui fait grand fracas par-delà les faits » (lettre de Solger à son frère Friedrich, 6.11.1812, NSB I, p. 256). Il considère le sommeil hypnotique comme le déploiement d'une activité du pouvoir de connaître qui serait entièrement intuitive et absolument non réflexive, et connaîtrait alors en tant que « principe naturel universel », et non en tant qu'individualité (lettre de Solger à Frau von B., 21.6.1812, NSB I, p. 237). Il va jusqu'à le ranger, aux côtés de l'expérience des œuvres d'art, parmi les « faits » – c'est-à-dire, les faits de la connaissance supérieure – qui permettent de comprendre l'importance de l'expérience immédiate pour le philosophe (lettre à Frau von B[assewitz], 20.11.1812, NSB I, p. 243).

(2) *Einseitig*, partiel et partial.

P. [194]

(1) Non seulement l'art avait pris un rôle majeur dans la réflexion philosophique autour de 1800, chez les romantiques d'Iéna mais aussi dans le *Système de l'idéalisme transcendantal* de Schelling (1800), mais le genre dialogue avait prospéré dans ce contexte. Parmi les plus connus : *Les Tableaux* d'A. W. et Caroline Schlegel (1799), le *Dialogue sur la poésie* de Friedrich Schlegel (1800), le *Bruno* de Schelling (1802), la *Fête de Noël* de Friedrich Schleiermacher (1805). Voir, pour un tableau général, R. Hirzel, *Der Dialog. Ein literarhistorischer Versuch*, Leipzig, S. Hirzel, 1895, 2. Theil, p. 431-437 ; pour une étude plus détaillée sur la théorie du dialogue chez F. Schlegel, Schleiermacher et Solger, voir W. Henckmann, « Lehren und Lernen der Philosophie ».

P. [195]

(1) R. Hirzel souligne que c'est un mouvement venu de Grande-Bretagne et de France qui a promu en Allemagne le goût pour la forme philosophique du dialogue (*Der Dialog*, p. 418-419).

P. [196]

(1) « L'art présuppose, comme la religion, une vie divine dans la réalité ; en revanche, il ne la considère pas dans la conscience de soi, mais en tant qu'elle est objet de la perception. » (*Vorlesungen*, p. 133). Et encore, sur le beau : « Nous exigeons de l'idée de la beauté une fusion déjà achevée de la réalité avec l'essence. (...) La présence immédiate de l'Idée est, dans la beauté, essentielle et indispensable. » (*Vorlesungen*, p. 64 et p. 77).

P. [197]

(1) ...*gleichsam abgerundet* : la traduction italienne dit « per così dire, a tutto tondo », pour ainsi dire en ronde-bosse (Solger, *Scritti filosofici*, p. 162).

Présentation des *Dialogues philosophiques sur l'être, le non-être et le connaître*

(1) *Cf.* NSB I, p. XVI.

(2) Hegel, *Solger-Rez.*, HW 11, p. 271 ; trad. fr. p. 137.

(3) H. Fricke, *Karl W. F. Solger*, p. 187 *sq.*

(4) W. Henckmann, « Über Sein, Nichtsein und damit zusammenhängende Probleme der Philosophie K. W. F. Solgers », dans W. Jaeschke (Hg.), *Transzendantalphilosophie und Spekulation. Der Streit um die Gestalt einer ersten Philosophie (1799-1807)*, Hamburg, Meiner, 1993, p. 164-176, ici p. 166.

(5) D. Potz, *Solgers Dialektik*, p. 6-8 ; G. Pinna (*L'Ironia metafisica*, p. 41-42) souligne la congruence de la doctrine de l'être développée ici avec le thème de la *Offenbarung*, et la convergence des thèmes abordés dans *Über Sein, Nichtsein und Erkennen* avec ceux traités à la fin des *Philosophische Gespräche* de 1817 (question du fondement de l'existence des êtres finis).

(6) W. Henckmann, « Über Sein... », p. 165.

(7) W. Henckmann, « Über Sein… », p. 175-176.

(8) C'est ainsi que Manfred Frank, l'un des rares, avec W. Henckmann, à donner une analyse détaillée de ce dialogue, qualifie le personnage C. (*Das Problem "Zeit"*, p. 99).

(9) Même si, comme W. Henckmann le souligne, une confrontation serrée avec la *Logique* hégélienne de 1812 reste actuellement un réquisit de la recherche sur Solger.

(10) G. Pinna, *L'Ironia metafisica*, p. 48 (et J. E. Heller, *Solgers Philosophie der ironischen Dialektik*, p. 57 et *passim*).

(11) Voir O. Becker, « Von der Hinfälligkeit des Schönen und der Abenteuerlichkeit des Künstlers. Eine ontologische Untersuchung im ästhetischen Phänomenbereich » ; M. Boucher, *K. W. F. Solger*, spécialement p. 243-244 et 275.

(12) Platon, *Sophiste*, 240c. Voir ici p. [216] et p. [233].

(13) *Être, non-être et connaître*, p. [216]. Cette « contradiction » est précisément désignée dans *Erwin* comme « la modalité de ce que nous appelons individu (*Einzelwesen*) » : « <le fait> qu'il est, certes, pour soi un, mais pourtant dans son existence (*Dasein*) continuellement dépendant des rapports singuliers (*einzeln*), et cela aussi pour autant que lui-même doit déterminer différemment ces rapports, en fonction de leurs conformations différentes, qui lui sont imposées » (*Erwin*, p. 158-159).

(14) *Être, non-être et connaître*, p. [207].

(15) = sortie de l'oppposition entre idéalisme transcendantal et *Naturphilosophie*.

(16) = examen critique de la philosophie schellingienne de l'identité.

(17) La philosophie de Solger prend acte, précisément, de ce que le *passage* même de l'identité absolue à l'univers des particularités n'est pas concevable : elle le pose comme un donné pour la conscience, un acte libre d'autorévélation de l'Un. Néanmoins, la présence paradoxale de ce dernier dans l'existence est quant à elle pensable, et objet du philosopher.

Dialogues philosophiques sur l'être, le non-être et le connaître

P. [200]

(1) Sur la conception solgérienne du dialogue, voir le chap. XIV de *Sur la vraie signification et destination de la philosophie*.

P. [201]

(1) *dieses völlig Fremde*.

P. [202]

(1) Est dénoncée l'absence de vraie confrontation des diverses opinions, que ce soit dans une tolérance fausse (« humanité ») ou dans un refus hautain de la confrontation (ceux qui se « taisent avec profondeur »). La description de ces derniers est à mettre en parallèle avec le passage d'*Erwin* où sont dénoncés ceux qui font un usage

vague et vide des « Idées », s'enveloppant ainsi d'une nuée tels les dieux homériques (*Erwin*, p. 101).

(2) Cette énumération des vertus n'est pas fortuite : elle renvoie avec précision au contenu de la philosophie politique de Solger. Seule la vie politique et l'existence réelle de l'État offrent, selon lui, les conditions d'un dépassement du formalisme moral et des contradictions qui lui sont inhérentes (une position proche de celle de Hegel). Le lieu propre des « vertus », selon Solger, c'est le combat entre la détermination par la loi morale et la détermination par le *Trieb*, *en tant que combat* ; l'opposition des vertus les unes aux autres, le fait que les unes limitent les autres et que toutes ne soient pas réalisables en même temps, n'est pas contingente mais essentielle, car elles ne sont qu'une première réalisation de l'Idée du bien dans les oppositions de la vie morale. Parce qu'elles sont mises en œuvre par la *réflexion*, les quatre vertus principales relèvent non pas de la réalisation réelle de l'Idée du bien, mais seulement de la « gymnastique de la moralité » (*PhiRS*, NSB II, p. 303). Ces vertus sont, d'une part, la sagesse (*Besonnenheit*) et la prudence (*Klugheit*), qui s'exercent en direction de la nature extérieure, d'autre part la justice (*Gerechtigkeit*) et le courage (*Tapferkeit*), qui trouvent à se déployer dans les relations avec les autres individus (*PhiRS*, NSB II, p. 292-293). Dans la théorie du dialogue esquissée dans notre texte, seules les vertus concernant les relations interindividuelles sont mentionnées. Par la *justice*, « l'individu pose d'autres individus hors de lui et par là seulement il est mis en état d'intuitionner l'universel hors de lui, en tant qu'existant. Sans elle, il n'interviendrait jamais en tout, dans le particulier, que comme un particulier, et réduirait ainsi à néant l'agir. » (*PhiRS*, NSB II, p. 304). Avec le *courage*, l'individu « tend à se conserver lui-même comme individu. Sans le courage, il s'abandonnerait en tant qu'individu à l'agir d'un autre et perdrait par là la capacité d'être lui-même agissant. » (*Ibid.*). Dans toutes ces vertus réflexives, proprement *existentielles* (cf. *PhiRS*, NSB II, p. 305), c'est l'individu qui est le centre, oscillant entre le particulier et l'universel. Il en va différemment avec la dernière attitude morale mentionnée ici par Solger, « le sacrifice et le véritable esprit de citoyenneté dans l'État de l'humanité », qui n'est pas une vertu mais bien l'autoannihilation de l'individu lui-même, par laquelle seule peut dialectiquement se révéler l'Idée du bien, au sein des rapports interindividuels dans l'État. Le sacrifice par lequel l'individu nie sa propre centralité est la négation du néant qu'est l'existence (morale) finie prise pour elle-même, et cette double négation n'est nécessaire à la réalisation politique de l'Idée du bien. Sur le sacrifice comme notion susceptible, plus généralement, de résumer la dialectique solgérienne de la révélation, voir P. D. Bubbio, « Solger's Notion of Sacrifice as Double Negation ».

P. [203]

(1) Être soi-même ce qu'il présente, telle est la définition du symbole chez Solger, qui en fait (dans son union avec l'ironie) le caractère essentiel de l'œuvre d'art. Le *dialogue* est une œuvre d'art, parce qu'il présente, à travers l'annihilation mutuelle de la particularité des différentes opinions, l'avènement de l'Idée comme ce que ces opinions avaient intérieurement et inconsciemment en commun.

(2) *Das redliche Wollen*, le vouloir sincère, fiable, l'étymologie pouvant aussi suggérer aussi une « volonté de parler ».

P. [204]

(1) De manière analogue, au début d'*Erwin*, Anselm dit peiner à convaincre le jeune Erwin (fasciné comme C par l'existence individuelle des choses sensibles) « que les choses belles ne sont pas belles à cause d'elles-mêmes, mais qu'elles ne font qu'exprimer pour nous une beauté supérieure, qui est au-dessus de la nature réelle » (*Erwin*, p. 7).

(2) *die notwendige Form des Seyns des Einen Wesens*. Première occurrence, dans ce dialogue, de la notion de « forme » de l'Un absolu, utilisée par Schelling dans l'*Exposition de mon système de la philosophie* en 1801 pour penser le déploiement de l'identité absolue en différences. La distinction entre l' « essence (*Wesen*) » de l'Un ou identité absolue, et sa « forme (*Form*) » permet à Schelling de fonder la diversité phénoménale (et la possibilité de sa connaissance) dans l'Un, tout en ne compromettant pas l'unité absolue de ce dernier (voir Schelling, *Exposition*, § 15, notamment le supplément 2 qui contient l'expression « la forme de l'être de l'identité absolue »). Le présent passage de Solger rappelle aussi le moment du dialogue *Bruno* (1802) où Schelling présente ainsi sa propre conception par la bouche du personnage éponyme : « Ainsi tu ne croiras pas que les choses singulières, les structures multiples et variées des êtres vivants, ou celles qu'au demeurant tu distingues, soient en soi et pour soi contenues dans l'univers dans l'état réel de séparation où tu les vois ; mais bien plutôt qu'elles ne sont divisées que pour toi-même, et que, pour elles comme pour chaque être, l'unité se révèle dans la mesure où ils s'en sont détachés » (Schelling, *Bruno*, SW IV, p. 259 ; trad. fr. p. 91).

P. [205]

(1) *Für ein noch ungebornes Wesen :* jeu de mots, l'expression peut aussi signifier « à la place d'une essence qui n'est pas née / innée ».

P. [206]

(1) Le « pour soi » n'a pas, dans ce dialogue, le sens hégélien du retour réflexif sur soi, mais plutôt le sens de l'être *à part soi*, de *l'être séparé* chez Aristote. Il n'est pas opposé à l'être « en soi » mais le précise.

(2) Si le tout n'est pas simplement un assemblage extérieur (comme un fagot), mais un tout « en et pour soi », ce qui fait que les parties sont des parties du tout doit relever en quelque manière de leur essence (à chaque fois singulière). Mais on a alors du mal à comprendre comme leur essence peut à la fois être en propre la leur, et, simultanément, avoir quelque chose de commun avec toutes les autres parties (savoir, l'appartenance au tout).

(3) Aporie semblable dans le *Sophiste* de Platon, 245a-d : ce qui est un ne peut qu'être sans parties, et l'être qui est un tout ne peut être pensé comme un. Le problème qui apparaît ici est que pour penser les parties d'un tout, il faut penser à la fois qu'elles sont elles-mêmes (ont un être propre) et ne le sont pas (ont un être commun, en tant qu'elle appartiennent au tout). Cet argument aporétique suggère

donc la nécessité de penser, pour n'importe quel être composé, une conjonction d'être et de non-être. Ici, C résout le problème en pensant toute chose comme, en soi, un être individuel inconnaissable, et, pour nous, comme ensemble de propriétés connaissables qui sont ce que cette chose elle-même (substantiellement) *n'*est *pas*, donc son non-être.

P. [207]

(1) C'est ce que Solger appelle ailleurs la « contingence (*Zufälligkeit*) » des choses singulières (voir *Sur la vraie signification*, p. [65]-[67], p. [159]-[160], et notre commentaire, n. (1) *ad* p. [67]).

(2) Dans *Erwin*, de même, le personnage éponyme dit : « Au contraire [par opposition à la théorie du beau comme Idéal, M.G.-S.] ce que j'appelle beau est d'une espèce telle que, entièrement présent et réel, il tire à soi mon sentiment avec violence » (*Erwin*, p. 8). Le point de départ de la philosophie de l'art développée dans *Erwin* est, de manière frappante, le même que celui de la *philosophia prima* qui s'esquisse dans *Sur l'être, le non-être et le connaître* : la fascination pour la force avec laquelle l'existence individuelle de chaque chose s'impose à nous, avant toute connaissance. L'un des enjeux cruciaux qui parcourent l'œuvre solgérienne est la conciliation de ce « réalisme » (qui est aussi un nominalisme) aux résonances jacobiennes, avec l'idéalisme issu de la philosophie transcendantale.

P. [211]

(1) *Das wahre Nichts*. Une distinction est donc introduite ici entre *das Nichtseyn*, le non-être, et *das Nichts*, le néant ; elle ne sera pas tenue systématiquement par Solger. W. Henckmann mentionne cette distinction, mais sans l'élucider vraiment (« Über Sein… », p. 170). Le non-être, *Nichtseyn*, a été déterminé comme ce qui, des choses, nous est connaissable ; se fondant sur des propriétés générales, ce connaissable n'atteint jamais l'être, jusqu'ici déterminé comme purement individuel. Le néant (*das Nichts*) en revanche, tel que la notion en est introduite ici, ne désigne pas la connaissance, mais bien plutôt la limite de toute connaissance : le pur Un absolument in-différencié n'est *rien* pour la connaissance finie, puisqu'elle ne se construit que sur des déterminations et des oppositions. On trouve une idée semblable au chap. XII de *Sur la vraie signification et destination de la philosophie*, lorsque Solger subvertit l'idée d'une « création à partir du néant » en désignant par ce dernier terme « l'Éternel en soi et pour soi », qui comme tel échappe entièrement à notre connaissance (voir *Sur la vraie signification*, p. [170]-[171] et notre commentaire). De l'intérieur de la connaissance finie, l'être pur apparaît tout aussi bien comme un pur néant. Cette idée se situe dans le prolongement d'une certaine ligne de pensée, mystique notamment, de Dieu comme *Nichts* (Eckhart, Angelus Silesius : *cf.* J. Laurent et C. Romano (éd.), *Le Néant*, p. 12-13, p. 20). Ici, l'hypothèse de l'identité absolue comme véritable néant renvoie sans nul doute également à la critique adressée par Jacobi aux idéalismes de Fichte puis de Schelling : voir notre commentaire à *Sur la vraie signification*, p. [92], n. (1).

(2) *Sein wahres eigenthümliches Seyn.* La mise en relief typographique des thèses majeures (en caractères espacés, que nous transcrivons par des italiques) est présente dans le texte des *Nachgelassene Schriften* (on ne dispose plus du manuscrit qui permettrait de vérifier si elle provient de Solger lui-même).

P. [213]

(1) La substance, ou substrat des qualités, est donc un être à la fois absolument singulier et absolument *inqualifiable*. Le paradoxe va toutefois résider en ce que l'absolue singularité est présentée comme *indiquée par* la détermination connaissable ; il va donc falloir penser à la fois l'identité et la différence de la singularité indicible et de la détermination conceptuelle, ou encore, la conjonction, dans la chose, de l'être absolument singulier et du non-être ou connaissabilité (*cf.* la question de A, p. [216] : « d'où vient, à une chose qui n'est là qu'en et pour soi, en même temps le non-être ? » : en quel rapport, donc, se tiennent son être inconnaissable et sa phénoménalité ?).

P. [215]

(1) *das Erkanntwerden*, le devenir-connu. Ce n'est pas chaque qualité ou caractéristique en elle-même qui est non-étante, c'est le renvoi infini des déterminations et oppositions mutuelles les unes aux autres (c'est-à-dire la structure purement relative de la connaissance finie) qui est le non-être. Dans le reste de la philosophie de Solger, cette relativité de la connaissance est désignée comme *Nichts* plutôt que comme *Nichtsein*, et elle a également un sens ontologique (l'existence finie).

P. [217]

(1) Ce passage est difficile, plusieurs présupposés ne sont pas explicités. 1) Solger pose sans démonstration l'identité de la connaissance que j'ai de la chose A et de la connaissabilité de A. On peut penser à une justification de type schellingien : je sais que je connais quelque chose lorsque j'ai conscience de l'identité entre ma propre connaissance et cela qui est connu, ou encore, une condition de la vérité est que le connaissant soit en même temps le connu. 2) On a donc : ma connaissance d'une chose A = l'être-connu de A = le non-être de A. Si l'on suppose en outre que ma connaissance est une activité que déploie mon être (= présupposé énoncé à la réplique suivante), on en arrive à poser un lien entre mon être (actif, connaissant) et le non-être de A, et d'une infinité d'autres choses que je connais pareillement. Dans la connaissance, mon être est donc lié au non-être de toutes les autres choses (ce que C va dire ensuite).

(2) Manfred Frank commente : « On se souvient de la phrase de Novalis : "Tout ce que nous pensons, soi-même pense" qui, reprise presque mot à mot par Hegel, formule un principe de l'idéalisme : un réel pur n'est pas pensable. Dès que nous en parlons, nous avons affaire à un réel qui est entrelacé à l'idéalité. Ce n'est que quantitativement que la matière relativement dépourvue d'esprit se distingue de la conscience relativement dépourvue de matière ; qualitativement elles ne font qu'un. » (*Das Problem "Zeit"*, p. 101).

P. [218]

(1) Cette remarque sur le magnétisme comme forme de connaissance, et celle, un peu plus haut, selon laquelle toutes choses sont en quelque manière connaissantes, rappellent des thèses de Schelling (W. Henckmann, « Über Sein ... », p. 169-170). Toutefois, ce rapprochement n'est valable que superficiellement. En effet, chez Schelling, le magnétisme est bien la forme privilégiée sous laquelle l'identité absolue se connaît elle-même dans la matière (voir l'*Exposition*, § 68) ; et, « chaque corps particulier » s'efforçant « d'être une totalité, c'est-à-dire un aimant complet » (*Exposition*, SW IV, p. 157 ; trad. fr. p. 92), l'aimant peut être caractérisé comme le « principe d'individuation » de l'identité absolue (SW IV, p. 167 n. 1 ; trad. fr. p. 100). On voit bien dès lors la différence entre cette conception schellingienne et la position ici tenue par C : pour Schelling, l'aimant est connaissant parce qu'il est en soi identique à la forme de l'autoconnaissance de l'identité absolue (autrement dit celle-ci se connaît en lui), alors que pour C la connaissance attribuée ici à l'aimant est la connaissance de cette chose particulière ; de plus, cette connaissance n'est pas déterminée comme forme de l'être mais bien plutôt comme non-être. Sur les théories du magnétisme à l'époque, voir l'étude exhaustive de F. Moiso, « Theorien des Magnetismus », dans Schelling, AA I, Ergänzungsband (Bd. 5 bis 9), p. 165-220.

P. [219]

(1) Cette caractérisation de « l'être en soi » comme « limite de mon connaître » rappelle à première vue la manière dont Kant définit la chose en soi ou noumène en son sens *négatif*: « cette représentation [du noumène] demeure en tout cas pour nous vide et ne sert à rien, si ce n'est à désigner les limites de notre connaissance sensible et à laisser disponible un espace que nous ne pouvons combler ni par une expérience possible ni par l'entendement pur » (Kant, *Critique de la raison pure*, A 288-289, AK IV, p. 185 ; trad. fr. p. 326). Solger indique à la fin de la phrase suivante que l'idée de l'être de la chose comme limite du connaître est le produit d'une réflexion sur la connaissance. Toutefois, l'être « en soi » n'est pas ici un néant de connaissance (un concept vide auquel ne correspond nulle intuition, comme le dit la fin de l'Analytique transcendantale), mais l'absolue positivité d'un être singulier qui, comme tel, échappe au concept ; il n'est pas tant un espace vide qui se dégagerait de l'examen des conditions de la connaissance, qu'une négation active de la nature purement relative de celle-ci. Ainsi la certitude de l'être nous est donnée dans une double négation (comme le souligne G. Pinna, *L'Ironia metafisica*, p. 44) – idée parfaitement cohérente avec la conception de la révélation et de la dialectique développées par ailleurs par Solger après 1815.

(2) Ici le terme de *Nichts* est employé dans le sens qu'il a généralement dans le reste des écrits de Solger : voir *supra* n. (1) relative à la p. [215].

P. [221]

(1) Bien que les significations respectives de *leugnen* et *verneinen* se recoupent largement (nier), *leugnen* a davantage le sens de « affirmer que quelque chose n'existe pas, dire que quelque chose n'est pas présent » (*das Dasein Gottes leugnen*,

par exemple), et *verneinen* davantage le sens de « dire non », dire la négation de quelque chose, au sens linguistique et logique. Solger emploie ainsi *leugnen* pour la négation de l'être absolument individuel présent devant moi, affirmé par C, mais *verneinen* pour la négation d'un être général qui n'est pas de l'ordre de la présence individuelle. Toutefois, chacun des deux termes *leugnen* et *verneinen* a bien, dans le dialogue de Solger, un sens à la fois ontologique et épistémologique (comme « nier » en français). Dans la suite du texte, c'est *verneinen* qui est majoritairement employé ; nous le traduirons par « nier » ou « être la négation de », et *Verneinung* par « négation » ; *leugnen* sera traduit par « nier » mais signalé entre parenthèses (et dans une réplique « phatique » de C, il sera traduit par « contester »).

P. [222]

(1) Le contenu de cela qui est nié doit être le même que le contenu de cela qui le nie, donc le non-*être* doit être tout aussi singulier que l'être dont il est la négation. Mais, puisqu'il est la négation de l'être, le non-être doit être ce que l'être *n'*est *pas*, donc, l'être ayant été déterminé comme singulier, il doit être universel.

P. [227]

(1) Voir ci-dessus p. [219] fin.

P. [228]

(1) Il « prend conscience (*wird sich bewußt*) » de l'être de cette chose, ou de l'autre être humain comme d'un *alter ego*, non pas en une appropriation par la connaissance, mais à l'occasion du retour réflexif sur soi occasionné par le choc d'une présence singulière qui, précisément parce qu'elle se dérobe au connaître, ne peut revêtir, en celui qui « prend conscience », que la forme d'une absence.

(2) Évocation de la philosophie de l'identité de Schelling. Voir ce passage proche dans *Erwin*, où le personnage d'Anselme, porte-parole des idées schellingiennes, soutient que l'être qui est au fondement « ne peut pas être l'existence des choses singulières infiniment diverses et constamment imparfaites, existence que nous percevons continuellement par les sens, mais il ne peut être (…) que l'être universel, qui est en même temps et comme l'un et même dans le tout du monde, et qui, comme tel, ne peut pas non plus apparaître comme phénomène : car ce que nous voyons dans le monde phénoménal, ce ne sont jamais que des parties, à l'infini, en aucun cas le tout » (*Erwin*, p. 151).

(3) Cette *allgemeine Seele* évoque, sans doute davantage que l'âme du monde platonicienne ou stoïcienne, la *Weltseele* de Schelling (cf. *Von der Weltseele. Eine Hypothese der höhern Physik zur Erklärung des allgemeinen Organismus*, 1798, in AA I,6).

P. [232]

(1) Il s'agit ici du problème de la conscience de soi (et non de la simple « conscience »). Solger récuse l'idée d'une pure conscience de soi qui serait en quelque sorte le pendant du pur être en soi. Pour lui en effet, toute connaissance suppose une dualité du connaissant et du connu. Si la conscience de soi est une parfaite coïncidence du connaissant et du connu, alors elle n'est pas une connais-

sance du tout (et n'est donc pas non plus nôtre) mais le pur éclat de l'Un. Si elle est une connaissance, cela signifie qu'elle est connaissance non pas simplement de soi comme conscience, mais toujours nécessairement de soi comme conscience *étante*, c'est-à-dire non comme pure activité mais comme activité *et* passivité (M. Frank développera largement cette idée). « Pour Solger, la seule vraie conscience de soi est conscience d'être non pas seulement conscience – pur mouvement du savoir – mais un "*être*-conscience" (*Bewusst-sein*), c'est-à-dire un *positum*. La conscience comme conscience de soi sait qu'elle est non seulement "posant" (le monde) mais aussi qu'elle peut être en tant que posante pour autant qu'elle est elle-même posée par Dieu. » (V. Pinto, *Filosofia e religione*, p. 3). La conscience est conscience de soi comme quelque chose de toujours déjà *passé* ; en ce sens, il n'y a pas d'intuition intellectuelle (voir M. Frank, *Das Problem "Zeit"*, p. 116 et p. 118).

(2) Cf. *Sur la vraie signification*, p. [91], n. (3).

P. [233]

(1) Wolfhart Henckmann rapproche cette déduction du « devenir » de celle du *Système de l'idéalisme transcendantal* de Schelling (SW III, p. 383-384 ; trad. fr. p. 46). Mais plus généralement, le modèle adopté ici pour penser le rapport de l'être et du non-être trouve son origine chez le premier Fichte. Ainsi, selon la *Wissenschaftslehre* de 1794 (3e principe), le problème consistant à poser le Non-moi dans le Moi est résolu par le fait que le Moi et le non-Moi se limitent réciproquement, de telle sorte qu'ils ne s'annulent que partiellement l'un l'autre, afin de passer par là en un savoir déterminé, effectif. « [C]omment A et non-A, être et non-être, réalité et négation peuvent-ils être pensés ensemble, sans s'annihiler et se supprimer ? (...) ils doivent se limiter réciproquement. » (Fichte, *Principes de la doctrine de la science*, GA I/2, p. 269 et 270 ; OCPP, p. 29). En outre, l'idée de l'« entrave (*Hemmung*) » à la progression d'une activité illimitée est reprise à Fichte par Schelling dans sa première philosophie de la nature, en lien direct avec la question de l'individuation. Dans la *Première esquisse d'un système de philosophie de la nature* (1799), l'individu apparaît comme résultat du freinage (*Hemmung*) de l'activité infinie de la nature. L'organisme universel se caractérise comme activité infinie visant le « produit absolu » qui présenterait son infinité ; le produit individuel apparaît plutôt comme un « essai manqué » de la nature et comme une entrave à cette tendance. Le schéma de l'activité entravée est également présent dans le *Système de l'idéalisme transcendantal* en général, et dans sa « Déduction de l'organique » en particulier (Schelling, *Système de l'idéalisme transcendantal*, SW III, p. 489 *sq.* ; trad. fr. p. 137 *sq.*). Les écrits de *Naturphilosophie* dans la philosophie de l'identité, après 1801, délaisseront ce schéma à résonances fichtéennes de l'activité entravée ou limitée, pour adopter le point de vue de la présentation de l'identité en ses « puissances ». Chez Fichte comme chez Schelling, l'emploi de *hemmen* exprime la difficulté pour expliquer le *stable*, difficulté commune donc à une philosophie de l'activité du Moi et à une philosophie de la productivité de la nature (F. Fischbach et E. Renault, dans Schelling, *Introduction à l'Esquisse d'un système de philosophie de la nature*, Paris, Livre de Poche, 2001, n. b p. 91-92), et

difficulté à laquelle Solger se confronte également, dans ce dialogue traversé par la question de l'individuation.

(2) Là encore, allusion probable au *Sophiste* de Platon (256a-259d), chez qui il s'agit toutefois de l'être et du non-être (compris comme l'autre de l'être), et non du quelque chose et du rien (écrits ici par Solger sans majuscule, *etwas und nichts*), catégories fondamentales de la métaphysique wolffienne (*aliquid* et *nihil*).

P. [234]

(1) La distinction entre essence (*Wesen*) et nature (*Natur*) de l'absolu se trouve chez Schelling. Il l'énonce pour la première fois non pas en 1809 (G. Pinna, *L'Ironia metafisica*, p. 42), mais en 1801 dans l'*Exposition de mon système de la philosophie* : la pesanteur est « posée immédiatement par l'identité absolue, et suit, non de son *essence* (...), non plus que de son *être* actuel (...), mais bien plutôt [de son essence, pour autant qu'elle tend à un être, donc] de sa *nature* (...) » (*Exposition*, § 54 remarque, SW IV, p. 146-147 ; trad. fr. p. 80 ; entre crochets, addition ultérieure de Schelling, datant de 1808-1812). Ainsi la pesanteur « doit être pensée comme identité absolue, non pour autant que celle-ci est, mais pour autant qu'elle est le fondement de son propre être » (*ibid.* ; voir aussi plus loin SW III, p. 163, trad. fr. p. 96). La distinction entre *Wesen* et *Natur* annonce donc, comme Schelling le fera bien remarquer en 1809 (SW VII, p. 357), le couple essence comme fondement de l'existence (*Wesen als Grund der Existenz*) / essence comme existence (*Wesen als Existenz*), qui sera quant à lui crucial pour les *Recherches sur la liberté humaine*. Sa présence ici montre que Solger récupère de manière assez libre différents éléments de la philosophie schellingienne, en fonction des besoins du dialogue (la discussion des p. [230]-[234] ne se situe donc pas uniquement sur le terrain immédiatement antérieur à la philosophie de l'identité comme l'écrit W. Henckmann, « Über Sein... », p. 173).

P. [236]

(1) *wieder zu sich selbst machen* : c'est-à-dire, non pas seulement faire en sorte que le non-être revienne *vers* lui, mais que le non-être devienne lui-même être.

(2) *Nach und nach.* La constitution du fini se comprend comme une temporalisation : ce point a été mis en valeur par Manfred Frank, qui commente ici : « L'être ne peut pas se réunir à soi "d'un seul coup", sautant pour ainsi dire par-dessus la temporalité ; car ce n'est que par sa temporalité qu'il est effectivement réel » (*Das Problem "Zeit"*, p. 107).

P. [239]

(1) *Wir können es uns doch denken*, nous l'imaginer, en faire l'objet d'une pensée au sens le plus général et indéterminé.

P. [240]

(1) Le « pressentiment » joue, ici et dans *Erwin* (p. 104), le même rôle dans la stratégie argumentative. Kant avait rejeté le pressentiment (*Ahndung*, *praesensio*, traduit par Foucault par « prémonition ») comme chimérique : « comment, en effet, peut-on avoir la sensation de ce qui n'est pas encore », ou de « ce qui n'est pas

encore présent » ? (Kant, *Anthropologie du point de vue pragmatique*, AK VII, p. 187, trad. fr. M. Foucault, Paris, Vrin, 2008, p. 139). Mais précisément, telle que Solger la comprend, la *Ahndung* qualifie *l'absence même comme l'un des modes de la présence*. Il s'agit d'un mode sur lequel la vérité se donne à l'individu comme absente, dans la tonalité d'un sentiment dont il faut, dans un second temps, élucider discursivement la teneur, mais qui est d'emblée porteur du vrai. Erwin et C doivent confronter leur pressentiment à diverses théories, le premier sur la nature du beau, le second sur le rapport de l'être à la connaissance, pour arriver à comprendre rationnellement ce qui était vrai dans ce pressentiment. L'un des signes manifestes de l'inachèvement de *Sur l'être, le non-être et le connaître* est précisément le fait que justice n'y est finalement pas rendue au pressentiment de C, contrairement à ce qui se passe dans *Erwin* pour le personnage éponyme. Comme la foi, le pressentiment doit être élucidé, et non dépassé, par la spéculation philosophique.

P. [244]

(1) *Sich abbilden*. Dans une ligne de pensée héritée de Fichte, le paradigme de la connaissance comme représentation est récusé. Être et connaître ne sont qu'un seul et même, l'un étant, l'autre non-étant. La connaissance n'est pas une image de l'être, elle est l'être, *en négatif*. Ma connaissance est, en moi, tout le particulier que je ne suis pas, et auquel ma particularité même renvoie pour ainsi dire en creux.

(2) C'est à propos notamment de cette proposition que Hegel note dans sa *Recension* : « On le voit : il n'y a pas manque d'audace spéculative de penser la contradiction qui, selon la logique traditionnelle, n'est pas pensable et devrait encore moins exister, tout comme ne manque pas l'intelligence spéculative de savoir que l'idée comprend essentiellement la contradiction. » (Hegel, *Solger-Rez.*, p. 271-272 ; trad. fr. p. 138 ; Hegel situe cette proposition à la p. 224 des NSB II alors qu'elle est à la p. 244).

P. [245]

(1) Autre proposition relevée par Hegel comme exemple d'audace spéculative.

P. [246]

(1) L'objection que A adresse ici à C est très proche d'une objection adressée à Fichte par Schelling via le dialogue de ce dernier, *Bruno* (1802). A reproche à C d'avoir défini comme l'être lui-même ce qui n'est en fait que l'aperçu singulier sur l'être (en soi universel) ouvert en une conscience particulière. Dans le *Bruno*, Bruno-Schelling reproche à Lucien-Fichte d'avoir voulu « restreindre l'unité de l'idéal et du réal à un point déterminé », en l'occurrence au Moi comme pur acte de la conscience de soi ; mais, dit Bruno, cette unité est « singulière, d'un genre subordonné, et appréhendée dans la simple expérience », et il somme Lucien (qui obéit plus docilement que le Fichte réel) d'abandonner « ce retranchement » où il restreignait « l'unité suprême à la conscience » (Schelling, *Bruno*, SW IV, p. 291 et p. 293, trad. fr. p. 131 et 133). Remarquons que, dans le *Bruno* comme ici, ce moment précède immédiatement un exposé systématique.

P. [248]

(1) Solger reformule en termes ontologiques la question de la nature de la conscience de soi et de son rapport à l'absolu qui fut l'un des points brûlants de la controverse Fichte-Schelling à partir de 1801.

P. [249]

(1) La conscience de soi de A n'est pas l'auto-connaissance de l'être pur en A. Celui qui se connaît lui-même, c'est toujours A *existant singulier*, et cette connaissance n'est jamais directe, mais se fait à partir de la position déterminée de A dans la série des choses particulières. La connaissance des choses particulières en moi est leur non-être, et je me connais (je me sais être) comme négation de ce non-être. Voir le commentaire de M. Frank: « La particularité, en tant que contenu de la conscience, est elle-même un non-étant. L'être n'*est* donc rien de particulier. Et lorsque nous percevons du particulier, ce n'est qu'en tant que reflet dans le néant universel. (...) L'être n'existe donc jamais autrement que comme reflet d'un reflet, comme une apparence refoulée. » (M. Frank, *Das Problem "Zeit"*, p. 110).

(2) Dans *Sur la vraie signification*, Solger fait de cette réunification à soi par l'intermédiaire du particulier la définition de la vie de l'Idée (et non, comme ici, de l'être). C'est dans l'élément de la pensée que la philosophie est dès lors elle-même ce déploiement et cette réunion à soi dans la suppression des oppositions. Voir *Sur la vraie signification*, p. [93], [95]-[96], [114], [117], [156]-[157], [131], [168]...

P. [251]

(1) L'ensemble de la réplique (qui vient après une esquisse de philosophie morale rappelant l'éthique spinozienne) présente une objection inspirée par l'idéalisme transcendantal de Fichte.

(2) Voir ci-dessus p. [232].

P. [252]

(1) C'est le point de vue de Solger lui-même qui s'exprime ici. Sur sa volonté d'éviter un langage technique en philosophie, voir notre n. (2) relative à la p. [56].

(2) L'opposition posée ici entre conscience ordinaire et conscience philosophique a la même contenu que l'opposition entre *Wesen* et *Erscheinung* dans *Erwin*. *Wesen* y est en effet le nom de l'unité parfaite de l'être et du connaître, *Erscheinung* est le nom de leur simple mise en rapport: « le phénomène est ce en quoi connaître et être alternent continuellement et se limitent mutuellement, l'essence est ce en quoi ils se saturent réciproquement et en quoi l'un est entièrement aussi complet que l'autre; et dans le beau il faut que cette essence et ce phénomène soient entièrement Un et pourtant en même temps, pour pouvoir apparaître comme phénomène, opposés et se limitant l'un l'autre. » (*Erwin*, p. 161).

P. [254]

(1) Ce constat rappelle l'idée, présente dans *Sur la vraie signification*, de l'Un ou être pur, *comme* pur néant: voir notre n. (1) *ad* p. [171]. La position, décrite ici, de la réalité existante, et de la connaissance, dans le milieu entre un être pur et un pur néant est dès lors cohérente avec l'ontologie des derniers écrits.

P. [255]

(1) Tout le passage qui suit, jusqu'à la fin du dialogue, apparaît comme une glose de l'*Exposition de mon système de la philosophie* de Schelling (1801).

P. [256]

(1) Définir la raison absolue comme « indifférence totale du subjectif et de l'objectif », au sens, comme le souligne Emmanuel Cattin (Schelling, *Exposition*, n. 2 p. 45-46), non pas d'un *et...et...* mais bien d'un *ni...ni...*, constitue dans l'itinéraire schellingien la sortie d'une tentative de conciliation de la *Naturphilosophie* et de l'idéalisme transcendantal, et l'entrée dans le point de vue proprement spéculatif de la philosophie de l'identité. Dans le dialogue de Solger, la reprise des thèses principales de la *Darstellung* de 1801 a également pour fonction de dépasser l'opposition de l'idéalisme transcendantal et de la philosophie de la nature qui résonnait dans les pages précédentes.

(2) *Einerleiheit* : « De tous les mots de la langue allemande, c'est celui-ci qui peut au mieux désigner l'identité absolue (qui n'est pas une identité de...et de..., mais ne se tient en relation à rien, fût-ce en puissance). » (M. Frank, *Das Problem "Zeit"*, p. 107).

Comme le remarque W. Henckmann (« Über Sein, ... », p. 175), l'emploi de ce terme au sein d'un exposé de la philosophie schellingienne peut surprendre, car Schelling l'a explicitement récusé. C'est que Fichte, à l'époque de leur pire affrontement, l'avait employé dans l'*Initiation à la vie bienheureuse* (1806) pour caractériser l'être pensé, en soi, dans son immuabilité et éternité : l'être « doit être pensé exclusivement comme Un, non comme plusieurs, et seulement comme une uni-identité (*Einerleiheit*), fermée en elle-même, achevée, et absolument immuable » (GA I/9, p. 86, trad. fr. p. 82). De la sorte, précisait Fichte, on ne pense qu'un être « refermé sur lui-même, caché et absorbé en lui-même enveloppé », mais pas « un être-là, une extériorisation et révélation de cet être » (*ibid.*, trad. modif.). La traduction d'*Einerleiheit* (uni-identité, ou mêmeté au sens du « un-seul-et-même », de la pure identité) par « unité » (trad. Max Rouché) n'est pas assez forte car la notion ici est celle d'une identité et cohésion absolues, d'un tout dont l'unité est sans faille (le dictionnaire des Grimm dit « *summa consensio, identität* ») ; la traduction par « unicité » (Cerutti *et al.*), qui signifie « caractère de ce qui est unique », nous apparaît comme un faux sens. Schelling, dans la *Darlegung*, qualifie le terme de « concept bien connu de la réflexion, posé à la place de l'identité absolue » (SW VII, p. 69) : si l'être-là est de cette manière posé *hors* de l'être, ce dernier est un être qui a *en outre* besoin d'être là, donc ce n'est pas encore un être. Cette opposition du *Sein* et du *Dasein* est comprise comme contraire à l'intention fondamentale de la philosophie de l'identité, selon laquelle l'être *ne sort pas* de soi-même dans sa venue à l'existence, puisqu'il est d'emblée en soi-même également *vie*. En 1809, Schelling réitère sa critique du terme (*Recherches*, SW VII, p. 342-343 n. et p. 345 ; trad. fr. p. 130 et p. 133).

En employant pourtant ce terme pour caractériser la doctrine schellingienne de l'identité absolue telle qu'elle se dessine en 1801, Solger fournit donc déjà une interprétation de cette dernière qui va lui permettre d'ouvrir un espace de critique en corrélation avec sa propre philosophie. La méthode dialogique, nous l'avons vu plus haut, lui permet de donner priorité à l'appropriation des arguments philosophiques sur leur examen historico-philosophique.

(3) « La raison est absolument une et identique à soi. » (Schelling, *Exposition*, § 3, SW IV, p. 116, trad. fr. p. 48). « Il n'y a pas d'être particulier ou de chose particulière en soi. En effet l'unique *en-soi* est l'identité absolue » (§ 28, SW IV, p. 125 ; trad. fr. p. 60). « Rien de particulier n'a le fondement de son être-là en soi-même. Car sinon l'être devrait suivre de son essence » (§ 35, SW IV, p. 130 ; trad. fr. p. 64). « Chaque être particulier est déterminé par un autre être particulier. » (§ 36, SW IV, p. 131 ; trad. fr. p. 64).

P. [257]

(1) « Tout ce qui est est, selon l'essence, pour autant qu'il est considéré en soi et absolument, l'identité absolue même (...) » (Schelling, *Exposition*, § 18, SW IV, p. 122, trad. fr. p. 56).

(2) Voir les § 17 à 26 de Schelling, *Exposition de mon système de la philosophie* (SW IV, p. 121-125 ; trad. fr. p. 55-59), où Schelling, posant que « le connaître est l'*être* originaire même, considéré selon sa forme » (SW IV, p. 122 ; trad. fr. p. 56), développe l'idée que « l'identité absolue ne peut se connaître infiniment soi-même, sans se poser infiniment en tant que sujet et objet » (p. 123/56), et par là même se poser comme univers, ou absolue totalité (p. 125/59).

(3) La philosophie schellingienne de l'identité.

(4) Dans les notes de lecture de Fichte sur l'*Exposition* de Schelling (restés inédites du vivant de Fichte), cette question donne lieu à une critique fondamentale. Fichte en effet évoque deux possibilités : si l'on part vraiment de l'Un comme pure identité, on n'a qu'une « indifférence vide et abstraite à partir de laquelle rien ne peut commencer » (Fichte, *Sur l'exposition du système de l'identité de Schelling*, GA II/5, p. 487, trad. fr. E. Cattin dans Schelling, *Exposition*, p. 173). Pour pouvoir arriver à l'identité absolue *comme univers* (ou totalité), Schelling présuppose en fait d'emblée, sans le dire, la différence, i.e. une « raison différenciante » (*ibid.*). Solger ici argumente dans le droit fil de l'*Exposition* : si l'absolument Un est d'emblée aussi op-position à soi-même, c'est parce que son essence absolument identique n'existe que sous la forme d'une connaissance de soi.

P. [258]

(1) Voir les § 15 et 17 de Schelling, *Exposition*, SW IV, p. 120-122, trad. fr. p. 54-56. Sur la distinction *Form/Wesen* chez Schelling, et sa critique par Hegel, voir § 15 la n. 1 d'E. Cattin p. 55 ; voir aussi le chapitre consacré par J.-F. Marquet à ce couple (*Liberté et existence. Étude sur la formation de la philosophie de Schelling* [1973], Paris, Cerf, [2]2006, p. 207-237).

(2) *Cf.* Schelling, *Exposition*, § 20 : « La connaissance de soi de l'identité absolue dans son identité est infinie » (SW IV, p. 122 ; trad. fr. p. 56).

(3) *Cf.* Schelling, *Exposition*, § 21 : « L'identité absolue ne peut se connaître infiniment soi-même sans se poser infiniment en tant que sujet et objet » (SW IV, p. 123 ; trad. fr. p. 56).

P. [259]

(1) *Cf.* le § 23 de l'*Exposition* : dans le sujet et dans l'objet « à la vérité c'est un Seul également identique qui est posé, mais avec une prépondérance de la subjectivité ou de l'objectivité » (Schelling, SW IV, p. 123 ; trad. fr. p. 57). Voir aussi le § 46. L'idée d'une prépondérance de l'être ou du connaître (de l'objectif ou du subjectif), dans la forme prise par leur unité même, idée visant à expliquer la diversité phénoménale, est également reprise à Schelling par Solger dans *Erwin* : « Seule l'alternance continuelle du connaître et de l'être, et la prépondérance (*Überwiegen*) tantôt de l'un, tantôt de l'autre, produit la diversité et avec elle le monde qui apparaît réellement » (*Erwin*, p. 152).

(2) *Im Einzelnen*, qui signifie aussi « dans le détail ».

(3) L'incise souligne la reprise consciente d'un terme schellingien (par ailleurs assez chargé en contexte postkantien) : « J'appellerai relative la totalité pour autant que le particulier l'expose (*darstellt*) par rapport à soi » (Schelling, *Exposition*, SW IV, p. 133; trad. fr. p. 67).

(4) Est posée ici la question – épineuse – du statut du particulier dans la philosophie schellingienne de l'identité. Il faut, en effet, tenir ensemble le fait que le particulier en tant que particulier *n'*est *pas*, mais aussi le fait que l'unité absolue n'existe comme telle que dans l'infinité des différences particulières, et non pas comme quelque chose qui planerait au-dessus d'elles.

(5) *Cf.* Schelling, *Exposition*, § 39 : « L'identité absolue est aussi dans le particulier (*auch im Einzelnen* [qui signifie aussi "le singulier", M.G.-S.]), car tout particulier n'est qu'une forme déterminée de son être, et en tout particulier elle est *totalement*, car elle est absolument indivisible et ne peut jamais être supprimée (*aufgehoben*) en tant qu'identité absolue. » (SW IV, p. 132 ; trad. fr. p. 66).

(6) C'est au § 42 de l'*Exposition* (Éclaircissement 2 ; et la n. 2) que Schelling introduit la notion de « puissance déterminée (*bestimmte Potenz*) » de l'identité absolue de la subjectivité et de l'objectivité, pour expliquer en quoi le particulier expose, sous un certain mode, l'identité même (SW IV, p. 134 ; trad. fr. p. 67).

(7) Dans cette phrase, Solger glose le § 41 de l'*Exposition* : « Chaque particulier est par rapport à soi-même une totalité. (…) *Seulement, par rapport à celle-ci, en tant que particulier il* n'*est* pas *du tout* » (Schelling, *Exposition*, § 41, SW IV, p. 133 ; trad. fr. p. 66).

P. [260]

(1) Schelling dira dans la *Philosophie de l'art* que l'identité absolue en tant que telle est « ce qui dissout toutes les puissances » (*Philosophie de l'art*, SW V, p. 381 ; trad. fr. p. 72).

P. [261]

(1) L'idée (reprise un peu plus loin) que ce qui est parfaitement opposé à soi est en même temps parfaitement identique à soi apparaît dans le *Bruno*, où le rapport entre l'objet qui se reflète dans un miroir et son reflet introduit l'idée de l'opposition (*Entgegensetzung*) absolue comme identité absolue (Schelling, *Bruno*, SW IV, p. 237-238, trad. fr. p. 64-65 ; cf. *Recherches*, SW VII, p. 407, trad. fr.

p. 188). Solger utilise ici cette idée schellingienne contre Schelling, en l'opposant à l'idée, essentielle dans l'*Exposition*, d'une prépondérance du subjectif ou de l'objectif dans leur identité même. L'argument ici opposé à Schelling par A est le suivant : l'op-position absolue du sujet et de l'objet étant en même temps leur identité absolue, le *ni* sujet *ni* objet qui définit cette dernière ne peut pas engendrer la *différence* du sujet et de l'objet, donc pas non plus le monde fini. Il va par conséquent falloir penser, ou bien la stérilité de l'identité absolue, ou bien sa transformation dans son déploiement comme univers (pour Solger : son « sacrifice »), c'est-à-dire en fin de compte la *différence* entre l'absolu en soi et l'absolu en sa réalité effective – ou encore, penser ce que l'on pourrait appeler une sortie de soi de l'absolu, que Schelling refusera de son côté constamment. C'est exactement sur ce point que les philosophies de Schelling et de Solger se séparent. Schelling (s'opposant à Fichte) maintient et accentue l'unité de l'absolu et de son déploiement réel, jusqu'à identifier en 1806 le cœur de l'absoluité au déploiement de l'existence, puis à effectuer en 1809 un tournant qui signe la fin de la philosophie de l'identité. Solger en revanche maintient (proche en cela du Fichte de 1804-1806) la transcendance de l'absolu comme pure unité ; sa position propre consiste en outre à comprendre le lien entre cette pure unité et son déploiement réel comme une *révélation,* dont le fait est reçu par la raison, mais qu'elle peut élucider en la comprenant comme négation du néant.

(2) Voir le § 43 de l'*Exposition* : « L'identité absolue n'est que sous la forme de toutes les puissances. » (Schelling, *Exposition*, SW IV, p. 135 ; trad. fr. p. 69).

(3) Dans une perspective solgérienne, les « différences » forment l'existence, dont la finitude même réside dans le renvoi infini des causes aux effets, des relations et oppositions les unes aux autres. L'existence est le néant de l'essence, ce qu'elle *n*'est *pas* ; l'idée d'une totalité de l'existence, qui la ferait correspondre positivement au déploiement de l'essence, est incompatible avec la perspective de Solger, selon laquelle ce déploiement ne peut être que la négation du néant qu'est l'existence.

P. [262]

(1) B maintient donc fondamentalement l'identité de l'identité absolue et de son déploiement en un univers – point sur lequel achoppe radicalement la philosophie solgérienne de la *révélation*. On peut imaginer que l'étape suivante, amorcée en cette fin de dialogue, aurait consisté en une élucidation du statut de la particularité phénoménale.

BIBLIOGRAPHIE

La bibliographie contient les ouvrages cités dans le présent volume.

On obtiendra une bibliographie plus complète de la littérature secondaire sur Solger en se référant à celles de W. Henckmann (*Erwin*, 1971), de M. Ophälders (*Romantische Ironie*, 2004) et de L. Ghisleri (*L'unità nella dualità*, 2007).

ŒUVRES PRINCIPALES DE SOLGER

König Oedipus, Übersetzung in dem Versmaße des Originals, Berlin/Leipzig, C. E. Adamson, 1804.

Sophokles, im Versmaße des Originals übersetzt von K. W. F. Solger, 2 Bde [Berlin, Realschulbuchhandlung, 1808, 1824, 1837], München, Deutscher Taschenbuchverlag, 1977.

Erwin. Vier Gespräche über das Schöne und die Kunst [Berlin, Realschulbuchhandlung, 1815 puis Wiegandt & Grieben, 1907], W. Henckmann (Hg.), München, Fink, 1971.

Philosophische Gespräche. Erste Sammlung [Berlin, Mauter 1817], mit einem Vorwort zum Neudruck von W. Henckmann, reprint Darmstadt, Wissenschaftliche Buchgesellschaft, 1972.

Beurtheilung der Vorlesungen über dramatische Kunst und Literatur [Jahrbücher für Literatur, Vienne, 1819 (VII), p. 80-155], dans NSB II, p. 493-628 ; reprint in *Erwin*, p. 395-471.

Nachgelassene Schriften und Briefwechsel, 2 Bde., L. Tieck, Fr. von Raumer (Hg.), [Leipzig, Brockhaus, 1826], reprint Heidelberg, Verlag Lambert Schneider, 1973.

Vorlesungen über Ästhetik, K. W. L. Heyse (Hg.) [Leipzig, Brockhaus, 1829], reprint Darmstadt, Wissenschaftliche Buchgesellschaft, 1973.

Mythologie der Griechen. Lecture Notes (unknown hand), April 1818, part of the Berlin Collection of the Joseph Regenstein Library (ms 106), University of Chicago, Illinois ; transcription par A. Baillot (non publ.), selon qui ces notes ont très probablement été prises par K. L. Heyse.

Tieck and Solger. The Complete Correspondance, P. Matenko (ed.), New York-Berlin, Westermann, 1933.

Traductions en français et en italien :

L'Esthétique de K. W. F. Solger, A. Baillot (éd.), Tusson, Du Lérot, 2002 (recueil d'articles qui comprend également la traduction de plusieurs lettres de Solger).

L'Art et la tragédie du beau, A. Baillot (éd.), Paris, PENS, 2004 (anthologie de textes, surtout esthétiques, issus d'*Erwin*, des *Leçons d'esthétique* et de la correspondance).

Sur Sophocle et la tragédie grecque, trad. fr. et présentation par N. Angehrn, Lausanne, L'Âge d'Homme, 2010.

Scritti filosofici, V. Pinto (a cura di), Napoli, Guida editori, 1995.

Sulle « Affinittà elettive » di Goethe, G. Pinna (a cura di), dans G. Bevilacqua (a cura di), *I romantici tedeschi. 3. Filosofia, Storiografia, religione, psicologia e scienze naturali*, Milano, Rizzoli, 1995, p. 445-452.

Lezioni di Estetica, G. Pinna (a cura di), Palermo, Aesthetica, 1995.

Erwin. Quattro dialoghi sul bello e sull'arte, M. Ravera (a cura di), Brescia, Morcelliana, 2004. (avec une préface p. 7-25).

Su teoria e prassi, L. Ghisleri (a cura di), *Giornale di Metafisica*, 2006 (1), p. 3-27.

LITTÉRATURE SECONDAIRE SUR SOLGER

ANTON H., *Nachwort*, dans NSB II, p. I-XXXI.

ARRIGONI G., « Il maestro del maestro e i loro continuatori : mitologia e simbolismo animale in Karl Wilhelm Ferdinand Solger, Karl Otfried Müller e dopo », *Annali della Scuola Normale Superiore*, 1984 (3), p. 937-1019.

ASMUTH C., « Zur Theorie des Dialogs bei Karl Wilhelm Ferdinand Solger », dans A. Baillot, M. Galland-Szymkowiak (Hg.), *Grundzüge der Philosophie K. W. F. Solgers*, Berlin/Münster, LIT-Verlag, 2014.

BAILLOT A., *Genèse et réception de la pensée esthétique de K. W. F. Solger entre 1800 et 1830*, thèse, Université Paris VIII, 2002 <http://hal.archivesouvertes.fr/docs/00/78/30/69/PDF/Baillot_these.pdf>.

– « Aktualität des Sophokles. Zur Übersetzung und Inszenierung der *Antigone*: ein unveröffentlicher Brief von Rudolf Abeken an Karl Solger (Weimar, 1809) », *Zeitschrift für deutsche Philologie*, 2001 (120), p. 161-182.

– « Friedrich Theodor Vischers Auseinandersetzung mit der Solgerschen Kunstphilosophie. Unveröffentliche Exzerpte aus Karl Wilhelm Ferdinand Solgers

Vorlesungen über Ästhetik», *Jahrbuch der deutschen Schillergesellschaft*, 2002 (46), p. 2-21.

– (éd.), *L'Esthétique de K. W. F. Solger*, Tusson, Du Lérot, 2002.

– GALLAND-SZYMKOWIAK M. (Hg.), *Grundzüge der Philosophie K. W. F. Solgers*, Berlin/Münster, LIT Verlag, 2014.

BECKER O., « Von der Hinfälligkeit des Schönen und der Abenteuerlichkeit des Künstlers » [dans *Festschrift für Husserl, Ergänzungsband zum Jahrbuch für phil. und phän. Forschung*, 1929], dans *Dasein und Dawesen. Gesammelte philosophische Aufsätze*, Pfüllingen, Neske, 1963, p. 11-41 ; trad. fr. J. Colette, *Philosophie*, 1986 (9), p. 43-69.

BOUCHER M., *K. W. F. Solger. Esthétique et philosophie de la présence* (thèse), Paris, Delamain et Boutelleau, 1934.

BUBBIO P. D., « Solger and Hegel: Privation and Negation », *International Journal of Philosophical Studies*, 2009 (17-2), p. 173-187.

– « Solger's Notion of Sacrifice as Double Negation », *The Heythrop Journal*, 2009 (50-2), p. 206-214.

CAMPARSI A., BIANCHI I. A., *L'Autoconscienza e la prospettiva sul mondo. Solger, Rickert, Husserl,* Milano, Mimesis, 2010.

COLETTE J., « Art, mystique et négativité : K. W. F. Solger », *Études philosophiques*, 1983 (1), p. 69-86.

– « Enthousiasme et ironie. La dialectique artistique selon K. W. F. Solger », *Études philosophiques*, 1992 (4), p. 487-498.

– *Dialectique et phénoménologie. Études de philosophie allemande*, Bruxelles, Ousia, 2008 (comprend entre autres la reprise des deux articles précédents).

DANZEL T. W., « Über den gegenwärtigen Zustand der Philosophie der Kunst und ihre nächste Aufgabe », dans *Gesammelte Aufsätze*, O. Jahn (Hg.), Leipzig, Dyk, 1855.

DECHER F., *Die Ästhetik K. W. F. Solgers*, Heidelberg, Winter, 1994.

– « Unité de la révélation et de la spéculation. Remarques sur le fondement mystique de la philosophie solgérienne », dans A. Baillot (éd.), *L'Esthétique de K. W. F. Solger*, p. 49-65.

FRANK M., « Einverständnis und Vielsinnigkeit oder: das Aufbrechen der Bedeutungseinheit im "eigentlichen Gespräch" », dans K. Stierle, R. Warning (Hg.), *Das Gespräch*, München, Fink, 1984, p. 87-132.

– *Einführung in die frühromantische Ästhetik*, Frankfurt-am-Main, Suhrkamp, 1989.

– *Das Problem "Zeit" in der deutschen Romantik. Zeitbewußtsein und Bewußtsein von Zeitlichkeit in der Frühromantischen Philosophie und in Tiecks Dichtung* [München, 1972], Paderborn/München/Wien/Zürich, Ferdinand Schöningh, 1990, p. 97-129 sur Solger.

FRICKE H., *Karl W. F. Solger. Ein brandenburgisch-berlinisches Gelehrtenleben an der Wende vom 18. zum 19. Jahrhundert* [1941], Berlin, Haude & Spener, 1972.

GALLAND-SZYMKOWIAK M., « Le symbole chez Solger, ou l'existence de l'Idée », dans A. Baillot (éd.), *L'Esthétique de K. W. F. Solger*, p. 67-97.

– *Présence de l'absolu. Le problème esthétique du symbole et ses enjeux philosophiques dans les systèmes postkantiens (Schelling, Solger, Hegel)*, thèse, Université Paris-Sorbonne Paris IV, 2005.

– « Symbol und Zeitlichkeit bei Schelling, Solger und Hegel », *Philosophisches Jahrbuch*, 2007 (2), p. 324-345.

– « La critique hégélienne du dialogue solgérien. Dialogue, systématicité, intersubjectivité », dans A. Baillot et Ch. Coulombeau (éd.), M. Galland-Szymkowiak (collab.), *Les Formes de la philosophie en Allemagne et en France 1750-1830*, Hannover/Laatzen, Wehrhahn, 2007, p. 149-171.

– « État, Église et individu. Deux idéalismes face à la question de l'Union des Églises protestantes (Hegel, Solger) », *Revue Germanique Internationale*, 2008 (4), p. 9-31.

– « Hegel, Solger und die Theorie des Willens als Grundlage der politischen Philosophie », dans A. Arndt, P. Cruysberghs, A. Przylebski (Hg.), *Hegel-Jahrbuch* 2009 : *Hegels politische Philosophie* 2, Berlin, Akademie-Verlag, 2009, p. 160-166.

– « Philosophie und Religion bei K. W. F. Solger. Ein Beitrag zur nachkantischen Frage nach dem Prinzip der Philosophie », dans C. Asmuth, K. Drilo (Hg.), *Der Eine oder der Andere. Gott in der klassischen deutschen Philosophie und im Denken der Gegenwart*, Tübingen, Mohr-Siebeck, 2009, p. 191-206.

– « Individuum, Staat und Existenz der Idee. Solgers politische Philosophie », dans A. Baillot, M. Galland-Szymkowiak (Hg.), *Grundzüge der Philosophie K. W. F. Solgers*, Berlin/Münster, LIT-Verlag, 2014.

GHISLERI L., *L'Unità nella dualità. L'ontologia della rivelazione di K. W. F. Solger*, Milan, Mimesis, 2007.

– « Absolute, Revelation and Nothing in the Thought of K. W. F. Solger », dans A. Bertinetto, C. Binkelmann (Hg.), *Nichts, Negation, Nihilismus. Die europäische Moderne als Erkenntnis und Erfahrung des Nichts*, Berlin/New York, Peter Lang, 2010, p. 107-117.

– « Offenbarung und Leben. Fichtesche Motive in Solgers Religionsphilosophie », dans A. Baillot, M. Galland-Szymkowiak (Hg.), *Grundzüge der Philosophie K. W. F. Solgers*, Berlin/Münster, LIT-Verlag, 2014.

GROSOS Ph., *Système et subjectivité. L'enjeu de la question du système : Fichte, Schelling, Hegel*, Paris, Vrin, 1996.

– *L'Ironie du réel à la lumière du romantisme allemand*, Lausanne, L'Âge d'homme, 2009, p. 115-137 sur Solger.

HARTMANN E. VON, *Die deutsche Ästhetik seit Kant*, dans *Ausgewählte Werke*, Bd. 3, Berlin, Haacke, 1886.

HELLER J. E., *Solgers Philosophie der ironischen Dialektik*, Berlin, Reuther & Reichard, 1928.

HENCKMANN W., « *Etwas über das Verhältnis des Ideals zur Nachahmung der Natur in der Kunst*. Ein Aufsatz Solgers zur Auseinandersetzung mit

Schelling », *Jahrbuch der deutschen Schillergesellschaft*, 1972 (16), p. 409-452.

– « Solgers Schellingstudium in Iena 1801/1802. Fünf unveröffentliche Briefe », *Hegel-Studien*, 1978 (13), p. 53-74.

– « Symbol und Allegorie bei Solger », dans R. Brinkmann (Hg.), *Romantik in Deutschland. Ein interdisziplinäres Symposion*, Stuttgart, Metzler, 1978, p. 639-651.

HENCKMANN W., « Lehren und Lernen der Philosophie: zur Dialogtheorie bei F. Schlegel, Schleiermacher und Solger », dans H. Girndt, L. Siep (Hg.), *Lehren und Lernen der Philosophie als philosophisches Problem*, Essen, Verlag Die blaue Eule, 1987, p. 103-160.

– « Symbolische und allegorische Kunst bei Solger », dans W. Jaeschke, H. Holzey (Hg.), *Früher Idealismus und Frühromantik. Der Streit um die Grundlagen der Ästhetik (1795-1805)*, Hamburg, Meiner, 1990, p. 214-240.

– « Über Sein, Nichtsein und damit zusammenhängende Probleme der Philosophie K. W. F. Solgers», dans W. Jaeschke, H. Holzey (Hg.), *Transzendentalphilosophie und Spekulation. Der Streit um die Gestalt einer ersten Philosophie (1799-1807)*, Hamburg, Meiner, 1993, p. 164-176.

– « Solgers Auffassung der Einheit der Offenbarung und der wahren Philosophie », dans W. Jaeschke, H. Holzey (Hg.), *Religionsphilosophie und spekulative Theologie. Der Streit um die göttlichen Dinge (1799-1812)*, Hamburg, Meiner, 1994, p. 221-250.

– « Le concept d'ironie chez Solger », dans A. Baillot (éd.), *L'Esthétique de K. W. F. Solger*, p. 25-47.

HERZOG R., *Die Bewahrung der Vernunft. Eine Untersuchung der Metaphysik K. W. F. Solgers,* München, Dissertationsdruck Schön, 1967.

JAESCHKE W., « Unsere heutigen Mythologen, oder über die Unbequemlichkeit des Denkens », dans A. Baillot, M. Galland-Szymkowiak (Hg.), *Grundzüge der Philosophie K. W. F. Solgers*, Berlin/Münster, LIT-Verlag, 2014.

KIERKEGAARD S., *Le Concept d'ironie*, dans *Œuvres complètes*, trad. fr. P.-H. Tisseau et E.-M. Jacquet-Tisseau, Paris, L'Orante, 1966 *sq.*, t. II, p. 279-291 sur Solger.

KOßLER M., « Phantasie und Einbildungskraft. Zur Rolle der Einbildungskraft bei Fichte und Solger », *Fichte-Studien*, 2003 (21), p. 163-181.

LAUTH R., « Über Fichtes Lehrtätigkeit in Berlin von Mitte 1799 bis Anfang 1805 und seine Zuhörerschaft », *Hegel-Studien*, 1980 (15), p. 9-50.

LOTZE H., *Geschichte der Aesthetik in Deutschland,* München, Cotta, 1868.

MALTER R., « L'ironie comme véritable essence de l'art et explication "théorique" par Solger de la façon romantique d'appréhender le monde dans le dialogue *Erwin* », *Études philosophiques*, 1983 (2), p. 163-176.

MICHELET K. L., *Entwicklungsgeschichte der neuesten deutschen Philosophie mit besonderer Rücksicht auf den gegenwärtigen Kampf Schellings mit der Hegelschen Schule,* Berlin, Duncker & Humblot, 1843, 11. Vorlesung : « Die Solgersche Philosophie ».

NISHIMURA K., « Die Struktur des ästhetischen Bewusstsein bei K. W. F. Solger. Die Bedeutung der dialektischen Ironie », *Perspektiven der Philosophie*, 1980 (6), p. 29-45.

OPHÄLDERS M., *Romantische Ironie. Essay über Solger*, Würzburg, Königshausen & Neumann, 2004.

PINNA G., « Alle origini degli studi mitologici di K. O. Müller : Karl Wilhelm Ferdinand Solger », *Annali della Scuola Normale Superiore di Pisa*, 1984 (14.3), p. 1021-1029.

– *L'Ironia metafisica. Filosofia e teoria estetica in K. W. F. Solger*, Genova, Pantograf, 1994.

– « Solgers Konzeption der Ironie », dans A. Gethmann-Siefert, L. de Vos (Hg.), *Die geschichtliche Bedeutung der Kunst und die Bestimmung der Künste. Hegels Berliner Ästhetikvorlesungen im Kontext der Diskussion um die Grundlagen der philosophischen Ästhetik*, München, Fink, 2005, p. 325-336.

PINTO V., *Filosofia e religione in K. W. F. Solger*, Napoli, Morano editore, 1995.

– « Autocoscienza e rivelazione. Solger e Schleiermacher di fronte alla storia », dans G. Cacciatore *et al.* (a cura di), *Lo storicismo e la sua storia. Temi, problemi, prospettive*, Milano, Guerini, 1997, p. 182-196.

PÖGGELER O., *Hegels Kritik der Romantik* [1956], München, W. Fink, 1999.

POTZ D., *Solgers Dialektik. Die Grundzüge der dialektischen Philosophie K. W. F. Solgers*, Hamburg, Kovač, 1995.

POZZOLO A. dal, *La Fede tra estetica, etica ed estatica*, Roma, Gregorian & Biblical Press, 2011.

RAVERA M., « Necessità e unità della filosofia in Solger », *Annuario filosofico*, 1987 (3), p. 167-186.

– « Solger e la salvezza come non conciliazione », dans P. Coda, G. Lingua (a cura di), *Esperienza e libertà*, Roma, Città Nuova, 2000, p. 33-62.

ROSENKRANZ K., *Vie de Hegel*, trad. fr. P. Osmo, Paris, Gallimard, 2004.

SCHMIDT F. J., « Solger » [1908], dans *Allgemeine deutsche Biographie*, Bd. 54, Berlin, Duncker & Humblot, 1971, p. 381.

SCHULTE P., *Solgers Schönheitslehre im Zusammenhang des deutschen Idealismus : Kant, Schiller, W. v. Humboldt, Schelling, Solger, Schleiermacher, Hegel*, Kassel, Kassel Univ. Press, 2001.

SØRENSEN B. A., *Symbol und Symbolismus in den ästhetischen Theorien des 18. Jahrhunderts und der deutschen Romantik*, Kopenhagen, Munksgaard, 1963, p. 277-286 sur Solger.

TILLIETTE X., « Schelling, l'art et les artistes » : Introduction aux *Textes esthétiques* de Schelling, trad. fr. A. Pernet, Paris, Klincksieck, 1978.

– « Dans le sillage de Schelling : l'intuition esthétique de K. F. Solger », dans A. Russo, G. Coffele (a cura di), *Divinarum rerum notitia. La teologia tra filosofia e storia*, Roma, Studium, 2001, p. 619-629.

ÜBERWEG F., *Grundriss der Geschichte der Philosophie, 4. Teil : Die deutsche Philosophie des 19. Jhdts und der Gegenwart*, Berlin, Mittler, [12]1923.

VERRA V., « Tragische und künstlerische Ironie bei K. W. F. Solger », dans A. Gethmann-Siefert (Hg.), *Philosophie und Poesie. Festschrift für Otto Pöggeler*, Stuttgart/Bad Cannstatt, Fromann-Holzboog, Bd. I, 1988, p. 235-254.

— RAVERA M., « Solger », dans *Enciclopedia filosofica* (nuova ed.), Milano, Bompiani, vol. 10, 2006, p. 10846-10848.

WALZEL O., « Methode? Ironie bei Friedrich Schlegel und bei K. W. F. Solger », *Helicon*, 1938 (1), p. 33-50.

– « Allgemeines und Besonderes in Solgers Ästhetik », *Deutsche Vierteljahrschrift für Literaturwissenschaft und Geistesgeschichte*, 1939 (17), p. 153-182.

– « Tragik bei Solger », *Helicon*, 1940 (3), p. 27-49.

WILDBOLZ R., *Der philosophische Dialog als literarische Kunstwerk. Untersuchungen über Solgers* Philosophische Gespräche, Bern/Stuttgart, Verlag Paul Haupt, 1952.

ZIMMERMANN R., *Geschichte der Aesthetik als philosophischer Wissenschaft*, Wien, Braumüller, 1858.

AUTRE LITTÉRATURE PRIMAIRE

BACON F., « De Atheismo », *Meditationes Sacrae* [1597], dans *The Works of Francis Bacon*, vol. 10, London, Rivington, 1826.

La Bible de Jérusalem, trad. fr. École biblique de Jérusalem (dir.), Paris, Cerf, 1986.

FICHTE J. G., *Gesamtausgabe der Bayerischen Akademie der Wissenschaften*, R. Lauth und H. Jacob (Hg.), Stuttgart/Bad Cannstatt, Frommann-Holzboog, 1962 *sq*.

– *Le Caractère de l'époque actuelle*, trad. fr. I. Radrizzani, Paris, Vrin, 1990.

– *Conférences sur la destination du savant*, trad. fr. J.-L. Vieillard-Baron, Paris, Vrin, 1994.

– *Sur l'exposition du système de l'identité de Schelling,* trad. fr. E. Cattin, dans *Schelling, Exposition de ma philosophie*, Paris, Vrin, 2000.

– *Principes de la doctrine de Dieu, de la morale et du droit,* trad. fr. G. Lacaze, Hildesheim/Zürich/NY, Olms, 2009.

– *Initiation à la vie bienheureuse*, trad. fr. P. Cerutti (dir.), Paris, Vrin, 2012.

FRIES J. F., *Wissen, Glaube, Ahndung*, Jena, J. C. G. Göpferdt, 1805.

– *Neue Kritik der Vernunft*, Heidelberg, Mohr und Zimmer, 1807.

GOETHE J. W. von, *Sämtliche Werke nach Epochen seines Schaffens*, München, Carl Hanser Verlag, 1985 *sq*.

– *Goethes Briefe* in 50 Bänden, Weimar, H. Böhlau, 1887-1912.

GÖRRES J., *Mythengeschichte der asiatischen Welt*, Heidelberg, Mohr und Zimmer, 1810.

HAGEN F. H. von der (Hg.), *Der Nibelungen Lied*, Berlin, Unger, 1807.

HEGEL G. W. F., *Werke in zwanzig Bänden*, auf der Grundlage der Werke von 1832-1845 neu ed. Ausgabe, E. Moldenhauer, K. M. Michel (Hg.), Frankfurt am Main, Suhrkamp, 1969 *sq*.

– *Briefe von und an Hegel*, J. Hoffmeister (Hg.), Hamburg, Meiner, Bd. II, 1953.

– *Correspondance*, trad. fr. J. Carrère, Paris, Gallimard, t. II, 1963.

– *Wissenschaft der Logik. Zweiter Band: Die subjektive Logik* [1816], dans *Gesammelte Werke*, F. Hogemann, W. Jaeschke (Hg.), Bd. 12, Hamburg, Meiner, 1981.

– *Science de la logique. Deuxième tome : La logique subjective ou logique du concept* (1816), trad. fr. P.-J. Labarrière et G. Jarczyk, Paris, Aubier, 1981.

– *Foi et savoir. Kant-Jacobi-Fichte*, trad. fr. A. Philonenko et Cl. Lecouteux, Paris, Vrin, 1988.

– *Principes de la philosophie du droit*, trad. fr. J.-F. Kervégan [1998], Paris, PUF, 2003.

HERDER J. G., *Gott: Einige Gespräche*, Gotha, K. W. Ettinger, 1787.

HUME D., *Enquête sur l'entendement humain*, trad. fr. M. Malherbe, Paris, Vrin, 2008.

JACOBI F. H., *Werke*, K. Hammacher, W. Jaeschke (Hg.), Hamburg, Meiner, 1998 *sq*. Bd. 2.1 : *Schriften zum transzendentalen Idealismus - Textband*, W. Jaeschke, I.-M. Piske (Hg.), C. Goretzki (Mitarb.), 2004 ; Bd. 3 : *Schriften zum Streit um die göttlichen Dinge und ihre Offenbarung*, W. Jaeschke (Hg.), 2000.

– *Lettres à Moses Mendelssohn sur la doctrine de Spinoza*, trad. fr. P.-H. Tavoillot, dans *Le Crépuscule des Lumières*, Paris, Cerf, 1995.

– *David Hume et la croyance. Idéalisme et réalisme*, trad. fr. L. Guillermit, Paris, Vrin, 2000.

– *Des Choses divines et de leur révélation*, trad. fr. P. Cerutti, Paris, Vrin, 2008.

– *Lettre à Fichte,* trad. fr. I. Radrizzani, dans *Lettre sur le nihilisme et autres textes*, Paris, GF, 2009.

KANNE J. A., *Erste Urkunden der Geschichte oder allgemeine Mythologie*, Bayreuth, bei J. A. Lübecks Erben, 1808.

– *System der indischen Mythe*, Leipzig, Weygand, 1813.

KANT I., *Gesammelte Schriften*, Königliche Preussische Akademie der Wissenschaften (Hg.), Berlin, G. Reimer, 1902 *sq*.

– *La Religion dans les limites de la simple raison,* trad. fr. M. Naar, Paris, Vrin, 1983.

– *Critique de la raison pratique*, trad. fr. F. Picavet [1943], Paris, PUF, 1993.

– *Critique de la raison pure*, trad. fr. A. Renaut, Paris, Aubier, 1997.

– *Anthropologie du point de vue pragmatique*, trad. fr. M. Foucault, Paris, Vrin, 2008.

KLEUKER J. F., *Neue Prüfung und Erklärung der vorzüglichsten Beweise für die Wahrheit und den göttlichen Ursprung des Christenthums, wie der Offenbarung überhaupt. Zweiter Theil, welcher eine Kritik der neuesten Philosophie der Religion enthält,* Riga, Hartnoch, 1789.

KÖPPEN F., *Schellingslehre oder das Ganze der Philosophie des absoluten Nichts*, Hamburg, F. Perthes, 1803.

LUTHER M., *D. Martin Luthers Werke. Kritische Gesamtausgabe*, Weimar, Hermann Böhlaus Nachfolger, 50. Bd, 1914.

MESMER F. A., *Mémoire sur la découverte du magnétisme animal* [1779], Paris, Allia, 2006.

MORITZ K. Ph., *Schriften zur Aesthetik und Poetik*, H. J. Schrimpf (Hg.), Tübingen, Niemeyer, 1962.

PLATON, *Sophiste – Politique – Philèbe – Timée – Critias*, trad. fr. É. Chambry, Paris, GF, 1969.

SCHELLING F. W. J., *Sämtliche Werke*, K. F. A. Schelling (Hg.), 14 Bde., Stuttgart/Augsburg, Cotta, 1856-1861.

– *Historisch-Kritische Ausgabe*, im Auftrag der Schelling-Kommission der Bayerischen Akademie der Wissenschaften, H. M. Baumgartner, W. G. Jacobs, H. Krings, H. Zeltner (Hg.), Stuttgart, Frommann-Holzboog, 1976 *sq.*

– *Leçons sur la méthode des études académiques*, trad. fr. J.-F. Courtine, J. Rivelaygue, dans L. Ferry, J.-P. Pesron, A. Renaut (éd.), *Philosophies de l'Université : l'idéalisme allemand et la question de l'université*, Paris, Payot, 1979.

– *Recherches philosophiques sur l'essence de la liberté humaine,* dans *Schelling, Œuvres métaphysiques 1805-1821,* trad. fr. J.-F. Courtine, E. Martineau, Paris, Gallimard, 1980.

– *Bruno, ou du principe divin et naturel des choses*, trad. fr., introd. et notes de J. Rivelaygue, Paris, L'Herne, 1987.

– *Philosophie et religion,* trad. fr. B. Gilson dans *Schelling, La liberté humaine et controverses avec Eschenmayer,* Paris, Vrin, 1988.

– *Philosophie de la Révélation*, Livre I, trad. fr. J.-F. Marquet et J.-F. Courtine (dir.), Paris, PUF, 1989.

– *Introduction à la philosophie de la mythologie,* trad. fr. J.-F. Courtine, J.-F. Marquet (dir.), Paris, Gallimard, 1998.

– *Philosophie de l'art*, trad. fr. C. Sulzer et A. Pernet, Grenoble, J. Millon, 1999.

– *Exposition de mon système de la philosophie*, trad. fr. E. Cattin, Paris, Vrin, 2000.

SCHLEGEL F., « Gespräch über die Poesie », *Athenäum*, 1800 (3), p. 58-128 et 169-187.

– *Über die Sprache und Weisheit der Indier*, Heidelberg, Mohr und Zimmer, 1808.

– *Kritische Friedrich-Schlegel Ausgabe*, E. Behler *et al.* (Hg.), Paderborn/München/Wien, Schöningh, 1958 *sq.* [=KFSA].

SCHLEIERMACHER F. D. E., *An Jacobi. 30. März 1818*, dans W. Jaeschke, H. Holzey (Hg.), *Religionsphilosophie und spekulative Theologie. Der Streit um die göttlichen Dinge (1799-1812) – Quellenband*, Hamburg, Meiner, 1994, p. 394-398.

– *Friedrich Schleiermachers Dialektik*, R. Odebrecht (Hg.) [1942], Darmstadt, Wissenschaftliche Buchgesellschaft, 1988.

– *Discours sur la religion, à ceux de ses contempteurs qui sont des esprits cultivés*, trad. fr., introd. et notes de I. Rougé, Paris, Aubier-Montaigne, 1944.
SPINOZA B., *Éthique*, trad. fr. B. Pautrat, Paris, Seuil, 1988.

AUTRE LITTÉRATURE SECONDAIRE

ANER K., *Die Theologie der Lessingzeit*, Hildesheim, G. Olms, 1964.
ASMUTH C., « Anfang und Form der Philosophie. Überlegungen zu Fichte, Schelling und Hegel », dans C. Asmuth, A. Denker, M. Vater (Hg.), *Schelling: zwischen Fichte und Hegel*, Amsterdam/Philadelphia, John Benjamins Publishing, 2000, p. 403-417.
– « "Das Schweben ist der Quell aller Realität". Platner, Fichte, Schlegel und Novalis über die productive Einbildungskraft », dans e-journal *Philosophie der Psychologie*, juin 2005, (http://www.jp.philo.at/texte/AsmuthC1.pdf).
AYRAULT R., *La Genèse du romantisme allemand*, vol. IV, Paris, Aubier, 1976.
BENRATH G. A., « Die Erweckung innerhalb der deutschen Landeskirchen 1815-1888. Ein Überblick », dans M. Brecht *et al.* (Hg.), *Geschichte des Pietismus*, vol. III, p. 150-271.
BERNER Ch., *La Philosophie de Schleiermacher. « Herméneutique », « Dialectique », « Éthique »*, Paris, Cerf, 1995.
LE BLANC Ch., MARGANTIN L., SCHEFER O. (éd.), *La Forme poétique du monde. Anthologie du romantisme allemand*, Paris, José Corti, 2003.
BRECHT M. *et al.* (Hg.), *Geschichte der Pietismus*, Bd. 3, Göttingen, Vandenhoeck & Ruprecht, 2000.
BÜTTGEN Ph., *Luther et la philosophie. Études d'histoire*, Paris, Éditions de l'EHESS/Vrin, 2011.
ESSEN G., DANZ Ch. (éd.), *Philosophisch-theologische Streitsachen. Pantheismusstreit – Atheismusstreit – Theismusstreit*, Darmstadt, Wissenschaftliche Buchgesellschaft, 2012.
FAIVRE A., *L'Illuminisme au* XVIII*e siècle*, Hildesheim/New York, Olms, 1976.
FISCHBACH F., RENAULT E. (éd.), Schelling, *Introduction à l'Esquisse d'un système de philosophie de la nature*, Paris, Livre de Poche, 2001.
FRANK G., « Karl Friedrich Bahrdt (1741-1792) », dans *Allgemeine Deutsche Biographie*, Leipzig, Duncker & Humblot, Bd. I, 1875, p. 772-774.
FUHRMANS H. (Hg.), *F.W.J. Schelling: Briefe und Dokumente*, Bonn, Bouvier, Bd. 1, 1962.
GALLAND-SZYMKOWIAK M., « La *Symbolique* de Friedrich Creuzer. Philologie, mythologie, philosophie », *Revue Germanique Internationale*, 2011 (14), p. 91-112.
GRIMM J. und W., *Deutsches Wörterbuch*, 1852 *sq.*, (http://woerterbuchnetz.de/DWB/).
HIRZEL R., *Der Dialog. Ein literarhistorischer Versuch,* Leipzig, S. Hirzel, 1895.
HOBEIKA G., *Lessing. De la révélation à l'âge adulte de la raison,* Paris, Cerf, 1997.

HÜHN L., « Das Schweben der Einbildungskraft. Zur frühromantischen Überbietung Fichtes », *Deutsches Vierteljahresschrift für Literaturwissenschaft und Geistesgeschichte*, 1996 (70), p. 569-599.

JACOBS W. G., « Von der Offenbarung göttlicher Dinge oder von dem Interesse der Vernunft an der Faktizität », dans W. Jaeschke (Hg.), *Der Streit um die göttlichen Dingen (1799-1812)*, Hamburg, Meiner, 1999, p. 142-154.

JAESCHKE W., « "Um 1800" – Religionsphilosophische Sattelzeit der Moderne », dans G. Essen, C. Danz (Hg.), *Philosophisch-theologische Streitsachen. Pantheismusstreit – Atheismusstreit – Theismusstreit*, Darmstadt, Wissenschaftliche Buchgesellschaft, 2012, p. 7-92.

KIRSCHER R., *Théologie et Lumières*, Villeneuve-d'Asq, Presses Universitaires du Septentrion, 2001.

KÖNIG D., « L'autonomie du fini en question. Une analyse des convergences entre Schelling et Jakob Böhme dans la *Freiheitsschrift* », dans M. Galland-Szymkowiak (éd.), *Le problème de la finitude dans la philosophie de Schelling*, Berlin/Münster, LIT-Verlag, 2011, p. 205-226.

LAURENT J., ROMANO C. (éd.), *Le Néant. Contribution à l'histoire du non-être dans la philosophie occidentale*, Paris, PUF, 2006.

LIENHARD M., *Luther témoin de Jésus-Christ. Les étapes et les thèmes de la Christologie du Réformateur*, Paris, Cerf, 1973.

MARQUANT A., « Métaphore et inconnu. La métaphore du voyage dans la philosophie du XVIIe au XIXe siècle », dans *Signes, Discours et Sociétés* [en ligne], 7, 15.07.2011, (http://www.revue-signes.info/document.php?id=2311).

MARQUET J.-F., *Liberté et existence. Étude sur la formation de la philosophie de Schelling* [1973], Paris, Cerf, ²2006.

MOISO F., « Theorien des Magnetismus », dans Schelling, AA I, Ergänzungsband (Bd. 5 bis 9), p. 165-220.

MONDOT J. (éd.), *Qu'est-ce que les Lumières ?*, Bordeaux, Presses Universitaires de Bordeaux, ²2003.

MÜLLER W. *et al.* (Hg.), *Handbuch der Kirchengeschichte*, Bd. 5 : *Die Kirche im Zeitalter des Absolutismus und der Aufklärung*, Freibourg/Basel/Wien, Herder, 1970.

SCHMITT C., *Politische Romantik*, München/Leipzig, Duncker & Humblot, 1919.

TAVOILLOT P.-H., *Le Crépuscule des Lumières. Les documents de la querelle du panthéisme*, Paris, Cerf, 1995.

THOUARD D., *Schleiermacher. Communauté, individualité, communication*, Paris, Vrin, 2007.

VIRMOND W., *Die Vorlesungen der Berliner Universität 1810-1834 nach dem deutschen und lateinischen Lektionskatalog sowie den Ministerialakten*, Berlin, Akademie Verlag, 2011.

WALLMANN J., *Der Pietismus*, coll. « Die Kirche in ihrer Geschichte », Bd.4 Lief.01, Göttingen, Vandenhoeck & Ruprecht, 1990.

GLOSSAIRE

Trois types de termes, directement liés au cœur de la philosophie de Solger, méritent une explication détaillée.

aufheben, Aufhebung : annulation, annuler

Dans les *Lettres* et *Sur la vraie signification*, ce terme est très majoritairement employé pour désigner la négation du « néant » (c'est-à-dire de la connaissance et de l'existence finies), qui coïncide avec la révélation de l'Idée. Si la révélation est, en soi, devenir-réel de l'Idée, pour nous, qui ne sortons pas de la finitude, ce devenir réel ne peut pas avoir le sens d'une parousie mais seulement celui d'une *déclaration en nullité* du rien lui-même, de la finitude. Le premier type d'occurrences, largement majoritaire, est donc celui de l'Idée, ou de l'unité, qui *hebt auf* les oppositions et relations de l'existence, ou la contingence, ou la particularité, etc. Un second type d'occurrences, moins répandu, concerne l'*Aufhebung* des opposés les uns par les autres (la monstration, par l'Idée, de la nullité du fini, a toujours déjà un fond dans l'auto-annulation du fini). Ainsi nous avons choisi de traduire *aufheben* par « annuler », qui indique l'idée d'une dés-activation des oppositions finies et non de leur élimination ou de leur dépassement : la dialectique solgérienne ne se résout pas dans un troisième terme (voir *Sur la vraie signification*, p. [149]). « Annuler » est, d'après le Trésor de la Langue Française, un emprunt au latin chrétien *adnullare* (mépriser, considérer comme nul), lui-même issu du grec *exoudeneo* ou *exoudeno* (considérer comme rien, mépriser). Si, du point de vue de l'Idée, son autorévélation (*Selbstoffenbarung*) est en même temps un autoanéantissement (*Selbstvernichtung*) – et Solger n'emploie généralement pas *Aufhebung* pour parler de cet anéantissement de l'Idée –, du point de vue de l'existence finie cette révélation est bien une *annulation* de son infinie relativité, un tenir-pour-nul le néant lui-même, par lequel ce dernier n'est ni effacé ni dépassé (voir *Sur la vraie signification*, p. [124] et p. [172]).

Dans le dialogue inachevé sur *Être, non-être et connaître*, *aufheben* est souvent employé d'une façon qui n'est pas propre à la dialectique solgérienne ; il peut désigner *l'annulation* mutuelle des contraires, mais aussi, reprenant une idée issue de l'idéalisme transcendantal, la *suppression* de la limite. Toutefois, afin que le lecteur puisse repérer les occurrences du terme, nous avons gardé dans ce dernier texte aussi la traduction par « annuler ».

Daseyn/Existenz : existence, être-là / existence

De manière générale, *Dasein* (orthographié dans le texte *Daseyn*) signifie simplement « existence », et nous l'avons traduit le plus souvent possible de cette manière, pour éviter autant que possible d'introduire, avec « être-là », des connotations absentes du texte. Un problème se pose pour distinguer alors en français les occurences d'*Existenz/existieren* et nous avons dû adopter une solution pour chaque texte.

Dans les *Lettres sur la philosophie et la religion*, qui se veulent entièrement exotériques, il fallait éviter d'introduire « être-là » qui peut résonner de manière technique pour le lecteur français ; *Dasein* et *Existenz* sont dès lors traduits par « existence » et nous avons signalé entre parenthèses les occurrences de *Existenz/existieren*, bien plus rares que celles de *Dasein/dasein*, et souvent réservées par Solger à l'existence en tant que purement finie et contingente.

Cette tendance à différencier les emplois de *Dasein/dasein* et *Existenz/existieren* s'affirme nettement dans *Sur la vraie signification et destination de la philosophie*, le texte où Solger présente de la façon la plus élaborée sa conception de la philosophie. *Existenz* y est prioritairement employé pour désigner l'existence finie en tant que telle, alors que *Dasein* est plutôt employé pour l'existence en tant qu'elle est, potentiellement ou réellement, le lieu de la révélation de l'Idée (voir la différenciation des deux termes dans *Sur la vraie signification*, p. [93], [152] et [196]). Solger utilise cette distinction sans l'expliciter et ne la tient pas toujours rigoureusement, d'autant que les deux termes désignent deux points de vue sur une seule et même existence, l'existence finie qui est le seul *là* possible de l'Idée, et un *là* anéantissant autant qu'accueillant, une présence (*Gegenwart*) se donnant toujours en même temps comme absence. La règle a donc été ici de traduire le verbe *dasein* (assez fréquent) par « être là », le substantif *Dasein* par « être-là », et *Existenz* par « existence », afin de permettre au lecteur de distinguer les deux termes. Dans quelques rares cas où *Dasein* signifiait manifestement « existence », sans la connotation de « présence divine » mentionnée plus haut, nous avons traduit par « existence » et signalé l'allemand entre parenthèses.

Enfin dans *Être, non-être et connaître*, le problème se pose différemment, puisque le terme d'*Existenz* est absent ; Solger n'emploie que *Dasein*, ce qui peut s'expliquer, d'une part, par le fait que ce dialogue confronte différentes théories sans en venir à l'exposition de la philosophie solgérienne proprement dite, et d'autre part, parce que la forme dialogique, qui ancre le philosopher dans la vie et le langage ordinaires, interdit selon Solger le recours à des termes d'origine latine comme *Existenz*. En l'absence de doublet et d'un sens directement lié à la révélation, il n'y avait pas de raison valable pour traduire *Dasein*, dans ce dialogue, par un autre terme que celui d'« existence », ce que nous avons donc fait.

hervortreten : se faire jour

Ce terme clef, récurrent chez Solger lorsqu'il s'agit de préciser le cœur de sa propre philosophie (en particulier dans *Sur la vraie signification* et dans *Erwin*) évoque l'avancée de l'Idée pour ma conscience, sa venue au premier plan ou saillie se détachant sur le fond de l'existence et de la connaissance finies. Solger pose une équivalence entre *lebendig hervortreten* et *sich offenbaren* (*Sur la vraie signification*, p. [97]). La traduction doit rendre compte à la fois de l'apparaître spontané à partir d'un fond, et du fait que l'apparaître est en même temps un se-rapprocher-de-moi. À « s'avancer », à la fois trop concret et trop imprécis, « surgir » impliquant un élément de surprise qui n'est pas dans l'allemand, « émerger » trop aquatique et verticalisant, nous avons préféré « se faire jour », qui, bien qu'il introduise une métaphore lumineuse, désigne l'apparition, l'émergence, la révélation d'une manière imagée et en même temps assez abstraite. *Vortreten* de son côté est traduit par « s'avancer ».

Liste des termes principaux

Dans la liste, établie pour l'ensemble du volume, «*Annahme (Hypothese)*: hypothèse» signifie que «hypothèse» traduit la plupart du temps *Annahme*, rarement *Hypothese*, et que dans ce dernier cas le terme allemand est indiqué entre parenthèses dans le texte traduit. «*Äußerung*: expression (extériorisation)» signifie que *Äußerung* est généralement traduit par «expression», et de manière exceptionnelle par «extériorisation».

L'orthographe du texte original a été conservée.

Abgrund : abîme, fondement abyssal
abschließen, Abschluß : clore (conclure), clôture (voir n. (2) relative à la p. [91]), conclusion
Act : acte
ahnden, Ahndung : pressentir, pressentiment
allgemein : universel (général)
Annahme (*Hypothese)*: hypothèse
annehmen : admettre, prendre pour
Ansicht : manière de voir
Auffassen : appréhender, appréhension
Aufleuchten : lueur
Äußerung : expression (extériorisation)

begründen : fonder
Beruf : vocation
Beschaffenheit : conformation (*formale Beschaffenheit* : nature formelle)
Bestehen : subsister (consister)
Bestimmung : destination, détermination
bestreben, Bestrebung : faire effort pour, effort
bewirken : avoir pour effet, mettre en œuvre
Beziehung : relation
Bild : image

darstellen, Darstellung : présenter, présentation ; exposer, exposition
das Denken : la pensée

Eigenschaft : propriété
eigenthümlich : bien particulier, propre (à)
einerlei : un-et-même, *Einerleiheit* : mêmeté (voir n. (2) relative à la p. [256])
einsehen : voir (comprendre)
Einsicht : intelligence, intellection
Einwirkung : influence (action efficace)
entfalten, Entfaltung : déployer, déploiement
Entwickelung : développement
das Erkanntwerden : l'être-connu
Erkennen : connaître, le connaître ; reconnaître

Erkenntniß (*Kenntniß*) : la connaissance
erscheinen : apparaître, devenir-phénomène
Erscheinung : phénomène, apparition phénoménale (phénoménalité)
Erleuchtung : illumination
das Ewige : l'Éternel

factisch : factuel, factuellement
Form : forme

Gattung : espèce, genre
der Gedanke : une pensée, une idée
Gegensatz : opposition, opposé
Gegenstand (*Object*): objet
gegenwärtig, Gegenwart : présent, présence
Geschlecht, Menschengeschlecht : genre humain
Gespräch / Gesprächsform (*Dialog / dialogische Form*) : dialogue
Gestalt : figure (forme)
Gestaltung : configuration
glauben, Glaube : croire, foi
gleich, Gleichheit : identique, identité
Grenze : limite
Grund : fondement, fond, raison

hemmen, Hemmung : entraver, entrave
Das Hervorbringen : la production
hinstreben : tendre à

die Idee, die Ideen : l'Idée, les Idées (mais « idée(s) » sans majuscule lorsque le sens n'est pas le sens proprement solgérien)

Kennzeichen : signe distinctif
sich kundgeben, kundthun : se manifester

Lebendigkeit : vitalité

mannigfaltig, Mannigfaltigkeit : divers, diversité
Meinung : opinion
Merkmal : caractéristique
Mitte : centre
Mittelpunkt : point central

nichtig : nul
Nichtigkeit : nullité
Nichts : néant (rien)

offenbar : manifeste(ment), évident
Offenbarung : révélation
Operation : opération

Real, Realität (rare, signalé entre parenthèses) : réel, réalité

Schein : apparence
Schein- : pseudo- (comme dans *Scheinphilosophie* : pseudo-philosophie)
schlechthin (*absolut*): absolument (exceptionnellement, *schlechthin* est traduit par : par excellence)
Schluss : raisonnement, syllogisme
Schranke : borne

schwancken : osciller, vaciller
schwärmerisch, Schwärmerei : exalté, exaltation
schweben : flotter
sittlich, Sittlichkeit (*moralisch*) : moral, moralité
sondern, absondern, Absonderung : séparer, séparation
spalten, zerspalten : scinder
Spaltung : scission
Stoff : matière (voir n. (1) relative à la p. [75]) (exceptionnellement : substance)
streben : aspirer à, s'efforcer de
das Streben : aspiration, tendance (quête)

Täuschung : illusion
teilen : diviser
Thätigkeit, thätig : activité, actif
Thatsache (*Faktum*) : fait
Trennung : dissociation
Trieb : tendance, impulsion

übergehen, Übergang : passer, passage
Unterschied, unterscheiden : différence ; différencier, distinguer
Unterscheidung : différenciation

verbinden, Verbindung : lier, liaison
vereinigen : réunir, unir
Verfahren : procédé
verkehrt, Verkehrtheit: perverti (aberrant) ; perversion, retournement
verknüpfen, Verknüpfug : mettre en connexion, connexion ; *anknüpfen* : rattacher
Vermuthung : conjecture
verneinen (*leugnen*) : nier ; être la négation de
Verneinung (*Negation*) : négation
vernichten : anéantir
verschieden, Verschiedenheit : varié, différent ; variété, différence
Verstand, verstehen : entendement ; comprendre, entendre
Verständniß : compréhension
verwandeln, Verwandlung : transformer, transformation
Vielheit : multiplicité
Vorausbestehen : préexistence
voraussetzen, Vorausetzung : présupposer, présupposition
vorhanden : là, présent (à portée de main)
Vorstellung : représentation

Wesen : essence (être)
das Wesentliche : l'essentiel
Wahn : délire
Willkür : arbitre
das Wirken : l'efficace
wirken : agir
wirklich, Wirklichkeit *(real, Realität)* : réel, réalité (voir note (1) relative à la p. [20])
wirksam, Wirksamkeit : efficace, efficacité
Wirkung : effet, action

zufällig, Zufälligkeit : contingent, contingence

INDEX DES NOMS

Les astéristiques (qui suivent les numéros de page) indiquent que le nom est alors cité par Solger lui-même, ou bien dans les trois textes ici traduits, ou bien, beaucoup plus souvent, dans des extraits d'autres textes qui figurent dans nos commentaires.

TABLE DES MATIÈRES

SUR LA VRAIE SIGNIFICATION ET DESTINATION DE LA PHILOSOPHIE, EN PARTICULIER À NOTRE ÉPOQUE

DIALOGUES PHILOSOPHIQUES SUR L'ÊTRE, LE NON-ÊTRE ET LE CONNAÎTRE

Achevé d'imprimer par Corlet Numérique - 14110 Condé-sur-Noireau
N° d'Imprimeur : 118406 - Dépôt légal : mai 2015 - *Imprimé en France*